吉林人民出版社

简体字本二十六史

周书

卷一——卷五〇

［唐］令狐德棻等 撰

陈 勇等 标点

目 录

周书卷一　帝纪第一

文帝上…………………………………………… 1

周书卷二　帝纪第二

文帝下…………………………………………… 10

周书卷三　帝纪第三

孝闵帝…………………………………………… 20

周书卷四　帝纪第四

明帝……………………………………………… 24

周书卷五　帝纪第五

武帝上…………………………………………… 30

周书卷六　帝纪第六

武帝下…………………………………………… 43

周书卷七　帝纪第七

宣帝……………………………………………… 54

周书卷八　帝纪第八

静帝……………………………………………… 62

周书卷九　列传第一

皇后……………………………………………… 66

　文帝元皇后…………………………………… 67

　文宣叱奴皇后………………………………… 67

　孝闵帝元皇后………………………………… 67

　明帝独孤皇后………………………………… 67

　武帝阿史那皇后……………………………… 67

武帝李皇后 ……………………………………………… 68

宣帝杨皇后 ……………………………………………… 68

宣帝朱皇后 ……………………………………………… 69

宣帝陈皇后 ……………………………………………… 69

宣帝元皇后 ……………………………………………… 70

宣帝尉迟皇后 …………………………………………… 70

静帝司马皇后 …………………………………………… 70

周书卷一〇　列传第二

邵惠公颢　子什肥　导　护　什肥子胄　导子广　亮　翼

椿　众 …………………………………………………… 72

杞简公连 ………………………………………………… 75

莒庄公洛生　子菩提 …………………………………… 76

虞国公仲　子兴 ………………………………………… 76

周书卷一一　列传第三

晋荡公护　叱罗协　冯迁 ……………………………… 78

周书卷一二　列传第四

齐炀王宪 ………………………………………………… 90

周书卷一三　列传第五

文闵明武宣诸子 ………………………………………… 97

周书卷一四　列传第六

贺拔胜　弟岳　兄允念贤 ……………………………… 103

周书卷一五　列传第七

寇洛 ……………………………………………………… 112

李弼　弟檦 ……………………………………………… 113

于谨　子寔 ……………………………………………… 116

周书卷一六　列传第八

赵贵 ……………………………………………………… 123

独孤信 …………………………………………………… 124

侯莫陈崇 ………………………………………………… 127

周书卷一七 列传第九

梁御 …………………………………………… 132

若干惠 ………………………………………… 133

怡峰 …………………………………………… 134

刘亮 …………………………………………… 135

王德 …………………………………………… 136

周书卷一八 列传第一〇

王罴 子庆远 孙述 …………………………… 138

王思政 ………………………………………… 139

周书卷一九 列传第一一

达奚武 子震 ………………………………… 143

侯莫陈顺 ……………………………………… 146

豆卢宁 ………………………………………… 146

宇文贵 ………………………………………… 148

杨忠 …………………………………………… 150

王雄 …………………………………………… 153

周书卷二〇 列传第一二

王盟 …………………………………………… 155

贺兰祥 ………………………………………… 157

尉迟纲 ………………………………………… 159

叱列伏龟 ……………………………………… 160

阎庆 …………………………………………… 161

周书卷二一 列传第一三

尉迟迥 ………………………………………… 163

王谦 …………………………………………… 165

司马消难 ……………………………………… 166

周书卷二二 列传第一四

周惠达 冯景 ………………………………… 168

杨宽 兄穆 俭 ……………………………… 170

柳庆　子机 ·· 173

周书卷二三　列传第一五

苏绰 ··· 178

周书卷二四　列传第一六

卢辩 ··· 188

周书卷二五　列传第一七

李贤　弟远 ··· 191

周书卷二六　列传第一八

长孙俭 ··· 199

长孙绍远　弟澄　兄子兕 ·································· 200

斛斯征 ··· 202

周书卷二七　列传第一九

赫连达 ··· 204

韩果 ··· 205

祭佑 ··· 206

常善 ··· 208

辛威 ··· 209

厍狄昌 ··· 210

田弘 ··· 210

梁椿 ··· 211

梁台 ··· 212

宇文测　弟深 ··· 213

周书卷二八　列传第二〇

史宁 ··· 216

陆腾 ··· 219

贺若敦 ··· 221

权景宣 ··· 224

周书卷二九　列传第二一

王杰 ··· 228

王勇 …………………………………………………… 229

宇文虬 …………………………………………………… 230

宇文盛 弟丘 …………………………………………… 230

耿豪 …………………………………………………… 231

高琳 …………………………………………………… 232

李和 …………………………………………………… 233

伊娄穆 …………………………………………………… 234

杨绍 …………………………………………………… 235

王雅 …………………………………………………… 235

达奚实 …………………………………………………… 236

刘雄 …………………………………………………… 236

侯植 …………………………………………………… 238

周书卷三〇 列传第二二

窦炽 兄子毅 ……………………………………… 240

于翼 李穆 ………………………………………… 243

周书卷三一 列传第二三

韦孝宽 …………………………………………………… 249

韦琼 …………………………………………………… 255

梁士彦 …………………………………………………… 256

周书卷三二 列传第二四

申徽 …………………………………………………… 258

陆通 弟逞 ………………………………………… 259

柳敏 …………………………………………………… 261

卢柔 …………………………………………………… 262

唐瑾 …………………………………………………… 263

周书卷三三 列传第二五

厍狄峙 …………………………………………………… 265

杨荐 …………………………………………………… 266

赵刚 …………………………………………………… 266

王庆 ·· 268

赵昶 ·· 269

王悦 ·· 270

赵文表 ··· 272

周书卷三四　列传第二六

赵善 ·· 274

元定 ·· 275

杨檦 ·· 276

裴宽 ·· 278

杨敷 ·· 281

周书卷三五　列传第二七

郑孝穆 ··· 284

崔谦　弟说　子弘度 ··· 285

崔猷 ·· 288

裴侠 ·· 290

薛端 ·· 291

薛善　弟慎 ··· 293

周书卷三六　列传第二八

郑伟 ·· 296

杨纂 ·· 297

段永 ·· 298

王士良 ··· 299

崔彦穆 ··· 300

令狐整 ··· 301

司马裔 ··· 303

裴果　子孝仁　附刘志　子明　子陵 ······························ 305

周书卷三七　列传第二九

寇俊 ·· 308

韩褒 ·· 310

赵肃…………………………………………… 311

张轨…………………………………………… 312

李彦…………………………………………… 313

郭彦…………………………………………… 314

裴文举　高宾…………………………………… 315

周书卷三八　列传第三〇

苏亮　弟湛………………………………… 318

柳虯…………………………………………… 320

吕思礼………………………………………… 321

薛憕…………………………………………… 321

李昶…………………………………………… 323

元伟…………………………………………… 324

周书卷三九　列传第三一

韦瑱…………………………………………… 327

梁昕…………………………………………… 328

皇甫璠………………………………………… 329

辛庆之　族子昂……………………………… 329

王子直………………………………………… 331

杜杲…………………………………………… 332

周书卷四〇　列传第三二

尉迟运………………………………………… 334

王轨…………………………………………… 335

宇文神举……………………………………… 337

宇文孝伯……………………………………… 338

颜之仪　乐运………………………………… 340

周书卷四一　列传第三三

王褒…………………………………………… 345

庾信…………………………………………… 347

周书卷四二　列传第三四

萧㧑 ……………………………………………………… 357

萧世怡 …………………………………………………… 359

萧圆肃 …………………………………………………… 359

萧大圜 …………………………………………………… 360

宗懍 ……………………………………………………… 362

刘璠 ……………………………………………………… 363

柳霞 ……………………………………………………… 366

周书卷四三　列传第三五

李延孙 …………………………………………………… 369

韦佑 ……………………………………………………… 370

韩雄 ……………………………………………………… 371

陈忻 ……………………………………………………… 372

魏玄 ……………………………………………………… 373

周书卷四四　列传第三六

泉企 ……………………………………………………… 375

李迁哲 …………………………………………………… 378

杨乾运 …………………………………………………… 380

扶猛 ……………………………………………………… 381

阳雄 ……………………………………………………… 382

席固 ……………………………………………………… 383

任果 ……………………………………………………… 384

周书卷四五　列传第三七

儒林 ……………………………………………………… 385

　卢诞 …………………………………………………… 386

　卢光 …………………………………………………… 386

　沈重 …………………………………………………… 387

　樊深 …………………………………………………… 389

　熊安生 ………………………………………………… 389

　乐逊 …………………………………………………… 390

周书卷四六　列传第三八

　孝义………………………………………………… 395

　　李棠………………………………………………… 395

　　柳桧………………………………………………… 396

　　杜叔毗……………………………………………… 397

　　荆可………………………………………………… 398

　　秦族………………………………………………… 398

　　皇甫遐……………………………………………… 399

　　张元………………………………………………… 399

周书卷四七　列传第三九

　艺术………………………………………………… 401

　　冀俊………………………………………………… 401

　　蒋升………………………………………………… 402

　　姚僧垣　子最 …………………………………… 402

　　称景熙……………………………………………… 406

　　赵文深……………………………………………… 408

　　褚该………………………………………………… 409

周书卷四八　列传第四○

　萧詧………………………………………………… 411

周书卷四九　列传第四一

　异域上……………………………………………… 425

　　高丽………………………………………………… 426

　　百济………………………………………………… 427

　　蛮…………………………………………………… 428

　　獠…………………………………………………… 430

　　宕昌………………………………………………… 431

　　邓至………………………………………………… 432

　　白兰………………………………………………… 432

　　氐…………………………………………………… 432

稽胡…………………………………………………………… 433

厍莫奚………………………………………………………… 435

周书卷五〇　列传第四二

异域下………………………………………………………… 436

突厥………………………………………………………… 436

吐谷浑……………………………………………………… 439

高昌………………………………………………………… 440

鄯善………………………………………………………… 441

焉耆………………………………………………………… 442

龟兹………………………………………………………… 442

于阗………………………………………………………… 442

呎哒………………………………………………………… 442

粟特………………………………………………………… 443

安息………………………………………………………… 443

波斯………………………………………………………… 443

周书卷一
帝纪第一

文帝上

　　太祖文皇帝姓宇文氏,讳泰,字黑獭,代武川人也。其先出自炎帝神农氏,为黄帝所灭,子孙遁居朔野。有葛乌菟者,雄武多算略,鲜卑慕之,奉以为主,遂总十二部落,世为大人。其后曰普回,因狩得玉玺三纽,有文曰皇帝玺,普回心异之,以为天授。其俗谓天曰宇,谓君曰文,因号宇文国,并以为氏焉。

　　普回子莫那,自阴山南徙,始居辽西,是曰献侯,为魏舅生之国。九世至侯豆归,为慕容晃所灭。其子陵仕燕,拜驸马都尉,封玄菟公。魏道武将攻中山,陵从慕容宝御之。宝败,陵率甲骑五百归魏,拜都牧主,赐爵安定侯。天兴初,徙豪杰于代都,陵随例迁武川焉。陵生系,系生韬,并以武略称。韬生肱,肱任侠有气干。正光末,沃野镇人破六汗拔陵作乱,远近多应之。其伪署王卫可孤徒党最盛。肱乃纠合乡里斩可孤,其众乃散。后避地中山,遂陷于鲜于修礼。修礼令肱还统其部众。后为定州军所破,殁于阵。武成初,追尊曰德皇帝。

　　太祖,德皇帝之少子也。母曰王氏,孕五月,夜梦抱子升天,才不至而止。悟而告德皇帝,德皇帝喜曰:"虽不至天,贵亦极矣。"生而有黑气如盖,下覆其身。及长,身长八尺,方颡广额,美须髯,发长委地,垂手过膝,背有黑子,宛转若龙盘之形,面有紫光,人望而敬畏之。少有大度,不事家人生业,轻财好施,以交结贤士大夫。少随德皇帝在鲜于修礼军。及葛荣杀修礼，太祖时年十八，荣遂任以将帅。太祖知其无成，与诸兄谋欲逃避，计未行，会尔朱荣擒葛荣，定河北，太祖随例迁晋阳。荣以太祖兄弟雄杰，惧或异己，遂托以他罪，诛太祖第三兄洛生。复欲害太祖。太祖自理家冤，辞旨慷慨，荣感而免之，益加敬待。

孝昌二年，燕州乱，太祖始以统军从荣征之。先是，北海王颢奔梁，梁人立为魏主，令率兵入洛。魏孝庄帝出居河内以避之。荣遣贺拔岳讨颢，仍迎孝庄帝。太祖与岳有旧，乃以别将从岳。及孝庄帝反正，以功封宁都子，邑三百户，迁镇远将军、步兵校尉。

万俟丑奴作乱关右，孝庄帝遣尔朱天光及岳等讨之，太祖遂从岳入关，先锋破伪行台尉迟菩萨等。及平丑奴，定陇右，太祖功居多，迁征西将军、金紫光禄大夫，增邑三百户，加直阁将军，行原州事。时关陇寇乱，百姓凋残，太祖抚以恩信，民皆悦服。咸喜曰："早值宇文使君，吾等岂从逆乱。"太祖尝从数骑于野，忽闻箫鼓之音，以问从人，皆云莫之闻也。

普泰二年，尔朱天光东拒齐神武，留弟显寿镇长安。秦州刺史侯莫陈悦为天光所召，将军众东下。岳知天光必败，欲留悦共图显寿，而计无所出。太祖谓岳曰："今天光尚迩，悦未有二心，若以此事告之，恐其惊惧。然悦虽为主将，不能制物。若先说其众，必人有留心。进失尔朱之期，退恐人情变动，乘此说悦，事无不遂。"岳大喜，即令太祖入悦军说之，悦遂不行。乃相率袭长安，令太祖轻骑为前锋。太祖策显寿怯懦，闻诸军将至，必当东走。恐其远遁，乃倍道兼行。显寿果已东走。追至华山，擒之。

太昌元年，岳为关西大行台，以太祖为左丞，领岳府司马，加散骑常侍。事无巨细，皆委决焉。齐神武既破尔朱，遂专朝政。太祖请往观之。既至并州，齐神武问岳军事，太祖口对雄辩。齐神武以为非常人，欲留之。太祖诡陈忠款，乃得反命，遂星言就道。齐神武果遣追之，至关，不及。太祖还谓岳曰："高欢非人臣也。逆谋所以未发者，惮公兄弟耳。然凡欲立大功，匡社稷，未有不因地势，总英雄,而能克成者也。侯莫陈悦本实庸材,遭逢际会,遂叨任委,既无忧国之心,亦不为高欢所忌,但为之备,图之不难。今费也头控弦之骑不下一万,夏州刺史解拔弥俄突胜兵之士三千余人,及灵州刺史曹泥,并恃其僻远,常怀异望。河西流民纥豆陵伊利等,户口富实,未奉朝风。今若移军近陇,扼其要害,示之以威,服之以德,即可收其士马,以实吾军。西辑氐羌,北抚沙塞,还军长安,匡辅魏室,此桓文举也。”岳大悦,复遣太祖诣阙请事,密陈其状。魏帝深纳之,加太祖武卫将军,还令报岳。

岳遂引军西次平凉。谋于其众曰:“夏州邻接寇贼,须加绥抚,安得良刺史以镇之?”众皆曰:“宇文左丞即其人也。”岳曰:“左丞吾之左右手也,如何可废。”沈吟累日,乃从众议。于是表太祖为使持节、武卫将军、夏州刺史。太祖至州,伊利望风款附,而曹泥犹通使于齐神武。

魏永熙三年春正月,岳欲讨曹泥,遣都督赵贵至夏州与太祖计事。太祖曰:“曹泥孤城阻远,未足为忧。侯莫陈悦怙众密迩,贪而无信,必将为患,愿早图之。”岳不听,遂与悦俱讨泥。二月,至于河曲,岳果为悦所害。其士众散还平凉,唯大都督赵贵率部曲收岳尸还营。于是三军未有所属,诸将以都督寇洛年最长,相与推洛以总兵事。洛素无雄略,威令不行,乃谓诸将曰:“洛智能本阙,不宜统御。近者迫于群议,推相摄领,今请避位,更择贤才。”于是赵贵言于众曰:“元帅忠公尽节,暴于朝野,勋业未就,奄罹凶酷。岂唯国丧良宰,固亦众无所依。必欲纠合同盟,复仇雪耻,须择贤者,总统诸军。举非其人,则大事难集,虽欲立忠建义,其可得乎?窃观宇文夏州,英姿不世,雄谟冠时,远迩归心,士卒用命。加以法令齐肃,赏罚严明,真足恃也。今若告丧,必来赴难,因而奉之,即大事集矣。”诸将皆称善。

乃命赫连达驰至夏州,告太祖曰:“侯莫陈悦不顾盟誓,弃恩背德,贼害忠良,群情愤惋,控告无所。公昔居管辖,恩信著闻,今无小无大,咸愿推奉。众之思公,引日成岁,愿勿稽留,以慰众望也。”太祖将赴之，夏州吏民咸泣请曰："闻悦今在水洛，去平凉不远。若已有贺拔公之众，则图之实难。愿且停留，以观其变。"太祖曰："悦既害元帅，自应乘势直据平凉，而反趑趄，屯兵水洛，吾知其无能为也。且难得易失者时也，不俟终日者几也，今不早赴，将恐众心自离。"都督弥姐元进规欲应悦，密图太祖。事发，斩之。

太祖乃率帐下轻骑驰赴平凉。时齐神武遣长史侯景招引岳众，太祖至安定，遇之。谓景曰："贺拔公虽死，宇文泰尚存，卿何为也？"景失色，对曰："我犹箭耳，随人所射，安能自裁。"景于此即还。太祖至平凉，哭岳甚恸。将士且悲且喜，曰："宇文公至，无所忧矣。"

于时，魏孝武帝将图齐神武，闻岳被害，遣武卫将军元毗宣旨慰劳，追岳军还洛阳。毗到平凉，会诸将已推太祖。侯莫陈悦亦被敕追还，悦既附齐神武，不肯应召。太祖谓诸将曰："侯莫陈悦枉害忠良，复不应诏命，此国之大贼，岂可容之。"乃命诸军戒严，将以讨悦。及元毗还，太祖表于魏帝曰："臣前以故关西大都督臣岳，竭城奉国，横罹非命，三军丧气，朝野痛惜。都督寇洛等，衔冤茹戚，志雪仇耻。以臣昔同幕府，苦赐要结。臣便以今月十四日，轻来赴军。当发之时，已有别表，既为众情所逼，权掌兵事。诏召岳军入京，此乃为国良策。但高欢之众，已至河东，侯莫陈悦犹在水洛。在此军士多是关西之人，皆恋乡邑，不愿东下。今逼以上命，悉令赴关，悦蹑其后，欢邀其前，首尾受敌，其势危矣。臣殒身王事，诚所甘心，恐败国殄人，所损更大。乞少停缓，更思后图，徐事诱导，渐就东引。"太祖志在讨悦而未测朝旨，且兵众未集，假此为词。因与元毗及诸将刑牲盟誓，同奖王室。

初，贺拔岳营于河曲，有军吏独行，忽见一老翁，须眉皓素，谓之曰："贺拔岳虽复据有此众，然终无所成。当有一宇文家从东北来，后必大盛。"言讫不见。此吏恒与所亲言之，至是方验。

魏帝诏太祖曰："贺拔岳既殒，士众未有所归，卿可为大都督，即相统领。知欲渐就东下，良不可言。今亦征侯莫陈悦士马入京。若其不来，朕当亲自致罚。宜体此意，不过淹留。"太祖又表曰："侯莫陈悦违天逆理,酷害良臣,自以专戮罪重,不恭诏命,阻兵水洛,强梁秦陇。臣以大宥既班,忍抑私憾,频问悦及都督可朱浑元等归阙早晚,而悦并维萦使人,不听反报。观其指趣,势必异图。臣正为此,未敢自拔。兼顺众情,乞少停缓。"太祖乃与悦书,责之曰:"顷者正光之末,天下沸腾,尘飞河朔,雾塞荆沔。故将军贺拔公攘袂勃起,志宁宇县。授戈南指,拯皇灵于已坠;拥旆西迈,济百姓于沦胥。西顾无忧,繄公是赖。勋茂赏隆,遂征关右。此乃行路所知,不籍一二谈也。

君实名微行薄,本无远量。故将军降迁高之志,笃汇征之理,乃申启朝廷,荐君为陇右行台。朝议以君功名阙然,未之许也。遂频烦请谒,至于再三。天子难违上将,便相听许。是亦逡巡共知,不复烦之翰墨。纵使木石为心,犹当知感;况在生灵,安能无愧。加以王室多故,高氏专权,主上虚心,寄隆晋郑。君复与故将军同受密旨,屡结盟约,期于毕力,共匡时难。而貌恭心狠,妒胜嫉贤,口血未乾,匕首已发。协党国贼,共危本朝,孤恩负誓,有靦面目。岂不上畏于天,下惭于地!

吾以弱才,猥当藩牧,蒙朝廷拔擢之恩,荷故将军国士之遇。闻问之日,魂守惊驰。便陈启天朝,暂来奔赴,众情所推,遂当戎重。比有敕旨,召吾还阙,亦有别诏,令君入朝。虽操行无闻,而年齿已宿。今日进退,唯君是视。君若督率所部,自山陇东迈,吾亦总勒师徒,北道还阙。共追廉、蔺之迹,同慕寇、贾之风。如其首鼠两端,不时奉诏,专戮违旨,国有常刑,枕戈坐甲,指日相见。幸图利害,无贻噬脐。"

悦既惧太祖谋己,诈为诏书与秦州刺史万俟普拨,令与悦为党援。普拨疑之,封诏以呈太祖。太祖表之曰:"臣自奉诏总平凉之师,责重忧深,不遑启处。训兵秣马,唯思竭力。前以人恋本土,侯莫陈悦窥窬进退,量度且宜住此。今若召悦授以内官,臣列旆东辕,匪朝伊夕。朝廷若以悦堪为边扞,乞处以瓜、凉一藩。不然,则终致猜虞,于事无益。"

初,原州刺史史归为岳所亲任,河曲之变,反为悦守。悦遣其党王伯和、成次安将兵二千人助归镇原州。太祖遣都督侯莫陈崇率轻骑一千袭归,擒之,并获次安、伯和等,送于平凉。太祖表崇行原州事。万俟普拨又遣其将叱干保洛领二千骑来从军。

三月,太祖进军至原州。众军悉集,谕以讨悦之意,士卒莫不怀愤。太祖乃表曰:"臣闻誓死酬恩,覆宗报主,人伦所急,赴蹈如归。自大都督臣岳殁后,臣频奉诏还阙,秣马戒途,志不俟旦。直以督将已下,咸称贺拔公视我如子,今仇耻未报,亦何面目以处世间,若得一雪冤酷,万死无恨。且悦外附强臣,内违朝旨。臣今上思逐恶之志,下遂节士之心,冀仗天威,为国除害。小违大顺,实在兹辰。克定之后,伏待斧钺。

夏四月,引兵上陇,留兄子遵为都督,镇原州。太祖军令严肃,秋毫无犯,百姓大悦,识者知其有成。军出木峡关,大雨雪,平地二尺。太祖知悦怯而多猜,乃倍道兼行,出其不意。悦果疑其左右有异志者,左右亦不安,众遂离贰。闻大军且至,退保略阳,留一万余人据守水洛。太祖至水洛,命围之,城降。太祖即率轻骑数百趣略阳,以临悦军。悦大惧,乃召其部将议之。皆曰:"此锋不可当"。劝悦退保上邽以避之。时南秦州刺史李弼亦在悦军,乃间道遣使,请为内应。其夜,悦出军,军中自惊溃,将卒或相率来降。太祖纵兵奋击,大破之。虏获万余人,马八千匹。悦与其子弟及麾下数十骑遁走。太祖曰:"悦本与曹泥应接,不过走向灵州。"乃令原州都督遵邀其前,都督贺拔颎等追其后。遵至牵屯山追及悦,斩之。太祖入上邽,收悦府库,财物山积,皆以赏士卒,毫厘无所取。左右窃一银镂瓮以归,太祖知而罪之,即剖赐将士,众大悦。

时凉州刺史李叔仁为其民所执,举州骚扰。宕昌羌梁仚定引吐谷浑寇金城。渭州及南秦州氐羌连结,所在蜂起。南岐至于瓜、鄯,跨州据郡者,不可胜数。太祖乃令李弼镇原州,夏州刺史拔也恶蚝镇南秦州,渭州刺史可朱浑元还镇渭州,卫将军赵贵行秦州事。征幽、泾、东秦、岐四州粟以给军。

齐神武闻秦陇克捷,乃遣使于太祖,甘言厚礼,深相倚结。太祖拒而不纳。时齐神武已有异志,故魏帝深仗太祖。乃征二千骑镇东雍州,助为声援,仍令太祖稍引军而东。太祖乃遣大都督梁御率步骑五千镇河、渭合口,为图河东之计。太祖之讨悦也,悦遣使请援于齐神武,神武使其都督韩轨将兵一万据蒲坂,而雍州刺史贾显送船与轨,请轨兵入关。太祖因梁御之东,乃逼召显赴军。御遂入雍州。

魏帝遣著作郎姚幼瑜持节劳军,进太祖侍中、骠骑大将军、开府仪同三司、关西大都督、略阳县公,承制封拜,使持节如故。于是以寇洛为泾州刺史,李弼为秦州刺史,前略阳郡守张献为南岐州刺史。卢待伯拒代,遣轻骑袭擒之,待伯自杀。

时魏帝方图齐神武,又遣征兵。太祖乃令前秦州刺史骆超为大都督,率轻骑一千赴洛。进授太祖兼尚书仆射、关西大行台,余官封如故。太祖乃传檄方镇曰:"盖闻阴阳递用,盛衰相袭,苟当百六,无间三五。皇家创历,陶铸苍生,保安四海,仁育万物。运距孝昌,屯渗屡起,陇冀骚动,燕河狼顾。虽灵命重启,荡定有期,而乘衅之徒,因生羽翼。

贼臣高欢,器识庸下,出自舆皂,罕间礼义,直以一介鹰犬,效力戎行,觊冒恩私,遂阶荣宠。不能竭诚尽节,专挟奸回,乃劝尔朱荣行兹篡逆。及荣以专政伏诛,世隆以凶党外叛,欢苦相敦勉,令取京师。又劝吐万儿复为弑虐,暂立建明,以令天下,假推普泰,欲窃威权。并归废斥,俱见酷害。于是称兵河北,假讨尔朱,亟通表奏,云取谗贼。既行废黜,遂将篡弑。以人望未改,恐鼎镬交及,乃求宗室,权允人心。天方与魏,必将有主,翊戴圣明,诚非欢力。而欢阻兵安忍,自以为功。广布腹心,跨州运郡,端揆禁闱,莫非亲党。皆行贪虐,窦窳生人。而旧将名臣,正人直士,横生疮痏,动挂网罗。故武卫将军伊琳,清贞刚毅,禁旅攸属;直阁将军鲜于康仁,忠亮骁杰,爪牙斯在;欢收而戮之,曾无闻奏。司空高乾,是其党与,每相影向,谋危社稷。但以奸志未从,恐先泄漏,乃密白朝廷,使杀高乾,方哭对其弟,称天子横戮。孙腾、任祥,欢之心膂,并使入居枢近,伺国间隙，知欢逆谋将发，相继逃归，欢益加抚待，亦无陈白。

　　然欢入洛之始，本有奸谋。令亲人蔡携作牧河、济，厚相恩赡，以为东道主人。故关西大都督、清水公贺拔岳，勋德隆重，兴亡攸寄，欢好乱乐祸，深相忌毒，乃与侯莫陈悦阴图陷害。幕府以受律专征，便即讨戮。欢知逆状已露，稍怀旅距，遂遣蔡携拒代，令窦泰佐之。又遣侯景等云向白马，辅世珍等径趣石济，高隆之、厍娄昭等屯据壶关，韩轨之徒拥众蒲坂。于是上书天子，数论得失，訾毁乘舆，威侮朝廷。藉此微庸，冀兹大宝。溪壑可盈，祸心不测。或言径赴荆楚，开疆于外；或言分诣伊洛，取彼谗人；或言欲来入关，与幕府决战。今圣明御运，天下清夷，百寮师师，四隩来暨。人尽忠良，谁为君侧？而欢威福自己，生是乱阶，缉构南箕，指鹿为马，包藏凶逆，伺我神器。是而可忍，孰不可容！

　　幕府折冲宇宙，亲当受脤，锐师百万，毂骑千群，裹粮坐甲，唯敌是俟，义之所在，糜躯匪吝。况频有诏书，班告天下，称欢逆乱，征兵致伐。今便分命将帅，应机进讨。或趣其要害，或袭其窟宅，电绕蛇击，雾合星罗。而欢违负天地，毒被人鬼，乘此扫荡，易同俯拾。欢若渡河，稍逼宗庙，则分命诸将，直取并州，幕府躬自东辕，电赴伊洛；若固其巢穴，未敢发动，亦命群帅，百道俱前，辗裂贼臣，以谢天下。其州镇郡县，率土人黎，或州乡冠冕，或勋庸世济，并宜舍逆归顺，立效军门。封赏之科，已有别格。凡百君子，可不勉欤。"

　　太祖谓诸将曰："高欢虽智不足而诈有余，今声言欲西，其意在入洛。吾欲令寇洛率马步万余，自泾州东引；王罗率甲士一万，先据华州。欢若西来，王罗足得抗拒；如其入洛，寇洛即袭汾晋。吾便速驾，直赴京邑。使其进有内顾之忧，退有被蹑之势。一举大定，此为上策。"众咸称善。

　　秋七月，太祖师众发自高平，前军至于弘农。而齐神武稍逼京邑，魏帝亲总六军，屯于河桥，令左卫元斌之、领军斛斯椿镇武牢，遣使告太祖。太祖谓左右曰："高欢数日行八九百里，晓兵者所忌，正须乘便击之。而主上以万乘之重，不能决战，方缘津据守。且长河万里,扞御为难,若一处得度,大事去矣。"即以大都督赵贵为别道行台,自蒲坂济,趣并州。遣大都督李贤将精骑一千赴洛阳。会斌之与斛斯椿争权不协,斌之遂弃椿还,绐帝云:"高欢兵至。"

七月丁未,帝遂从洛阳率轻骑入关,太祖备仪卫奉迎,谒见东阳驿。太祖免冠泣涕谢曰:"臣不能式遏寇虐,遂使乘舆迁幸。请拘司败,以正刑书。"帝曰:"公之忠节,曝于朝野。朕以不德,负乘致寇。今日相见,深用厚颜。责在朕躬,无劳谢也。"乃奉帝都长安。披草莱,立朝廷,军国之政,咸取太祖决焉。仍加授大将军、雍州刺史,兼尚书令,进封略阳郡公,别置二尚书,随机处分,解尚书仆射,余如故。太祖固让,诏敦谕,乃受。初,魏帝在洛阳,许以冯翊长公主配太祖,未及结纳,而帝西迁。至是,诏太祖尚之,拜驸马都尉。

八月,齐神武袭陷潼关,侵华阴。太祖率诸军屯霸上以待之。齐神武留其将薛瑾守关而退。太祖乃进军讨瑾,虏其卒七千,还长安,进位丞相。冬十月,齐神武推魏清河王亶子善见为主,徙都于邺,是为东魏。十一月,遣仪同李虎与李弼、赵贵等讨曹泥于灵州,虎引河灌之。明年,泥降,迁其豪帅于咸阳。闰十二月,魏孝武帝崩。太祖与群公定策,尊立魏南阳王宝炬为嗣,是为文皇帝。

周书卷二
帝纪第二

文帝下

　　魏大统元年春正月己酉，进太祖督中外诸军事、录尚书事、大行台，改封安定郡王。太祖固让王及录尚书事，魏帝许之，乃改封安定郡公。东魏遣其将司马子如寇潼关，太祖军霸上，子如乃回军自蒲津寇华州，刺史王罴击走之。

　　三月，太祖以戎役屡兴，民吏劳弊，乃命所司斟酌今古，参考变通，可以益国利民便时适治者，为二十四条新制，奏魏帝行之。

　　二年春三月，东魏袭陷夏州，留其将张琼、许和守之。夏五月，秦州刺史、建忠王万俟普拨率所部叛入东魏。太祖勒轻骑追之，至河北千余里，不及而还。

　　三年春正月，东魏寇龙门，屯军蒲坂，造三道浮桥度河。又遣其将窦泰趣潼关，高敖曹围洛州。太祖出军广阳，召诸将曰："贼今掎吾三面，又造桥于河，示欲必渡，是欲缀吾军，使窦泰得西入耳。久与相持，其计得行，非良策也。且欢起兵以来，泰每为先驱，其下多锐卒，屡胜而骄。今出其不意，袭之必克。克泰则欢不战而自走矣。"诸将咸曰："贼在近，舍而远袭，事若蹉跌，悔无及也。"太祖曰："欢前再袭潼关，吾军不过霸上。今者大来，兵未出郊。贼顾谓吾但自守耳，无远斗意。又狃于得志，有轻我之心。乘此击之，何往不克。贼虽造桥，未能径渡。比五日中，吾取窦泰必矣。公等勿疑。"庚戌，太祖率骑六千还长安，声言欲保陇右。辛亥，谒帝而潜出军。癸丑旦,至小斗。窦泰卒闻军至,惶惧,依山为阵,未及成列,太祖纵兵击破之,尽俘其众万余人。斩泰,传首长安。高敖曹适陷洛州,执刺史泉企,闻泰之殁,焚辎重弃城走。齐神武亦撤桥而退。企子元礼寻复洛州,斩东魏刺史杜密。太祖还军长安。

六月,遣仪同于谨取杨氏壁。太祖请罢行台,帝复申前命,太祖受录尚书事,余固让,乃止。秋七月,征兵会咸阳。

八月丁丑,太祖率李弼、独孤信、梁御、赵贵、于谨、若干惠、怡峰、刘亮、王德、侯莫陈崇、李远、达奚武等十二将东伐。至潼关,太祖乃誓于师曰:"与尔有众,奉天威,诛暴乱。惟尔士,整尔甲兵,戒尔戎事,无贪财以轻敌,无暴民以作威。用命则有赏,不用命则有戮。尔众士其勉之。"遣于谨居军前,徇地至盘豆。东魏将高叔礼守栅不下,谨急攻之,乃降。获其戍卒一千,送叔礼于长安。戊子,至弘农。东魏将高干、陕州刺史李徽伯拒守。于时连雨,太祖乃命诸军冒雨攻之。庚寅,城溃,斩徽伯,虏其战士八千。高干走度河,令贺拔胜追擒之,并送长安。于是宜阳、邵郡皆来归附。先是河南豪杰多聚兵应东魏,至是各率所部来降。

齐神武惧,率众十万出壶口,趋蒲坂,将自后土济。又遣其将高敖曹以三万人出河南。是岁,关中饥。太祖既平弘农,因馆谷五十余日。时战士不满万人,闻齐神武将度,乃引军入关。齐神武遂度河,逼华州。刺史王罴严守。知不可攻,乃涉洛,军于许原西。太祖据渭南,征诸州兵皆会。乃召诸将谓之曰:"高欢越山度河,远来至此,天亡之时也。吾欲击之何如?"诸将咸以众寡不敌,请待欢更西,以欢其势。太祖曰:"欢若得至咸阳,人情转骚扰。今及其新至,便可击之。"即造浮桥于渭,令军人齐三日粮,轻骑度渭,辎重自渭南夹渭而西。

冬十月壬辰,至沙苑,距齐神武军六十余里。齐神武闻太祖至,引军来会。癸巳旦,候骑告齐神武军且至。太祖召诸将谋之。李弼曰:"彼众我寡,不可平地置阵,此东十里有渭曲,可先据以待之。"遂进军至渭曲,背水东西为阵。李弼为右拒,赵贵为左拒。命将士皆偃戈于葭卢中，闻鼓声而起。申时，齐神武至，望太祖军少，竞驰而进，不为行列，总萃于左军。兵将交，太祖鸣鼓，士皆奋起。于谨等六军与之合战，李弼等率铁骑横击之，绝其军为二队，大破之，斩六千余级，临阵降者二万余人。齐神武夜遁，追至河上，复大克获。前后虏其卒七万，留其甲士二万，余悉纵归。收其辎重兵甲，献俘长安。还军渭南，于是所征诸州兵始至。乃于战所，准当时兵士，人种树一株，以旌武功。进太祖柱国大将军，增邑并前五千户，李弼等十二将亦进爵增邑。并其下将士，赏各有差。

遣左仆射、冯翊王元季海为行台，与开府独孤信率步骑二万向洛阳；洛州刺史李显趋荆州；贺拔胜、李弼渡河围蒲坂。牙门将高子信开门纳胜军，东魏将薛崇礼弃城走，胜等追获之。太祖进军蒲坂，略定汾、降。于是许和杀张琼，以夏州降。初，太祖自弘农入关后，东魏将高敖曹围弘农，闻其军败，退守洛阳。独孤信至新安，敖曹复走度河，信遂入洛阳。东魏颍川长史贺若统与密县人张俭执刺史田迅举城降。荥阳郑荣业、郑伟等攻梁州，擒其刺史鹿永吉；清河人崔彦穆、檀琛攻荥阳，擒其郡守苏宿，皆来附。自梁陈已西，将吏降者相属。

于是东魏将尧雄、赵育、是云宝出颍川，欲复降地。太祖遣仪同宇文贵、梁迁等逆击，大破之。赵育来降。东魏复遣将任祥率河南兵与雄合，仪同怡峰与贵、迁等复击破之。又遣都督韦孝宽取豫州。是云宝杀其东扬州刺史那椿，以州来附。

四年春三月，太祖率诸将入朝。礼毕，还华州。

七月，东魏遣其将侯景、库狄干、高敖曹、韩轨、可朱浑元、莫多娄贷文等围独孤信于洛阳。齐神武继其后。先是，魏帝将幸洛阳拜园陵，会信被围，诏太祖率军救信，魏帝亦东。

八月庚寅，太祖至谷城，莫多娄贷文、可朱浑元来逆，临阵斩贷文，元单骑遁免，悉虏其众送弘农。遂进军瀍东。是夕，魏帝幸太祖营，于是景等夜解围去。及旦，太祖率轻骑追之，至于河上。景等北据河桥，南属邙山为阵，与诸军合战。太祖马中流矢，惊逸，遂失所之，因此军中扰乱。都督李穆下马授太祖，军以复振。于是大捷，斩高敖曹及其仪同李猛、西兖州刺史宋显等，虏其甲士一万五千，赴河死者以万数。

是日置阵既大，首尾悬远，从旦至未，战数十合，氛雾四塞，莫能相知。独孤信、李远居右，赵贵、怡峰居左，战并不利，又未知魏帝及太祖所在，皆弃其卒先归。开府李虎、念贤等为后军，遇信等退，即与俱还。由是乃班师，洛阳亦失守。大军至弘农，守将皆已弃城西走。所虏降卒在弘农者，因相与闭门拒守。进攻拔之，诛其魁首数百人。

大军之东伐也，关中留守兵少，而前后所虏东魏士卒，皆散在民间，乃谋为乱。及李虎等至长安，计无所出，乃与公卿辅魏太子出次渭北。关中大震恐，百姓相剽劫。于是沙苑所俘军人赵青雀、雍州民于伏德等遂反。青雀据长安子城，伏德保咸阳，与太守慕容思庆各收降卒，以拒还师。长安大城民皆相率拒青雀，每日接战。魏帝留止阌乡，遣太祖讨之。长安父老见太祖至，悲且喜曰："不意今日复得见公!"士女咸相贺。华州刺史导率军袭咸阳，斩思庆，擒伏德，南度渭与太祖会攻青雀，破之。太傅梁景睿先以疾留长安，遂与青雀通谋，至是亦伏诛。关中于是乃定。魏帝还长安，太祖复屯华州。

冬十一月，东魏将侯景攻陷广州。十二月，是云宝袭洛阳，东魏将王元轨弃城走。都督赵刚袭广州，拔之。自襄、广以西城镇复内属。

五年冬，大阅于华阴。

六年春，东魏将侯景出三鵶，将侵荆州，太祖遣开府李弼、独孤信各率骑五千出武关，景乃退还。夏，茹茹度河至夏州，太祖召诸军屯沙苑以备之。七年春三月，稽胡帅、夏州刺史刘平伏据上郡叛，遣开府于谨讨平之。冬十一月，太祖奏行十二条制，恐百官不勉于职事，又下令申明之。

八年夏四月，大会诸军于马牧。冬十月，齐神武侵汾、绛，围玉壁。太祖出军蒲坂，将击之。军至皂荚，齐神武退。太祖度汾追之，遂遁去。十二月，魏帝狩于华阴，大飨将士。太祖率诸将朝于行在所。

九年春，东魏北豫州刺史高仲密举州来附，太祖帅师迎之，令开府李远为前军。至洛阳，遣开府于谨攻柏谷坞，拔之。

三月，齐神武至河北。太祖还军瀍上以引之。齐神武果度河，据邙山为阵，不进者数日。太祖留辎重于瀍曲，士皆衔枚，夜登邙山。未明，击之，齐神武单骑为贺拔胜所逐，仅而获免。太祖率右军若干惠等大破齐神武军，悉虏其步卒。赵贵等五将军居左，战不利。齐神武军复合，太祖又不利，夜乃引还。既入关，屯渭上。齐神武进至陕，开府达奚武等率军御之，乃退。太祖以邙山之战，诸将失律，上表请自贬。魏帝报曰："公膺期作宰，义高匡合，仗钺专征，举无遗算。朕所以垂拱九载，实资元辅之力，俾九服宁谧，诚赖翊赞之功。今大寇未殄，而以诸将失律，便欲自贬，深亏体国之诚。宜抑此谦光，恤予一人。"于是广募关陇豪右，以增军旅。冬十月，大阅于栎阳，还屯华州。

十年夏五月，太祖入朝。秋七月，魏帝以太祖前后所上二十四条及十二条新制，方为中兴永式，乃命尚书苏绰更损益之，总为五卷，班于天下。于是搜简贤才，以为牧守令长，皆依新制而遣焉。数年之间，百姓便之。冬十月，大阅于白水。

十一年春三月，令曰："古之帝王所以外建诸侯内立百官者，非欲富贵其身而尊荣之，盖以天下至广，非一人所能独治，是以博访贤才，助己为治。若其知贤也，则以礼命之。其人闻命之日，则惨然曰：凡受人之事，任人之劳，何舍己而从人。又自勉曰：天生俊士，所以利时。彼人主者，欲与我为治，安可苟辞。于是降心而受命。及居官也，则昼不甘食，夜不甘寝，思所以上匡人主，下安百姓；不遑恤其私而忧其家，故妻子或有饥寒之弊而不顾也。于是人主赐之以俸禄，尊之以轩冕，而不以为惠也。贤臣受之，亦不以为德也。位不虚加，禄不妄赐。为人君者，诚能以此道授官，为人臣者，诚能以此情受位,则天下之大,可不言而治矣。昔尧、舜之为君,稷、契之为臣,用此道也。及后世衰微,此道遂废,乃以官职为私恩,爵禄为荣惠。人君之命官也,亲则授之,爱则任之。人臣之受位也,可以尊身而润屋者,则遇道而求之;损身而利物者,则巧言而辞之。于是至公之道没,而奸诈之萌生。天下不治,正为此矣。

今圣主中兴,思去浇伪,诸在朝之士,当念职事之艰难,负阙之招累,夙夜兢兢,如临深履薄。才堪者,则审己而当之;不堪者,则收短而避之。使天官不妄加,王爵不虚受,则淳素之风,庶几可反。"冬十月大阅于白,水遂西狩岐阳。

十二年春,凉州刺史宇文仲和据州反。瓜州民张保害刺史成庆,以州应仲和。太祖遣开府独孤信讨之。东魏遣其将侯景侵襄州,太祖遣开府若干惠率轻骑击之。至穰,景遁去。夏五月,独孤信平凉州,擒仲和,迁其民六千余家于长安。瓜州都督令狐延起义诛张保,瓜州平。

七月,太祖大会诸军于咸阳。

九月,齐神武围玉壁,大都督韦孝宽力战拒守,齐神武攻围六旬不能下,其士卒死者什二三。会齐神武有疾,烧营而退。

十三年春正月,茹茹寇高平,至于方城。是月,齐神武薨。其子澄嗣,是为文襄帝。与其河南大行台侯景有隙,景不自安,遣使请举河南六州来附。齐文襄遣其将韩轨、库狄干等围景于颍川。三月,太祖遣开府李弼率军援之,轨等遁去。景请留收辑河南,遂徙镇豫州。于是遣开府王思政据颍川,弼引军还。秋七月,侯景密图附梁。太祖知其谋,悉追还前后所配景将士。景惧,遂叛。冬,太祖奉魏帝西狩于岐阳。

十四年春,魏帝诏封太祖长子毓为宁都郡公,食邑三千户。初,太祖以平元颢、纳孝庄帝之功,封宁都县子,至是改县为郡,而以封毓,用彰勤王之始也。夏五月,进授太祖太师。太祖奉魏太子巡抚西境,自新平出安定,登陇,刻石纪事。下安阳,至原州,历北长城,大狩。将东趣五原,至蒲川,闻魏帝不豫,遂还。既至,帝疾已愈,于是还华州。

是岁,东魏遣其将高岳、慕容绍宗、刘丰生等,率众十余万围王思政于颍川。

十五年春,太祖遣大将军赵贵帅军至穰,兼督东南诸州兵以援思政。高岳起堰,引洧水以灌城,自颍川以北皆为陂泽,救兵不得至。

夏六月,颍川陷。初,侯景自豫州附梁,后遂度江,围建业。梁司州刺史柳仲礼以本朝有难,帅兵援之。梁竟陵郡守孙皓举郡来附,太祖使大都督符贵往镇之。及景克建业,仲礼还司州,率众来寇,皓以郡叛。太祖大怒。冬十一月,遣开府杨忠率兵与行台仆射长孙俭讨之,攻克随郡。忠进围仲礼长史马岫于安陆。

是岁,盗杀齐文襄于邺,其弟洋讨贼,擒之,仍嗣其事,是为文宣弟。

十六年春正月,柳仲礼率众来援安陆,杨忠逆击于漴头,大破之,擒仲礼,悉虏其众。马岫以城降。三月,魏帝封太祖第二子震为武邑公,邑二千户。先是,梁雍州刺史、岳阳王詧与其叔父荆州刺史、湘东王绎不睦,乃称蕃来附,遣其世子嶚为质。及杨忠擒仲礼,绎惧,复遣其子方平来朝。

夏五月,齐文宣废其主元善见而自立。

秋七月,太祖率诸军东伐,拜章武公导为大将军,总督留守诸军事,屯泾北以镇关中。九月丁巳,军出长安。时连雨,自秋及冬,诸军马驴多死。遂于弘农北造桥济河,自蒲坂还。于是河南自洛阳,河北自平阳以东,遂入于齐矣。

十七年春三月,魏文帝崩,皇太子嗣位,太祖以冢宰总百揆。梁邵陵王萧纶侵安陆,大将军杨忠讨擒之。

冬十月,太祖遣大将军王雄出子午,伐上津、魏兴;大将军达奚武出散关,伐南郑。

　　魏废帝元年春,王雄平上津、魏兴,以其地置东梁州。夏四月,达奚武围南郑,月余,梁州刺史、宜农侯萧循以州降。武执循还长安。秋八月,东梁州民叛,率众围州城。太祖复遣王雄讨之。

　　侯景之克建业也,还奉梁武帝为主。居数旬,梁武以愤恚薨。景又立其子纲,寻而废纲自立。岁余,纲弟绎讨景,擒之。遣其舍人魏彦来告,仍嗣位于江陵,是为元帝。二年春,魏帝诏太祖去丞相、大行台,为都督中外诸军事。二月,东梁州平。迁其豪帅于雍州。三月,太祖遣大将军魏安公尉迟迥率众伐梁武陵王萧纪于蜀。夏四月,太祖勒锐骑三万西逾陇,度金城河,至姑臧。吐谷浑震惧,遣使献其方物。五月,萧纪潼州刺史杨乾运以州降,引迥军向成都。秋七月,太祖自姑臧至于长安。八月,克成都,剑南平。冬十一月,尚书元烈谋作乱,事发,伏诛。

　　三年春正月,始作九命之典,以叙内外官爵。以第一品为九命,第九品为一命。改流外品为九秩,亦以九为上。又改置州郡及县:改东雍为华州,北雍为宜州,南雍为蔡州,华州为同州,北华为鄜州,东秦为陇州,南秦为成州,北秦为交州,东荆为淮州,南荆为昌州,东夏为延州,南夏为长州,东梁为金州,南梁为隆洲,北梁为静州,阳都为汾州,南汾为勋州,汾州为丹州,南幽为宁州,南岐为凤州,南洛为上州,南广为淯州,南襄为湖州,西凉为甘州,西郢为鸿州,西益为利州,东巴为集州,北应为辅州,恒州为均州,沙洲为深州,宁州为麓州,义州为岩州,新州为温州,江州为沔州,西安为盐州,安州为始州,并州为随州,肆州为塘州,曾州为顺州,淮州为纯州,扬州为颍州,司州为宪州,南平为升州,南郢为归州,青州为眉州。凡改洲四十六,置州一,改郡一百六,改县二百三十。

　　自元烈诛,魏帝有怨言,魏淮安王育、广平王赞等垂泣谏之,帝不听。于是太祖与公卿定议,废帝,尊立齐王廓,是为恭帝。

　　魏恭帝元年夏四月,帝大飨群臣。魏史柳虬执简书于朝曰:“废帝,文皇帝之嗣子。年七岁,文皇帝托于安定公曰:‘是子才,由于公,不才,亦由于公,宜勉之。’公即受兹重寄,居元辅之任,又纳女为皇后,遂不能训诲有成,致令废黜,负文皇帝付属之意,此咎非安定公而谁?"太祖乃令太常卢辩作告谕公卿曰:"呜呼!我群后暨众士,维文皇帝以褓襁之嗣托于予,训之诲之,庶厥有成。而予罔能革变厥心,庸暨乎废,坠我文皇帝之志。呜呼!兹咎予其焉避。予实知之,矧尔众人之心哉。惟予之颜,岂惟今厚,将恐来世以予为口实。"乙亥,诏封太祖子邕为辅城公,宪为安城公,邑各二千户。

茹茹乙旃达官寇广武。五月,遣柱国赵贵追击之,斩首数千级,收其辎重而还。秋七月,太祖西狩至于原州。

梁元帝遣使请据旧图以定疆界,又连结于齐,言辞悖慢。太祖曰:"古人有言'天之所弃,准能兴之',其萧绎之谓乎。"

冬十月壬戌,遣柱国于谨、中山公护、大将军杨忠、韦孝宽等步骑五万讨之。十一月癸未,师济于汉。中山公护与杨忠率锐骑先屯其城下,据江津以备其逸。丙申,谨至江陵,列营围守。辛亥,进攻城,其日克之。擒梁元帝,杀之,并虏其百官及士民以归。没为奴婢者十余万,其免者二百余家。立萧詧为梁主,居江陵,为魏附庸。梁将王僧辩、陈霸先于丹阳立梁元帝第九子方智为主。

魏氏之初,统国三十六,大姓九十九,后多绝灭。至是,以诸将功高者为三十六国后,次功者为九十九姓后,所统军人,亦改从其姓。

二年,梁广州刺史王琳寇边。冬十一月,遣大将军豆卢宁帅师讨之。

三年春正月丁丑,初行"周礼",建六官。以太祖为太师、大冢宰,柱国李弼为太傅、大司徒赵贵为太保,大宗伯独孤信为大司马,于谨为大司寇,侯莫陈崇为大司空。初,太祖以汉魏官繁,思革前弊。大统中,乃命苏绰、卢辩依周制改创其事,寻亦置六卿官,然为撰次未成,众务独归台阁。至是始毕,乃命行之。

夏四月,太祖北巡狩。秋七月,度北河。王琳遣使来附,以琳为大将军、长沙郡公。魏帝封太祖子直为秦郡公,招为正平公,邑各一千户。九月,太祖有疾,还至云阳,命中山公护受遗辅嗣子。冬十月乙亥,崩于云阳宫,还长安发丧。时年五十二。甲申,葬于成陵,谥曰文公。孝闵帝受禅,追尊为文王,庙曰太祖。武成元年,追尊为文皇帝。

太祖知人善任,使从谏如流,崇尚儒术,明达政事,恩信被物,能驾驭英豪,一见之者,咸思用命。沙苑所获囚俘,释而用之;河桥之役,率以击战,皆得其死力。诸将出征,授以方略,无不制胜。性好朴素,不尚虚饰,恒以反风俗,复古始为心。

史臣曰:水历将终,群凶放命,或威权震主,或衅逆滔天。咸谓大宝可以力征,神物可以求得,莫不窥觎九鼎,睥睨两宫,而诛夷继及,亡不旋踵。是知巨君篡盗,终成建武之资;仲颖凶残,实启当涂之业。天命有底,庸可滔乎?

太祖田无一成,众无一旅,驱驰戎马之际,蹑足行伍之间。属与能之时,应启圣之运,鸠集义勇,纠合同盟,一举而殄仇雠,再驾而匡帝室。于是内询帷幄,外仗材雄,推至诚以待人,弘大顺以训物。高氏籍甲兵之众,恃戎马之强,屡入近几,志图吞噬。及英谋电发,神旆风驰,弘农建城濮之勋,沙苑有昆阳之捷。取威定霸,以弱为强。绍元宗之衰绪,创隆周之景命。南清江汉,西举巴蜀,北控沙漠,东据伊瀍。乃摈落魏晋,宪章古昔,修六官之废典,成一代之鸿规。德刑并用,勋贤兼叙,远安迩悦,欲阜民和。亿兆之望有归,揖让之期允集。功业若此,人臣以终。盛矣哉!非夫雄略冠时,英姿不世,天与神授,纬武经文者,孰能与于此乎?昔者,汉献蒙尘,曹公成夹辅之业;晋安播荡,宋武建匡合之勋。校德论功,绰有余裕。

至于渚宫制胜,阖城孥戮;茹茹归命,尽种诛夷;虽事出于权道,而用乖于德教。周祚之不永,或此之由乎?

周书卷三
帝纪第三

孝闵帝

　　孝闵皇帝讳觉，字陁罗尼，太祖第三子也。母曰元皇后。大统八年，生于同州官舍。九岁，封略阳郡公。时有善相者史元华见帝，退谓所亲曰："此公子有至贵之相，但恨其寿不足以称之耳。"魏恭帝三年三月，命为安定公世子。四月，拜大将军。十月乙亥，太祖崩。丙子，嗣位太师、大冢宰。十二月丁亥，魏帝诏以岐阳之地封帝为周公。庚子，禅位于帝。诏曰："予闻皇天之命不于常，惟归于德。故尧授舜，舜授禹，时其宜也。天厌我魏邦，垂变以告，惟尔罔弗知。予虽不明，敢弗龚天命，格有德哉。今踵唐虞旧典，禅位于周，庸布告遐迩焉。"使大宗伯赵贵持节奉册书曰："咨尔周公，帝王之位弗有常，有德者受命，时乃天道。予式时庸，荒求于唐虞之彝踵。曰我魏德之终旧矣，我邦小大罔弗知，今其可久佛于天道而不归有德欤。时用询谋。佥曰公昭考文公，格勋德于天地，丕济生民。泊公躬，又宣重光。故玄象征见于上，讴讼奔走于下，天之历数，用实在焉。予安敢弗若。是以钦祗圣典，逊位于公。公其享兹大命，保有万国，可不慎欤。"魏帝临朝，遣民部中大夫、济北公元迪致皇帝玺绂。固辞，公卿百辟劝进，太史陈祥瑞，乃从之。是日，魏帝逊于大司马府。
　　元年春正月辛丑，即天王位。柴燎告天，朝百官于路门。追尊皇考文公为文王，皇妣为文后。大赦天下。封魏帝为宋公。是日，槐里献赤雀四。百官奏议云："帝王之兴，罔弗更正朔，明受之于天，革民视听也。逮于尼父,稽诸阴阳,云行夏之时,后王所不易。今魏历告终,周室受命,以木承水,实当行录,正用夏时,式遵圣道。惟文王诞玄气之祥,有黑水之谶,服色宜乌。"制曰可。以大司徒、赵郡公李弼为太师,大宗伯、南阳公赵贵为太傅、大冢宰,大司马、河内公独孤信为太保、大宗伯,柱国、中山公护为大司马。以大将军宁都公毓、高阳公达奚武、武阳公豆卢宁、小司寇阳平公李远、小司马博陵公贺兰祥、小宗伯魏安公尉迟迥等并柱国。

壬寅,祠圆丘。诏曰:"予本自神农,其于二丘,宜作厥主。始祖献侯,启土辽海,肇有国基,配南北郊。文考德符五运,受天明命,祖于明堂,以配上帝,庙为太祖。"癸卯,祠方丘。甲辰,祠太社。初除市门税。乙巳,祠太庙。丁未,会百官于乾安殿,班赏各有差。

戊申,诏曰:"上天有命,革魏于周,致予一人,受兹大号。予惟古先圣王,罔弗先于省视风俗,以求民瘼,然后克治。矧予眇眇,又当草昧,若弗尚于达四聪、明四目之训者,其有闻知哉!有司宜分命方别之使,所在巡抚。五教何者不宣,时政有何不便;得无修身洁己,才堪佐世之人,而不为上所知;冤枉受罚,幽辱于下之徒,而不为上所理;孝义贞节,不为有司所申;鳏寡孤穷,不为有司所恤;暨黎庶衣食丰约,赋役繁省,灾厉所兴,水旱之处,并宜具闻。若有年八十已上,所在就加礼饩。"辛亥,祠南郊。壬子,立王后元氏。

乙卯,诏曰:"惟天地草昧,建邦以宁。今可大启诸国,为周藩屏。"于是封太师李弼为赵国公,太傅赵贵为楚国公,太保独孤信为卫国公,大司寇于谨为燕国公,大司空侯莫陈崇为梁国公,大司马中山公护为晋国公,邑各万户。辛酉,祠太庙。癸亥,亲耕籍田。丙寅,于剑南陵井置陵州,武康郡置资州,遂宁郡置遂州。

二月癸酉,朝日于东郊。乙亥,改封永昌公广为天水郡公。戊寅,祠太社。丁亥,楚国公赵贵谋反,伏诛。诏曰:"朕文考昔与群公洎列将众官,同心戮力,共治天下。自始及终,二十三载,迭相匡弼,上下无怨。是以群公等用升余于大位。朕虽不德,岂不识此。是以朕于群公,同姓者如弟兄,异姓者如甥舅。冀此一心,平定宇内,各令子孙,享祀百世。而朕不明,不能辑睦,致使楚公贵不悦于朕,与万俟几通、叱奴兴、王龙仁、长孙僧衍等阴相假署,图危社稷。事不克行,为开府宇文盛等所告。及其推究,咸伏厥辜。兴言及此,心焉如痗。但法者天下之法,朕既为天下守法,安敢以私情废之。《书》曰'善善及后世,恶恶止其身'。其贵、通、兴、龙仁罪止一家,僧衍止一房,余皆不问。惟尔文武,咸知时事。"太保独孤信有罪免。

甲午,以大司空、梁国公侯莫陈崇为太保,大司马、晋国公护为大冢宰,柱国、博陵公贺兰祥为大司马,高阳公达奚武为大司寇,大将军、化政公宇文贵为柱国。己亥,秦州、泾州各献木连理。岁星守少微,经六十日。

三月庚子,会文武百官,班赐各有差。己酉,柱国、卫国公独信赐死。壬子,诏曰:"浙州去岁不登,厥民饥馑,朕用悯焉。其当州租输未毕者,悉宜免之。兼遣使巡检,有穷馁者,并加赈给。"癸亥,省六府士员,三分减一。

夏四月己巳,以少师、平原公侯莫陈顺为柱国。壬申,诏死罪以下,各降一等。壬午,谒成陵。乙酉,还宫。丁亥,祠太庙。五月癸卯,岁星犯太微上将,太白犯轩辕。己酉,槐里献白燕。帝欲观渔于昆明池,博士姜须谏,乃止。

秋七月壬寅,帝听讼于右寝,多所哀宥。甲辰,月掩心后星。辛亥,祠太庙。荧惑犯东井北端第二星。八月戊辰。祠太社。辛未,诏曰:"朕甫临大位,政教未孚,使我民农,多陷刑纲。今秋律已应,将行大戮,言念群生,责在于朕。宜从肆眚,与其更新。其犯死者宜降从流,流以下各降一等。不在赦限者,不从此降。"甲午,诏曰:"帝王之治天下,罔弗博求众才,以乂厥民。今二十四军宜举贤良堪治民者,军列九人。被举之人,于后不称厥任者,所举官司,皆治其罪。"

九月庚申,诏曰:"朕闻君临天下者,非由一人,时乃上下同心所致。今文武之官及诸军人不沾爵封者,宜各授两大阶。"改太守为郡守。

帝性刚果,见晋公护执政,深忌之。司会李植、军司马孙恒以先朝佐命,入侍左右,亦疾护之专,乃与宫伯乙弗凤、贺拔提等潜谋,请帝诛护,帝然之。又引宫伯张光洛同谋。光洛密白护,护乃出植为梁州刺史,恒为潼州刺史。凤等遂不自安,更奏帝,将召群公入,因此诛护。光洛又白之。时小司马尉迟纲总统宿卫兵,护乃召纲共谋废立。令纲入殿中,诈呼凤等论事。既至,以次执送护弟,并诛之。纲仍罢散禁兵,帝方悟,无左右,独在内殿,令宫人持兵自守。护又遣大司马贺兰祥逼帝逊位。遂幽于旧邸,月余日,以弑崩,时年十六。植、恒等亦遇害。

及武帝诛护后,乃诏曰:"慎始敬终,有国彝典;事亡如存,哲王通制。义崇追远,礼贵尊亲。故略阳公至德纯粹,天姿秀杰。属魏祚告终,宝命将改,讴歌允集,历数攸归,上协苍灵之庆,下昭后祇之锡。而祸生肘腋,衅起萧墙,白兽噬骖,苍鹰集殿,幽辱神器,弑酷乘舆,冤结生民,毒流寓县,今河海澄清,氛沴消荡,追尊之礼,宜崇徽号。"遣太师、蜀国公迥于南郊上谥曰孝闵皇帝,陵曰静陵。

史臣曰:孝闵承既安之业,应乐推之运,柴天竺物,正位君临,迩无异言,远无异望。虽黄初代德,太始受终,不之尚也。然政由宁氏,主怀芒刺之疑;祭则寡人,臣无复子之请。以之速祸,宜哉。

周书卷四
帝纪第四

明　帝

世宗明皇帝讳毓，小名统万突，太祖长子也。母曰姚夫人。永熙三年，太祖临夏州，生帝于统万城，因以名焉。大统十四年，封宁都郡公。十六年，行华州事。寻拜开府仪同三司、宜州诸军事、宜州刺史。魏恭帝三年，授大将军，镇陇右。孝闵帝践祚，进位柱国，转岐州诸军事、岐州刺史。治有美政，黎民怀之。及孝闵帝废，晋公护遣使迎帝于岐州。秋九月癸亥，至京师，止于旧邸。甲子，群臣上表劝进，备法驾奉迎。帝固让，群臣固请。是日，即天王位，大赦天下。乙丑，朝群臣于延寿殿。

冬十月癸酉，太师、赵国公李弼薨。己卯，以大将军、昌平公尉迟纲为柱国。乙酉，祠圆丘。丙戌，祠方丘。甲午，祠太社。柱国、阳平公李远赐死。是月，梁相陈霸先废其主萧方智而自立，是为陈武帝。

十一月庚子，祠太庙。丁未，祠圆丘。丁巳，诏曰："帝王之道，以宽仁为大，魏政诸有轻犯未至重罪、及诸村民一家有犯乃及数家而被远配者，并宜放还。"十二月庚午，谒成陵。癸酉，还宫。庚辰，以大将军、辅成公邑为柱国。戊子，赦长安见囚。甲午，诏曰："善人之后，犹累世获宥，况魏氏以德让代终，岂容不加隐恤。元氏子女自坐赵贵等事以来，所有没入为官口者，悉宜放免。"

二年春正月乙未，以大冢宰、晋公护为太师。辛亥，亲耕籍田。癸丑，立王后独孤氏。丁巳，雍州置十二郡。又于河东置蒲州，河北置虞州，弘农置陕州，正平置绛州，宜阳置熊州，邵郡置邵州。二月癸未，诏曰：“王者之宰民也，莫不同四海，一远近，为父母而子之。一物失所，若纳于隍。贼之境土，本同大化，往因时难，致阻东西。遂使疆场之间，互相抄掠。兴言及此，良可哀伤。自元年以来，有被掠入贼者，悉可放免。”自冬不雨，至于是月方大雪。

三月甲午，齐北豫州刺史司马消难举州来附，遣柱国、高阳公达奚武与大将军杨忠率众迎之。改雍州刺史为雍州牧，京兆郡守为京兆尹。以广业、修城二郡置康州，葭卢郡置文州。戊申，长安献白雀。庚申，诏曰：“三十六国，九十九姓，自魏氏南徙，皆称河南之民。今周室既都关中，宜改称京兆人。”

夏四月己巳，以太师、晋公护为雍州牧。庚午，荧惑入轩辕。辛未，降死罪一等，五岁刑已下皆原之。甲戌，王后独孤氏崩。甲申，葬敬后。五月乙未，以大司空、梁国公侯莫陈崇为大宗伯。

六月癸亥，咴哒遣使献方物。己巳，板授高年刺史、守、令，恤鳏寡孤独各有差。分长安为万年县，并治京城。辛未，幸昆明池。壬申，长安献白乌。遣使分行州郡，理囚徒，察风俗，掩骼埋胔。秋七月甲午，遣柱国、宁蜀公尉迟迥率众于河南筑安乐城。丙申，顺阳献三足乌。

八月甲子，群臣上表称庆。诏曰：“夫天不爱宝，地称表瑞，莫不威凤巢阁，图龙跃沼，岂直日月珠连，风雨玉烛。是以《钩命决》曰‘王者至孝则出’，元命苞曰‘人君至治所有’。虞舜烝，来兹异趾；周文翼翼，翔此灵禽。文考至德下覃，遗仁爰被，远符千载，降斯三足。将使三方归本，九州翕定。惟此大体，景福在民。予安敢让宗庙之善，弗宣大惠。可大赦天下，文武官普进二级。”

九月辛卯，以大将军杨忠、大将军杨雄并为柱国。甲辰，封少师元罗为韩国公，以绍魏后。丁未，幸同州。过故宅，赋诗曰：“玉烛调秋气，金舆历旧宫。还如过白水，更似入新丰。霜潭渍晚菊，寒井落疏桐。举杯延故老，令闻歌大风。”

冬十月辛酉，还宫。乙丑，遣柱国尉迟迥镇陇右。长安献白兔。十二月辛酉，突厥遣使献方物。癸亥，太庙成。辛巳，以功臣琅耶贞献公贺拔胜等十三人配享太祖庙廷。壬午，大赦天下。

武成元年春正月己酉，太师、晋公护上表归政，帝始亲览万机。军旅之事，护犹总焉。初改都督诸州军事为总管。丙辰，封大将军、章武孝公导子亮为永昌公，翼为西阳公。三月癸巳，陈六军，帝亲摄甲胄，迎太白于东方。秦郡公直镇蒲州。吐谷浑寇边，庚戌，遣大司马、博陵公贺兰祥率众讨之。四月戊午，武当郡献赤乌。甲戌，云。秦州献白马朱鬣。

五月戊子，诏曰：“皇王之迹不一，因革之道已殊，莫不播八政以成物，兆三元而为纪。是以容成创定于轩辕，羲和钦若于唐世，《鸿范》九畴，大弘五法。《易》曰：‘泽中有火，革，君子以治历明时。’故历之为义大矣。但忽微成象，象极则差；分积命时，时积斯舛。开辟至于获麟，二百七十六万岁，晷度推移，余分盈缩，南正无闻，畴人靡记。暑往寒来，理乖攸序，敬授民时，何其积谬。昔汉世巴郡洛下闳善治历，云后八百岁，当有圣人定之。自火行至今，木德应其运矣，朕何让焉。可命有司，傍稽六历，仰观七曜，博推古今，造我周历，量定以闻。”己亥，听讼于正武殿。辛亥，以大宗伯、梁国公侯莫陈崇为大司徒，大司寇、高阳公达奚武为大宗伯，武阳公豆卢宁为大司寇，柱国、辅城公邕为大司空。乙卯，诏曰：“比屡有纠发官司赦前事。此虽意在疾恶，但先王制肆眚之道，令天下自新。若又推问，自新何由哉？如此之徒，有司勿为推究。惟库厩仓廪与海内所共，汉帝有云‘朕为天下守财耳’。若有侵盗公家财畜钱粟者，魏朝之事，年月既远，一不须问。自周有天下以来，虽经赦宥，而事迹可知者，有司宜即推穷。得实之日，但免其罪，征备如法。”贺兰祥攻拔洮阳、洪和二城，吐谷浑遁走。闰月庚申，高昌遣使献方物。

六月戊子，大雨霖。诏曰：“昔唐咨四岳，殷告六眚，睹灾兴惧，咸置时雍。朕抚运应图，作民父母，弗敢怠荒，以求民瘼。而霖雨作

渗，害麦伤苗，陨屋漂垣，洎于昏垫。谅朕不德，苍生何咎。刑政所
失，罔识厥由。公卿大夫士爰及牧守黎庶等，今宜各上封事，谠言极
谏，罔有所讳。朕将览察，以答天谴。其遭水者，有司可时巡检，条
列以闻。"庚子，诏曰："颍川从我，是曰元勋；无忘父城，实起王业。
文考属天地草昧，造化权舆，拯彼横流，匡兹颓运。赖英贤尽力，文
武同心，翼赞大功，克隆帝业。而被坚执锐，栉风沐雨，永言畴昔，良
用恻然。至若功成名遂，建国剖符，予惟休也。其有致死王事，妻子
无归者，朕甚伤之。凡是从先王向夏州，发夏州从来，见在及薨亡
者，并量赐钱帛，称朕意焉。"是月，陈武帝薨，兄子蒨立，是谓文帝。

八月己亥，改天王称皇帝，追尊文王为帝，大赦改元。壬子，以
大将军、安城公宪为益州总管。癸丑，增御正四人，位上大夫。

九月乙卯，以大将军、天水公广为梁州总管。辛未，进封辅城公
邕为鲁国公，安城公宪为齐国公，秦郡公直为卫国公，正平公招为
赵国公。封皇弟俭为谯国公，纯为陈国公，盛为越国公，达为代国
公，通为冀国公，逌为滕国公。进封天水公广为蔡国公，高阳公达奚
武为郑国公，武阳公豆卢宁为楚国公，博陵公贺兰祥为凉国公，宁
蜀公尉迟迥为蜀国公，化政公宇文贵为许国公，陈留公杨忠为随国
公，昌平公尉迟纲为吴国公，武威公王雄为庸国公。邑各万户。

冬十月甲午，以柱国、吴国公尉迟纲为泾州总管。是月，齐文宣
帝薨，子殷嗣立。以柱国、蜀国公尉迟迥为秦州总管。

二年春正月癸丑朔，大会群臣于紫极殿，始用百戏焉。三月辛
酉，重阳阁成，会群公列将卿大夫及突厥使者于芳林园，赐钱帛各
有差。

夏四月，帝因食遇毒。庚子，大渐。诏曰：人生天地之间，禀五
常之气，天地有穷已，五常有推移，人安得长在。是以生而有死者，
物理之必然。处必然之理，修短之间，何足多恨。朕虽不德，性好典
坟，披览圣贤余论，未尝不以此自晓。今乃命也，夫复何言。诸公及
在朝卿大夫士，军中大小督将、军人等，并立勋效，积有年载，辅翼
太祖，成我周家。今朕缵承大业，处万乘之上，此乃上不负太祖，下

不负朕躬，朕得启手启足，从先帝于地下，实无恨于心矣。所可恨者，朕享大位，可谓四年矣，不能使政化循理，黎庶丰足，九州未一，二方犹梗，顾此怀恨，目用不瞑。唯冀仁兄冢宰，洎朕先正、先父、公卿大臣等，协和为心，勉力相劝，勿忘太祖遗志，提挈后人，朕虽没九泉，形体不朽。

今大位虚旷，社稷无主。朕儿幼稚，未堪当国。鲁国公邕，朕之介弟，宽仁大度，海内共闻，能弘我周家，必此子也。夫人贵有始终，公等事太祖，辅朕躬，可谓有始矣，若克念世道艰难，辅邕以主天下者，可谓有终矣。哀死事生，人臣大节，公等思念此言，令万代称欢。

朕禀生俭素，非能力行菲薄，每寝大布之被，服大帛之衣，凡是器用，皆无雕刻。身终之日，岂容违弃此好。丧事所须，务从俭约，敛以时服，勿使有金玉之饰。若以礼不可阙，皆令用瓦。小敛讫，七日哭。文武百官各权辟衰麻，且以素服从事。葬日，选择不毛之地，因地势为坟，勿封勿树。且厚葬伤生，圣人所诫，朕既服膺圣人之教，安敢违之。凡百官司，勿异朕此意。四方州镇使到，各令三日哭，哭讫，悉权辟凶服，还以素服从事，待大例除。非有呼召，各按部自守，不得辄奔赴阙庭。礼有通塞随时之义，葬讫，内外悉除服从吉。三年之内，勿禁婚娶，饮食一令如平常也。

时事殷猥，病困心乱，止能及此。如其事有不尽，准此以类为断。死而近思古，人有之。朕今忍死，书此怀抱。"其诏即帝口授也。辛丑，崩于延寿殿，时年二十七，谥曰明皇帝，庙称世宗。五月辛未，葬于昭陵。

帝宽明仁厚，敦睦九族，有君人之量。幼而好学，博览群书，善属文，词彩温丽。及即位，集公卿已下有文学者八十余人于麟趾殿，刊校经史。又捃采众书，自羲、农以来，讫于魏末，叙为《世谱》，凡五百卷云。所著文章十卷。

史臣曰：世宗宽仁远度，睿哲博闻。处代邸之尊，实文昭之长。豹姿已变，龙德独潜，而百辟倾心，万方注意。及乎迎宣黜贺，入纂大宗，而礼貌功臣，敦睦九族，率由恭俭，崇尚文儒，亹亹焉其有君人之德者矣。始则权臣专制，政出私门；终乃鸩毒潜加，享年不永。呜呼，惜哉！

周书卷五
帝纪第五

武帝上

　　高祖武皇帝讳邕，字祢罗突，太祖第四子也。母曰叱奴太后。大统九年，生于同州，有神光照室。幼而孝敬，聪敏有器质。太祖异之，曰："成吾志者，必此儿也。"年十二，封辅城郡公。孝闵帝践祚，拜大将军，出镇同州。世宗即位，迁柱国，授蒲州诸军事、蒲州刺史。武成元年，入为大司空、治御正，进封鲁国公，领宗师。甚为世宗所亲爱，朝廷大事，多共参议。性沉深有远识，非因顾问，终不辄言。世宗每叹曰："夫人不言，言必有中。"

　　武成二年夏四月，世宗崩，遗诏传帝位于高祖。高祖固让，百官劝进，乃从之。壬寅，即皇帝位，大赦天下。冬十二月，改作露门、应门。是岁，齐常山王高演废其主殷而自立，是为孝昭帝。

　　保定元年春正月戊申，诏曰："塞暑亟周，奄及徂岁，改元命始，国之典章。朕祗承宝图，宜遵故实。可改武成三年为保定元年。嘉号既新，惠泽宜布，文武百官，各增四级。"以大冢宰、晋国公护为都督中外诸军事，令五府总于天官。庚戌，祠圆丘。壬子，祠方丘。甲寅，祠感生帝于南郊。乙卯，祠太社。辛酉，突厥遣使献其方物。戊辰，诏曰："履端开物，实资元后；代终成务，谅惟宰栋。故周文公以上圣之智，翼彼姬周，爰作六典，用光七百。自兹厥后，代失其绪，俾巍巍之化，历千祀而莫传；郁郁之风，终百王而永坠。我太祖文皇帝禀纯和之气，挺天纵之英，德配乾元，功侔造化，故能舍末世之弊风,蹈隆周之叡典,诞述百官,厥用允集。所谓乾坤改而重构,岂帝王洪范而已哉。朕入嗣大宝,思扬休烈。今可班斯礼于太祖庙庭。"己巳,祠太庙,班太祖所述六官焉。癸酉,吐谷浑、高昌并遣使献方物。甲戌,诏先经兵戎官年六十已上,及民七十已上,节级板授官。乙亥,亲耕籍田。丙子,大射于正武殿,赐百官各有差。

二月己卯,遣大使巡察天下。于洮阳置洮州。甲午,朝日于东郊。乙未,突厥、宕昌并遣使献方物。丙午,省輦輅,去百戏。弘农上言九尾狐见。三月丙寅,改八丁兵为十二丁兵,率岁一月役。夏四月丙子朔,日有食之。庚寅,以少傅、吴公尉迟纲为大司空。丁酉,白兰遣使献犀甲、铁铠。五月丙午,封孝闵皇帝子康为纪国公,皇子赟为鲁国公。晋公护获玉斗以献。戊辰,突厥、龟兹并遣使献方物。六月乙酉,遣治御正殷不害等使于陈。

秋七月戊申,诏曰:"亢旱历时,嘉苗殄悴。岂狱犴失理,刑罚乖哀欤?其所在见囚:死以下,一岁刑以上,各降本罪一等;百鞭以下,悉原免之。"更铸钱,文曰"布泉",以一当五,与五铢并行。己酉,追封皇伯父颢为邵国公,以晋公子江陵公会为后;次伯父连为杞国公,以章武孝公子永昌公亮为后;第三伯父洛生为莒国公,以晋公子崇业公至为后;又追封武邑公震为宋国公,以世宗子实为后;并袭封。己巳,荧惑入与鬼,犯积尸。

九月甲辰,南宁州遣使献滇马及蜀铠。乙巳,客星见于翼。冬十月甲戌,日有蚀之。戊寅,荧惑犯太微上将,合焉。十一月乙巳,以大将军、卫国公直为雍州牧。陈遣使来聘。进封柱国、广武公窦炽为邓国公。丁巳,狩于岐阳。是月,齐孝昭帝薨,弟长广王湛代立,是为武成帝。十二月壬午,至自岐阳。是岁,追封皇族祖仲为虞国公。

二年春正月壬寅,初于蒲州开河渠,同州开龙首渠,以广溉灌。丁未,以陈主弟顼为柱国,送还江南。闰月己丑,诏柱国以下,帅都督以上,母妻授太夫人,夫人、郡君、县君各有差。癸巳,太白入昂。乙亥,柱国、大司马、凉国公贺兰祥薨。洛州民周共妖言惑众,假署将相,事发伏诛。二月壬寅,荧惑犯太微上相。癸丑,以久不雨,降宥罪人,京城三十里内禁酒。梁主萧詧薨。以大将军、蔡国公广为秦州总管。三月壬午,荧惑犯左执法。夏四月甲辰,禁屠宰,旱故也。丁巳,南阳献三足乌。湖州上言见二白鹿从三角兽而行。己未,于伏流城置和州。癸亥,诏曰:"比以寇难犹梗,九州未一,文武之官立功效者,虽锡以茅土,而未给租赋。诸柱国等勋德隆重,宜有优崇,各准别制,邑户听寄食他县。"五月庚午,以山南众瑞并集,大赦天下,百官及军人,普泛二级。南阳宛县三足乌所集,免今年役及租赋之半。壬辰,以柱国随国公杨忠为大司空,吴国公尉迟纲为陕州总管。六月己亥,以柱国蜀国公尉迟迥为大司马,邵国公会为蒲州总管。分山南荆州、安州、襄州、江陵为四州总管。秋七月己巳,封开府贺拔纬为霍国公。乙亥,太白犯舆鬼。九月戊辰朔,日有蚀之。陈遣使来聘。

冬十月戊戌,诏曰:"树之元首,君临海内,本乎宣明教化,亭毒黔黎;岂唯尊贵其身,侈富其位。是以唐尧逮葛之衣,粗粝之食,尚临汾阳而永叹,登姑射而兴想。况无圣人之德而嗜欲过之,何以克厌众心,处于尊位,朕甚恶焉。今巨寇未平,军戎费广,百姓空虚,与谁为足。凡是供朕衣服饮食,四时所须,爰及宫内调度,朕今手自减削。纵不得顿行古人之道,岂曰全无庶几。凡尔百司,安得不思省约,勖朕不逮者哉。"辛亥,帝御太武殿大射,公卿列将皆会。戊午,讲武于少陵原。分南宁州置恭州。

十一月丁卯,以大将军、卫国公直、大将军、赵国公招并为柱国。又以招为益州总管。壬午,荧惑犯岁星于危南。十二月,益州献赤乌。

三年春正月辛未,改光迁国为迁州。乙酉,太保、梁国公侯莫陈崇赐死。壬辰,于乞银城置银州。

二月庚子,初颁新律。辛丑,诏魏大统九年以前,都督以上身亡而子孙未齿叙者,节级授官。渭州献三足乌。辛酉,诏曰:"二仪创辟,玄象著明;三才已备,历数昭列。故'书'称钦若敬授,'易'序治历明时。此先代一定之典,百王不易之务。伏惟太祖文皇帝,敬顺昊天,忧劳庶政,历序六家,以阴阳为首。洎予小子,弗克遵行,惟斯不安,夕惕若厉。自顷朝廷权舆,事多仓卒,乖和爽序,违失先志。致风雨愆时,疾厉屡起,嘉生不遂,万物不昌,朕甚伤之。自今举大事、行大政,非军机急速,皆宜依月令,以顺天心。”

三月乙丑朔,日有蚀之。丙子,宕昌遣使献生猛兽二,诏放之南山。乙酉,益州献三足乌。夏四月乙未,以柱国、郑国公达奚武为太保,大将军韩果为柱国。己亥,帝御正殿录囚徒。癸卯,大雪。癸丑,有牛足生于背。戊午,幸太学,以太傅、燕国公于谨为三老而问道焉。初禁天下报仇,犯者以杀人论。壬戌,诏百官及民庶上封事,极言得失。五月甲子朔,避正寝不受朝,旱故也。甲戌,雨。秋七月戊辰,行幸原州。庚午,陈遣使来聘。丁丑,幸津门,问百年,赐以钱帛,又赐高年板职各有差,降死罪一等。八月丁未,改作露寝。

九月甲子,自原州登陇山。荧惑犯太微上将军。丙戌,幸同州。戊子,诏柱国杨忠率骑一万与突厥伐齐。己丑,蒲州献嘉禾,异亩同颖。初令世袭州郡县者改为五等爵,州封伯,郡封子,县封男。冬十月壬辰,荧惑犯左执法。乙巳,以开府、杞国公亮为梁州总管。庚戌,陈遣使来聘。十有二月辛卯,至自同州。遣太保、郑国公达奚武率骑三万出平阳以应杨忠。是月,有人生子男,而阴在背后如尾,两足指如兽爪。有犬生子,腰以后分为二身,两尾六足。

四年春正月庚申,杨忠破齐长城,至晋阳而还。二月庚寅朔,日有蚀之。甲午,荧惑犯房右骖。三月己未,荧惑又犯房右骖。庚辰,初令百官执笏。夏四月癸卯,以柱国、邓公窦炽为大宗伯。五月壬戌,封世宗长子贤为毕国公。丁卯,突厥遣使献方物。癸酉,以大将军、安武公李穆为柱国。丁亥,改礼部为司宗,大司礼为礼部,大司乐为乐部。六月庚寅,改御伯为纳言。秋七月戊午,栗特遣使献方物。戊寅,焉耆遣使献名马。八月丁亥朔,日有蚀之。诏柱国杨忠率师与突厥东伐,至北河而还。戊子,以柱国齐公宪为雍州牧,许国公宇文贵为大司徒。九月丁巳,以柱国、卫国公直为大司空,封开府

李昞为唐国公,若干凤为徐国公。陈遣使来聘。是月,以皇世母阎
氏自齐至,大赦天下。闰月己亥,以大将军韦孝宽、大将军长孙俭并
为柱国。冬十月癸亥,以大将军陆通、大将军宇文盛、蔡国公广并为
柱国。甲子,诏大将军、大冢宰、晋国公护率军伐齐,帝于太庙庭授
以斧钺。于是护总大军,出潼关;大将军权景宣率山南诸军,出豫
州;少师杨檦出轵关。丁卯,幸沙苑劳师。癸酉,还宫。十一月甲午,
柱国蜀国公尉迟迥率师围洛阳,柱国齐国公宪营于邙山,晋公护次
于陕州。十二月,权景宣攻齐豫州,刺史王士良以州降。壬戌,齐师
渡河,晨至洛阳,诸军惊散。尉迟迥率麾下数十骑扞敌,得却,至夜
引还。柱国、庸国公王雄力战,死之。遂班师。杨檦于轵关战没。权
景宣亦弃豫州而还。

五年春正月甲申朔,废朔,以庸国公王雄死王事故也。辛卯,白
虹贯日。庚子,令荆州、安州、江陵等总管并隶襄州总管府,以柱国、
大司空、卫国公直为襄州总管。甲辰,太白、荧惑、岁星合于娄。乙
巳,吐谷浑遣使献方物。以庸国公王雄世子开府谦为柱国。

二月辛酉,诏陈国公纯、柱国许国公宇文贵、神武公窦毅、南安
公阳荐等,如突厥逆女。甲子,郢州获绿毛龟。丙寅,以柱国安武公
李穆为大司空,绥德公陆通为大司寇。壬申,行幸岐州。

三月戊子,柱国、楚国公豆卢宁薨。夏四月,齐武成禅位于其太
子纬,自称太上皇帝。五月丙戌,以皇族父兴为大将军,袭虞国公
封。己亥,诏左右武伯各置中大夫一人。六月庚申,彗星出三台,入
文昌,犯上将,后经紫宫西垣入危,渐长一丈余,指室、壁。后百余
日,稍短,长二尺五寸,在虚、危灭。辛未,诏曰:"江陵人年六十五以
上为官奴婢者,已令放免。其公私奴婢有年至七十以外者,所在官
司,宜赎为庶人。"秋七月辛巳朔,日有蚀之。庚寅,行幸秦州。降死
罪以下。辛丑,遣大使巡察天下。八月丙子,至自秦州。九月乙巳,
益州献三足乌。冬十月辛亥,改函谷关城为通洛防。十一月庚辰,
岐州上言一角兽见。甲午,吐谷浑遣使献方物。丁未,陈遣使来聘。

天和元年春正月己卯,日有蚀之。辛巳,露寝成,幸之。令群臣

赋古诗,京邑耆老并预会焉,颁赐各有差。癸未,大赦改元,百官普加四级。己亥,亲耕籍田。丁未,于宕昌置宕州。以柱国、昌宁公长孙俭为陕州总管。遣小载师杜果使于陈。

二月戊申,以开府、中山公训为蒲州总管。戊辰,诏三公已下各举所知。庚午,日斗,光遂微,日裹乌见。

三月丙午,祠南郊。夏四月己酉,益州献三足乌。辛亥,雩。甲子,日有交晕,白虹贯之。是月,陈文帝薨,子伯宗嗣立。

五月庚辰,帝御正武殿,集群臣亲讲《礼记》。吐谷浑龙涸王莫昌率户内附,以其地为扶州。甲午,诏曰:“道德交丧,礼义嗣兴。褒四始于一言,美三千于为敬。是以在上不骄,处满不溢,富贵所以长守,邦国于焉义安。故能承天静地,和民敬鬼,明并日月,道错四时。朕虽庸昧,有志前古。甲子乙卯,礼云不乐。苌弘表昆吾之稔,杜蒉有扬觯之文。自世道丧乱,礼仪紊毁,此典茫然,已坠于地。昔周王受命,请闻颛顼。庙有戒盈之器,室为复礼之铭。矧伊未学,而能忘此。宜依是日,省事停乐。庶知君为之难,为臣不易。贻之后昆,殷鉴斯在。”

六月丙午,以大将军、枹罕公辛威为柱国。

秋七月戊寅,筑武功、郿、斜谷、武都、留谷、津坑诸城,以置军人。壬午,诏:“诸胄子入学,但束修于师,不劳释奠。释奠者,学成之祭,自今即为恒式。”

八月己未,诏:“诸有三年之丧,或负土成坟,或寝苫骨立,一志一行,可称扬者,仰本部官司,随事言上。当加吊勉,以厉薄俗。”

九月乙亥,信州蛮冉令贤、向五子王反,诏开府陆腾讨平之。冬十月乙卯,太白昼见,经天。甲子,初造山云舞,以备六代之乐。十一月丙戌,行幸武功等新城。十二月庚申,还宫。

二年春正月癸酉朔,日有蚀之。己亥,亲耕籍田。三月癸酉,改武游园为道会苑。丁亥,初立郊丘坛墙制度。夏四月乙巳,省东南诸州:以颖州、归州、滇州、均州入唐州,油州入纯州,鸿州入淮州,洞州入湖州,睢州入襄州,宪州入昌州。以大将军、陈国公纯为柱国。五月壬申,突厥、吐谷浑、安息并遣使献方物。丁丑,进封柱国、安武公李穆为申国公。己丑,岁星与荧惑合于井。六月辛亥,尊所生叱奴氏为皇太后。甲子,月入毕。

闰月庚午,地震。戊寅,陈湘州刺史华皎率众来附,遣襄州总管卫国公直率柱国绥德公陆通、大将军田弘、权景宣、元定等,将兵援之,因而南伐。壬辰,以大将军、谯国公俭为柱国。丁酉,岁星、太白合于柳。戊戌,襄州上言庆云见。秋七月辛丑,梁州上言凤凰集于枫树,群鸟列侍以万数。甲辰,立露门学,置生七十二人。庚戌,太白犯轩辕。壬子,以太傅、燕国公于谨为雍州牧。

九月,卫国公直等与陈将淳于量、吴明彻战于沌口,王师失利。元定以步骑数千先度,遂没江南。

冬十月辛卯,日出入时,有黑气一,大如杯,在日中。甲午,又加一焉。经六日乃灭。十一月戊戌朔,日有蚀之。癸丑,太保、许国公宇文贵薨。

三年春正月辛丑,祠南郊。二月丁卯,幸武功。丁亥,还宫。

三月癸卯,皇后阿史那氏至自突厥。甲辰,大赦天下,亡官失爵,并听复旧。丁未,大会百寮及四方宾客于路寝,赐衣马钱帛各有差。甲寅,以柱国陈国公纯为秦州总管,蔡国公广为陕州总管。戊午,太傅、柱国、燕国公于谨薨。己未,太白犯井北轩第一星。

夏四月辛巳,以太保、郑国公达奚武为太傅,大司马、蜀国公尉迟迥为太保,柱国、齐国公宪为大司马。太白入舆鬼,犯积尸。五月庚戌,祠太庙。庚申,行幸醴泉宫。六月甲戌,有星孛于东井,北行一月,至舆鬼,乃灭。

秋七月壬寅,柱国、随国公杨忠薨。戊午,至自醴泉宫。己未,客星见房,渐东行入天市,犯营室,至奎,四十余日乃灭。

八月乙丑,韩国公元罗薨。齐请和亲,遣使来聘,诏军司马陆逞、兵部尹公正报聘焉。癸酉,帝御大德殿,集百僚及沙门、道士等亲讲《礼记》。九月庚戌,太白与镇星合于角。冬十月癸亥,祠太庙。丙戌,太白入氐。丁亥,上亲率六军讲武于城南,京邑观者,舆马尔漫数十里，诸蕃使咸在焉。十一月壬辰朔，日有蚀之。甲辰，行幸岐阳。壬子，遣开府崔彦穆、小宾部元晖使于齐。甲寅，陈安成王顼废其主伯宗而自立，是为宣帝。十二月丁丑，至自岐阳。是月，齐武成帝薨。

四年春正月辛卯朔，废朝，以齐武成薨故也。遣司会、河阳公李纶等会葬于齐，仍吊赗焉。

二月癸亥，以柱国、昌宁公长孙俭为夏州总管。戊辰，帝御大德殿，集百僚、道士、沙门等讨论释老义。岁星逆行，掩太微上将。庚午，有流星大如斗，出左摄提，流至天津，灭后，有声如雷。夏四月己巳，齐遣使来聘。

五月己丑，帝制《象经》成，集百僚讲说。封魏广平公子元谦为韩国公，以绍魏后。庚戌，行幸醴泉宫。丁巳，柱国、吴国公尉迟纲薨。

六月，筑原州及泾州东城。秋七月辛亥，至自醴泉宫。丁巳，突厥遣使献马。八月庚辰，盗杀孔城防主，以其地入齐。九月辛卯，遣柱国、齐国公宪率众于宜阳筑崇德等城。冬十一月辛亥，柱国、昌宁公长孙俭薨。十二月壬午，罢陇州。

五年春二月己巳，邵惠公颢孙胄自齐来归。改邵国公会为谭国公，封胄为邵国公。三月辛卯，进封柱国韦孝宽为郧国公。甲辰，初令宿卫官住关外者，将家累入京，不乐者，解宿卫。夏四月甲寅，以柱国宇文盛为大宗伯。行幸醴泉宫。省帅都督官。丙寅，遣大使巡天下。以陈国公纯为陕州总管。六月壬辰，封开府梁睿为蒋国公。庚子，降宥罪人，并免逋租悬调等，以皇女生故也。七月，盐州献白兔。乙卯，至自醴泉宫。辛巳，以柱国、谯国公俭为益州总管。九月己卯，太白、岁星合于亢。冬十月辛巳朔，日有蚀之。丙戌，太白、镇星合于氐。丁酉，太傅、郑国公达奚武薨。十一月乙丑，追封章孝公遵为幽国公，以蔡国并于幽。丁卯，柱国、幽国公广薨。十二月癸巳，大将军郑恪率师平越俊，置西宁州。

是冬，齐将斛律明月寇边，于汾北筑城，自华谷至于龙门。

六年春正月己酉朔，废朝，以露门未成故也。诏柱国、齐国公宪率师御斛律明月。丁卯，以大将军张掖公王杰、谭国公会、雁门公田弘、魏国公李晖等并为柱国。二月己丑夜，有苍云广三尺许经天，自戌加辰。三月己酉，齐国公宪自龙门度河，斛律明月退保华谷，宪攻拔其新筑五城。

夏四月戊寅朔，日有蚀之。己卯，荧惑犯舆鬼。辛卯，信州蛮渠冉祖喜、冉龙骧举兵反，遣大将军赵闿率师讨平之。甲午，以柱国、燕国公于实为凉州总管，大将军、杞国公亮为秦州总管。庚子，以大将军、荥阳公司马消难为柱国。陈国公纯、雁门公田弘率师取齐宜阳等九城。以大将军武安公侯莫陈琼、大安公阎庆、神武公窦毅、南阳公叱罗协、平高公侯伏侯龙恩并为柱国。封开府斛斯征为岐国公，右宫伯长孙览为薛国公。

五月癸卯，遣纳言郑诩使于陈。丙寅，以大将军唐国公李昞、中山公训、杞国公亮、上庸公陆腾、安义公宇文丘、北平公寇绍、许国公宇文善、犍为公高琳、郑国公达奚震、陇东公杨纂、常山公于翼并为柱国。六月乙未，以大将军、太原公王秉为柱国。是月，齐将段孝先攻陷汾州。秋七月乙丑，以大将军、越国公盛为柱国。八月癸未，镇星、岁星、太白合于氐。九月庚申，月在娄，蚀之既，光不复。癸酉，省掖庭四夷乐、后宫罗绮工人五百余人。冬十月壬午，冀国公通薨。乙未，遣右武伯谷会琨、御正蔡斌使于齐。壬寅，上亲率六军讲武于城南。

十一月壬子，以大将军梁国公侯莫陈芮、大将军李意并为柱国。丙辰，齐遣使来聘。丁巳，行幸散关。十二月己丑，还宫。是冬，牛大疫，死者十六七。

建德元年春正月戊午，帝幸玄都观，亲御法座讲说，公卿道俗论难，事毕还宫。降死罪及流罪一等，其五岁刑已下，并宥之。

二月癸酉，遣大将军、昌城公孙深使于突厥，司宗李祭、小宾部贺遂礼使于齐。乙酉，柱国、安义公宇文丘薨。

三月癸卯朔，日有蚀之。齐遣使来聘。丙辰，诛大冢宰晋国公

护、护子柱国谭国公会、会弟大将军莒国公至、崇业公静,并柱国侯
伏侯龙恩、龙恩弟大将军万寿、大将军刘勇等。大赦,改元。罢中外
府。癸亥,以太傅、蜀国公尉迟迥为太师,柱国邓国公窦炽为太傅,
大司空、申国公孝穆为太保,齐国公宪为大冢宰,卫国公直为大司
徒,赵国公招为大司空,柱国枹罕公辛威为大司寇,绥德公陆通为
大司马。诏曰:“民亦劳止,则星动于天;作事不时,则石言于国。故
知为政欲静,静在宁民;为治欲安,安在息役。顷兴造无度,征发不
已,以频岁师旅,农亩废业。去秋灾蝗,年谷不登,民有散亡,家空杼
轴。朕每旦恭己,夕惕兢怀。自今正调以外,无妄征发。庶时殷欲
阜,称朕意焉。”

　　夏四月甲戌,以代国公达、滕国公逌并为柱国。诏荆州、安州、
江陵等总管停隶襄州。己卯,以柱国张掖公王杰为泾州总管,魏国
公李晖为梁州总管。诏公卿以下各举所知。遣工部代公达、小礼部
辛彦之使于齐。丙戌,诏百官军民上封事,极言得失。丁亥,诏断四
方非常贡献。庚寅,追尊略阳公为孝闵皇帝。癸巳,立鲁公赟为皇
太子。大赦天下,百官各加封级。

　　五月,封卫国公直长子宾为莒国公,绍莒庄公洛生后。壬戌,帝
以大旱集百官于庭,诏之曰:“盛农之节,亢阳不雨,气序愆度,盖不
徒然。岂朕德薄,刑赏乖中欤?将公卿大臣或非其人欤?宜尽直言,
无得有隐。”公卿各引咎自责。其夜澍雨。

　　六月庚子,改置宿卫官员。秋七月辛丑,陈遣使来聘。丙午,辰
星、太白合于东井。己酉,月犯心中星。九月庚子朔,日有蚀之。庚
申,扶风掘地得玉杯以献。

　　冬十月庚午,诏江陵所获俘虏充官口者,悉免为民。辛未,遣小
匠师杨勰、齐驭唐则使于陈。柱国、大司马、绥德公陆通薨。

　　十一月丙午,上亲率六军讲武城南。庚戌,行幸羌桥,集京城以
东诸军都督以上,颁赐有差。乙卯,还宫。壬戌,以大司空、赵国公
招为大司马。乙未,月犯心中星。

　　十二月壬申,行幸斜谷,集京城以西诸军都督已上,颁赐有差。

丙戌,还宫。己丑,帝御正武殿,亲录囚徒,至夜而罢。庚寅,幸道会苑,以上善殿壮丽,遂焚之。

二年春正月辛丑,祠南郊。乙巳,以柱国、雁门公田弘为大司空,大将军、徐国公若干凤为柱国。庚戌,复置帅都督官。乙卯,祠太庙。闰月己巳,陈遣使来聘。

二月辛亥,白虹贯日。甲寅,诏皇太子赟抚巡西土。壬戌,遣司会侯莫陈凯、太子宫尹郑译使于齐。荧惑犯舆鬼,入积尸。省雍州内八郡,并入京兆、冯翊、扶风、咸阳等郡。三月己卯,皇太子于岐州获二白鹿以献。诏答曰:“在德不在瑞。”癸巳,省六府诸司中大夫以下官,府置四司,以下大夫为之官长,上士贰之。夏四月己亥,祠太庙。丙辰,增改东宫官员。

五月丁卯,荧惑犯右执法。丁丑,以柱国周昌公侯莫陈琼为大宗伯,荥阳公司马消难为大司寇,上庸公陆腾为大司空。六月庚子,省六府员外诸官,皆为丞。甲辰,月犯心中星。壬子,皇孙行生,文武官普加一阶。大选诸军将帅。丙辰,帝御露寝,集诸军将,勖以戎事。庚申,诏诸军旌旗皆画以猛兽、鸷鸟之象。

秋七月己巳,祠太庙。自春末不雨,至于是月。壬申,集百寮于大德殿,帝责躬罪己,问以治政得失。戊子,雨。八月丙午,改三夫人为三妃。关内大蝗。

九月乙丑,陈遣使来聘。癸酉,太白犯右执法。戊寅,以柱国、郑国公达奚震为金州总管。诏曰:“政在节财,礼唯宁俭。而顷者婚嫁竞为奢靡,牢羞之费,罄竭资财,甚乖典训之理。有司宜加宣勒,使咸遵礼制。”壬午,纳皇太子妃杨氏。

冬十月癸卯,齐遣使来聘。甲辰,六代乐成,帝御崇信殿,集百官以观之。

十一月辛巳,帝亲率大军讲武于城东。癸未,集诸军都督以上五十人于道会苑大射,帝亲临射宫,大备军容。

十二月癸巳,集群臣及沙门、道士等,帝升高座,辨释三教先后,以儒教为先,道教为次,佛教为后。以大将军、乐川公赫连达为柱国。诏曰:"尊年尚齿,列代弘规,序旧酬劳,哲王明范。朕嗣承洪业,君临万邦,驱此兆庶,冀诸仁寿。军民之间,年多耆耋,眷言衰暮,宜有优崇。可颁授老职,使荣沾邑里。"戊午,听讼于正武殿,自旦及夜,继之以烛。

三年春正月壬戌,朝群臣于露门。册柱国齐国公宪、卫国公直、赵国公招、谯国公俭、陈国公纯、越国公盛、代国公达、滕国公逌并进爵为王。己巳,祠太庙。庚午,突厥遣使献马。癸酉,诏:"自今已后,男年十五,女年十三已上,爰及鳏寡,所在军民,以时嫁娶,务从节俭,勿为财币稽留。"乙亥,亲耕籍田。丙子,初服短衣,享二十四军督将以下,试以军旅之法,纵酒尽欢。诏以往岁年谷不登,民多乏绝,令公私道俗,凡有贮积粟麦者,皆准口听留,以外尽粜。

二月壬辰朔,日有蚀之。丁酉,纪国公康、毕国公贤、酆国公贞、宋国公实、汉国公赞、秦国公贽、曹国公允并进爵为王。丙午,令六府各举贤良清正之人。癸丑,柱国、许国公宇文善有罪免。乙卯,行幸云阳宫。丙辰,诏曰:"民生而静,纯懿之性本均;感物而迁,嗜欲之情斯起。虽复云鸟殊世,文质异时,莫不限以堤防,示之禁令。朕君临万寓,覆养黎元,思振颓纲,纳之轨式。比因人有犯,与众弃之,所在群官有愆过者,咸听首露,莫不轻重毕陈,纤毫无隐。斯则风行草偃,从化无违,导德齐礼,庶几可致。但上失其道,有自来矣,凌夷之弊,反本无由,宜加荡涤,与民更始。可大赦天下。"庚申,皇太后不豫。

三月辛酉,至自云阳宫。癸酉,皇太后叱奴氏崩。帝居倚卢,朝夕共一溢米。群臣表请,累旬乃止。诏皇太子赟总厘庶政。夏四月乙卯,齐遣使吊赠会葬。丁巳,有星孛于东北紫宫垣,长七尺。五月庚申,葬文宣皇后于永固陵,帝祖跣至陵所。辛酉,诏曰:"齐斩之情,经籍彝训,近代浇革,遂亡斯礼。伏奉遗令,既葬便除,攀慕几筵,情实未忍。三年之丧,达于天子,古今无易之道,王者之所常行。但时有未诸,不得全制。军国务重,庶自听朝。缞麻之节,苫卢之礼,率遵前典，以申罔极。百寮以下，宜依遗令。"公卿上表，固请俯就权制，过葬即吉。帝不许，引古礼答之，群臣乃止。于是遂申三年之制，五服之内，亦令依礼。初置太子谏议员四人，文学十人；皇弟、皇子友员各二人，学士六人。丁卯，荆州献白乌。戊辰，诏故晋国公护及诸子，并追复先封，改葬加谥。丙子，初断佛、道二教，经像悉毁，罢沙门、道士，并令还民。并禁诸淫祀，礼典所不载者，尽除之。

六月丁未，集诸军将，教以战阵之法。壬子，更铸五行大布钱，以一当十，与布泉钱并行。戊午，诏曰："至道弘深，混成无际，体包空有，理极幽玄。但歧路既分，派源逾远，淳离朴散，形气斯乖。遂使三墨八儒，朱紫交竞；九流七略，异说相腾。道隐小成，其来旧矣。不有会归，争驱靡息。今可立通道观，圣哲微言，先贤典训，金科玉篆，秘迹玄文，所以济养黎元，扶成教义者，并宜弘阐，一以贯之。俾夫玩培塿者，识嵩岱之崇崛；守迹砥者，悟渤澥之泓澄，不亦可乎？"

秋七月庚申，行幸云阳宫。乙酉，卫王直在京师举兵反，欲突入肃章门。司武尉迟运等拒守。直败，率百余骑遁走。京师连雨三旬，是日霁。戊子，至自云阳宫。八月辛卯，擒直于荆州，免为庶人。乙未，诏自建德元年八月以前犯罪，未被推纠，于后事发失官爵者，并听复旧。丙申，行幸云阳宫。

九月庚申，幸同州。戊辰，以柱国、大宗伯、周昌公侯莫陈琼为秦州总管。冬十月丙申，御正杨尚希、礼部卢恺使于陈。戊戌，雍州献苍乌。庚子，诏蒲州民遭饥乏绝者，令向郿城以西，及荆州管内就食。甲寅，行幸蒲州。乙卯，曲赦蒲州见囚大辟以下。丙辰，行幸同州。始州民王鞅拥众反，大将军郑恪讨平之。

十一月戊午，以柱国、大司空、上庸公陆腾为泾州总管。于阗遣使献名马。己巳，大阅于城东。甲戌，至自同州。十二月戊子，大会卫官及军人以上，赐钱帛各有差。辛卯，月掩太白。诏荆、襄、安、延、夏五州总管内，有能率其从军者，授官各有差。其贫下户，给复三年。丙申，改诸军军士并为侍官。丁酉，利州上言驺虞见。癸卯，集诸军讲武于临皋泽。凉州比年地震，坏城郭，地裂，涌泉出。

周书卷六
帝纪第六

武帝下

建德四年春正月戊辰，以柱国袍罕公辛威为宁州总管，太原公王康为襄州总管。初置营军器监。壬申，诏曰："今阳和布气，品物资始，敬授民时，义兼敦劝。诗不云乎：'弗躬弗亲，庶民弗信。'刺史守令，宜亲劝农，百司分番，躬自率导。事非机要，并停至秋。鳏寡孤独不能自存者，所在量加赈恤。逋租悬调，兵役残功，并宜蠲免。"癸酉，行幸同州。

二月丙戌朔，日有蚀之。辛卯，改置宿卫官员。己酉，柱国、广德公李意有罪免。三月丙辰，遣小司寇淮南公元卫、纳言伊娄谦使于齐。郡县各省主簿一人。丙寅，至自同州。甲戌，以柱国、赵王招为雍州牧。夏四月甲午，柱国、燕国公于实有罪免。丁酉，初令上书者并为表，于皇太子以下称启。六月，诏东南道四总管内，自去年以来新附之户，给复三年。

秋七月丙辰，行幸云阳宫。己未，禁五行大布钱不得出入关，布泉钱听入而不听出。丁卯，至自云阳宫。甲戌，陈遣使来聘。

丙子，召大将军以上于大德殿，帝曰："太祖神武膺运，创造王基，兵威所临，有征无战。唯彼伪齐，犹怀跋扈。虽复戎车屡驾，而大勋未集。朕以寡昧，篡承鸿绪，往以政出权宰，无所措怀。自亲览万机，便图东讨。恶衣菲食，缮甲治兵，数年已来，战备稍足。而伪主昏虐，恣行无道，伐暴除乱，斯实其时。今欲数道出兵，水陆兼进，北拒太行之路，东扼黎阳之险。若攻拔河阴，兖、豫则弛檄可定。然后养锐享士，以待其至。但得一战，则破之必矣。王公以为何如？"群臣咸称善。

丁丑，诏曰："高氏因时放命，据有汾、漳，擅假名器，历年永久。朕以亨毒为心，遵养时晦，遂敦聘好，务息黎元。而彼怀恶不悛，寻事侵轶，背言负信，窃邑藏奸。往者军下宜阳，衅由彼始；兵兴汾曲，事非我先。此获俘囚，礼送相继；彼所拘执，曾无一反。加以淫刑妄逞，毒赋繁兴，齐、鲁轸殄悴之哀，幽并启来苏之望。既祸盈恶稔，众叛亲离，不有一戎，何以大定。今白藏在辰，凉风戒节，厉兵诘暴，时事惟宜。朕当亲御六师，龚行天罚。庶凭祖宗之灵，潜资将士之力，风驰九有，电扫八纮。可分命众军，指期进发。"以柱国陈王纯为前一军总管，荥阳公司马消难为前二军总管，郑国公达奚震为前三军总管，越王盛为后一军总管，周昌公侯莫陈琼为后二军总管，赵王招为后三军总管，齐王宪率众二万趣黎阳，随国公杨坚、广宁侯薛迥舟师三万自渭入河，柱国梁国公侯莫陈芮率众一万守太行道，申国公李穆帅众三万守河阳道，常山公于翼帅众二万出陈、汝。壬午，上亲率六军，众六万，直指河阴。

八月癸卯，入于齐境。禁伐树践苗稼，犯者以军法从事。丁未，上亲率诸军攻河阴大城，拔之。进攻子城，未克。上有疾。九月辛酉夜，班师，水军焚舟而退。齐王宪及于冀、李穆等所在克捷，降拔三十余城，皆弃而不守。唯以王乐城要害，令仪同三司韩正守之。正寻以城降齐。戊寅，至自东伐。己卯，以华州刺史、毕王贤为荆州总管。

冬十月戊子，初置上柱国、上大将军官，改开府仪同三司为开府仪同大将军，仪同三司为仪同大将军，又置上开府、上仪同官。甲午，行幸同州。

闰月，齐将尉相贵寇大宁，延州总管王庆击走之。以柱国齐王宪、蜀国公尉迟迥为上柱国，柱国代王达为益州总管，大司寇荥阳公司马消难为梁州总管。诏诸几郡各举贤良。十一月己亥，改置司内官员。十二月辛亥朔，日有蚀之。庚午，至自同州。丙子，陈遣使来聘。是岁，岐、宁二州民饥，开仓赈给。

五年春正月癸未，行幸同州。辛卯，行幸河东涑川，集关中、河东诸军校猎。甲午，还同州。丁酉，诏曰："朕克已思治，而风化未弘。永言前古，载怀夕惕。可分遣大使，周省四方，察讼听谣，问民恤隐。其狱犴无章，侵渔黎庶，随事究验，条录以闻。若政绩有施，治纲克举；及行宣圭荜，道著丘园；并须捡审，依名腾奏。其鳏寡孤独，实可哀矜，亦宜赈给，务使周赡。"废布泉钱。戊申，初令铸钱者绞，其从者远配为民。

二月辛酉，遣皇太子赟巡抚西土，仍讨吐谷浑，戎事节度，并宜随机专决。三月庚子，月犯东井第一星。壬寅，至自同州。文宣皇后服再期，戊申，祥。夏四月乙卯，行幸同州。开府、清河公宇文神举攻拔齐陆浑等五城。五月壬辰，至自同州。六月戊申朔，日有食之。辛亥，祠太庙。丙辰，利州总管、纪王康有罪，赐死。丁巳，行幸云阳宫。月掩心后星。庚午，荧惑入舆鬼。秋七月乙未，京师旱。八月戊申，皇太子伐吐谷浑，至伏俟城而还。乙卯，至自云阳宫。乙丑，陈遣使来聘。九月丁丑，大醮于正武殿，以祈东伐。

冬十月，帝谓群臣曰："朕去岁属有疹疾，遂不得克平逋寇。前入贼境，备见敌情，观彼行师，殆同儿戏。又闻其朝政昏乱，政由群小，百姓嗷然，朝不谋夕。天与不取，恐贻后悔。若复同往年，出军河外，直为抚背，未扼其喉。然晋州本高欢所起之地，镇摄要重，今往攻之，彼必来援，吾严军以待，击之必克。然后乘破竹之势，鼓行而东，足以穷其窟穴，混同文轨。"诸将多不愿行。帝曰："几者事之微，不可失矣。若有沮吾军者，朕当以军法裁之。"

己酉，帝总戎东伐。以越王盛为右一军总管，杞国公亮为右二军总管，随国公杨坚为右三军总管，谯王俭为左一军总管，大将军窦恭为左二军总管，广化公丘崇为左三军总管，齐王宪、陈王纯为前军。庚戌，荧惑犯太微上将。戊午，岁星犯太陵。癸亥，帝至晋州，遣齐王宪率精骑二万守雀鼠谷，陈王纯步骑二万守千径，郑国公达奚震步骑一万守统军川,大将军韩明步骑五千守齐子岭,焉氏公尹升步骑五千守鼓鍾,镇凉城公辛韶步骑五千守蒲津关,柱国、赵王招步骑一万自华谷攻齐汾州诸城,柱国宇文盛步骑一万守汾水关。遣内史王谊监六军,攻晋州城。帝屯于汾曲。齐王宪攻洪桐、永安二城,并拔之。是夜,虹见于晋州城上,首向南,尾入紫微宫,长十余丈。帝每日自汾曲赴城下,亲督战,城中惶窘。庚午,齐行台左丞侯子钦出降。壬申,齐晋州刺史崔景嵩守城北面,夜密遣使送款,上开府王轨率众应之。未明,登城鼓噪,齐众溃,遂克晋州,擒其城主特进、开府、海昌王尉相贵,俘甲士八千人,送关中。甲戌,以上开府梁士彦为晋州刺史,加授大将军,留精兵一万以镇之。又遣诸军徇齐诸城镇,并相次降款。

十一月己卯,齐主自并州率众来援。帝以其兵新集,且避之,乃诏诸军班师,遣齐王宪为后拒。是日,齐主至晋州,宪不与战,引军度汾。齐主遂围晋州,昼夜攻之。齐王宪屯诸军于涑水,为晋州声援。河东地震。癸巳,至自东伐。献俘于太庙。甲午,诏曰:“伪齐违信背约,恶稔祸盈,是以亲总六师,问罪汾、晋。兵威所及,莫不摧殄,贼众危惶,乌栖自固。暨元戎反旆,方来聚结,游魂境首,尚敢趑趄。朕今更率诸军,应机除剪。”丙申,放齐诸城镇降人还。丁酉,帝发京师。壬寅,度河,与诸军合。

十二月戊申,次于晋州。初,齐攻晋州,恐王师卒至,于城南穿堑,自乔山属于汾水。庚戌,帝帅诸军八万人,置陈东西二十余里。帝乘常御马,从数人巡阵处分,所至辄呼主帅姓名以慰勉之。将士感见知之恩,各思自厉,将战,有司请换马。帝曰:“朕独乘良马何所之?”齐主亦于堑北列阵。申后,齐人填堑南引。帝大喜,勒诸军击之,齐人便退。齐主与其麾下数十骑走还并州。齐众大溃,军资甲仗,数百里间,委弃山积。

辛亥,帝幸晋州,仍率诸军追齐主。诸将固请还师,帝曰:“纵敌患生。卿等若疑,朕将独往。”诸将不敢言。甲寅,齐主遣其丞相高阿那肱守高壁。帝麾军直进,那肱望风退散。丙辰,师次介休,齐将韩建举城降,以为上柱国,封郇国公。丁巳,大军次并州,齐主留其从兄安德王延宗守并州,自将轻骑走邺。是日,诏曰:"夫树之以君,伪主凉德早闻,丑声夙著,酒色是耽,盘游是悦。阉坚居阿衡之任,胡人寄喉唇之重。栋梁骨鲠,翦为仇雠;狐赵绪余,降城皁隶。民不见德,唯虐是闻。朕怀兹漏纲,置之度外,正欲各静封疆,共纾民瘼故也。

尔之主相,曾不是思,欲构厉阶,反贻其梗。我之率土,咸求俾刃,帷幄献兼弱之谋,爪牙奋干戈之勇,嬴粮坐甲,若赴私仇。是以一鼓而定晋州,再举而摧遄丑。伪丞相高阿那环驱逼余烬,窃据高壁;伪定南王韩建业作守介休,规相抗拟。聊示兵威,应时崩溃,那环则单马宵遁,建业则面缚军和,尔之逃卒,所知见也。

若其怀远以德,则尔难以德绥;处邻以义,则尔难以义服。且天与不取,道家所忌,攻昧侮亡,兵之上术。朕今亲驭群雄,长驱宇内,六军舒旆,万队启行,势与雷电争威,气逐风云齐举。王师所次,已达近郊,望岁之民,室家相庆,来苏之后,思副厥诚。伪主若妙尽人谋,深达天命,牵羊道左,衔璧辕门,当惠以焚榇之恩,待以列候之礼。伪将相王公已下,衣冠士民之族,如有深识事宜,建功立效,官荣爵赏,各有加隆。若下愚不移,守迷莫改,则委之执宪,以正刑书。嗟尔庶士,胡宁自弃。或我之将卒,逃彼逆朝,无问贵贱,皆从荡涤。善求多福,无贻后悔。玺书所至,咸使闻知。"自是齐之将帅,降者相继。封其特进、开府贺拔伏恩为郜国公,其余官爵各有差。

戊午,高延宗僭即伪位,改年德昌。己未,军次并州。庚申,延宗拥兵四万出城抗拒,帝率诸军合战,齐人退,帝乘胜逐北,率千余骑入东门,诏诸军绕城置阵。至夜,延宗率其众排阵而前,城中军却,人相蹂践,大为延宗所败,死伤略尽。齐人欲闭门,以阇下积尸,扉不得阖。帝从数骑,崎岖危险,仅得出门。至明,率诸军更战,大破之,擒延宗,并州平。壬戌,诏曰:昔天厌水运,龙战于野,两京圮隔,四纪于兹。朕垂拱岩廊,君临宇县,相邻民于海内,混楚弓于天下,一物失所,有若推沟。方欲德绥未服,义征不惠。伪主高纬,故命燕齐，怠慢典刑，侮扰天纪，加以背惠怒邻，弃信忘义。朕应天从物，伐罪吊民，一鼓而荡平阳，再举而摧勍敌。伪署王公，相继道左。高纬智穷数屈，逃窜草间。伪安德王高延宗扰攘之间，遂窃名号，与伪齐昌王莫多娄敬显等，收合余烬，背城抗敌。王威既振，鱼溃鸟离，破竹更难，建瓴非易，延宗众散，解甲军门。根本既倾，枝叶自实，幽青海岱，折简而来，冀北河南，传檄可定。八纮共贯，六合同风，方当偃伯灵台，休牛桃塞，无疆之庆，非独在余。

汉皇约法，除其苛政，姬王轻典，刑彼新邦。思覃惠泽，被之率土，新旧臣民，皆从荡涤。可大赦天下。高纬及王公以下，若释然归顺，咸许自新。诸亡入伪朝，亦从宽宥。官荣次序，依例无失。其齐伪制令，即宜削除。邹鲁搢绅，幽并骑士，一介可称，并宜全录。百年去杀，虽或难希，期月有成，庶几可勉。”

丙寅，出齐宫中金银宝器珠翠丽服及宫女二千人，班赐将士。以柱国赵王招、陈王纯、越王盛、杞国公亮、梁国公侯莫陈芮、庸国公王谦、北平公寇绍、郑国公达奚震并为上柱国。封齐王宪子安城郡公质为河间王，大将军广化公丘崇为潞国公，神水公姬愿为原国公，广业公尉迟运为卢国公。诸有功者，封授各有差。癸酉，帝率六军趣邺。以上柱国、陈王纯为并州总管。六年春正月乙亥，齐主传位于其太子恒，改年承光，自号为太上皇。壬辰，帝至邺。齐主先于城外掘堑竖栅。癸巳，帝率诸军围之。齐人拒守。诸军奋击，大破之，遂平邺。齐主先送其母并妻子于青州，及城陷，乃率数十骑走青州。遣大将军尉迟勤率二千骑追之。是战也，于阵获其齐昌王莫多娄敬显。帝责之曰：“汝有死罪者三：前从并走邺，携妾弃母，是不孝；外为伪主戮力，内实通启于朕，是不忠；送款之后，犹持两端，是不信。如此用怀，不死何待。”遂斩之。是日，西方有声如雷者一。

甲午，帝入邺城。齐任城王湝先在冀州，齐主至河，遣其侍中斛律孝卿送传国玺禅位于湝。孝卿未达，被执送邺。诏去年大赦班宣未及之处，皆从赦例。封齐开府、洛州刺史独孤永业为应国公。丙申，以上柱国、越王盛为相州总管。己亥，诏曰：“自晋州大阵至于平邺,身殒战场者,其子即授父本官。"尉迟勤擒齐主及其太子恒于青州。

庚子,诏曰:"伪齐之末,奸佞擅权,滥罚淫刑,动挂罗纲,伪右丞相、咸阳王故斛律明月,伪侍中、特进、开府故崔季舒等七人,或功高获罪,或直言见诛。朕兵以义动,翦除凶暴,表闾封墓,事切下车。宜追赠谥,并窆措。其见存子孙,各随荫叙录。家口田宅没官者,并还之。"

辛丑,诏曰:"伪齐叛涣,窃有漳滨,世纵淫风,事穷雕饰。或穿池运石,为山学海;或层台累构,撤日凌云。以暴乱之心,极奢侈之事,有一于此,未或弗亡。朕菲食蒲衣,以弘风教,追念生民之费,尚想力役之劳。方当易兹弊俗,率归节俭。其东山、南园及三台可并毁彻。瓦木诸物,凡入用者,尽赐下民。山园之田,各还本主。"

二月丙午,论定诸军功勋,置酒于齐太极殿,会军士以上,班赐有差。丁未,齐主至,帝降自阼阶,以宾主之礼相见。高潜在冀州拥兵未下,遣上柱国、齐王宪与柱国、随公杨坚率军讨平之。齐定州刺史、范阳王高绍义叛入突厥。齐诸行台州镇悉降,关东平。合州五十五,郡一百六十二,县三百八十五,户三百三十万二千五百二十八,口二千万六千八百八十六。乃于河阳、幽、青、南兖、豫、徐、北朔、定并置总管府,相、并二总管各置宫及六府官。

癸丑,诏曰:"无侮茕独,事显前书;哀彼矜人,惠流往训。伪齐末政,昏虐实繁,灾甚滔天,毒流比屋。无罪无辜,系虏三军之手;不饮不食,僵仆九达之门。朕为民父母,职养黎人,念甚泣辜,诚深罪己。除其苛政,事属改张,宜加宽宥,兼行赈恤。自伪武平三年以来,河南诸州之民,伪齐破掠为奴婢者,不问官私,并宜放免。其住在淮南者,亦即听还,愿住淮北者,可随便安置。其有癃残孤老,饥馁绝食,不能自存者,仰刺史守令及亲民长司,躬自检校。无亲属者,所在给其衣食,务使存济。"乙卯,帝自邺还京。丙辰,以柱国、随公杨坚为定州总管。三月壬午,诏山东诸州,各举明经干治者二人。若奇才异术,卓尔不群者,弗拘多少。

夏四月乙巳，至自东伐。列齐主于前，其王公等并从，车举旗帜及器物以次陈于其后。大驾布六军，备凯乐，献俘于太庙。京邑观者皆称万岁。戊申，封齐主为温国公。庚戌，大会群臣及诸蕃客于露寝。乙卯，废蒲、陕、泾、宁四州总管。己巳，祠太庙。诏曰："东夏既平，王道初被，齐氏弊政，余风未殄。朕劬劳万机，念存康济。恐清净之志，未形四海，下民疾苦，不能上达，寝兴轸虑，用切于怀。宜分遣使人，巡方抚慰，观风省俗，宣扬治道。有司明立条科，务在弘益。"

五月丁丑，以柱国、谯王俭为大冢宰。庚辰，以上柱国杞国公亮为大司徒，郑国公达奚震为大宗伯，梁国公侯莫陈芮为大司马，柱国应国公独孤永业为大司寇，郑国公韦孝宽为大司空。辛巳，大醮于正武殿，以报功也。己丑，祠方丘。诏曰："朕钦承丕绪，寝兴寅畏，恶衣菲食，贵昭俭约。上栋下宇，土阶茅屋，犹恐居之者逸，作之者劳，讵可广厦高堂，肆其嗜欲。往者冢臣专任，制度有违，正殿别寝，事穷壮丽。非直雕墙峻宇，深戒前王，而缔构弘敞，有逾清庙。不轨不物，何以示后。兼东夏初平，民未见德，率先海内，宜自朕始。其露寝、会义、崇信、含仁、云和、思齐诸殿等，农隙之时，悉可毁彻。雕斫之物，并赐贫民。缮造之宜，务从卑朴。"癸巳，行幸云阳宫。戊戌，诏曰："京师宫殿，已从彻毁。并、邺二所，华侈过度，诚复作之非我，岂容因而弗革。诸堂殿壮丽，并宜除荡，甍宇杂物，分赐穷民。三农之隙，别渐营构，止蔽风雨，务在卑狭。"庚子，陈遣使来聘。是月，青城门无故自崩。

六月丁未，至自云阳宫。辛亥，御正武殿录囚徒。癸亥，于河州鸡鸣防置旭州，甘松防置芳州，广川防置弘州。甲子，帝东巡。丁卯，诏曰："同姓百世，婚姻不通，盖惟重别，周道然也。而娶妻买妾，有纳母氏之族，虽曰异宗，犹为混杂。自今以后，悉不得娶母同姓，以为妾。其已定未成者，即令改聘。"

秋七月己卯，封齐王宪第四子广都公负为莒国公，绍莒庄公洛生后。癸未，应州献芝草。丙戌，行幸洛州。己丑，诏山东诸州举有才者，上县六人，中县五人，下县四人，赴行在所，共论治政得失。戊戌，以上柱国、庸公王谦为益州总管。

八月壬寅，议定权衡度量，颁于天下。其不依新式者，悉追停。诏曰："以刑止刑，世轻世重。罪不及嗣，皆有定科。杂役之徒，独异常宪，一从罪配，百世不免。罚既无穷，刑何以措。道有沿革，宜从宽典。凡诸杂户，悉放为民。配杂之科，因之永削。"甲子，郑州献九尾狐，皮肉销尽，骨体犹具。帝曰："瑞应之来，必昭有德。若使五品时叙，四海和平，家识孝慈，人知礼让，乃能致此。今无其时，恐非实录。"乃命焚之。

九月壬申，以柱国邓国公窦炽、申国公李穆并为上柱国。戊寅，初令民庶已上，唯听衣绸、绵绸、丝布、圆绫、纱、绢、绸、葛、布等九种，余悉停断。朝祭之服，不拘此例。甲申，绛州献白雀。壬辰，诏东土诸州儒生，明一经已上，并举送，州郡以礼发遣。癸卯，封上大将军、上黄公王轨为郯国公。吐谷浑遣使献方物。冬十月戊申，行幸邺宫。戊午，改葬德皇帝于冀州。帝服缌，哭于太极殿，百官素服哭。是月，诛温国公高纬。

十一月庚午，百济遣使献方物。壬申，封皇子充为道王，兑为蔡王。癸酉，陈将吴明彻侵吕梁，徐州总管梁士彦出军与战，不利，退守徐州。遣上大将军、郯国公王轨率师讨之。是月，稽胡反，遣齐王宪率军讨平之。

诏自永熙三年七月已来，去年十月以前，东土之民，被抄略在化内为奴婢者；及平江陵之后，良人没为奴婢者：并宜放免。所在附籍，一同民伍。若旧主人犹须共居，听留为部曲及客女。

诏曰："正位于中，有圣通典。质文相革，损益不同。五帝则四星之象，三王制六宫之数。刘、曹已降，等列弥繁，选择遍于生民，命秩方于庶职。椒房丹地，有众如云。本由嗜欲之情，非关风化之义。朕运当浇季，思复古始，无容广集子女，屯聚宫掖。弘赞后庭，事从约简。可置妃二人，世妇三人，御妻三人，自兹以外，悉宜减省。"己亥晦，日有蚀之。

初行《刑书要制》。持杖群强盗一匹以上，不持杖群强盗五匹以上，监临主掌自盗二十匹以上，小盗及诈伪请官物三十匹以上，正长隐五户及十丁以上、隐地三顷以上者，至死。刑书所不载者，自依律科。

十二月戊午，吐谷浑遣使献方物。己未，东寿阳土人反，率众五千袭并州城，刺史东平公宇文神举破平之。庚申，行幸并州宫。移并州军人四万户于关中。丙寅，以柱国、滕王逌为河阳总管。丁卯，以柱国、隋国公杨坚为南兖州总管，上柱国、申国公李穆为并州总管。戊辰，废并州宫及六府。是月，北营州刺史高宝宁据州反。

宣政元年春正月癸酉，吐谷浑伪赵王他娄屯来降。壬午，行幸邺宫。分相州广平郡置洺州，清河郡置贝州，黎阳郡置黎州，汲郡置卫州；分定州常山郡置恒州；分并州上党郡置潞州。辛卯，行幸怀州。癸巳，幸洛州。诏于怀州置宫。

二月甲辰，柱国、大冢宰谯王俭薨。丁巳，帝至自东巡。乙丑，以上柱国越王盛为大冢宰，陈王纯为雍州牧。

三月戊辰，于蒲州置宫。废同州及长春二宫。壬申，突厥遣使献方物。甲戌，初服常冠。以皁纱为之，加簪而不施缨导，其制若今之折角巾也。上大将军、郯国公王轨破陈师于吕梁，擒其将吴明彻等，俘斩三万余人。丁亥，诏：“柱国故豆卢宁征江南武陵、南平等郡，所有民庶为人奴婢者，悉依江陵放免。”壬辰，改元。

夏四月壬子，初令遭父母丧者，听终制。庚申，突厥入寇幽州，杀略吏民。议将讨之。五月己丑，帝总戎北伐。遣柱国原公姬愿、东平公宇文神举等率军，五道俱入。发关中公私驴马，悉从军。癸巳，帝不豫，止于云阳宫。丙申，诏停诸军事。

六月丁酉，帝疾甚，还京。其夜，崩于乘舆。时年三十六。遗诏曰：人肖形天地，禀质五常，修短之期，莫非命也。朕君临宇县，十有九年，未能使百姓安乐，刑措罔用，所以昧旦求衣，分宵忘寝。昔魏室将季，海内分崩，太祖扶危翼倾，肇开王业。燕赵榛芜，久窃名号。朕上述先志，下顺民心，遂与王公将帅，共平东夏。虽复妖气荡定，而民劳未康。每一念此，如临冰谷。将欲包举六合，混同文轨。今遘疾大渐，气力稍微，有志不申，以此叹息。

天下事重，万机不易。王公以下，爰及庶僚，宜辅导太子，副朕遗意。令上不负太祖，下无失为臣。朕虽瞑目九泉，无所复恨。

朕平生居处，每存菲薄，非直以训子孙，亦乃本心所好。丧事资用，须使俭而合礼，墓而不坟，自古通典。随吉即葬，葬讫公除。四方士庶，各三日哭。妃嫔以下无子者，悉放还家。"谥曰武皇帝，庙称高祖。己未，葬于孝陵。

帝沉毅有智谋。初以晋公护专权，常自晦迹，人莫测其深浅。及诛护之后，始亲万机。克己励精，听览不息。用法严整，多所罪杀。号令恳恻，唯属意于政。群下畏服，莫不肃然。性既明察，少于恩惠。凡布怀立行，皆欲逾越古人。身衣布袍，寝布被，无金宝之饰，诸宫殿华绮者，皆彻毁之，改为土阶数尺，不施栌栱。其雕文刻镂，锦绣纂组，一皆禁断。后宫嫔御，不过十余人。劳谦接下，自强不息。以海内未康，锐情教习。至于校兵阅武，步行山谷，履涉勤苦，皆人所不堪。平齐之役，见军士有跣行者，帝亲脱靴以赐之。每宴会将士，必自执杯劝酒，或手付赐物。至于征伐之处，躬在行阵。性又果决，能断大事。故能得士卒死力，以弱制强。破齐之后，遂欲穷兵极武，平突厥，定江南，一二年间必使天下一统，此其志也。

史臣曰：自东西否隔，二国争强，戎马生郊，干戈日用，兵连祸结，力敌势均，疆场之事，一彼一此。高祖缵业，未亲万机，虑远谋深，以蒙养。正及英威电发，朝政惟新，内难既除，外略方始。乃苦心焦思，克己励精，劳役为士卒之先，居处同匹夫之俭。修富民之政，务强兵之术，乘仇人之有衅，顺大道而推亡。五年之间，大勋斯集。摅祖宗之宿愤，拯东夏之阽危，盛矣哉，其有成功者也。若使翌日之廖无爽，经营之志获申，黩武穷兵，虽见讥于良史，雄图远略，足方驾于前王者欤。

周书卷七
帝纪第七

宣　帝

　　宣皇帝讳赟,字乾伯,高祖长子也。母曰李太后。武成元年,生于同州。保定元年五月丙午,封鲁国公。建德元年四月癸巳,高祖亲告庙,冠于阼阶,立为皇太子。诏皇太子巡抚西土。文宣皇后崩,高祖谅闇,诏太子总朝政,五旬而罢。高祖每巡幸四方,太子常留监国。五年二月,又诏皇太子巡西土,因讨吐谷浑。宣政元年六月丁酉,高祖崩。戊戌,皇太子即皇帝位,尊皇后为皇太后。癸丑,岁星、荧惑、太白合于东井。甲子,诛上柱国、齐王宪。封开府于智为齐国公。

　　闰月乙亥,诏山东流民新复业者,及突厥侵掠家口破亡不能存济者,并给复一年。立妃杨氏为皇后。辛巳,以上柱国赵王招为太师,陈王纯为太傅,柱国代王达、滕王逌、卢国公尉迟运、薛国公长孙览并为上柱国。进封柱国、平阳郡公王谊为扬国公。是月,幽州人卢昌期据范阳反,诏柱国、东平公宇文神举率众讨平之。

　　秋七月辛丑,月犯心前星。乙巳,祠太庙。丙午,祠圆丘。戊申,祠方丘。庚戌,以小宗伯、岐国公斛斯征为大宗伯。丙辰,荧惑、太白合于七星。己未,太白犯轩辕大星。壬戌,以柱国、南兖州总管、随公杨坚为上柱国、大司马。癸亥,尊所生李氏为帝太后。

　　八月丙寅,夕月于西郊。长安、万年二县民居在京城者,给复三年。壬申,行幸同州。遣大使巡察诸州。诏制九条,宣下州郡:一曰,决狱科罪，皆准律文；二曰，毋族绝服外者，听婚；三曰，以杖决罚，悉令依法；四曰，郡县当境贼盗不擒获者，并仰录奏；五曰，孝子顺孙义夫节妇，表其门闾，才堪任用者，即宜申荐；六曰，或昔经驱使，名位未达，或沉沦蓬华，文武可施，宜并采访，具以名奏；七曰，伪齐七品以上，已敕收用，八品以下，爰及流外，若欲入仕，皆听预选，降二等授官；八曰，州举高才博学者为秀才，郡举经明行修者为孝廉，上州、上郡岁一人，下州、下郡三岁一人；九曰，年七十以上，依式授官，鳏寡困乏不能自存者，并加禀恤。以大司徒、杞国公亮为安州总管，上柱国、薛国公长孙览为大司徒，柱国、扬国公王谊为大司空。庚辰，太白入太微。丙戌，以柱国、永昌公椿为大司寇。

九月丁酉，荧惑入太微。以柱国宇文盛、张掖公王杰、枹罕公辛威、郧国公韦孝宽并为上柱国。庚戌，封皇弟元为荆王。诏诸应拜者，皆以三拜成礼。汾州稽胡帅刘受逻千举兵反，诏上柱国、越王盛为行军元帅，率众讨平之。庚申，荧惑犯左执法。

冬十月癸酉，至自同州。以大司空、扬国公王谊为襄州总管。戊子，百济遣使献方物。十一月己亥，讲武于道会苑，帝亲擐甲胄。是月，突厥寇边，围酒泉，杀掠吏民。十二月甲子，以柱国、毕王贤为大司空。癸未，荧惑入氐，仍留经一月。己丑，以上柱国、河阳总管滕王逌为行军元帅，率众伐陈。免京师见徒，并令从军。

大象元年春正月癸巳，受朝于露门，帝服通天冠、绛纱袍，群臣皆服汉魏衣冠。大赦，改元大成。初置四辅官，以上柱国大冢宰越王盛为大前疑，相州总管蜀国公尉迟迥为大右弼，申国公李穆为大左辅，大司马隋国公杨坚为大后丞。癸卯，封皇子衍为鲁王。甲辰，东巡狩。丙午，日有背。以柱国、常山公于翼为大司徒，辛亥，以柱国、许国公宇文善为大宗伯。癸丑，日又背。戊午，行幸洛阳。立鲁王衍为皇太子。

二月癸亥，诏曰："河洛之地，世称朝市。上则于天，阴阳所会；下纪于地，职贡路均。圣人以万物阜安，乃建王国。时经五代，世历千祀，规摹弘远，邑居壮丽。自魏氏失驭，城阙为虚，君子有恋旧之风,小人深怀土之思。

我太祖受命丰镐,胥宇崤函,荡定四方,有怀光宅。高祖神功圣略,混一区宇,往巡东夏,省方观俗,布政此宫,遂移气序。朕以眇身,祗承宝祚,庶几聿修之志,敢忘燕翼之心。一昨驻跸金墉,备常游览,百王制度,基趾尚存,今苦因修,为功易立。宜命邦事,修复旧都。奢俭取文质之间,功役依子来之义。北瞻河内,咫尺非遥,前谓经营,今宜停罢。"于是发山东诸州兵,增一月功为四十五日役,起洛阳宫。常役四万人,以迄于晏驾。并移相州六府于洛阳,称东京六府。杀柱国、徐州总管、郯国公王轨。停南讨诸军。以赵王招女为千金公主,嫁于突厥。戊辰,以上柱国、郧国公韦孝宽为徐州总管。乙亥,行幸邺。丙子,初令授总管刺史及行兵者,加持节,余悉罢之。

辛巳,诏曰:"有圣大宝,实惟重器,玄天表命,人事与能,幽显同谋,确乎不易。域中之大,实悬定于杳冥;天下为公,盖不避于内举。我大周感苍昊之精,受河洛之锡,武功文德,光格区宇,创业垂统,永光无穷。朕以寡薄,祗承鸿绪,上赖先朝得一之迹,下籍群后不贰之心。职贡与云雨俱通,宪章共光华并亘。圆首方足,咸登仁寿,思隆国本,用弘天历。皇太子衍,地居上嗣,正统所归。远凭积德之休,允叶无疆之祚。帝王之量,未肃而成;天禄之期,不谋已至。朕今传位于衍。乃眷四海,深合讴歌之望;俾予一人,高蹈风尘之表。万方兆庶,知朕意焉。可大赦天下,改大成元年为大象元年。"帝于是自称天元皇帝,所居称天台,冕二十有四旒,车服旗鼓,皆以二十四为节。内史、御正皆置上大夫。皇帝衍称正阳宫,置纳言、御正、诸卫等官,皆准天台。尊皇太后为天元皇太后。封内史上大夫郑译为沛国公。癸未,日初出及将入时,其中并有乌色,大如鸡卵,经四日灭。戊子,以上柱国大前疑越王盛为太保,大右弼蜀公尉迟迥为大前疑,代王达为大右弼。辛卯,诏徙邺城石经于洛阳。又诏曰:"洛阳旧都,今既修复,凡是元迁之户,并听还洛州。此外诸民欲往者,亦任其意。河阳、幽、相、豫、亳、青、徐七总管,受东京六府处分。"

三月壬寅,以上柱国、薛国公长孙览为泾州总管。庚申,至自东巡,大陈军伍,帝亲擐甲胄,入自青门。皇帝衍备法驾从入。百官迎于青门外。其时骤雨,仪卫失容。辛酉,封赵王招第二子贯为永康县王。

夏四月壬戌朔,有司奏言日蚀,不视事。过时不食,乃临轩。立妃朱氏为天元帝后。癸亥,以柱国、毕王贤为上柱国。己巳,祠太庙。壬午,大醮于正武殿。戊子,太白、岁星、辰星合于东井。

五月辛亥,以洺州襄国郡为赵国,以齐州济南郡为陈国,以丰州武当、安富二郡为越国,以潞州上党郡为代国,以荆州新野郡为滕国,邑各一万户。令赵王招、陈王纯、越王盛、代王达、滕王逌并之国。癸丑,有流星大如斗,出太微,落落如遗火。是月,遣使简视京兆及诸州士民之女,充选后宫。突厥寇并州。

六月丁卯,有流星大如鸡子,出氐,西北流,长一丈,入月中。己巳月犯房北头第二星。乙酉,有流星大如斗,出营室,流入东壁。是月,咸阳有池水变为血。发山东诸州民,修长城。

秋七月庚寅,以大司空、毕王贤为雍州牧,大后丞、"隋国公杨坚为大前疑,柱国、荥阳公司马消难为大后丞。壬辰,荧惑掩房北头第一星。丙申,纳大后丞司马消难女为正阳宫皇后。尊天元帝太后李氏为天皇太后。壬子,改天元帝后朱氏为天皇后。立妃元氏为天右皇后,妃陈氏为天左皇后。

八月庚申,行幸同州。壬申,还宫。甲戌,以天左皇后父大将军陈山提、天右皇后父开府元晟并为上柱国。山提封鄁国公,晟封翼国公。开府杨雄为邘国公,乙弗实戴国公。初,高祖作刑书要制,用法严重。及帝即位,以海内初平,恐物情未附,乃除之。至是大醮于正武殿,告天而行焉。辛巳,荧惑犯南斗第五星。壬午,以上柱国、雍州牧毕王贤为太师,上柱国、郧国公韩建业为大左辅。是月,所在有蚁群斗,各方四五尺,死者什八九。

九月己酉,太白入南斗。乙卯,以酆王贞为大冢宰。上柱国、郧国公韦孝宽为行军元帅,率行军总管杞国公亮、郕国公梁士彦以伐陈。遣御正杜杲、礼部薛舒使于陈。

冬十月壬戌,岁星犯轩辕大星。是日,帝幸道会苑大醮,以高祖武皇帝配。醮讫,论议于行殿。是岁,初复佛像及天尊像。至是,帝与二象俱南面而座,大陈杂戏,令京城士民纵观。乙酉,荧惑、镇星合于虚。是月,相州人段德举谋反,伏诛。

十一月乙未,幸温汤。戊戌,行幸同州。壬寅,还宫。己酉,有星大如斗,出张,东南流,光明烛地。丁巳,初铸永通万国钱,以一当千,与五行大布并行。是月,韦孝宽拔寿阳,杞国公亮拔黄城,梁士彦拔广陵。陈人退走。于是江北尽平。

十二月戊午,以灾异屡见,帝御路寝,见百官。诏曰:“穹昊在上,聪明自下,吉凶由人,妖不自作。朕以寡德,君临区寓,大道未行,小信非福。始于秋季,及此玄冬,幽显殷勤,屡贻深戒。至有金入南斗,木犯轩辕,荧惑干房,又与土合,流星照夜,东南而下。然则南斗主于爵禄,轩辕为于后宫,房曰明堂,布政所也,火土则优孽之兆,流星乃兵凶之验。岂其官人失序,女谒尚行,政事乖方,忧患将至?何其昭著,若斯之甚。上瞻俯察,朕实惧焉。将避正寝,齐居克念,恶衣减膳,去饰撤悬,披不讳之诚,开直言之路。欲使刑不滥及,赏弗逾等,选举以才,宫闱修德。宜宣诸内外,庶尽弼谐,允叶民心,用销天谴。于是舍仗卫,往天兴宫。百官上表劝复寝膳,许之。甲子,还宫。御正武殿,集百官及宫人内外命妇,大列妓乐,又纵胡人乞寒,用水浇沃为戏乐。乙丑,行幸洛阳。帝亲御驿马,日行三百里。四皇后及文武侍卫数百人,并乘驿以从。仍令四后方驾齐驱,或有先后,便加谴责,人马顿仆相属。己卯,还宫。

二年春正月丁亥,帝受朝于道会苑。癸巳,祀太庙。乙巳,造二宸,画日月之象,以置左右。戊申,雨雪。雪止,又雨细黄土,移时乃息。乙卯,诏江左诸州新附民,给复二十年。初税入市者,人一钱。

二月丁巳,帝幸露门学,行释奠之礼。戊午,突厥遣使献方物,且逆千金公主。乙丑,改制诏为天制诏,敕为天敕。壬午,尊天元皇太后,为天元上皇太后,天皇太后李氏曰天元圣皇太后。癸未,立天元皇后杨氏为天元大皇后,天皇后朱氏为天大皇后,天右皇后元氏为天右大皇后,天左皇后陈氏为天左大皇后。正阳宫皇后直称皇后。是月,洛阳有秃鹙鸟集于新营太极殿前。荣州有黑龙见,与赤龙斗于汴水之侧,黑龙死。

三月丁亥,赐百官及民大酺。诏曰:"盛德之后,是称不绝,功施于民,义昭祀典。孔子德惟藏往,道实生知,以大圣之才,属千古之运,载弘儒业,式叙彝伦。至如幽赞天人之理,裁成礼乐之务,故以作范百王,垂风万叶。朕钦承宝历,服膺教义,眷言洙、泗,怀道滋深。而褒成启号,虽彰故实,旌崇圣绩,犹有阙如。可追封为邹国公,邑数准旧。并立后承袭。别于京师置庙,以时祭享。"戊子,行军总管、杞国公亮举兵反,袭行军元帅、郧国公韦孝宽于豫州。亮不胜,孝宽获而杀之。辛卯,以永昌公椿为杞国公,绍简公连后。行幸同州。增候正,前驱戒道,为三百六十重,自应门至于赤岸泽,数十里间,幡旗相蔽,鼓乐俱作。又令武贲持锴马上,称警跸,以至于同州。乙未,改同州宫为天成宫。庚子,至自同州。诏天台侍卫之官,皆著五色及红紫绿衣,以杂色为缘,名曰品色衣。有大事,与公服间服之。壬寅,诏内外命妇皆执笏,其拜宗庙及天台,皆俯伏。甲辰,初置天中大皇后。立天左大皇后陈氏为天中大皇后,立妃尉迟氏为天左大皇后。

夏四月乙丑,有星大如斗,出天厨,流入紫宫,抵钩陈乃灭。己巳,祀太庙。己卯,诏曰:"朕以寡薄,昧于治方,不能使天地休和,阴阳调序。自春涉夏,甘泽未丰,既轸西郊之欢,将亏南亩之业。兴言夕惕,无忘鉴寐。良由德化未敷,政刑多舛,万方有罪,责在朕躬。思覃宽惠,被之率土。见囚死罪并降徒流,流罪从徒,五岁刑已下悉皆原宥。其反叛恶逆不道,及常赦所不免者,不在降例。"壬午,幸中山祈雨。至咸阳宫,雨降。甲申,还宫。令京城士女于衢巷作音乐以迎候。

五月己丑,以上柱国、大前疑、隋国公杨坚为扬州总管。甲午夜,帝备法驾幸天兴宫。乙未,帝不豫,还宫。诏隋国公坚入侍疾。甲辰,有星大如三斗,出太微端门,流入冀声若风鼓幡旗。丁未,追赵、陈、越、代、滕五王入朝。己酉,大渐。御正下大夫刘昉,与内史上大夫郑译矫制,以随国公坚受遗辅政。是日,帝崩于天德殿。时年二十二,谥曰宣皇帝。七月丙申,葬定陵。

帝之在东宫也,高祖虑其不堪承嗣,遇之甚严。朝见进止,与诸臣无异,虽隆寒盛暑,亦不得休息。性既嗜酒,高祖遂禁醪醴不许至东宫。帝每有过,辄加捶扑,尝谓之曰:“古来太子被废者几人,余儿岂不堪立耶。”于是遣东宫官属录帝言语动作,每月奏闻。帝惮高祖威严,矫情修饰,以是过恶遂不外闻。嗣位之初,方逞其欲。大行在殡,曾无戚容,即阅视先帝宫人,逼为淫乱。才及逾年,便恣声乐,采择天下子女,以充后宫。好自矜夸,饰非拒谏。禅位之后,弥复骄奢,耽酗于后宫,或旬日不出。公卿近臣请事者,皆附奄官奏之。所居宫殿,帷帐皆饰以金玉珠宝,光华炫耀,极丽穷奢。及营洛阳宫,虽未成毕,其规模壮丽,逾于汉魏远矣。

唯自尊崇,无所顾惮。国典朝仪,率情变改。后宫位号,莫能详录。每对臣下,自称为天。以五色土涂所御天德殿,各随方色。又于后宫与皇后等列坐,用宗庙礼器镈彝珪瓒之属以饮食焉。又令群臣朝天台者,皆致齐三日,清身一日。车旗章服,倍于前王之数。既自比上帝,不欲令人同己。尝自带绶及冠通天冠,加金附蝉,顾见侍臣武弁上有金蝉,及王公有绶者,并令去之。又不听人有高大之称,诸姓高者改为姜,九族称高祖者为长祖,曾祖为次长祖,官名凡称上及大者改为长,有天者亦改之。又令天下车皆以浑成木为轮,禁天下妇人皆不得施粉黛之饰,唯宫人得乘有辐车,加粉黛焉。西阳公温,杞国公亮之子,即帝之从祖兄子也。其妻尉迟氏有容色,因入朝,帝遂饮之以酒,逼以淫之。亮闻之,惧诛,乃反。才诛温,即追尉迟氏入宫,初为妃,寻立为皇后。

每召侍臣论议,唯欲兴造变革,未尝言及治政。其后游戏无恒,出入不饰,羽仪仗卫,晨出夜还。或幸天兴宫,或游道会苑,陪侍之官,皆不堪命。散乐杂戏鱼龙烂漫之伎,常在目前。好令京城少年为妇人服饰,入殿歌舞,与后宫观之,以为喜乐。

挨斥近臣,多所猜忌。又吝于财,略无赐与。恐群臣规谏,不得行己之志,常遣左右密伺察之,动止所为,莫不钞录,小有乖违,辄加其罪。自公卿已下,皆被楚挞,其间诛戮黜免者,不可胜言。每笞捶人,皆以百二十为度,名曰天杖。宫人内职亦如之。后妃嫔御,虽被宠嬖,亦多被杖背。于是内外恐惧,人不自安,皆求苟免,莫有固志,重足累息,以逮于终。

史臣曰:高祖识嗣子之非才,顾宗祐之至重,滞爱同于晋武,则哲异于宋宣。但欲威之以檟楚,期之于惩肃,义方之教,岂若是乎。卒使昏虐君临,奸回肆毒,善无小而必弃,恶无大而弗为。穷南山之简,未足书其过;尽东观之笔,不能记其罪。然犹获全首领,及子而亡,幸哉。

周书卷八
帝纪第八

静　帝

　　静皇帝讳衍,后改为阐,宣帝长子也。母曰朱皇后。建德二年六月,生于东宫。大象元年正月癸卯,封鲁王。戊午,立为皇太子。二月辛巳,宣帝于邺宫传位授帝,居正阳宫。

　　二年夏五月乙未,宣帝寝疾,诏帝入宿于露门学。己酉,宣帝崩,帝入居天台,废正阳宫。大赦天下。停洛阳宫作。庚戌,上天元上皇太后尊号为太皇太后。天元圣皇太后李氏为太帝太后,天元大皇后杨氏为皇太后,天大皇后朱氏为帝太后。其天中大皇后陈氏、天右大皇后元氏、天左大皇后尉迟氏并出俗为尼。柱国、汉王赞为上柱国、右大丞相,上柱国、扬州总管、隋国公杨坚为假黄钺、左大丞相,柱国、秦王贽为上柱国。帝居谅闇,百官总以听于左大丞相。壬子,以上柱国、郧国公韦孝宽为相州总管。罢入市税钱。

　　六月戊午,以柱国许国公宇文善、神武公窦毅、修武公侯莫陈琼、大安公阎庆并为上柱国。赵王招、陈王纯、越王达、代王盛、滕王逌来朝。庚申,复行佛、道二教,旧沙门、道士精诚自守者,简令入道。辛酉,以柱国杞国公椿、燕国公于实、郜国公贺拔伏恩并为上柱国。甲子,相州总管尉迟迥举兵不受代。诏发关中兵,即以孝宽为行军元帅,率军讨之。上柱国、毕王贤以谋执政,被诛。以上柱国秦王贽为大冢宰,杞国公椿为大司徒。己巳,诏南定、北光、衡、巴四州民为宇文亮抑为奴婢者,并免为民,复其本业。甲戌,有赤气起西方,渐东行,遍天。庚辰,罢诸鱼池及山泽公禁者,与百姓共之。以柱国、蒋国公梁睿为益州总管。

秋七月甲申,突厥送齐范阳王高绍义。庚寅,申州刺史李慧起兵。辛卯,月掩氐东南星。甲午,月掩南斗第六星。庚子,诏赵、陈、越、代、滕五王入朝不趋,剑履上殿。荣州棘史、邵国公宇文胄举兵,遣大将军、清河公杨素讨之。青州总管尉迟勤举兵。丁未,隋公杨坚为都督内外诸军事。己酉,邙州总管司马消难举兵,以柱国、杨国公王谊为行军元帅,率军讨之。壬子,岁星与太白合于张,有流星大如斗,出五车,东北流,光明烛地。赵王招、越王盛以谋执政被诛。癸丑,封皇弟术为邺王,衍为郢王。是月,豫州、荆州、襄州三总管内诸蛮,各率种落反,焚烧村驿,攻乱郡县。

八月庚申,益州总管王谦举兵不受代,即以梁睿为行军元帅,率军讨之。丁卯,封上柱国、枹罕公辛威为宿国公,开府怡昂为郜国公。庚午,韦孝宽破尉迟迥于邺城,迥自杀,相州阳。移相州于安阳,其邺城邑居皆毁废之。分相州阳平郡置毛州,昌黎郡置魏州。丙子,以汉王赞为太师,上柱国并州总管申国公李穆为太傅,宋王实为大前疑,秦王贽为大右弼,燕国公于实为大左辅。己卯,诏曰:"朕只承洪业,二载于兹。籍祖考之休,凭宰辅之力,经天纬地,四海晏如。逆贼尉迟迥,才质凡庸,志怀奸慝,因缘戚属,位冠朝伦。属上天降祸,先皇晏驾,万国深鼎湖之痛,四海穷遏密之悲。独幸天灾,欣然放命,称兵拥众,便怀问鼎。乃诏六师,肃兹九伐,而凶徒孔炽,充原蔽野。诸将肆雷霆之威,壮士纵貔貅之势,芟夷紊拂,所在如莽,直指漳滨,擒斩元恶,群丑丧魄,咸集鼓下。顺高秋之气,就上天之诛,两河妖孽,一朝清荡。自朝及野,喜抃相趋。昔上皇之时,不言为治,圣人宰物,有教而已。未戢干戈,实深惭德。思弘宽简之政,用副亿兆之心,可大赦天下。其共迥元谋,执迷不悟,及迥子侄,逆人司马消难、王谦等,不在赦例。"庚辰,司马消难拥其众以鲁山、甑山二镇奔陈,遣大将军、宋安公元景山率众追击,俘斩五百余人,邙州平。沙州氐帅、开府杨永安聚众应王谦,遣大将军、乐宁公达奚儒讨之。

杨素破宇文胄于荣州，斩胄于石济。以上柱国、神武公窦毅为大司马，齐国公于智为大司空。废相、青、荆、金、晋、梁六州总管。

九月甲申，荧惑与岁星合于翼。丙戌，废河阳总管为镇，隶洛州。以小宗伯、竟陵公杨彗为大宗伯。壬辰，废皇后司马氏为庶人。甲午，荧惑入太微。戊戌，以柱国、杨国公王谊为上柱国。辛丑，分潼州管内新遂普合及泸州管内泸戎六州并隶信州总管府。己酉，荧惑犯左执法。庚戌，以柱国常山公于翼、化政公宇文忻并为上柱国。进封翼为任国公，忻为英国公。壬子，丞相去左右之号，隋公杨坚为大丞相。

冬十月甲寅，日有蚀之。乙卯，有流星大如五斗，出张，南流，光明烛地。壬戌，陈王纯以怨执政，被诛。大丞相、隋国公杨坚加大冢宰，五府总于天官。戊寅，梁睿破王谦于剑南，追斩之，传首京师。益州平。十一月甲辰，达奚儒破杨永安于沙州。沙州平。乙巳，岁星守太微。丁未，上柱国、郧国公韦孝宽薨。

十二月壬子，以柱国、蒋国公梁睿为上柱国。癸丑，荧惑入氐。丁巳，以柱国邢国公杨雄、为普安公贺兰曂、郿国公梁士彦、上大将军新宁公叱列长义、武乡公崔弘度、大将军中山公宇文恩、濮阳公宇文述、渭原公和干子、任城公王景、渔阳公杨锐、上开府广宗公李崇、陇西公李询并为上柱国。庚申，以柱国、楚国公豆卢勣为上柱国。癸亥，诏曰："诗称'不如同姓'，传曰'异姓为后'。盖明辩亲疏，皎然不杂。太祖受命，龙德犹潜。录表革代之文，星垂除旧之象，三分天下，志扶魏室，多所改作，冀允上玄。文武群官，赐姓者众，本殊国邑，实乖胙土。不歆非类，异骨肉而共烝尝；不爱其亲，在行路而叙昭穆。且神徽革姓，本为历数有归；天命在人，推让终而弗获。故君临区寓，累世于兹。不可仍遵谦挹之旨，久行权宜之制。诸改姓者，悉宜复旧。"甲子，大丞相、隋国公杨坚进爵为王，以十郡为国。辛未，代王达、滕王逌并以谋执政被诛。壬申，以大将军、长宁公杨勇为上柱国、大司马，小冢宰、始平公元孝矩为大司寇。

大定元年春正月壬午，诏曰："朕以不天，夙遭极罚。光阴遄速，遘及此辰。穷慕缠绵,言增号绝。逾祀革号,宪章前典,可改大象三年为大定元年。"乙酉,岁星逆行,守右执法;荧惑掩房北第一星。丙戌,诏曰:"帝王设官,惟才是务,人臣报国,荐贤为重。去岁已来,屡有妖寇,宰臣英算,咸得清荡。逆乱之后,兵车始竭,遐迩劳役,生民未康。居官之徒,致治者寡。斯故上失其道,以至于兹,亦由下有幽人,未展其力。今四海宁一,八表无尘,元辅执钧,垂风扬化。若使天下英杰,尽升于朝。铨衡陟降,量才而处,垂拱无为,庶几可至。"于是遣戎秩上开府以上,职事下大夫以上,外官刺史以上,各举清平勤干者三人。被举之人,居官三年有功过者,所举之人,随加赏罚。以大司马、长宁公杨勇为洛州总管。

二月庚申,大丞相、随王杨坚为相国,总百揆,更封十郡,通前二十郡,剑履上殿,入朝不趋,赞拜不名,备九锡之礼,加玺、铖、远游冠,相国印绿綟绶,位在诸王上。又加冕十有二旒,建天子旌旗,出警入跸,乘金根车,驾六马,备五时副车,置旄头云罕,乐舞八佾,设钟簴宫县。王后、王子爵命之号,并依魏晋故事。甲子,隋王杨坚称尊号,帝逊于别宫。隋氏奉帝为介国公,邑万户,车服礼乐一如周制,上书不为表,答表不称诏。有其文,事竟不行。开皇元年五月壬申,崩,时年九岁,隋志也。谥曰静皇帝,葬恭陵。

史臣曰:静帝越自幼冲,绍兹衰绪。内相挟孙、刘之诈,戚藩无齐、代之强。隋氏因之,遂迁龟鼎。虽复岷峨投袂,翻成陵夺之威;漳滏勤王,无救宗同之殒。呜呼,以太祖之克隆景业,未逾二纪,不祀忽诸。斯盖宣帝之余殃,非孺子之罪戾也。

周书卷九
列传第一

皇　后

文帝元皇后　　文宣叱奴皇后
孝闵帝元皇后　　明帝独孤皇后
武帝阿史那皇后　　武帝李皇后
宣帝杨皇后　　宣帝朱皇后
宣帝陈皇后　　宣帝元皇后
宣帝尉迟皇后　　静帝司马皇后

　　《书》纪有虞之德，载"厘降二女"；《诗》述文王之美，称"刑于寡妻"。是知婚姻之道，男女之别，实有国有家者之所慎也。自三代迄于魏晋，兴衰之数，得失之迹，备乎传记，故其详可得闻焉。若娉纳以德，防闲以礼，大义正于宫闱，王化行于邦国，则坤仪式固，而鼎命惟永矣。至于邪僻既进，法度莫修，冶容迷其主心，私谒蠹其朝政，则风化凌替，而宗社不守矣。夫然者，岂非皇王之龟鉴与。

　　周氏率由姬制，内职有序。太祖创基，修祍席以俭约；高祖嗣历，节情欲于矫枉。宫闱有贯鱼之美，戚里无私溺之尤，可谓得人君体也。宣皇外行其志，内逞其欲，溪壑难满，采择无厌。恩之所加，莫限斯皂；荣之所及，无隔险诐。于是升兰殿而正位，践椒庭而齐体者，非一人焉；阶房帷而拖青紫，承恩幸而拥玉帛者，非一族焉。虽辛、癸之荒淫，赵、李之倾惑，曾未足比其仿佛也。民厌苛政，弊事实多，太祖之祚忽诸，特由于此。故叙其事以为"皇后传"云。

文帝元皇后，魏孝武帝之妹。初封平原公主，适开府张欢。欢性贪残，遇后无礼，又常杀后侍婢。后怒，诉之于帝，帝乃执欢杀之。改封后为冯翊公主，以配太祖，生孝闵帝。大统七年，薨。魏恭帝三年十二月，合葬成陵。孝闵帝践祚，追尊为王后。武成初，又追尊为皇后。

文宣叱奴皇后，代人也。太祖为丞相，纳后为姬，生高祖。天和三年六月，尊为皇太后。建德二年三月癸酉，崩。四月丁巳，葬永固陵。

孝闵帝元皇后名胡摩，魏文帝第五女。初封晋安公主。帝之为略阳公也，尚焉。及践祚，立为王后。帝被废，后出俗为尼。建德初，高祖诛晋国公护，上帝尊号为孝闵帝，以后为孝闵皇后，居崇义宫。隋氏革命，后出居里第。大业十二年，殂。

明帝独孤皇后，太保、卫国公信之长女。帝之在藩也，纳为夫人。三年正月，立为王后。四月，崩，葬昭陵。武成初，追崇为皇后。世宗崩，与后合葬。

武帝阿史那皇后，突厥木杆可汗俟斤之女。突厥灭茹茹之后，尽有塞表之地，控弦数十万，志陵中夏。太祖方与齐人争衡，结以为援。俟斤初欲以女配帝，既而悔之。高祖即位，前后累遣使要结，乃许归后于我。保定五年二月，诏陈国公纯、许国公宇文贵、神武公窦毅、南阳公杨荐等，奉备皇后文物及行殿，并六宫以下百二十人，至俟斤牙帐所，迎后。俟斤又许齐人以婚，将有异志。纯等在彼累载，不得反命。虽谕之以信义，俟斤不从。会大雷风起，飘坏其穹庐等，旬日不止。俟斤大惧，以为天谴，乃备礼送后。及纯等设行殿，列羽仪，奉之以归。天和三年三月，后至，高祖行亲迎之礼。后有姿貌，善容止，高祖深敬焉。

宣帝即位，尊为皇太后。大象元年二月，改为天元皇太后。二年二月，又尊为天元上皇太后，册曰："天元皇帝臣赟，奉玺绶册，谨上天元皇太后尊号曰天元上皇太后。伏惟穷神尽智，含弘载物，道洽万邦，仪刑四海。圣兹训诱，恩深明德，虽册徽号，未极尊严。是用增奉鸿名，光缛常礼。俾诚敬有展，欢慰在兹，福祉无疆，亿兆斯赖。"宣帝崩，静帝尊为太皇太后。隋开皇二年，殂，年三十二。隋文帝诏有司备礼册，祔葬于孝陵。

武帝李皇后名娥姿，楚人也。于谨平江陵，后家被籍没。至长安，太祖以后赐高祖，后稍得亲幸。大象元年二月，改为天元帝太后。七月，又尊为天皇太后。二年，尊为天元圣皇太后。册曰："天元皇帝臣赟，奉玺绶册，谨上天皇太后尊号曰天元圣皇太后。伏惟月精效祉，坤灵表贶，瑞肇丹陵，庆流华渚。虽率由令典，夙奉徽号，而恩尽敬未极尊名。是用思弘称首，上昭圣德，敢竭诚敬，永绥福履。显扬慈训，贻厥孙谋。"宣帝崩，静帝尊为太帝太后。隋开皇元年三月，出俗为尼，改名常悲。八年，殂，年五十三，以尼礼葬于京城南。

宣帝杨皇后名丽华，隋文帝长女。帝在东宫，高祖为帝纳后为皇太子妃。宣政元年闰六月，立为皇后。帝后自称天元皇帝，号后为天元皇后。寻又立天皇后及左右皇后，与后为四皇后焉。二年，诏曰："帝降二女，后德所以俪君；天列四星，妃象于焉垂耀。朕取法上玄，稽诸令典，爰命四后，内正六宫，庶弘赞柔德，广修粢盛。比殊礼虽降，称谓曷宜，其因天之象，增锡嘉名。"于是后与三皇后并加大焉。帝遣使持节册后为天元太皇后曰："咨尔含章载德,体顺居贞,肃恭享祀,仪刑邦国,是用喜兹显号,式畅徽音。尔其敬践厥猷,寅答灵命,对扬休烈,可不慎欤。"寻又立为天中太皇后,与后为五皇后。

后性柔婉不妒忌,四皇后及嫔御等咸爱而仰之。帝后昏暴滋甚,喜怒乖度。尝谴后,欲加之罪,后进止详闲,辞色不挠。帝大怒,遂赐后死,逼令引诀。后母独孤氏闻之,诣合陈谢,叩头流血,然后得免。帝崩,静帝尊后为皇太后,居弘圣宫。

初,宣帝不豫,诏后父入禁中侍疾。及大渐,刘昉、郑译等因矫诏以后父受遗辅政。后初虽不预谋,然以嗣主幼冲,恐权在他族,不利于己,闻昉、译已行此诏,心甚悦之。后知其父有异图,意颇不平,形于言色。及行禅代,愤惋逾甚。隋文帝既不能谴责,内甚愧之。开皇六年,封后为乐平公主。后又议夺其志,后誓不许,乃止。大业五年,从炀帝幸张掖,殂于河西,年四十九。炀帝还京,诏有司备礼,祔葬后于定陵。

宣帝朱皇后名满月,吴人也。其家坐事,没入东宫。帝之为太子,后被选掌帝衣服。帝年少,召而幸之,遂生静帝。大象元年,立为天元帝后,寻改为天皇后。二年,又改为天大皇后。册曰："咨尔弥宣四德,训范六宫,轩庭列序,尧门表庆,嘉称既降,盛典宜膺。尔其饰性履道,无愆礼正,永固休祉,可不慎欤。"后本非良家子,又年长于帝十余岁,疏贱无宠。以静帝故,特尊崇之,班亚杨皇后焉。宣帝崩,静帝尊为帝太皇后。隋开皇元年,出俗为尼,名法净。六年,殂,年四十,以尼礼葬京城。

宣帝陈皇后名月仪,自云颍川人,大将军山提第八女也。大象元年六月,以选入宫,拜为德妃。月余,立为天左皇后。二年二月,改天左大皇后。册曰："咨尔仪范柔闲,操履凝洁,淑问彰于远近,令则冠于宫闱。是用申彼宠章,加兹徽号。尔其复礼问诗,披图顾史,永隆嘉命,可不慎欤。"三月,又诏曰:"正内之重,风化之基,嘉耦之制,代多殊典。轩、喾继范,次妃并四;虞、舜受命,厥娶犹三。礼非相袭,随时不无。朕祇承宝图,载弘徽号,自我改作,超革先古。曰天元居极,五帝所以仰崇;王者称尊,列后于焉上俪。且坤仪比德,土数惟五,既缛恒典,宜取斯仪。四太皇后外,可增置天中大皇后一人。天中大皇后爰主粢盛,徽音日跻,肇建嘉名,宜膺显册。"于是以后为天中大皇后。帝崩,后出家为尼,改名华光。

后父山提本高氏之隶。仕齐,官至特进、开府、东兖州刺史、谢阳王。高祖平齐,拜大将军,封浙阳郡公。大象元年,以后父超授上柱国,进封郇国公,除大宗伯。

宣帝元皇后名乐尚,河南洛阳人也。开府晟之第二女。年十五,被选入宫,拜为贵妃。大象元年七月,立为天右皇后。二年二月,改为天元太皇后。册曰:"咨尔资灵姜水,载德涂山,懿淑内融,徽音潜畅。是用加兹宠数,式光践礼。尔其聿修仪范,肃膺显册,祇奉休命,可不慎欤。"帝崩,后出俗为尼,改名华胜。初后与陈后同时被选入宫,俱拜为妃,及升后位,又同日受册,帝宠遇二后,礼数均等,年齿复同,特相亲爱。及为尼后,李、朱及尉迟后等并相继殒没,而二后于今尚存。后父晟,少以元氏宗室,拜开府。大象元年七月,以后父进位上柱国,封翼国公。

宣帝尉迟皇后名炽繁,蜀国公迥之孙女。有美色。初适杞国公亮子西阳公温,以宗妇例入朝,帝逼而幸之。及亮谋逆,帝诛温,进后入宫,拜为长贵妃。大象二年三月,立为天左太皇后。册曰:"咨尔门膺积善,躬表灵贶,徽音茂德,朕实嘉之。是用弘兹盛典,申彼宠章。尔其克慎厥猷,寅答景命,永承休烈,可不慎欤。"帝崩,后出俗为尼,改名华首。隋开皇十五年,殂,年三十。

静帝司马皇后名令姬,柱国、荥阳公消难之女。大象元年二月,宣帝传位于帝,七月,为帝纳为皇后。册曰:"坤道成形,厚德于焉载物;阴精迭运,重光所以丽天。在昔皇王,膺乾御历,内政为助,昭被图篆。惟尔门积庆灵,家韬休烈,徽音令范,无背一时。是用命尔,作俪皇极。尔其克励婉心,肃膺盛典,追皇、英之逸轨,庶任、姒之芳尘,祎翟有光,粢盛无怠,虽休勿休,以隆嘉祚。"二年九月,隋文帝以后父拥众奔陈,废后为庶人。后嫁为隋司隶刺史李丹妻,于今尚存。

史臣曰:孔子称"夷狄之有君,不如诸夏之亡也"。是以周纳狄后,富辰谓之祸阶;晋升戎女,卜人以为不吉。斯固非谬焉。自周氏受命,逮乎高祖,年逾三纪,世历四君。业非草昧之辰,事殊权宜之日,乃弃同即异,以夷乱华。捐婚姻之彝序,求豺狼之外利。既而报者倦矣,施者无厌,向之所谓和亲,未几已成仇敌。奇正之道,有异于斯。于时高祖虽受制于人,未亲庶政,而谋士韫奇,直臣钳口。过矣哉! 历观前载,以外戚而居宰辅者多矣。申、吕则旷代无闻,吕、霍则与时俱盛。倾汉室者王族,丧周祚者杨氏。何灭亡之祸,合若符契焉。斯魏文所以发一概之诏也已。

周书卷一〇

列传第二

邵惠公颢 子什肥　导　护　什肥子冑

导子广　亮　翼　椿　众　　**杞简公连**

莒庄公洛生 子菩提　　**虞国公仲**

子兴

　　邵惠公颢,太祖之长兄也。德皇帝娶乐浪王氏,是为德皇后。生颢,次杞简公连,次莒庄公洛生,次太祖。颢性至孝,德皇后崩,哀毁过礼,乡党咸敬异焉。德皇帝与卫可孤战于武川南河,临阵坠马,颢与数骑奔救,击杀数十人,贼众披靡,德皇帝乃得上马引去。俄而贼追骑大至,颢遂战殁。保定初,追赠太师、柱国大将军、大冢宰、大都督、恒朔等十州诸军事、恒州刺史。封邵国公,邑万户。谥曰惠。颢三子什肥、导、护。护别有传。

　　什肥年十五而惠公没,自伤早孤,事母以孝闻。永安中,太祖入关,什肥不能离母,遂留晋阳。及太祖定秦、陇,什肥为齐神武所害。保定初,追赠大将军、小冢宰、大都督、冀定等州诸军事、冀州刺史。袭爵邵国公。谥曰景。子冑嗣。

　　冑少而孤贫,颇有干略。景公之见害也,以年幼下蚕室。保定初,诏以晋公护子会绍景公封。天和中,与齐通好,冑始归关中。授大将军、开府仪同三司,袭爵邵公。寻除宗师中大夫,进位大将军,出为原州刺史,转荣州刺史。大象末,隋文帝辅政,冑举州兵应尉迟迴,与清河公杨素战,败,遂走,追获于石济,遂斩之。国除。胄子乾仁,幼好学,聪惠。魏恭帝二年,以护平江陵之功,赐爵江陵县公。保定初,绍景公后,拜骠骑大将军、开府仪同三司。二年,除蒲州潼关六防诸军事、蒲州刺史。胄至自齐,改封谭国公。寻进位柱国。建德初,与护同伏诛。三年五月,追赠,复封旧爵。

导字菩萨。少雄豪,有仁惠,太祖爱之。初与诸父在葛荣军中,荣败,迁晋阳。及太祖随贺拔岳入关,导从而西,常从征伐。太祖讨侯莫陈悦,以导为都督,镇原州。及悦败,北走出故塞,导率骑追之,至牵屯山及悦,斩之,传首京师。以功封饶阳县侯,邑五百户,拜冠军将军,加通直散骑常侍。魏文帝即位,以定策功,进爵为公,增邑五百户,拜使持节、散骑常侍、车骑大将军、左光禄大夫。三年,太祖东征,导入宿卫,拜领军将军、大都督。齐神武渡河侵冯翊,太祖自弘农引军入关,导督左右禁旅会于沙苑,与齐神武战,大破之。进位仪同三司。明年,魏文帝东征,留导为华州刺史。及赵青雀、于伏德、慕容思庆等作乱,导自华州率所部兵击之,擒伏德,斩思庆。进屯渭桥,会太祖军。事平,进爵章武郡公,增邑并前二千户。导加侍中、开府、骠骑大将军、太子少保。高仲密以北豫降,太祖率诸将辅魏皇太子东征,复以导为大都督、华东雍二州诸军事,行华州刺史。导治兵训卒,得定捍之方。及大军不利,东魏军追至稠桑,知关中有备,乃退。会侯景举河来附,遣使请援,朝议将应之,乃征为陇右大都督、秦南等十五州诸军事、秦州刺史。及齐氏称帝,太祖发关中兵讨之,魏文帝遣齐王廓镇陇右,征导还朝。拜大将军、大都督、三雍二华等二十三州诸军事,屯咸阳。大军还,乃旋旧镇。

导性宽明,善于抚御,凡所引接,人皆尽诚。临事敬慎,常若弗及。太祖每出征讨,导恒居守,深为吏民所附,朝廷亦以此重之。魏恭帝元年十二月,薨于上邽,年四十四。魏帝遣侍中、渔阳王绳监护丧事。赠本官,加尚书令、秦州刺史,谥曰孝。朝议以导抚和西戎,威恩显著,欲令世镇陇右,以彰厥德,乃葬于上邽城西无疆原。华戎会葬有万余人,奠祭于路,悲号满野,皆曰"我君舍我乎"。大小相率，负土成坟，高五十余尺，周回八十余步。为官司所止，然后泣辞而去。其遗爱见思如此。天和五年，重赠太师、柱国、幽国公。导五子，广、亮、翼、椿、众。亮、椿并出后于杞。

广字乾归。少方严，好文学。初封永昌郡公。孝闵帝践祚，改封天水郡公。世宗即位，授骠骑大将军、开府仪同三司，出为秦州刺史。武成初，进位大将军，迁梁州总管，进封蔡国公，增邑万户。保定初，入为小司寇。寻以本官镇蒲州，兼知潼关等六防诸军事。二年，除秦州总管、十三州诸军事、秦州刺史。广性明察，善绥抚，民庶畏而悦之。时晋公护诸子及广弟杞国公亮等，服玩侈靡，逾越制度，广独率由礼则，又折节待士，朝野以是称焉。曾侍食于高祖，所食瓜美，持以奉进，高祖悦之。四年，进位柱国。广以晋公护久擅威权，劝令挹损，护不能纳。天和三年，除陕州总管，以病免。及孝公追封幽国公，诏广袭爵。

初，广母李氏以广患弥年，忧而成疾，因此致没。广既居丧，更加绵笃，乃以毁薨。世称母为广病，广为母亡，慈孝之道，极于一门。高祖素服亲临，百僚毕集。其故吏仪同李充信等上表曰："臣闻资孝成忠，生民高义；旌德树善，有国常规。窃惟故幽国公臣广，懿亲令望，具瞻攸在，道冠群后，功懋维城。受脤建旆，威行秦、陇，班条驱传，化溢崤、函。比媵理乖和，奉诏还阙，药石所及，沉痾渐愈。而灾衅仍集，丁此穷忧，至性过人，遂增旧疾，因兹毁顿，以至薨殂。寻绎贯切，不能自已。臣等接事，每承余论。仰之平昔，约己立身，位极上公，赋兼千乘，所获禄秩，周赠无余，器用服玩，取给而已。每言及终始，尤存简素。非秦政而褒吴礼，讥石椁而美厚薪。今卜兆有期，先远方及，诚恐一从朝露，此志莫伸。伏惟陛下弘不世之慈，垂需然之泽，留情既往，降愍幽魂，爰敕有司，申其宿志，窀穸之礼，庶存俭约。"诏曰："省充信等表，但增哀悼。幽国公广藩屏令望，宗室表仪，言著身文，行成士则。方凭懿戚，用匡朝政，奄丁荼蓼，便致毁灭。启手归全，无忘雅操。言念既往，震于厥心。昔河间才藻，追叙于中尉，东海谦约，见称于身后。可斟酌前典，率由旧章。使易箦之言，得申遗志;黜殡之请,无亏令终。"于是赠本官,加太保。葬于陇西。所司一遵诏旨,并存俭约。子洽嗣。太定中,随文辅政,以宗室被害,国除。

亮字乾德。武成初,封永昌郡公。后袭烈公爵,除开府仪同三司、梁州总管。天和末,拜宗师中大夫,进位大将军。幽国公豳,以亮为秦州总管,广之所部,悉以配焉。亮在州甚无政绩。寻进位柱国。晋公护诛后,亮心不自安,唯纵酒而已。高祖手敕让之。建德中,高祖东伐,以亮为右第二军总管。并州平,进位上柱国。仍从平邺,迁大司徒。宣帝即位,出为安州总管。大象初,诏以亮为行军总管,与元帅、郧国公韦孝宽等伐陈。亮自安陆道攻拔黄城,辄破江侧民村,掠其生口,以赐士卒。军还至豫州,亮密谓长史杜士峻曰:"主上淫纵滋甚,社稷将危。吾既忝宗枝,不忍坐见倾覆。今若袭取郧国公而并其众,推诸父为主,鼓行而前,谁敢不从。"遂夜将数百骑袭孝宽营。会亮国官茹宽知其谋,先以驰告,孝宽乃设备。亮不克,遁走,孝宽追斩之。子明坐亮诛。诏以亮弟椿为烈公后。

翼字乾宜。武成初,封西阳郡公。早薨,谥曰昭。无子,以杞国公亮子温为嗣。后坐亮反诛,国除。

椿字乾寿。初封永昌郡公。保定中,授开府仪同三司、宗师中大夫。建德初,加大将军。寻除岐州刺史。四年,关中民饥,椿表陈其状,玺书劳慰。因令所在开仓赈恤。四年,高祖东伐,椿与齐王宪攻拔武济等五城。五年,高祖出晋川,椿率众屯楼鸡原。宣帝即位,拜大司寇。亮诛后,诏令绍烈公封。寻进位上柱国,转大司徒。大定初,为隋文帝所害,并其五子西阳公道宗、本、仁、邻、武子、礼献。

众字乾道。保定初,封天水郡公。少而不惠,语默不常,人莫能测。隋文帝践极,初欲封为介公,后复诛之,并二子仲和、执伦。

杞简公连,幼而谨厚,临敌果毅。随德皇帝逼定州,军于唐河,遂俱殁。保定初,追赠使持节、太傅、柱国大将军、大司徒、大都督、定冀等十州诸军事、定州刺史;封杞国公,邑五千户;谥曰简。子光宝为齐神武所害。保定初,追赠大将军、小司徒、大都督、幽燕等六州诸军事、幽州刺史。袭爵杞国公,谥曰烈。以章武公导子亮嗣。

莒庄公洛生,少任侠,尚武艺,及壮,有大度,好施爱士。北州贤俊,皆与之游,而才能多出其下。及葛荣破鲜于修礼,乃以洛生为渔阳王,仍领德皇帝余众。时人皆呼为洛生王。洛生善将士,帐下多骁勇。至于攻战,莫有当其锋者,是以克获常冠诸军。尔朱荣定山东,收诸豪杰,迁于晋阳,洛生时在房中。荣雅闻其名,心惮之,寻为荣所害。保定初,追赠使持节、太保、柱国大将军、大冢宰、大宗伯、大都督、并肆等十州诸军事、并州刺史;封莒国公,邑五千户;谥曰庄。

子菩提,为齐神武所害。保定初,追赠大将军、小宗伯、大都督、肆恒等六州军事、肆州刺史,袭爵莒国公,谥曰穆。以晋公护子至为嗣。

至字乾附。初封崇业公,后袭穆公爵。建德初,父护诛,诏以卫王直子宾为穆公后。三年,追复至爵。

宾字乾瑞。寻坐直诛。建德六年,更以齐王宪子广都公贡袭爵。贡字乾祯。宣帝初,被诛,国除。

虞国公仲,德皇帝从父兄也。卒于代。保定初,追赠使持节、太傅、柱国大将军、大司徒、大都督、燕平等十州诸军事、燕州刺史;封虞国公,邑三千户。子兴嗣。

兴生,兵乱,与仲相失,年又冲幼,莫知其戚属远近。与太祖兄弟,初不相识。齐神武寇沙苑,兴预在行间,军败被虏,随例散配诸军。兴性弘厚,有志度,虽流离世故,而风范可观。魏恭帝二年,举贤良,除本郡丞,徙长隰县令。保定二年,诏仲子兴始附属籍。高祖以兴宗戚近属,尊礼之甚厚,拜使持节、骠骑大将军、开府仪同三司、都督,封大宁郡公。寻除宗师中大夫。四年,出为泾州刺史。五年,又征拜宗师,加大将军,袭爵虞国公。天和二年,薨,高祖亲临,恸焉。诏大司空、申国公李穆监护丧事。赠使持节、柱国大将军、大都督、恒幽等六州诸军事、恒州刺史，谥曰靖。子洛嗣。

洛字永洛。九岁，命为虞国公世子。天和四年，诏袭兴爵。建德初，拜使持节、车骑大将军、仪同三司。及静帝崩，隋文帝以洛为介国公，为隋室宾云。

史臣曰：自古受命之君及守文之主，非独异姓之辅也，亦有骨肉之助焉。其茂亲有鲁卫梁楚，其疏属有凡蒋荆燕，咸能飞声腾实，不泯于百代之后。至若幽孝公之勋烈，而加之善政；蔡文公之纯孝，而饰之以俭约；峨峨焉，足以辅轹于前载矣。当隋氏之起，乘天威而服海内，将相王侯莫不露肝胆以效款。援符命以颂德。胄以葭莩之亲，据一州而叶义举，可谓忠而能勇。功业不遂，悲夫！亮实庸才，图非常于巨逆。古人称不度德、不量力者，其斯之谓欤。

周书卷一一
列传第三

晋荡公护 叱罗协 冯迁

　　晋荡公护字萨保，太祖之兄邵惠颢之少子也。幼方正有志度，特为德皇帝所爱，异于诸兄。年十一，惠公薨，随诸父在葛荣军中。荣败，迁晋阳。太祖之入关也，护以年小不从。普泰初，自晋阳至平凉，时年十七。太祖诸子并幼，遂委护以家务，内外不严而肃。太祖尝叹曰："此儿志度类我。"

　　及出临复州，留护事贺拔岳。岳之被害，太祖至平凉，以护为都督。从征侯莫陈悦，破之。后以迎魏帝功，封水池县伯，邑五百户。大统初，加通直散骑常侍、征虏将军。以预定乐勋，进爵为公，增邑通前一千户。从太祖擒窦泰，复弘农，破沙苑，战河桥，并有功。迁镇东将军、大都督。八年，进车骑大将军、仪同三司。邙山之役，护率众先锋，为敌人所围，都督侯伏侯龙恩挺身扞御，方得免。是时，赵贵等军亦退，太祖遂班师。护坐免官，寻复本位。十二年，加骠骑大将军、开府仪同三司，进封中山公，增邑四百户。十五年，出镇河东，迁大将军。与于谨征江陵，护率轻骑为先锋，昼夜兼行，乃遣裨将攻梁临边城镇，并拔之。并擒候骑，进兵径至江陵城下。城中不意兵至，惶窘失图。护又遣骑二千断江津，收舟舰以待。大军之至，围而克之。以功封子会为江陵公。初，襄阳蛮帅向天保等万有余落，恃险作梗。及师还，护率军讨平之。初行六官，拜小司空。

　　太祖西巡至牵屯山，遇疾，驰驿召护。护至泾州见太祖，而太祖疾已绵笃。谓护曰:"吾形容若此,必是不济。诸子幼小,寇贼未宁,天下之事,属之于汝,宜勉力以成吾志。"护涕泣奉命。行至云阳而太祖崩。护秘之,至长安乃发丧。时嗣子冲弱,强寇在近,人情不安。护纲纪内外,抚循文武,于是众心乃定。先是太祖常云"我得胡力"。当时莫晓其旨,至是,人以护字当之。寻拜柱国。太祖山陵毕,护以天命有归,遣人讽魏帝,遂行禅代之事。

孝闵帝践祚,拜大司马,封晋国公,邑一万户。赵贵、独孤信等谋袭护,护因贵入朝,遂执之,党与皆伏诛。拜大冢宰。

时司会李植、军司马孙恒等,在太祖之朝,久居权要。见护执政,恐不见容。乃密要宫伯乙弗凤、张光洛、贺拔提、元进等为腹心,说帝曰:"护诛赵贵以来,威权日盛,谋臣宿将,争往附之,大小政事,皆决于护。以臣观之,将不守臣节,恐其滋蔓,愿早图之。"帝然其言。凤等又曰:"以先王之圣明,犹委植、恒以朝政,今若左提右挈,何向不成。且晋公常云我今夹辅陛下,欲行周公之事。臣闻周公摄政七年,然后复子明辟,陛下今日,岂能七年若此乎。深愿不疑。"帝愈信之。数将武士于后园讲习,为执缚之势。

护微知之,乃出植为梁州刺史,恒为潼州刺史,欲遏其谋。后帝思植等,每欲召之。护谏曰:"天下至亲,不过兄弟。若兄弟自构嫌隙,他人何易可亲。太祖以陛下富于春秋,顾命托臣以后事。臣既情兼家国,实愿竭其股肱。若使陛下亲览万机,威加四海,臣死之日,犹生之年。但恐除臣之后,奸回得逞其欲,非唯不利陛下,亦恐社稷危亡。臣所以勤勤恳恳,干触天威者,但不负太祖之顾托,保安国家之鼎祚耳。不意陛下不照愚臣款诚,忽生疑阻。且臣既为天子兄,复为国家宰辅,知更何求而怀冀望。伏愿陛下有以明臣,无惑谗人之口。"因泣涕,久之乃止。帝犹猜之。

凤等益惧,密谋滋甚。遂克日将召群公入宴,执护诛之。光洛具以其前后谋靠护,护乃召柱国贺兰祥、小司马尉迟纲等,以凤谋告之。祥等并劝护废帝。时纲总领禁兵,护乃遣纲入宫,召凤等议事,及出,以次执送护第。因罢散宿卫兵,遣祥逼帝,幽于旧邸。于是召诸公卿毕集,护流涕谓曰:"先王起自布衣,躬亲行阵,勤劳王业,三十余年。寇贼未平,奄弃万国。寡人地则犹子,亲受顾命。以略阳公既居正嫡,与公等立而奉之,革魏兴周,为四海主。自即位以来,荒淫无度,昵近群小,疏忌骨肉,大臣重将,咸欲诛夷。若此谋遂行,社稷必致倾覆。寡人若死,将何面目以见先王。今日宁负略阳,不负社稷尔。宁都公年德兼茂,仁孝圣慈,四海归心,万方注意。今欲废昏立明,公等以为如何?"群臣咸曰:"此公之家事,敢不惟命是听。"于是斩凤等于门外,并诛植、恒等。寻亦弑帝。迎世宗于岐州而立之。

二年,拜太师,赐辂车冕服。封子至为崇业郡公。初改雍州刺史为牧,以护为之,并赐金石之乐。武成元年,护上表归政,帝许之。军国大事尚委于护。帝性聪睿,有识量,护深惮之。有李安者,本以鼎俎得宠于护,稍被升擢,位至膳部下大夫。至是,护乃密令安因进食于帝,加以毒药。帝遂寝疾而崩。护立高祖,百官总己以听于护。

自太祖为丞相,立左右十二军,总属相府。太祖崩后,皆受护处分,凡所征发,非护书不行。护弟屯兵禁卫,盛于宫阙。事无巨细,皆先断后闻。保定元年,以护为都督中外诸军事,令五府总于天官。或有希护旨,云周公德重,鲁立文王之庙,以护功比周公,宜用此礼。于是诏于同州晋国第,立德皇帝别庙,使护祭焉。三年,诏曰:"大冢宰晋国公,智周万物,道济天下,所以克成我帝业,安养我苍生。况亲则懿昆,任当元辅,而可同班群品,齐位众臣!自今诏诰及百司文书,并不得称公名,以彰殊礼。"护抗表固让。

初,太祖创业,即与突厥和亲,谋为掎角,共图高氏。是年,乃遣柱国杨忠与突厥东伐。破齐长城,至并州而还。期后年更举,南北相应。齐主大惧。先是,护母阎姬与皇弟四姑及诸戚属,并没在齐,皆被幽絷。护居宰相之后,每遣间使寻求,莫知音息。至是,并许还朝,且请和好。四年,皇姑先至。齐主以护既当权重,乃留其母,以为后图。仍令人为阎作书报护曰:"天地隔塞,子母异所,三十余年,存亡断绝,肚肠之痛,不能自胜。想汝悲思之怀,复何可处。吾自念十九入汝家，今已八十矣。既逢丧乱，备尝艰阻。恒冀汝等长成，得见一日安乐。何期罪衅深重，存没分离。吾凡生汝辈三男三女，今日目下，不睹一人。兴言及此，悲缠肌骨。赖皇齐恩恤，差安衰暮。又得汝杨氏姑及汝叔母纥干、汝嫂刘新妇等同居，颇亦自适。但为微有耳疾，大语方闻。行动饮食，幸无多恙。今大齐圣德远被，特降鸿慈，既许归吾于汝，又听先致音耗。积稔长悲，豁然获展。此乃仁侔造化，将何报德！

汝与吾别之时，年尚幼小，以前家事，或不委曲。昔在武川镇生汝兄弟，大者属鼠，次者属兔，汝身属蛇。鲜于修礼起日，吾之阖家大小，先在博陵郡住。相将欲向左人城，行至唐河之北，被定州官军打败。汝祖及二叔，时俱战亡。汝叔母贺拔及儿元宝，汝叔母纥干及儿菩提，并吾与汝六人，同被擒捉入定州城。未几间，将吾及汝送与元宝掌。贺拔、纥干，各别分散。宝掌见汝云：‘我识其祖翁，形状相似。’时宝掌营在唐城内。经停三日，宝掌所掠得男夫、妇女，可六七十人，悉送向京。吾时与汝同被送限。至定州城南，夜宿同乡人姬库根家。茹茹奴望见鲜于修礼营火，语吾云：‘我今走向本军。’既至营，遂靠吾辈在此。明旦日出，汝叔将兵邀截，吾及汝等，还得向营。汝时年十二，共吾并乘马随军，可不记此事缘由也？于后，吾共汝在受阳住。时元宝、菩提及汝姑儿贺兰盛洛，并汝身四人同学。博士姓成，为人严恶，凌等四人谋欲加害。吾汝共叔母等闻之，各捉其儿打之。唯盛洛无母，独不被打。其后尔朱天柱亡岁，贺拔阿斗泥在关西，遣人迎家累。时汝叔亦遣奴来富迎汝及盛洛等。汝时著绯绫袍、银装带，盛洛着紫织成缬通身袍、黄绫裹，并乘骡同去。盛洛小于汝，汝等三人并呼吾作‘阿摩敦’。如此之事，当分明记之耳。今又寄汝小时所着锦袍表一领，至宜检看，知吾含悲戚多历年祀。属千载之运，逢大齐之德，矜老开恩，许得相见。一闻此言，死犹不朽，况如今者，势必聚集。禽兽草木，母子相依，吾有何罪，与汝分离，今复何福，还望见汝。言此悲喜，死而更苏。世间所有，求皆可得，母子异国，何处可求。假汝贵极王公，富过山海；有一老母，八十之年，飘然千里，死亡旦夕，不得一朝暂见，不得一日同处，寒不得汝衣，饥不得汝食，汝虽穷荣极盛，光耀世间，汝何用为？于吾何益？吾今日之前，汝既不得申其供养，事往何论。今日以后，吾之残命，唯系于汝，尔戴天履地，中有鬼神，勿云冥昧而可欺负。

汝杨氏姑，今虽炎暑，犹能先发。关河阻远，隔绝多年，书依常体，虑汝致惑，是以每存款质，兼亦载吾姓名。当识此理，不以为怪。”

护性至孝，得书，悲不自胜，左右莫能仰视。报书曰："区宇分崩，遭遇灾祸，违离膝下，三十五年。受形禀气，皆知母子，谁同萨保，如此不孝！宿殃积戾，唯应赐锺，岂悟纲罗，上婴慈母。但立身立行，不负一物，明神有识，宜见哀怜。而子为公侯，母为俘隶，热不见母热，寒不见母寒，衣不知有无，食不知饥饱，泯如天地之外，无由暂闻。昼夜悲号，继之以血，分怀冤酷，终此一生，死若有知，冀奉见于泉下尔。不谓齐朝解纲，惠以德音，磨敦、四姑，并许矜放，初闻此旨，魂爽飞越，号天叩地，不能自胜。四姑即蒙礼送，平安入境，以今月十八日于河东拜见。遥奉颜色，崩动肝肠。但离绝多年，存亡阻隔，相见之始，口未忍言，唯叙齐朝宽弘，每存大德。云与磨敦虽处宫禁，常蒙优礼，今者来邺，恩遇弥隆。矜哀听许摩敦垂救，曲尽悲酷，备述家事。伏读未周，五情屠割。书中所道，无事敢忘。摩敦年尊，又加忧苦，常谓寝膳贬损，或多遗漏；伏奉论述，次第分明。一则以悲，一则以喜。当乡里破败之日，萨保年已十余岁，邻曲旧事，犹自记忆；况家门祸难，亲戚流离，奉辞时节，先后慈训，刻肌刻骨，常缠心腑。

天长丧乱，四海横流，太祖乘时，齐朝抚运，两河、三辅，各值神机。原其事迹，非相负背。太祖升遐，未定天保，萨保属当犹子之长，亲受顾命。虽身居重任，职当忧责，至于岁时称庆，子孙在庭，顾视悲摧，心情继绝，胡颜履戴，负愧神明。霈然之恩，既以沾洽，爱敬之至，施及傍人。草木有心，禽鱼感泽，况在人伦，而不铭戴。有家有国，信义为本，伏度来期，已应有日。一得奉见慈颜，永毕生愿。生死肉骨,岂过今恩,负山戴岳,未足胜荷。二国分隔,理无书信,主上以彼朝不绝子母之恩,亦赐许奉答。不期今日,得通家问,伏纸呜咽,言不宣心。蒙寄萨保别时所留锦袍表,年岁虽久,宛然犹识,抱此悲泣。至于拜见,事归忍死,知复何心!"

齐朝不即发遣,更令与护书,要护重报,往返再三,而母竟不至。朝议以其失信,令有司移齐曰:夫有义则存,无信不立,山岳犹轻,兵食非重。故言誓弗违,重耳所以享国;祝史无愧,随会所以为盟。未有司牧生民,君临有国,可以忘义而多食言者也。自数属屯夷,时锺圮隔,皇家亲戚,沦陷三纪。仁姑、世母,望绝生还。彼朝以去夏之初,德音爰发,已送仁姑,许归世母。乃称烦署,指克来秋。谓其信必由衷,嘉言无爽。今落木戒候,水霜行及,方为世母虚设诡词,未议言归,更征酬答。子女玉帛,既非所须,保境宁民,又云匪报。详观此意,全乘本图。爱人以礼,岂为姑息。要子责诚,质亲求报,实伤和气,有悖天经。我之周室,太祖之天下也,焉可损国顾家,殉名亏实!不害所养,斯曰仁人。卧鼓潜锋,孰非深计。若令迭争尺寸,两竞锥刀,瓦震长平,则赵分为二;兵出函谷,则韩裂为三。安得犹全,谓无损益。

大冢宰位隆将相,情兼家国,衔悲茹血,分毕冤魂,岂意噬指可寻,倚门应至。徒闻善始,卒无令终,百辟震惊,三军愤惋。不为孝子,当作忠臣。去岁北军深入,数俘城下。虽曰班师,余功未遂。今兹马首南向,更期重入。晋人角之,我之职矣。闻诸道路,早已戒严,非直北拒,又将南略。偿欲自送,此之愿也。如或婴城,未能求敌,诘朝请见,与君周旋。为惠不终,只增深怨。爱亲无慢,垂训尼父;矜邮穷老,贻则周文。环决之义;事不由此,自应内省,岂宜有愧。移书未送而母至。举朝庆悦,大赦天下。护与母暌隔多年,一旦聚集,凡所资奉,穷极华盛。每四时伏腊,高祖率诸亲戚,行家人之礼,称觞上寿。荣贵之极,振古未闻。

是年也,突厥复率众赴期。护以齐氏初送国亲,未欲即事征讨,复虑失信蕃夷,更生边患。不得已,遂请东征。九月,诏曰:"神若轩

皇,尚去三战;圣如姬武,且曰一戎。弧矢之威,干戈之用,帝王大
器,谁能去兵。太祖不受天明,造我周室,日月所照,罔不率从。高
氏乘衅跋扈,窃有并、冀,世济其恶,腥秽彰闻。皇天震怒,假手突
厥,驱略汾晋,扫地无遗。季孟势穷,伯珪日蹙,坐待灭亡,鉴之愚
智。故突厥班师,仍屯彼境,更集诸部,倾国齐至,星流电击,数道俱
进,斯在仲冬,同会并、邺。大冢宰晋公,朕之懿昆,任隆伊、吕,平一
宇宙,惟公是属。朕当亲执斧钺,庙庭只受。有司宜勒众军,量程赴
集。进止迟速,委公处分。"于是征二十四军及左右厢散隶、及秦陇
巴蜀之兵、诸蕃国之众二十万人。十月,帝于庙庭授护斧钺。出军
至潼关,乃遣柱国尉迟迥率精兵十万为前锋,大将军权景宣率山南
之兵出豫州,少师杨檦出轵关。护连营渐进,屯军弘农。迥攻围洛
阳。柱国齐公宪、郑国公达奚武等营于邙山。

　　护性无戎略,且此行也,又非其本心。故师出虽久,无所克获。
护本令渐断河阳之路,遏其救兵,然后同攻洛阳,使其内外隔绝。诸
将以为齐兵不敢出,唯斥候而已。值连日阴雾,齐骑直前,围洛之
军,一时溃散。唯尉迟迥率数十骑扞敌,齐公宪又督邙山诸将拒之,
乃得全军而返。权景宣攻克豫州,寻以洛阳围解,亦引军退。杨檦
于轵关战没。护于是班师。以无功,与诸将稽首请罪,帝弗之责也。

　　天和二年,护母薨,寻有诏起令视事。四年,护巡历北边城镇,
至灵州而还。五年,又诏曰:"光宅曲阜,鲁用郊天之乐;地处参墟,
晋有大蒐之礼。所以言时计功,昭德纪行。使持节、太师、都督中外
诸军事、柱国大将军、大冢宰晋国公,体道居贞,含和诞德,地居戚
右,才表栋隆。国步艰难,寄深夷险,皇纲缔构,事均休戚。故以迹
冥殆庶,理契如仁,今文轨尚隔,方隅犹阻,典策未备,声明多阙,宜
赐轩悬之乐,六佾之舞。"

　　护性甚宽和,然暗于大体。自恃建立之功,久当权轴。凡所委
任,皆非其人。兼诸子贪残,僚属纵逸,恃护威势,莫不蠹政害民。上
下相蒙,曾无疑虑。高祖以其暴慢,密与卫王直图之。

　　七年三月十八日,护自同州还。帝御文安殿,见护讫,引护入含

仁殿朝皇太后。先是帝于禁中见护，常行家人之礼。护谒太后，太后必赐之坐，帝立侍焉。至是护将入，帝谓之曰："太后春秋既尊，颇好饮酒。不亲朝谒，或废引进。喜怒之间，时有乖爽。比虽犯颜屡谏，未蒙垂纳。兄今既朝拜，愿更启请。"因出怀中酒诰以授护曰："以此谏太后。"护既入，如帝所戒，读示太后。未讫，帝以玉珽自后击之，护踣于地。又令宦者何泉以御刀斫之。泉惶惧，斫不能伤。时卫王直先匿于户内，乃出斩之。

初，帝欲图护，王轨、宇文神举、宇文孝伯颇豫其谋。是日，轨等并在外，更无知者。杀护讫，乃召宫伯长孙览等告之，即令收护子柱国谭国公会、大将军莒国公至、崇业公静、正平公乾嘉，及乾基、乾光、乾蔚、乾祖、乾威等，并柱国侯伏侯龙恩、龙恩弟大将军万寿、大将军刘勇、中外府司录尹公正、袁杰、膳部下大夫李安等，于殿中杀之。齐王宪白帝曰："李安出自皂隶，所典唯庖厨而已。即不预时政，未足加戮。"高祖曰："公不知耳，世宗之崩，安所为也。"十九日，诏曰："君亲无将，将而必诛。太师、大冢宰、晋公护，地实宗亲，义兼家国。爰初草创，同济艰难，遂任总朝权，寄深国命。不能竭其诚效，罄以心力，尽事君之节，申送往之情。朕兄故略阳公，英风秀远，神机颖悟，地居圣胤，礼归当璧。遗训在耳，忍害先加。永寻摧割，贯切骨髓。世宗明皇帝聪明神武，□□藏智。护内怀凶悖，外托尊崇。凡厥臣民，谁亡怨愤。

朕纂承洪基，十有三载，委政师辅，责成宰司。护志在无君，义违臣节。怀兹蛊毒，逞彼狼心，任情诛暴，肆行威福，朋党相扇，贿货公行，所好加羽毛，所恶生疮痏。朕约己菲躬，情存庶政。每思施宽惠下，辄抑而不行。遂使户口凋残，征赋劳剧，家无日给，民不聊生。且三方未定，边隅尚阻，疆场待戎旗之备，武夫资扞城之力。侯伏龙恩、万寿、刘勇等，未效庸勋，先居上将，高门峻宇，甲第彫墙，实繁有徒，同恶相济。民不见德，唯利是际。百姓嗷嗷，道路以目；含生业业，相顾钳口。常恐七百之基，忽焉颠坠，亿兆之命，一旦阽危，上累祖宗之灵，下负苍生之责。今肃正典刑，护已即罪，其余凶党，咸亦伏诛。氛雾既清,遐迩同庆。朝政惟新,兆民更始。可大赦天下,改天和七年为建德元年。"

护世子训为蒲州刺史。其夜,遣柱国、越国公盛乘传往蒲州,征训赴京师,至同州赐死。护长史代郡叱罗协、司录弘农冯迁及所亲任者,皆除名。护子昌城公深使突厥,遣开府宇文德齐玺书就杀之。三年,诏复护及诸子先封,谥护曰荡,并改葬之。

叱罗协本名与高祖讳同,后改焉。少寒微,尝为州小吏,以恭谨见知。恒州刺史杨钧擢为从事。及魏末,六镇搔扰,客于冀州。冀州为葛荣所围,刺史以协为统军,委以守御。俄而城陷,协没于荣。荣败,事汾州刺史尔朱兆,颇被亲遇,补录事参军。兆为天柱大将军,转司马。兆与齐神武初战不利,还上党,令协在建州督军粮。后使协至洛阳,与其诸叔计事,谋讨齐神武。兆等军败,还并州,令协治肆州刺史。兆死,遂事窦泰,泰甚礼之。泰为御史中尉,以协为治书侍御史。泰向潼关,协为监军。泰死,协亦见获。太祖以其在关岁久,授大丞相府东阁祭酒、抚军将军、银青光禄大夫,转录事参军,迁主簿,加通直散骑常侍,摄大行台郎中,累迁相府属从事中郎。

协历仕二京,详练故事。又深自克励,太祖颇委任之。然犹以其家属在东,疑其有恋本之望。及河桥战不利,协随军而还。太祖知协不贰,封冠军县男,邑二百户。寻加车骑将军、左光禄大夫。九年,除直阁将军、恒州大中正,加都督,进爵为伯,增邑八百户。寻迁大都督、仪同三司。

初,太祖欲经略汉中,令协行南岐州刺史,并节度东益州戎马事。魏废帝元年,即授南岐州刺史。时东益州刺史杨辟邪据州反。二年,协率所部兵讨之,军次涪水。会有氐贼一千人断道破桥。协遣仪同仇买等行前击之,贼开路协乃领所部渐进。又有氐贼一千人邀协,协乃将兵四百人守硖道,与贼短兵接战,贼乃退避。辟邪弃城走,协追斩之,群氐皆伏。以功授开府。仍为大将军尉迟迥长史,率兵伐蜀。既入剑阁,迥令协行潼州事。

　　时有五城郡氐酋赵雄杰等煽动新、潼、始三州民反叛，聚结二万余人，在州南三里，隔涪水，据槐林山，置栅拒守。梓潼郡民邓朏、王令公等招诱乡邑万余人，复在州东十里，涪水北，置栅以应之。同逼州城。城中粮少，军人乏食。协抚安内外，咸无异心。遣仪同伊娄训、大都督司马裔等将步骑千余人，夜渡涪水击雄杰，一战破之。令公以雄杰败，亦弃栅走还本郡。复与邓朏等率万余人，于郡东南隔水置栅，断绝驿路。协遣仪同杨长乐，与司马裔等率师讨之；复遣大都督裴孟尝领百姓继进，为其声势。孟尝既至梓潼，值水涨不得即渡。而王令公、邓朏见孟尝骑少，乃将三千余人围之数重。孟尝以众寡不敌，各弃马短兵接战。从辰止午，于阵斩令公及朏等。贼徒既失渠帅，遂即散走。其徒党仍据旧栅。而孟尝方得渡水与长乐合。即勒兵攻栅，经三日，贼乃请降。此后数有反叛，协辄遣兵讨平之。

　　魏恭帝三年，太祖征协入朝，论蜀中事，乃赐姓宇文氏，增邑通前一千五百户。晋公护既杀孙恒、李植等，欲委腹心于司会柳庆、司宪令狐整等。庆、整并辞不堪，俱荐协。语在庆、整传。护遂征协入朝。既至，护引与同宿，深寄托之。协欣然承奉，誓以驱命自效。护大悦，以为得协之晚。即授军司马，委以兵事。寻转治御正，又授护府长史，进爵为公，增邑一千户。常在护侧，陈说时事，多被纳用。世宗知其材识庸浅，每折之。数谓之曰："汝何知也！"犹以护所亲任，难即屏黜，每含容之。及世宗崩，便授协司会中大夫、中外府长史。协形貌瘦小，举措褊急。即以得志，每自矜高。朝士有来请事者，辄云"汝不解，吾今教汝"，及其所言，多乖事衷。当时莫不笑之。

　　保定二年，追论平蜀功，别封一子县侯。又于蜀中食邑一千户，入其租赋之半。晋公护以协竭忠于己，每提奖之，频考上中，赏以粟帛。迁少保，转少傅，进位大将军，爵南阳郡公，兼营作副监。宫室既成，以功赐爵洛邑县公，回授一子。协既受护重委，冀得婚连帝室，乃求复旧姓叱罗氏。护为奏请，高祖许之。又进位柱国。护以协年老，许其致仕，而协贪荣，未肯告退。护诛，协除名。

建德三年，高祖以协宿齿，授仪同三司，赐爵南阳郡公，时与论说旧事。是岁卒，年七十六。子金嗣。

冯迁字羽化。父漳，州从事。及迁官达，追赠仪同三司、陕州刺史。迁少修谨，有干能，州辟从事。魏神龟中，刺史杨钧引为中兵参军事，转定襄令，寻为并州水曹参军。所历之职，咸以勤恪著称。

及魏孝武西迁，乃弃官，与直阁将军冯灵豫入关。即从魏孝武复潼关，定回洛，除给事中。后从太祖擒窦泰，复弘农，战沙苑，皆有功。授都督、龙骧将军、羽林监，封独显县伯，邑六百户。及洛阳之战，迁先登陷阵，遂中重疮，仅得不死。以功加辅国将军、军师都督，进爵为侯。久之，出为广汉郡守。时蜀土初平，人情扰动，迁政存简恕，夷俗颇安之。魏恭帝二年，就加车骑将军、大都督、通直散骑常侍，镇樊城。寻拜汉东郡守。

孝闵帝践祚，入为晋公护府掾，加车骑大将军、仪同三司，进爵临高县公。寻迁护府司录，进授骠骑大将军、开府仪同三司。迁性质直，小心畏慎，虽居枢要，不以势位加人。兼明练时事，善于断决。每校阅文簿，孜孜不倦，从辰逮夕，未尝休止。以此甚为护所委任。后以其朝之旧齿，欲以衣锦荣之，乃授陕州刺史，进爵隆山郡公，增邑并前二千户。迁本寒微，不为时辈所重，一旦刺举本州，唯以谦恭接待乡邑，人无怨者。复入为司录，转工部中大夫，历军司马，迁小司空。自天和已后，迁以年老，委任稍衰。及护诛，犹除名。建德末，卒于家，时年七十八。子恕，位至仪同三司、伏夷镇将、平寇县伯。护所委信者，又有朔方边平，位至大将军、军司马、护府司马。护败，亦除名。

史臣曰：仲尼有言："可与适道，未可与权。"夫道者，率礼之谓也；权者，反经之谓也。率礼由乎正理，易以成佐世之功，反经击乎非常，难以定匡时之业。故得其人则治，伊尹放太甲，周旦相孺子是也；不得其人则乱，新都迁汉鼎，晋氏倾魏族是也。是以先王明上下之序，圣人重君臣之分。委质同于股肱，受爵均其休戚。当其亲受顾托,位居宰衡,虽复承利剑,临沸鼎,不足以眘其虑;据帝图,君海内,不足以回其心。若斯人者,固以功与山岳争其高,名与穹壤齐其久矣。

有周受命之始,宇文护实预艰难。及太祖崩殂,诸子冲幼,群公怀等夷之志,天下有去就之心。卒能变魏为周,俾危获乂者,护之力也。向使加之以礼让,继之以忠贞,桐宫有悔过之期,未央终天年之数,则前史所载,焉足以道哉。然护寡于学术,昵近群小,威福在己,征伐自出。有人臣无君之心,为人主不堪之事。忠孝大节也,违之而不疑;废弑至逆也,行之而无悔。终于身首横分,妻孥为戮,不亦宜乎。

周书卷一二
列传第四

齐炀王宪

　　齐炀王宪字毗贺突,太祖第五子也。性通敏,有度量,虽在童龀,而神彩嶷然。初封涪城县公。少与高祖俱受《诗》、《传》,咸综机要,得其指归。太祖尝赐诸子良马,惟其所择。宪独取驳马。太祖问之,对曰:“此马色类既殊,或多骏逸。若从军征伐,牧围易分。”太祖喜曰:“此儿智识不凡,当成重器。”后从猎陇上,经官马牧,太祖每见驳马,辄曰:“此我儿马也。”命左右取以赐之。魏恭帝元年,进封安城郡公。孝闵帝践祚,拜骠骑大将军、开府仪同三司。

　　世宗即位,授大将军。武成初,除益州总管、益宁巴泸等二十四州诸军事、益州刺史,进封齐国公,邑万户。初,平蜀之后,太祖以其形胜之地,不欲使宿将居之。诸子之中,欲有推择。遍问高祖已下,谁能此行。并未及对,而宪先请。太祖曰:“刺史当抚众治民,非尔所及。以年授者,当归尔兄。”宪曰:“才用有殊,不关大小。试而无效,甘受面欺。”太祖大悦,以宪年尚幼,未之遣也。世宗追遵先旨,故有此授。宪时年十六,善于抚绥,留心政术,辞讼辐凑,听受不疲。蜀人怀之,共立碑颂德。寻进位柱国。

　　保定中,征还京,拜雍州牧。及晋公护东伐,以尉迟迥为先锋,围洛阳。宪与达奚武、王雄等军于邙山。自余诸军,各分守险要。齐兵数万,奄出军后,诸军惶骇,并各退散。唯宪与王雄、达奚武率众拒之。而雄为齐人所毙,三军震惧。宪亲自督励,众心乃安。时晋公护执政,雅相亲委,赏罚之际,皆得预焉。

天和三年,以宪为大司马,治小冢宰,雍州牧如故。四年,齐将独孤永业来寇,盗杀孔城防主能奔达,以城应之。诏宪与柱国李穆将兵出宜阳,筑崇德等五城,绝其粮道。齐将斛律明月率众四万,筑垒洛南。五年,宪涉洛邀之,明月遁走。宪追之,及于安业,屡战而还。是岁,明月又率大众于汾北筑城,西至龙门。晋公护谓宪曰:"寇贼充斥,戎马交驰,遂使疆埸之间,生民委弊。岂得坐观屠灭,而不思救之。汝谓计将安出?"曰:"如宪所见,兄宜暂出同州,以为威势,宪请以精兵居前,随机攻取。非惟边境清宁,亦当别有克获。"护然之。

六年,乃遣宪率众二万,出自龙门。齐将新蔡王王康德以宪兵至,潜军霄遁。宪乃西归。仍掘移汾水,水南堡壁,复入于齐。齐人谓略不及远,遂驰边备。宪及渡河,攻其伏龙等四城,二日尽拔。又进攻张壁,克之,获其军实,夷其城垒。斛律明月时在华谷,弗能救也,北攻姚襄城,陷之。时汾州又见围日久,粮援路绝。宪遣柱国宇文盛运粟以馈之。宪自入两乳谷,袭克齐柏社城,进军姚襄。齐人婴城固守。宪使柱国、谭公会筑石殿城,以为汾州之援。齐平原王段孝先、兰陵王高长恭引兵大至,宪命将士阵而待之。大将军韩欢为齐人所乘,遂以奔退,宪身自督战,齐众稍却。会日暮,乃各收军。

及晋公护诛,高祖召宪入,宪免冠拜谢。帝谓之曰:"天下者,太祖之天下,吾嗣守鸿基,常恐失坠。冢宰无君凌上,将图不轨,吾所以诛之,以安社稷。汝亲则同气,休戚共之,事不相涉,何烦致谢。"乃诏宪往护第,收兵符及诸簿书等。

寻以宪为大冢宰。时高祖既诛宰臣,亲览朝政,方欲导之以政,齐之以刑,爰及亲亲,亦为刻蒲。宪既为护所委任,自天和之后,威势渐隆。护欲有所陈,多令宪闻奏。其间或有可不,宪虑主相嫌隙,每曲而畅之。高祖亦悉其心,故得无患。然犹以威名过重,终不能平,虽遥授冢宰,实夺其权也。

开府裴文举,宪之侍读,高祖常御内殿,引见之。谓曰:"晋公不

臣之迹,朝野所知,朕所以泣而诛者,安国家,利百姓耳。昔魏末不
纲,太祖匡辅元氏;有周受命,晋公复执威权。积习生常,便谓法应
须尔。岂有三十岁天子而可为人所制乎?且近代以来,又有一弊,
暂经隶属,便即礼若君臣。此乃乱代之权宜,非经国之治术。诗云:
'夙夜匪解,以事一人。'一人者,止据天子尔。虽陪侍齐公,不得即
同臣主。且太祖十儿,宁可悉为天子。卿宜规以正道,劝以义方,辑
睦我君臣,协和我骨肉。无令兄弟,自致嫌疑。"文举拜谢而出,归以
白宪。宪指心抚几曰:"吾之夙心,公宁不悉,但当尽忠竭节耳,知复
何言。"

　　建德三年,进爵为王。宪友刘休徵献王箴一首,宪美之。休徵
后又以此箴上高祖。高祖方剪削诸弟,甚悦其文。宪常以兵书繁广,
难求指要,乃自刊定为要略五篇,至是表陈之。高祖览而称善。其
秋,高祖幸云阳宫,遂寝疾。卫王直于京师举兵反。高祖召宪谓曰:
"卫王构逆,汝知之乎?"宪曰:"臣初不知,今始奉诏。直若逆天犯
顺,此则自取灭亡。"高祖曰:"汝即为前军,吾亦续发。"直寻败走。
高祖至京师,宪与赵王招俱入拜谢。高祖曰:"管蔡为戮,周公作辅,
人心不同,有如其面。但愧兄弟亲寻干戈,于我为不足耳。"初,直内
深忌宪,宪隐而容之。且以帝之母弟,每加友敬。晋公护之诛也,直
固请及宪。高祖曰:"齐公心迹,吾自悉之,不得更有所疑也。"及文
宣皇后崩,直又密启云:"宪饮酒食肉,与平日不异。"高祖曰:"吾与
齐王异生,俱非正嫡,特为吾意,今祖括是同。汝当愧之,何论得失。
汝亲太后之子,偏荷慈爱。今但须自勖,无假说人。"直乃止。

　　四年,高祖将欲东讨,独与内史王谊谋之,余人莫得知也。后以
诸弟才略,无出于宪右,遂告之。宪即赞成其事。及大军将出,宪表
上私财以助军费曰:"臣闻抚机适运,理籍时来,兼弱攻昧,事资权
道。伏惟陛下继明作圣,阐业弘风,思顺天心,用恢武略。方使长蛇
外翦,宇宙大同,军民内向,车书混一。窃以龙旗雷动,天纲云布,刍
粟粮饩,或须周给。昔边隅未静,卜式愿上家财;江湖不澄,卫兹请
献私粟。臣虽不敏,敢忘景行。谨上金宝等一十六件,少助军资。"

诏不纳，而以宪表示公卿曰："人臣当如此，朕贵其心耳，宁须物乎。"乃诏宪率众二万为前军，趣黎阳。高祖亲围河阴，未克。宪攻拔武济，进围洛口，收其东西二城。以高祖疾，班师。是岁，初置上柱国官，以宪为之。

五年，大举东讨，宪率精骑二万，复为前锋，守雀鼠谷。高祖亲围晋州。宪进兵克洪同、永安二城，更图进取。齐人焚桥守险，军不得进，遂屯于永安。齐主闻晋州见围，乃将兵十万自来援之。时柱国、陈王纯顿军千里径，大将军、永昌公椿屯鸡楼原，大将军宇文盛守汾水关，并受宪节度。宪密谓椿曰："兵者诡道，去留不定，见机而作，不得遵常。汝今为营，不须张幕，可伐柏为庵，示有形势。令兵去之后，贼犹致疑也。"时齐主分军万人向千里径，又令其众出汾水关，自率大兵与椿对阵。宇文盛驰骑告急，宪自以千骑救之。齐人望谷中尘起，相率遽退。盛与柱国侯莫陈芮涉汾逐之，多有斩获。俄而椿告齐众稍逼，宪又回军赴之。会椿被敕追还，率兵夜返。齐人果谓柏庵为帐幕也，不疑军退，翌日始悟。

时高祖已去晋州，留宪为后拒。齐主自率众来追，至于高梁桥。宪以精骑二千，阻水为阵。齐领军段畅直进至桥。宪隔水招畅与语，语毕，宪问畅曰："若何姓名？"畅曰："领军段畅也。公复为谁？"宪曰："我虞候大都督耳。"畅曰："观公言语，不是凡人，今日相见，何用隐其名位？"陈王纯、梁公侯莫陈芮、内史王谊等并在宪侧。畅固问不已。宪乃曰："我天子太第齐王也。"指陈王以下，并以名位告之。畅鞭马而去，宪即命旋军，而齐人遽追之，戈甲甚锐。宪与开府宇文忻各统精卒百骑为殿以拒之，斩其骁将贺兰豹子、山褥环等百余人，齐众乃退。宪渡汾及高祖于玉璧。

高祖又令宪率兵六万，还援晋州。宪遂进军，营于涑水。齐主攻围晋州，昼夜不息。间谍还者，或云已陷。宪乃遣柱国越王盛、大将军尉迟迥、开府宇文神举等轻骑一万夜至晋州。宪进军据蒙坑，为其后援，知城未陷，乃归涑川。寻而高祖东辕，次于高显，宪率所部，先向晋州。明日，诸军总集，稍逼城下。齐人亦大出兵，陈于营南。高祖召宪驰往观之。宪返命曰："是易与耳，请破之而后食。"帝悦曰："如汝所言，吾无忧矣。"宪退，内史柳虯私谓宪曰："贼亦不少，王安得轻之？"宪曰："宪受委前锋，情兼家国，扫此逋寇，事等摧枯。商周之事，公所知也，贼兵虽众，其如我何。"既而诸军俱进，应时大溃。其夜，齐主遁走，宪轻骑追之。既及永安，高祖续至。齐人收其余众，复据高壁及洛女砦。高祖命宪攻洛女，破之。明日，与大军会于介休。

时齐主已走邺，留其从兄安德王延宗据并州。延宗因僭伪号，出兵拒战。高祖进围其城，宪攻其西面，克之。延宗遁走，追而获之。以功进封第二子安城公质为河间王，拜第三子贲为大将军。仍诏宪先驱趣邺。明年，进克邺城。

齐任城王湝、广宁王孝珩等据守信都，有众数万。高祖复诏宪讨之。仍令齐主手书与湝曰："朝廷遇纬甚厚，诸王无恙。叔若释甲，则无不优待。"湝不纳，乃大开赏募，多出金帛，沙门求为战士者，亦数千人。宪军过赵州，湝令间谍二人觇窥形势，候骑执以白宪。宪乃集齐之旧将，遍示之。又谓之曰："吾所争者大，不在汝等。今放汝还，可即充我使。"乃与湝书曰："山川有间，每深劳伫，仲春戒节，纳履惟宜。承始届两河，仍图三位，二者交战，想无亏德。昔魏历云季，海内横流，我太祖抚运乘时，大庇黔首。皇上嗣膺下武，式隆景业，与稽山之会，总盟津之师。雷骇唐郊，则野无横阵；云腾晋水，则地靡严城。袭伪之酋，既奔窜于草泽；窃号之长，亦委命于旌门。德义振于无垠，威风被于有截。彼朝宿将旧臣，良家戚里，俱升荣宠，皆縻好爵。是使临漳之下，效死争驱；营丘之前，奋身毕命。此岂唯人事，抑亦天时。宜访之道路，无俟傍说。

吾以不武，任总元戎，受命安边，路指幽、冀。列邑名藩，莫不屈膝，宣风导礼，皆荷来苏。足下高氏令王，英风凤著，古今成败，备诸怀抱，岂不知一木不维大厦，三谏可以逃身哉！且殷微去商，侯服周代；项伯背楚，赐姓汉朝。去此弗图，苟徇亡辙，家破身殒，为天下笑。又足下谍者为候骑所拘，军中情实，具诸执事。知以弱卒琐甲，欲抗堂堂之师；萦带污城，冀保区区之命。战非上计，无待卜疑；守乃下策，或未相许。已勒诸军，分道并进，相望非远，凭轼有期。兵交命使，古今通典，不俟终日，所望知几也。"

宪至信都，湝阵于城南，宪登张耳冢以望之。俄而湝所署领军尉相愿伪出略阵，遂以众降。相愿，湝心腹也，众甚骇惧，湝大怒，杀其妻子。明日复战，遂破之，俘斩三万人，擒湝及孝珩等。宪谓湝曰："任城王何苦至此？"湝曰："下官神武帝子，兄弟十五人，幸而独存。逢宗社颠覆，今日得死，无愧坟陵。"宪壮之，命归其妻子，厚加资给。又问孝珩。孝珩布陈国难，辞泪俱下，俯仰有节，宪亦为之改容。

宪赋多谋，多算略，尤长于抚御，达于任使，摧锋陷阵，为士卒先，群下感悦，咸为之用。齐人凤闻威声，无不惮其勇略。及并州之捷，长驱敌境，苫牧不扰，军无私焉。先是，稽胡刘没铎自称皇帝，又诏宪督赵王招等讨平之。语在《稽胡传》。宪自以威名日重，潜思屏退。及高祖欲亲征北蕃，乃辞以疾。高祖变色曰："汝若惮行，谁为吾使？"宪惧曰："臣陪奉銮舆，诚为本愿，但身婴疹疾，不堪领兵。"帝许之。

寻而高祖崩，宣帝嗣位，以宪属尊望重，深忌惮之。时高祖未葬，诸王在内治服。司卫长孙览总兵辅政，而诸王有异志，奏令开府于智察其动静。及高祖山陵还，诸王归第。帝又命智就宅候宪，因是告宪有谋。帝乃遣小冢宰宇文孝伯谓宪曰："三公之位，宜属亲贤，今欲以叔为太师，九叔为太傅，十一叔为太保，叔以为何如？"宪曰："臣才轻位重，满盈是惧。三师之任，非所敢当。且太祖勋臣，宜膺此举，若专用臣兄弟，恐乖物议。"孝伯反命，寻而复来曰："诏王晚共诸王俱至殿门。"宪独被引进，帝先伏壮士于别室，至即执之。宪辞色不挠，固自陈说。帝使于智对宪。宪目光如炬，与智相质。或谓宪曰："以王今日事势，何用多言？"宪曰："我位重属尊，一旦至此，死生有命，宁复图存。但以老母在堂，恐留慈恨耳。"因掷笏于地。乃缢之。时年三十五。以于智为柱国，封齐国公。又杀上大将军安邑公王兴、上开府独孤熊、开府豆卢绍等，皆以昵于宪也。帝既诛宪，无以为辞，故托兴等与宪结谋，遂加其戮。时人知其冤酷，咸云伴宪死也。

宪所生母达步干氏，茹茹人也。建德三年，册为齐国太妃。宪有至性，事母以孝闻。太妃旧患风湿，屡经发动，宪哀不解带，扶侍左右。宪或东西从役，每心惊，其母必有疾，乃驰使参问，果如所虑。宪六子，贵、质、贲、贡、乾禧、乾洽。

贵字乾福，少聪敏，涉猎经史，尤便骑射。始读孝经，便谓人曰："读此一经，足为立身之本。"天和四年，始十岁，封安定郡公，邑一千五百户。太祖之初为丞相也，始封此郡，未尝假人，至是封贵焉。年十一，从宪猎于盐州，一围之中，手射野马及鹿十有五头。建德二年，册拜齐国世子。四年，授车骑大将军、仪同三司。寻出为幽州刺史。贵虽出自深宫，而留心庶政。性聪敏，过目辄记。尝道逢二人，谓其左右曰："此人是县党，何因辄行？"左右不识，贵便说其姓名，莫不嗟伏。白兽烽经为商人所烧，烽帅纳货，不言其罪。他日，此帅随例来参，贵乃问云："商人烧烽，何因私放？"烽帅愕然，遂即首服。其明察如此。五年四月卒，时年十七。高祖甚痛惜之。

质字乾佑，初封安城公。后以宪勋，进封河间郡王。贲字乾礼，大将军、中坝公。贡出后莒庄公。乾禧，安城公。乾洽，龙涸公。并与宪俱被诛。

史臣曰：自两汉逮乎魏、晋，其帝弟帝子众矣，唯楚元、河间、东平、陈思之徒以文儒播美，任城、琅邪以武功驰誉。何则？体自尊极，长于宫闱，佚乐侈其心，骄贵荡其志，故使奇才高行，终鲜于天下之士焉。齐王奇姿杰出，独牢笼于前载。以介弟之地，居上将之重，智勇冠世，攻战如神，敌国击以存亡，鼎命由其轻重。比之异姓，则方、召、韩、白，何以加兹。挟震主之威，属道消之日，斯人而婴斯戮，君子是以知周祚之不永也。昔张耳、陈余宾客厮役，所居皆取卿相。而齐之文武僚吏，其后亦多至台牧。异世同符，可谓贤矣。

周书卷一三
列传第五

文闵明武宣诸子

文帝十三子。姚夫人生世宗，后宫生宋献公震，文元皇后生孝闵皇帝，文宣皇后叱奴氏生高祖、卫剌王直，达步干妃生齐王宪，王姬生赵僭王招，后宫生谯孝王俭、陈惑王纯、越野王盛、代奰王达、冀康公通、滕闻王逌。齐炀王别有传。

宋献公震，字弥俄突。幼而敏达，年十岁，诵《孝经》、《论语》、《毛诗》。后与世宗俱受《礼记》、《尚书》于卢诞。大统十六年，封武邑公，二千户。尚魏文帝女，其年薨。保定元年，追赠使持节、柱国大将军、少师、大司马、大都督、青徐等十州诸军事、青州刺史，进封宋国公，增邑并前一万户。无子，以世宗第三子实为嗣。实字乾辩建德三年，进爵为王。大象中，为大前疑。寻为随文帝所害，国除。

卫剌王直，字豆罗突。魏恭帝三年，封秦郡公，邑一千户。武成初，出镇蒲州，拜大将军，进卫国公，邑万户。保定初，为拥州牧，寻进位柱国，转大司空，出为梁州总管。天和中，陈湘州刺史华皎举州来附，诏直督绥德公陆通、大将军田弘、权景宣、元定等兵赴援，与陈将淳于量、吴明彻等战于沌口。直军不利，元定遂投江南。直坐免官。

直高祖母弟，性浮诡，贪狠无赖。以晋公护执政，遂贰于帝而昵护。及沌口还，愠于免黜，又请帝除之，冀其得位。帝夙有诛护之意，遂与直谋之。及护诛，帝乃以齐王宪为大冢宰。直既乖本望，又请为大司马,意欲总知戎马,得擅威权。帝揣知其意,谓之曰:"汝兄弟长幼有序,宁可反居下列也?"乃以直为大司徒。

建德三年,进爵为王。初,高祖以直等为东宫,更使直自择所居。直历观府署,无称意者,至废陟岵佛寺,欲居之。齐王宪谓直曰:"弟儿女成长,理须宽博,此寺褊小,讵是所宜。"直曰:"一身尚不自容,何论儿女!"宪怪而疑之。直尝从帝校猎而乱行,帝怒,对众挞之。自是愤怨滋甚。及帝幸云阳宫,直在京师,举兵反,攻肃章门。司武尉运闭门拒守,直不得入。语在运传。直遂遁走,追至荆州,获之,免为庶人,囚于别宫。寻而更有异志,遂诛之,及其子贺、贡、塞、响、贾、秘、津、乾理、乾璪、乾悰等十人,国除。

赵僭王招,字豆卢突。幼聪颖,博涉群书,好属文。学庾信体,词多轻艳。魏恭帝三年,封正平郡公,邑一千户。武成初,进封赵国公,邑万户。保定中,拜为柱国,出为益州总管。建德元年,授大司空,转大司马。三年,进爵为王,除雍州牧。四年,大军东讨,招为后三军总管。五年,又从高祖东伐,率步骑一万出华谷,攻齐汾州。及并州平,进位上柱国。东夏底定,又为行军总管,与齐王讨稽胡。招擒贼帅刘没铎,斩之,胡寇平。宣政中,拜太师。大象元年五月,诏以洺州襄国郡邑万户为赵。招出就国。二年,宣帝不豫,征招及陈、越、代、滕五王赴阙。比招等至而帝已崩。

隋文帝辅政,加招等殊礼,入朝不趋,剑履上殿。隋文帝将迁周鼎,招密欲图之,以匡社稷。乃邀隋文帝至第,饮于寝室。招子员、贯及妃弟鲁封、所亲人史胄,皆先在左右,佩刀而立。又藏兵刃于帷席之间,后院亦伏壮士。隋文帝从者多在阁外,唯杨弘、元胄、胄弟威及陶彻坐于户侧。招屡以佩刀割瓜啖隋文帝,隋文帝未之疑也。元胄觉变,扣刀而入。招乃以大觞亲饮胄酒,又命胄向厨中取浆。胄不为之动。滕王逌后至,隋文帝降阶迎之,元胄因得耳语曰:"形势大异,公宜速出。"隋文帝共逌等就坐,须臾辞出。后事觉,陷以谋反。其年秋,诛招及其子德广公员、永康公贯、越携公乾铣、弟乾铃、乾铿等,国除。招所著文集十卷,行于世。

谯孝王俭,字侯幼突。武成初,封谯国公,邑万户。天和中,拜大将军,寻迁柱国,出为益州总管。建德三年,进爵为王。五年,东伐,以本官为左一军总管,攻永固城,拔之。进平并、邺,拜大冢宰。是岁,稽胡反,诏俭为行军总管,与齐王宪讨之。有胡帅自号天柱者,据守河东,俭攻破之,斩首三千级。宣政元年二月,薨。子乾恽嗣。大定中,为隋文帝所害,国除。

陈惑王纯,字堙智突。武成初,封陈国公,邑万户。保定中,除岐州刺史,加开府仪同三司。使于突厥迎皇后,拜大将军。寻进位柱国,出为秦州总管,转陕州总管,督雁门公田弘拔齐宜阳等九城。建德三年,进爵为王。四年,大军东伐,纯为前一军总管,以帝寝疾,班师。五年,大军复东讨,诏纯为前一军,率步军二万守千里径。并州平,进位上柱国,即拜并州总管。宣政中,除雍州牧,迁太傅。大象元年五月,以济南郡邑万户为陈。纯出就国。二年,朝京师。时隋文帝专政,翦落宗枝,遂害纯,并世子谦及弟酆公让、让弟议等,国除。

越野王盛,字立久突。武成初,封越国公,邑万户。天和中,进爵为王。四年,大军伐齐,盛为后一军总管。五年,大军又东讨,盛率所领,拔齐高显等数城。并州平,进位上柱国。从平邺,拜相州总管。宣政元年,入为大冢宰。汾州稽胡帅刘爱逻干反,诏盛率诸军讨平之。大象元年,迁大前疑,转太保。其年,诏以丰州武当、安富二郡邑万户为越。盛出就国。二年,朝京师。其秋,为隋文帝所害,并其子忱、悰、恢、恺、忻等五人,国除。

代憨王达,字度斤突。性果决,善骑射。武成初,封代国公,邑万户。天和元年,拜大将军、右宫伯,拜左宗卫。建德初,进位柱国,出为荆淮等十四州十防诸军事、荆州刺史。在州有政绩,高祖手敕褒美之。所管沣州刺史蔡泽黩货被讼,赃状分明。以其世著勋庸,不可加戮;若曲法贷之,又非奉上之体。乃令所司,精加按劾,密表奏之。事竟得释,终亦不言。其处事周慎如此。

达雅好节俭,食无兼膳,侍姬不过数人,皆衣绨衣。又不营资产，国无储积。左右尝以为言，达从容应之曰："君子忧道不忧贫，何烦于此。"三年，进爵为王。出为益州总管。高祖东伐，以为右一军总管。齐淑妃冯氏，尤为齐后主所幸，齐平见获，帝以达不迩声色，特以冯氏赐之。宣帝即位，进位上柱国。大象元年，拜大右弼。其年，诏以潞州上党郡邑万户为代。达出就国。二年，朝京。其年冬，为隋文帝所害，及其世子执、弟蕃国公转等，国除。

冀康公通，字屈率突。武成初，封冀国公，邑万户。天和六年十月，薨。子绚嗣。建德三年，进爵为王。大象中，为隋文帝所害，国除。

滕闻王逌，字尔固突。少好经史，解属文。武成初，封滕国公，邑万户。天和末，拜大将军。建德初，进位柱国。三年，进爵为王。六年，为行军总管，与齐王宪征稽胡。逌破其渠帅穆友等，斩首八千级。还，除河阳总管。宣政元年，进位上柱国。其年，伐陈，诏逌为元帅，节度诸军事。大象元年五月，诏以荆州新野郡邑万户为滕。逌出就国。二年，朝京。其年冬，为隋文帝所害，并子怀德公佑、佑弟箕国公裕、弟礼禧等，国除。逌所著文章，颇行于世。

孝闵帝一男。陆夫人生纪厉王康。

纪厉王康，字乾定。保定初，封纪国公，邑万户。建德三年，进爵为王。仍出为总管利始等五州、大小剑二防诸军事、利州刺史。康骄矜无轨度，信任僚佐卢奕等，遂缮修戎器，阴有异谋。司录裴融谏止之，康不听，乃杀融。五年，诏赐康死。子湜嗣。大定中，为隋文帝所害，国除。

明帝三男。徐妃生毕剌王贤，后宫生邦王贞、宋王实。

毕剌王贤，字乾阳。保定四年，封毕国公。建德三年，进爵为王。出为华州刺史，迁荆州总管，进位柱国。宣政中，入为大司空。大象初，进位上柱国、雍州牧、太师。明年，宣帝崩。贤性强济，有威略。虑隋文帝倾覆宗社，言颇泄漏，寻为所害，并其子弘义、恭道、树嘏等，国除。

邦王贞，字乾雅。初封邦国公。建德三年，进爵为王。大象初，为大冢宰。后为隋文帝所害,并子济阴郡公德文,国除。

武帝生七男。李皇后生宣帝、汉王赞,库汗姬生秦王贽、曹王允,冯姬生道王充,薛世妇生蔡王兑,郑姬生荆王元。

汉王赞,字乾依。初封汉国公。建德三年,进爵为王,仍柱国。大象末,隋文帝辅政,欲顺物情,乃进上柱国、右大丞相。外示尊崇,实无综理。及诸方略定,又转太师。寻为隋文帝所害,并其子淮阳公道德、弟道智、道义等,国除。

秦王贽,字乾信。初封秦国公。建德三年,进爵为王。上柱国、大冢宰、大右弼。寻为隋文帝所害,并其子忠诚公靖智、弟靖仁等,国除。

曹王允,字乾仕。初封曹国公。建德三年,进爵为王。

道王充,字乾仁。建德六年,封王。

蔡王兑,字乾俊。建德六年,封王。

荆王元,字乾仪。宣政元年,封王。元及兑、充、允等并为隋文帝所害,国除。

宣帝三子。朱皇后生静皇帝,王姬生邺王衍,皇甫姬生郢王术。

邺王衍,大象二年,封王。

郢王术,大象二年,封王。与衍并为隋文帝所害,国除。

史臣曰:昔贤之议者,咸云以周建五等,历载八百;秦立郡县,二世而亡。虽得失之迹可寻,是非之理互起,而因循莫变,复古未闻。良由著论者溺于贵达,司契者难于易业,详求适变之道,未穷于至当也。尝试论之:夫皇王迭兴,为国之道匪一;贤圣间出,立德之指殊涂。斯岂故为相反哉,亦云治而已。矣何则?五等之制,行于商周之前;郡县之设,始于秦汉之后。论时则浇淳理隔,易地则用舍或殊。譬犹干戈日用,难以成垓下之业;稷嗣所述,不可施成周之朝。是知因时制宜者,为政之上务也;观民立教者,经国之长策也。且夫列封疆,建侯伯,择贤能,置牧守,循名虽曰异轨,责实抑亦同归。盛则与之共安,衰则与之共患。共安系乎善恶,非礼义无以敦风；共患寄以存亡，非甲兵不能靖乱。是以齐、晋帅礼，鼎业倾而复振；温、陶释位，王纲弛而更张。然则周之列国，非一姓也，晋之群臣非一族也，岂齐、晋强于列国，温、陶贤于群臣者哉，盖势重者易以立功，权轻者难以尽节故也。由此言之，建侯置守，乃古今之异术；兵权势位，盖安危之所阶乎。

太祖之定关右，日不暇给，既以人臣礼终，未遑藩屏之事。晋荡辅政，爱树其党，宗室长幼，并据势位，握兵权，虽海内谢隆平之风，而国家有盘石之固矣。高祖克翦芒刺，思弘政术，惩专朝之为患，忘维城之远图，外崇宠位，内结猜阻。自是配天之基，潜有朽壤之墟矣。宣皇嗣位，凶暴是闻，芟刈先其本枝，削黜遍于公族。虽复地惟叔父，亲则同生，文能附众，武能威敌，莫不谢卿士于当年，从侯服于下国。号为千乘，势侔匹夫。是以权臣乘其机，谋士因其隙，迁龟鼎速于俯拾，奸王侯烈于燎原。悠悠邃古，未闻斯酷。岂非摧枯振朽，易为力乎。

向使宣皇采姬、刘之制，览圣哲之术，分命贤戚，布于内外，料其轻重，间以亲速，首尾相持，远近为用。使其势位足以扶危，其权力也不能为乱。事业既定，侥幸自息。虽使卧赤子，朝委裘，社稷固以久安，亿兆可以无患矣。何后族之地，而势能窥其神器哉。

周书卷一四
列传第六

贺拔胜 弟岳 兄允　　念贤

　　贺拔胜字破胡，神武尖山人也。其先与魏氏同出阴山。有如回者，魏初为大莫弗。祖尔头，骁勇绝伦，以良家子镇武川，因家焉。献文时，茹茹数为寇，北边患之。尔头将游骑深入觇候，前后以八十数，悉知虏之倚伏。后虽有寇至，不能为害。以功赐爵龙城侯。父度拔，性果毅，为武川军主。

　　魏正光末，沃野镇人破六汗拔陵反，南侵城邑。怀朔镇将杨钧闻度拔名，召补统军，配以一族。其贼伪署王卫可孤徒党尤盛，既围武川，又攻怀朔。胜少有志操，善骑射，北边莫不推其胆略。时亦为军主，从度拔镇守。既围经年，而外援不至，胜乃慷慨白杨钧曰：“城围蹙迫，事等倒悬，请告急于大军，乞师为援。”钧许之。乃募勇敢少年十余骑，夜伺隙溃围而出。贼追及之。胜曰：“我贺拔破胡也。”贼不敢逼。至朔州，白临淮王元彧曰：“怀朔被围，旦夕沦陷，士女延首，企望官军。大王帝室藩维，与国休戚，受任征讨，理宜唯敌是求，今乃顿兵不进，犹豫不决。怀朔若陷，则武川随亦危矣。逆贼因兹，锐气百倍，虽有韩、白之勇，良、平之谋，亦不能为大王用也。”彧以胜辞义恳至，许以出师，还令报命。胜复突围而入，贼追之，射杀数人。至城下，大呼曰：“贺拔破胡与官军至矣。”城中乃开门纳之。钧复遣胜出觇武川，而武川已陷，胜乃驰还。怀朔亦溃，胜父子遂为贼所虏。后随度拔与德皇帝合谋，率州里豪杰舆珍、念贤乙弗库根、尉迟真檀等,招集义勇,袭杀可孤。朝廷嘉之,未及封赏,会度拔与铁勒战没。孝昌中,追赠安远将军、肆州刺史。

初,度拔杀可孤之后,令胜驰告朔州,未反而度拔已卒。刺史费穆奇胜才略,厚礼留之,遂委其事,常为游骑。于时广阳王元深在五原,为破六汗贼所围,昼夜攻战。召胜为军主。胜乃率募二百人,开东城门出战,斩首百余级。贼遂退军数十里。广阳以贼稍却,因拔军向朔州,胜常为殿。以功拜统军,加伏波将军。又隶仆射元纂镇恒州。时有鲜于阿胡拥朔州流民,南下为寇。恒州城中人乃潜与谋,以城应之。胜与兄允弟岳相失,南投肆州。允、岳投尒朱荣。荣与肆州刺史尉庆宾构隙,引兵攻肆州。肆州陷,荣得胜,大悦曰:“吾得卿兄弟,天下不足平也。”

胜委质事荣。时杜洛周阻兵幽、定,葛荣据有冀、瀛。荣谓胜曰:“井陉险要,我之东门。意欲屈君镇之,未知君意如何?”胜曰:“少逢兵乱,险阻备尝,每思效力,以报已知。今蒙驱使,实所愿也。”荣乃表胜为镇远将军、别将,领步骑五千镇井陉。孝昌末,从荣入洛以定策立孝庄帝功,封易阳县伯,邑四百户。累迁直阁将军、通直散骑常侍、平南将军、光禄大夫、抚军将军。从太宰元穆北征葛荣,为前锋大都督。战于滏口,大破之,虏获数千人。时洛周余烬韩娄在蓟城结聚,为远近之害。复以胜为大都督,镇中山。娄素闻胜威名,竟不敢南寇。元颢入洛阳,孝庄帝出居河内。荣征胜为前军大都督,领千骑与尒朱兆自硤石度,大破颢军,擒其子领军将军冠受,及梁将陈思保等,遂前驱入洛。拜武卫将军、金紫光禄大夫,增邑六百户,进爵真定县公,迁武卫将军,加散骑常侍。

及荣被诛,事起仓卒,胜复随世隆至于河桥。胜以为臣无仇君之义,遂勒所部还都谒帝。大悦,以本官假骠骑大将军、东征都督,率骑一千,会郑先护讨尒朱仲远。为先护所疑,置之营外,人马未得休息。俄而仲远兵至,与战不利,乃降之。复与尒朱氏同谋,立节闵帝。以功拜右卫将军,进车骑大将军、仪同三司、左光禄大夫。

齐神武怀贰,尒朱氏将讨之。度律自洛阳引兵,兆起并州,仲远从滑台，三帅会于邺东。时胜从度律。度律与兆不平。胜以临敌构嫌，取败之道，乃与斛斯椿诣兆营和解之，反为兆所执。度律大惧，遂引军还。兆将斩胜，数之曰："尔杀可孤，罪一也；天柱薨后，复不与世隆等俱来，而东征仲远，罪二也。我欲杀尔久矣，今复何言？"胜曰："可孤作逆，为国巨患，胜父子诛之，其功不小，反以为罪，天下未闻。天柱被戮，以君诛臣，胜宁负朝廷？今日之事，生死在王。但去贼密迩，骨肉构隙，自古迄今，未有不破亡者。胜密惮死，恐王失策。"兆乃舍之。胜既得免，行百余里，方追及度律军。齐神武既克相州，兵威渐盛。于是尔朱兆及天光、仲远、度律等众十余万，阵于韩陵。兆率铁骑陷阵，出齐神武之后，将乘其背而击之。度律恶兆之骄悍，惧其陵己，勒兵不肯进。胜以其携贰，遂率麾下降于齐神武。度律军以此先退，遂大败。

太昌初，以胜为领军将军，寻除侍中。孝武帝将图齐神武，以胜弟岳拥众关西，欲广其势援，乃拜胜为都督三荆、二郢、南襄、南雍七州诸军事，进位骠骑大将军、开府仪同三司、荆州刺史，加授南道大行台尚书左仆射。胜攻梁下溠戍，擒其戍主尹道珍等。又使人诱动蛮王文道期，率其种落归款。梁雍州刺史萧续击道期不利，汉南大骇。胜遣大都督独孤信、军司史宁。欧阳鄸城。南雍州刺史长孙亮、南荆州刺史李魔怜、大都督王元轨取久山、白洎、都督拔略昶、史伡龙取义城、均口，擒梁将庄思延，获甲卒数千人。攻冯翊、安定、冯阳，并平之。胜军于樊、邓之间，梁武敕续曰："贺拔胜北间骁将，尔宜慎之。"续遂城守不敢出。寻进位中书令，增邑二千户，进爵琅邪郡公。续遣柳仲礼守谷城，胜攻之未拔。属齐神武与帝有隙，诏胜引兵赴洛，至广州，犹豫未进，而帝已西迁。胜还军南阳，遣右丞杨休之奉表入关，又令府长史元颖行州事。胜自率所部，将西赴关中，进至淅阳，诏封胜太保、录尚书事。时齐神武已陷潼关，屯军华阴。胜乃还荆州。州民邓诞执元颖，北引侯景。胜至，景逆击之，胜军不利，率麾下数百骑，南奔梁。

在江表三年，梁武帝遇之甚厚。胜常乞师北讨齐神武，既不果，乃求还。梁武帝许之，亲饯于南苑。胜自是之后，每行执弓矢，见鸟兽南向者皆不射之，以申怀德之志也。既至长安，诣阙谢罪。朝廷嘉其还，乃授太师。

后从太祖擒窦泰于小阙，加授中军大都督。又从太祖攻弘农。胜自陕津先渡河，东魏将高干通，胜追获，囚之。下河北，擒郡守孙晏、崔义。从破东魏军于沙苑，追奔至河上。仍与李弼别攻河东，略定汾、绛。增邑并前五千户。河桥之役，胜大破东魏军。太祖命胜收其降卒而还。及齐神武悉众攻玉壁，胜以前军大都督从太祖追之于汾北。又从战邙山。时太祖见齐神武旗鼓，识之，乃募敢勇三千人，配胜以犯其军。胜适与齐神武相遇，因告之曰："贺六浑，贺拔破胡必杀汝也。"时募士皆用短兵接战，胜持矛追齐神武数里，刃垂及之。会胜马为流矢所中，死，比副骑至，齐神武已逸去。胜欢曰："今日之事，吾不执弓矢者，天也！"

是岁，胜诸子在东者，皆为齐神武所害。胜愤恨，因动气疾。大统十年，薨于位。临终，手书与太祖曰："胜万里杖策，归身阙庭，冀望与公扫除逋寇。不幸殒毙。微志不申。愿公内先协和，和时而动。若死而有知，犹望魂飞贼庭，以报恩遇耳。"太祖览书，流涕久之。

胜长于丧乱之中，尤工武艺，走马射飞鸟，十中其五六。太祖每云："诸将对敌，神色皆动，唯贺拔公临阵如平常，真大勇也。"自居重位，始爱坟籍。乃招引文儒，讨论义理。性又通率，重义轻财，身死之日，唯有随身兵仗及书千余卷而已。

初，胜至关中，自以年位素重，见太祖不拜，寻而自悔，太祖亦有望焉。后从太祖宴于昆明池，时有双凫游于池上，太祖乃授弓矢于胜曰："不见公射久矣，请以为欢。"胜射之，一发俱中。因拜太祖曰："使胜得奉神武，以讨不庭，皆如此也。"太祖大悦。自是恩体日重，胜亦尽诚推奉焉。赠定冀等十州诸军事、定州刺史、太宰、录尚书事，谥曰贞献。明帝二年，以胜配享太祖庙庭。

胜无子，以弟岳子仲华嗣。大统三年，赐爵樊城公。魏废帝时，为通直郎、散骑常侍，迁黄门郎，加车骑大将军、仪同三司、骠骑大将军、开府仪同三司。六官建，拜守庙下大夫。孝闵帝践祚，袭爵琅邪公，除利州刺史。大象末，位至江陵总管。

胜兄弟三人，并以豪侠知名。兄允字阿泥，魏孝武时，位至太尉，封燕郡王，为神武所害。

岳字阿斗泥，少有大志，爱施好士。初为太学生，及长，能左右驰射，骁果绝人。不读兵书而暗与之合，识者咸异之。

与父兄诛卫可孤之后，广阳王元深以岳为帐内军主。又表为强弩将军。后与兄胜俱镇恒州。州陷，投尔朱荣。荣待之甚厚，以为别将，寻为都督。每居帐下，与计事，多与荣意合，益重之。荣士马既众，遂与元天穆谋入匡朝廷。谓岳曰："今女主临朝，政归近习。盗贼蜂起，海内沸腾，王师屡出，覆亡相继。吾累世受恩，义同休戚。今欲亲率士马，电赴京师，内除君侧，外清逆乱。取胜之道，计将安出？"岳对曰："夫立非常之事，必俟非常之人。将军士马精强，位任隆重。若首举义旗，伐叛匡主，何往而不克，何向而不摧。古人云'朝谋不及夕，言发不俟驾'，此之谓矣。"荣与天穆相顾良久，曰："卿此言，真丈夫之志也。"

未几而魏孝明帝暴崩，荣疑有故，乃举兵赴洛。配岳甲卒二千为先驱，至河阴。荣既杀害朝士，时齐神武为荣军都督，劝荣称帝，左右多欲应之，荣疑未决。岳乃从容进而言曰："将军首举义兵，共除奸逆，功勤未立，逆有此谋，可谓速祸，未见其福。"荣寻亦自悟，乃尊立孝庄。岳又劝荣诛齐神武以谢天下。左右咸言："高欢虽复庸速，言不思难，今四方尚梗，事藉武臣，请舍之，收其后效。"荣乃止。以定策功，授前将军、太中大夫，赐爵樊城郡男。复为荣前军都督，破葛荣于滏口。迁东将军、金紫光禄大夫。坐事免。诏寻复之。从平元颢，转左光禄大夫、武卫将军。

时万俟丑奴僭称大号，关中骚动，朝廷深以为忧。荣将遣岳讨之。岳私谓其兄胜曰："丑奴拥秦、陇之兵，足为勍敌。若岳往而无功，罪责立至；假令克定，恐谗诉生焉。"胜曰："汝欲何计自安？"岳曰："请尔朱氏一人为元帅，岳逼贰之，则可矣。"胜然之，乃请于荣。

荣大悦，乃以天光为使持节、督二雍二岐诸军事、骠骑大将军、雍州刺史，以岳为持节、假卫将军、左大都督，又以征西将军代郡侯莫陈悦为右大都督，并为天光之副以讨之。时赤水蜀贼，阻兵断路。天光之众，不满二千。及军次潼关，天光有难色。岳曰："蜀贼草窃而已，公尚迟疑，若遇大敌，将何以战。"天光曰："今日之事，一以相委，公宜为吾制之。"于是进军，贼拒战于渭北，破之，获马二千匹，军威大振。

天光与岳进至雍州，荣又续遣兵至。时丑奴自率大众围岐州，遣其大行台尉迟菩萨、仆射万俟仵同向武功，南渡渭水，菩萨攻栅已克，还岐州。岳以轻骑八百北渡渭，擒其县令二人，获甲首四百，杀掠其民以挑。菩萨率步骑二万至渭北。岳以轻骑数十与菩萨隔水交言。岳称扬国威，菩萨自言强盛，往复数反。菩萨乃自骄踞，令省事传语岳。岳怒曰："我与菩萨言，卿是何人，与我对语？"省事恃隔水，应答不逊。岳举弓射之，应弦而倒。时已逼暮，于是各还。岳密于渭南傍水，分精骑十为一处，随地形便置之。明日，自将百余骑，隔水与贼相见。岳渐前进，元所置骑随岳而进，骑既渐增，贼不复测其多少。行二十里许，至水浅可济之处，岳便驰马东出，以示奔遁。贼谓岳走，乃弃步兵，南渡渭水，轻骑追岳。岳东行十余里，依横冈设伏兵以待之。贼以路险不得齐进，前后继至，半度冈东，岳乃回与贼战，身先士卒，急击之，贼便退走。岳号令所部，贼下马者，皆不听杀。贼顾见之，便悉投马。俄而虏获三千人，马亦无遗，遂擒菩萨。仍渡渭北，降步卒万余，并收其辎重。

丑奴寻弃岐州，北走安定，置栅于平亭。天光方自雍至岐，与岳合势。军至汧、渭之间，宣言远近曰："今气候渐热，非征讨之时，待秋凉更图进取。"丑奴闻之，遂以为实，分遣诸军散营农于岐州之北百里细川，使其太尉侯元进领兵五千，据险立栅。其千人以下为栅者有数处，且战且守。岳知其势分，乃密与天光严备。晡时，潜遣轻骑先行路，于后诸军尽发。昧旦，攻围元进栅，拔之，即擒元进。诸所俘执皆放之，自余诸栅悉降。岳星言径趣泾州，其刺史侯几长贵亦城降。丑奴乃弃平亭而走，欲向高平。岳轻骑急追，明日，及丑奴于平凉之长坑，一战擒之。高平城中又执萧宝寅以降。贼行台万俟道洛率众六千，退保牵屯山。岳攻之。道洛败，率千骑而走，追之不及，遂得入陇，投略阳贼帅王庆云。庆云以道洛骁果绝伦，得之甚喜，以为大将军。天光又与岳度陇至庆云所居水洛城。庆云、道洛频出城拒战，并擒之。余众皆降，悉坑之，死者万七千人。三秦、河、渭、瓜、凉、都州咸来归款。贼帅夏州人宿勤明达降于平凉，后复叛，岳又讨擒之。天光虽为元帅，而岳功效居多。加车骑将军，进爵为伯，邑二千户。寻授都督泾北幽二夏四州诸军事、泾州刺史，进爵为公。

　　天光入洛，使岳行雍州刺史。建明中，拜骠骑大将军，增邑五百户。普泰初，除都督二岐东秦三州诸军事、仪同三司、岐州刺史，进封清水郡公，增邑通前三千户。寻加侍中，给后部鼓吹，进位开府仪同三司，兼尚书左仆射、陇右行台，仍停高平。二年，加都督三雍三秦二岐二华诸军事、雍州刺史。天光将率众拒齐神武，遣问计于岳。岳报曰："王家跨据三方，士马殷盛，高欢乌合之众，岂能为敌。然师克在和，但愿同心戮力耳。若骨肉离隔，自相猜贰，则图存不暇，安能制人。如下官所见，莫若且镇关中，以固根本；分遣锐师，与众军合势。进可以克敌，退可以克全。"天光不从，果败。岳率军下陇赴雍，擒天光弟显寿以应齐神武。

　　魏孝武即位，加关中大行台，增邑千户。永熙二年，孝武密令岳图齐神武，遂刺心血，持以寄岳，诏岳都督二雍二华二岐幽四梁三益巴二夏蔚宁泾二十州诸军事、大都督。齐神武既忌岳兄弟功名，岳惧，乃与太祖协契。语在《太祖本纪》。岳自诣北境，安置边防。率众趣平凉西界，布营数十里，托以牧马于原州，为自安之计。先是，费也头万俟受洛干、铁勒斛律沙门、斛拔弥俄突，讫豆陵伊利等，并拥众自守，至是皆款附。秦、南秦、河、渭四州刺史又会平凉，受岳节度。唯灵州刺史曹泥不应召，乃通使于齐神武。三年，岳召侯莫陈悦于高平，将讨之，令悦为前驱。而悦受齐神武密旨图岳，弗之知也,而先又轻悦。悦乃诱岳入营,共论兵事,令其婿元洪景斩岳于幕中。朝野莫不痛惜之。赠侍中、太傅、录尚书、都督关中三十州诸军事、大将军、雍州刺史,谥曰武壮,葬以王礼。子纬嗣,拜开府仪同三司。保定中,录岳旧德,进纬爵霍国公,尚太祖女。

侯莫陈悦,少随父为驰牛都尉。长于西,好田猎,便骑射。会牧子作乱,遂归尔朱荣。荣引为府长流参军,稍迁大都督。魏孝庄帝初,除征西将军、金紫光禄大夫、封柏人县侯,邑五百户。尔朱天光西讨,荣以悦为天光右都督,本官如故。西伐克获,功亚于贺拔岳。以本将军除鄯州刺史。建明中,拜车骑大将军、渭州刺史,进爵白水郡公,增邑五百户。普泰中,除骠骑大将军、仪同三司、秦州刺史。及天光赴洛,悦与岳俱下陇趣雍州,擒天光弟显寿。魏孝武初,加开府仪同三司、都督陇右诸军事,仍加秦州刺史。及悦杀岳,岳众莫不服从。悦犹豫,不即抚纳,乃迁陇右。太祖勒众讨之,悦遂亡败。语在太祖本纪。悦子弟及同谋杀岳者八九人,并伏诛。唯中兵参军豆卢光走至灵州,后奔晋阳。悦自杀岳后,神情恍忽,不复如常。恒言"我才睡即梦见岳云:'兄欲何处去!'随逐我不相置"。因此弥不自安,而致破灭。

念贤字盖卢。美容质,颇涉书史。为儿童时,在学中读书,有善相者过学,诸生竞诣之,贤独不往。笑谓诸生曰:"男儿死生富贵在天也,何遽相乎。"少遭父忧,居丧有孝称。后以破卫可孤功,除别将。寻招慰云州高车、鲜卑等,皆降下之。除假节、平东将军,封屯留县伯,邑五百户。建义初,为大都督,镇井陉,加抚军将军、黎阳郡守。尔朱荣入洛,拜车骑将军、右光禄大夫、太仆卿,兼尚出右仆射、东行台,进爵平恩县公,增邑五百户。普泰初,除使持节、瀛州诸军事、骠骑将军、瀛州刺史。永熙中,拜第一领民酋长,加散骑常侍,行南兖州事。寻进号骠骑大将军,入为殿中尚书,加仪同三司。魏孝武欲讨齐神武,以贤为中军北面大都督,进爵安定郡公,增邑一千户,加侍中、开府仪同三司。大统初,拜太尉,出为秦州刺史,加太

傅，给后部鼓吹。三年，转太师、都督河凉瓜鄯渭洮沙七州诸军事、
大将军、河州刺史。久之还朝，兼录尚书事。河桥之役，贤不力战，
乃先还，自是名誉颇减。五年，除都督秦谓原泾四州诸军事、秦州刺
史。薨于州。谥曰昭定。

　　贤于诸公皆为父党，自太祖以下，咸拜敬之。子毕，性和厚，有
长者风。官至开府仪同三司、合州刺史。

　　史臣曰：胜、岳昆季，以勇略之姿，当驰竞之际，并邀时投隙，展
效立功。始则委质尔朱，中乃结款高氏，太昌之后，即帝图高，察其
所由，固非守节之士。及胜垂翅江左，扰魏室之危亡，奋翼关西，感
梁朝之顾遇，有长者之风矣。终能保其荣宠，良有以焉。岳以二千
之羸兵，抗三秦之勍敌，夺其智勇，克剪凶渠，杂种畏威，遐方慕义，
斯亦一时之盛也。卒以勋高速祸，无备婴戮。惜哉！陈涉首事不终，
有汉因而创业；贺拔元功凤殒，太祖藉以开基。"不有所废，君何以
兴"，信乎其然矣。

周书卷一五
列传第七

寇洛　李弼　弟樗　于谨　子寔

寇洛，上谷昌平人也。累世为将吏。父延寿，和平中，以良家子镇武川，因家焉。

洛性明辨，不拘小节。正光末，以北边贼起，遂率乡亲避地于并、肆，因从尔朱荣征讨。及贺拔岳西征，洛与之乡里，乃募从入关。破赤水蜀，以功拜中坚将军、屯骑校尉、别将，封临邑县男，邑二百户。又从岳获贼帅尉迟菩萨于渭水，破侯伏侯元进于百里细川，擒万俟丑奴于长坑。洛每力战，并有功。加龙骧将军、都督，进爵安乡县子，累迁征北将军、卫将军。于平凉，以洛为右都督。

侯莫陈悦既害岳，欲并其众。时初丧元帅，军中惶忧，洛于诸将之中，最为旧齿，素为众所信，乃收集将士，志在复仇，共相纠合，遂全众而返。既至原州，众咸推洛为盟主，统岳之众。洛复自以非才，乃固辞，与赵贵等议迎太祖。魏帝以洛有全师之功，除武卫将军。太祖至平凉，以洛为右大都督。从讨侯莫陈悦，平之，拜泾州刺史。魏孝武西迁，进爵临邑县伯，邑五百户。寻进位骠骑大将军、仪同三司，进爵为公，增邑五百户。

大统初，魏文帝诏曰："往者侯莫陈悦远同逆贼，潜害故清水公岳，志在兼并。当时造次，物情惊骇。使持节、骠骑大将军、仪同三司、前泾州刺史、大都督、临邑县开国公寇洛，忠款自心，勋诚早立，遂能纠合义军，以待大丞相，见危授命，推贤而奉，此而不赏，何以劝励将来。可加开府,进爵京兆郡公。"封洛母宋氏为襄城郡君。又转领军将军。三年,出为华州刺史,加侍中。与独孤信复洛阳,移镇弘农。四年,从太祖与东魏战于河桥。军还,洛率所部镇东雍。五年,卒于镇,时年五十三。赠使持节、侍中、都督雍华幽泾原三秦二岐十州诸军事、太尉、尚书令、骠骑大将军、雍州刺史,谥曰武。子和嗣。世宗二年,录勋旧,以洛配享太祖庙庭,赐和姓若口引氏,改封松阳郡公。后至开府仪同三司、宾部中大夫。洛弟绍,位至上柱国、北平郡公。

李弼字景和,辽东襄平人也。六世祖根,慕容垂黄门侍郎。祖贵丑,平州刺史。父永,太中大夫,赠凉州刺史。弼少有大志,膂力过人。属魏室丧乱,语所亲曰:"丈夫生世,会须履锋刃,平寇难,安社稷以取功名;安能碌碌依阶资以求荣位乎。"魏永安元年,尔朱天光辟为别将,从天光西讨,破赤水蜀。以功拜征虏将军,封石门县伯,邑五百户。又与贺拔岳讨万俟丑奴、万俟道洛、王庆云,皆破之。弼恒先锋陷阵,所向披靡,贼咸畏之,曰"莫当李将军前也"。

天光赴洛,弼因隶侯莫陈悦,为大都督,加通直散骑常侍。太昌初,受清郡守,恒州大中正。寻除南秦州刺史。随悦征讨,屡有克捷。及悦害贺拔岳,军停陇上。太祖自平凉进军讨悦。弼谏悦曰:"岳既无罪而公害之,又不能抚纳其众,使无所归。宇文夏州收而用之,得其死力,咸云为主将报仇,其意固不小也。今宜解兵谢之,不然,恐必受祸。"悦惶惑,计无所出。弼知悦必败,乃谓所亲曰:"宇文夏州才略冠世,德义可宗。侯莫陈公智小谋大,岂能自保。吾等若不为计,恐与之同族灭。"会太祖军至,悦乃弃秦州南出,据险以自固。翌日,弼密通使太祖,许背悦来降。夜,弼乃勒所部云:"侯莫陈公欲还秦州,汝等何不束装?"弼妻,悦之姨也,特为悦所亲委,众咸信之。人情惊扰,不可复定,皆散走,争取秦州。弼乃先驰据城门以慰辑之,遂拥众以归太祖。悦由此遂败。太祖谓弼曰:"公与吾同心,天下不足平也。"破悦,得金宝奴婢,悉以好者赐之。仍令弼以本官镇原州。寻拜秦州刺史。

　　太祖率兵东下，征弼为大都督，领右军，攻潼关及回洛城，克之。大统初，进位仪同三司、雍州刺史。寻又进位骠骑大将军、开府仪同三司。从平窦泰，先锋陷敌，斩获居多。太祖以所乘骓马及窦泰所著牟甲赐弼。又从平弘农。与齐神武战于沙苑，弼率军居右，而左军为敌所乘。弼呼其麾下六十骑，身先士卒，横截之，贼遂为三，因大破。以功拜特进，爵赵郡公，增邑一千户。又与贺拔胜攻克河东，略定汾、绛。四年，从太祖东讨洛阳，弼为前驱。东魏将莫多娄贷文率众数千，乘至谷城。弼倍道而前，遣军士鼓噪，曳柴扬尘。贷文以为大军至，遂遁走。弼追蹑之，虏其众，斩贷文，传首大军所。翌日，又从太祖与齐神武战于河桥，每入深陷阵，身被七创，遂为所获，围守数重。弼伴若创重，殒绝于地。守者稍懈，弼睨其旁有马，因跃上西驰，得免。五年，迁司空。六年，侯景据荆州，弼与独孤信御之，景乃退走。九年，从战邙山，转太尉。十三年，侯景率河南六州来附，东魏遣其将韩轨围景于颍川。太祖遣弼率军援景，诸将咸受弼节度。弼至，轨退王恩政又进据顿川，弼乃引还。十四年，北稽胡反，弼讨平之。迁太保，加柱国大将军。魏废帝元年，赐姓徒河氏。太祖西巡，令弼居守，后事皆谘禀焉。六官建，拜太傅、大司徒。属茹茹为突厥所逼，举国请降，弼率前军迎之。给前后部羽葆鼓吹，赐杂采六千段。及晋公护执政，朝之大事，皆与于谨及弼等参议。孝闵帝践祚，除太师，进封赵国公，邑万户。前后赏赐累巨万。

　　弼每率兵征讨，朝受令，夕便引路，不问私事，亦未尝宿于家。其忧国忘身，类皆如此。兼复性沉雄，有深识，故能以功名终。元年十月，薨于位，年六十四。世宗即日举哀，比葬，三临其丧。发卒穿冢，给大略、龙旗，陈军至于墓所。谥曰武。寻追封魏国公，配食太祖庙庭。

　　子辉。次子耀，尚太祖女义安长公主，遂以为嗣。辉大统中，起家员外散骑侍郎，赐爵义城郡公，历抚军将军、大都督、镇南将军、散骑常侍。辉常卧疾期年，太祖忧之，日赐钱一千，供其药石之费。

及魏废帝有异谋，太祖乃授辉武卫将军，总宿卫事。寻而帝废，除车骑大将军、仪同三司。魏恭帝二年，加骠骑大将军、仪同三司，出为岐州刺史。从太祖西巡，率公卿子弟，别为一军。孝闵帝践祚，除荆州刺史。寻袭爵赵国公，改魏国公。保定中年，加将军。天和六年，进位柱国。建德元年，出为总管梁洋等十州诸军事、梁州刺史。时渠、蓬二州生獠，积年侵暴，辉至州绥抚，并来归附。玺书劳之。

辉既不得为嗣，朝廷以弼功重，乃封辉邢国公，位至开府。子宽，大象末，上大将军蒲山国公。辉弟衍，大象末，大将军、真乡郡公。衍弟纶，最知名，有文武才用。以功臣子，少居显职，历吏部、内史大夫，并获当官之誉。位至司会中大夫、开府仪同三司，封河阳郡公。为聘齐使主。早卒，子长雅嗣。纶弟晏，建德中，开府仪同三司、大将军、赵郡公。从高祖平齐，殁于并州。子惊以晏死王事，即袭其爵。弼弟椿。

椿字灵杰。长不盈五尺，性果决，有胆气。少事尔朱荣。魏永安元年，以兼别将从荣破元颢，拜讨逆将军。及荣被害，元树从尔朱世隆奉荣妻奔河北。又随尔朱兆入洛。赐爵泚城郡男，迁都督。普泰元年，椿自梁入据谯城，树从行台樊子击破之，迁右将军。

魏孝武西迁，椿从大都督元斌之与齐神武战于成皋。兵败，遂与斌之奔梁。梁主待以宾礼，后得逃归。大统元年，授抚军将军，进封晋阳县子，邑四百户。寻为太祖帐内都督。从复弘农，破沙苑。椿跨马运矛，冲锋陷阵，隐身鞍甲之中。敌人见之，皆曰“避此小儿”。不知椿之形貌，正自如是。太祖初亦闻椿骁悍，未见其能，至是方嗟叹之。谓椿曰：“但使胆决如此，何必须要八尺之躯也。”以功进爵为公，增邑四百户。寻从宇文贵与东魏将任祥、尧雄等战于颍川，皆破之。征为太子中庶子。九年，从战邙山，迁持节、大都督。十三年，拜车骑大将军、仪同三司。又从弼讨稽胡，椿功居多，除幽州刺史，增邑三百户。十五年，拜骠骑大将军、开府仪同三司。魏废帝初，从赵贵征茹茹，论功为最，改封封山县公，增邑并前二千一百户。孝闵帝践祚，进位大将军。武成初，又从豆卢宁征稽胡，大获而还。进爵汝南郡公。出为总管延绥丹三州诸军事、延州刺史。四年，卒于镇恒朔等五州刺史。樹无子，以弼子椿嗣。先以樹勋功，封魏平县子。大象末，开府仪同三司、大将军、右宫伯，改封河东郡公。

于谨字思敬，河南洛阳人也。小名巨弥。曾祖婆，魏怀荒镇将。祖安定，平凉郡守、高平郡将。父提，陇西郡守，茌平县伯。保定二年，以谨著勋，追赠使持节、柱国大将军、太保、建平郡公。

谨性沉深，有识量，略窥经史，尤好《孙子兵书》。平居闾里，未有仕进之志。或有劝之者，谨曰：“州郡之职，昔人所鄙，台鼎之位，须待时来。吾所以优游郡邑，聊以卒岁耳。”太宰元穆见之，欢曰：“王佐材也。”

及破六汗拔陵首乱北境，引茹茹为援，大行台仆射元纂率众讨之。宿闻谨名，辟为铠曹参军事，从军北伐。茹茹闻大军之逼，遂逃出塞。纂令护率二千骑追之，至郁对原，前后十七战，尽降其众。后率轻骑出塞觇贼，属铁勒数千骑奄至，谨以众寡不敌，退必不免，乃散其众骑，使匿业薄之间，又遣人升山指麾，若分部军众者。贼望见，虽疑有伏兵，既恃其众，不以为虑，乃进军逼谨。谨以常乘骏马一紫一骝，贼先所识，乃使二人各乘一马，突阵而出，贼以为谨也，皆争逐之。谨乃率余军击之，其追骑遂奔走，因得入塞。

正光四年，行台广阳王元深治兵北伐，引谨为长流参军，特相礼接。所有谋议，皆与谨参之。乃使其子佛陁拜焉，其见待如此。遂与广阳王破贼主斛律野谷禄等。时魏末乱，群盗蜂起，谨乃从容谓广阳王曰：“自正光以后，海内沸腾，郡国荒残，农商废业。今殿下奉义行诛，远临关塞，然丑类蚁聚，其徒实繁，若极武穷兵，恐非主上者。护愿禀大王之威略，驰往喻之，必不劳兵甲，可致清荡。”广阳王然之。谨兼解诸国语，乃单骑入贼，示以恩信。于是西部铁勒酋长乜列河等，领三万余户并款附，相率南迁。广阳王欲与谨至折敷岭迎接之。谨曰：“破六汗拔陵兵众不少，闻乜列河等归附，必来要击。彼若先据险要，则难与争锋。今以乜列河等饵之，当竞来抄掠，然后设伏以待,必指掌破之。"广阳然其计。拔陵果来要击,破乜列河于岭上,部众皆没。谨伏兵发,贼遂大败,悉收得乜列河之众。魏帝嘉之,除积射将军。

孝昌元年,又随广阳王征鲜于修礼。军次白牛逻,会章武王为修礼所害,遂停军中山。侍中元晏宣言主灵太后曰:"广阳王以宗室之重,受律专征,今乃盘桓不进,坐图非望。又有于谨者,智略过人,为其谋主。风尘之隙,恐非陛下之纯臣矣。"灵太后深纳之。诏于尚书省门外立牓,募能获谨者,许重赏。谨闻之乃谓广阳曰:"今女主临朝,取信谗佞,脱不明白殿下素心,便恐祸至无日。谨请束身诣阙,归罪有司,披露腹心,自免映祸。"广阳许之。谨遂到榜下曰:"吾知此人。"众人共诘之。谨曰:"我即是也。"有司以闻。灵太后引见之,大怒。谨备论广阳忠款,兼陈停军之状。灵后意稍解,遂舍之。寻加别将。

二年,梁将曹义宗据守穰城,数为边患。乃令谨与行台尚书辛纂率兵讨之。相持累年,经数十战。进拜都督、宣威将军、冗从仆射。孝庄帝即位,除镇远将军,寻转直寝。又随太宰元天穆讨葛荣,平邢杲,拜征虏将军。从尔朱天光破万俟丑奴,封石城县伯,邑五百户。普泰元年,除征北大将军、金紫光禄大夫、散骑常侍。又随天光平宿勤明达,别讨夏州贼贺遂有代等,平之,授大都督。从天光与齐神武战于韩陵山,天光既败,谨遂入关。贺拔岳表谨留镇,除卫将军、咸阳郡守。

太祖临夏州,以谨为防城大都督,兼夏州长史。及岳被害,太祖赴平凉。谨乃言于太祖曰:"魏祚陵迟,权臣擅命,群盗蜂起,黔首嗷然。明公仗超世之姿,怀济时之略,四方远近,咸所归心。愿早建良图,以孚众望。"太祖曰:"何以言之?"谨对曰:"关右,秦汉旧都,古称天府,将士骁勇,厥坏膏腴,西有巴蜀之饶,北有羊马之利。今若据其要害,招集英雄,养卒劝农,足观时变。且天子在洛,逼迫群凶,若陈明公之恳诚,算时事之利害,请都关右,帝必嘉而西迁。然后挟天子而令诸侯,奉王命以讨暴乱,桓、文之业,千载一时也。"太祖大悦。会有敕追谨为关内大都督，谨因进都关中之策，魏帝纳之。

寻而齐神武逼洛阳，谨从魏帝西迁。仍从太祖征潼关，破回洛城，授使持节、车骑大将军、仪同三司、北雍州刺史，进爵蓝田县公，邑一千户。大统元年，拜骠骑大将军、开府仪同三司。其年，夏阳人王游浪聚杨氏壁谋逆，谨讨擒之。是岁，大军东伐，谨为前锋。至盘豆，东魏将高叔礼守险不下，攻破之。拔虏其卒一人。因此拔弘农，擒东魏陕州刺史李徽伯。齐神武至沙苑，谨从太祖与诸将力战，破之，进爵常山郡公，增邑一千户。又从战河桥，拜大丞相府长史，兼大行台尚书。稽胡帅夏州刺史刘平叛，谨率众讨平之。除大都督、恒并燕肆云五州诸军事、大将军、恒州刺史。入为太子太师。九年，复从太祖东征，别攻柏谷坞，拔之。邙山之战，大军不利，谨率其麾下伪降，立于路左。齐神武军乘胜逐北，不以为虞。追骑过尽，谨乃自后击之，敌人大骇。独孤信又集兵士于后奋击，齐神武军遂乱，以此大军得全。十二年，拜尚书左仆射，领司农卿。及侯景款附，请兵为援，太祖命李弼率兵应之。谨谏曰：“侯景少习兵权，情实难测。且宜厚其礼秩，以观其变。即欲遣兵，良用未可。”太祖不听。寻复兼大行台尚书、丞相府长史，率兵镇潼关，加授华州刺史，赠秬鬯一卣，圭瓒副焉。俄拜司空，增邑四百户。十五年，进位柱国大将军。齐氏称帝，太祖征之，以谨为后军大都督。别封一子盐亭县侯，邑一千户。魏恭帝元年，除雍州刺史。

初，梁元帝平侯景之后，于江陵嗣位，密与齐氏通使，将谋侵轶。其兄子岳阳王詧时为雍州刺史，以梁元帝杀其兄誉，遂结仇隙。据襄阳来附，仍请王师。乃令谨率众出讨。太祖饯于青泥谷。长孙俭问谨曰：“为萧绎之计，将欲如何？”谨曰：“耀兵汉、沔，席卷渡江，直据丹阳，是其上策；移郭内居民，退保子城，峻其陴堞，以待援至，是其中策；若难于移动，据守罗郭，是其下策。”俭曰：“揣绎定出何策？”谨曰：“必用下策。”俭曰：“彼弃上而用下，何也？”对曰：“萧氏保据江南，绵历数纪。属中原多故，未遑外略。又以我有齐氏之患，必谓力不能分。且绎愞而无谋，多疑少断。愚民难与虑始，皆恋邑居,既恶迁移,当保罗郭。所以用下策也。"谨乃令中山公护及大将军杨忠等,率精骑先据江津,断其走路。梁人竖木栅于外城,广轮六十里。寻而谨至,悉众围之。梁主屡遣兵于城南出战,辄为谨所破。旬有六日,外城遂陷。梁主退保子城。翌日,率其太子以下,面缚出降,寻杀之。虏其男女十余万人,收其府库珍宝。得宋浑天仪、梁日晷铜表、魏相风乌、铜蟠螭趺、大玉径四尺围七尺、及诸举替法物以献,军无私焉。立萧詧为梁主,振旅而旋。太祖亲至其第,宴语极欢。赏谨奴婢一千口,及梁之宝物,并金石丝竹乐一部,别封新野郡公,邑二千户。谨固辞,太祖不许。又令司乐作《常山公平梁歌》十首,使工人歌之。

谨自以久当权势,位望隆重,功名既立,愿保优闲。乃上先所乘骏马及所著铠甲等。太祖识其意,乃曰:"今巨猾未平,公岂得便尔独善。"遂不受。六官建,拜大司徒。

及太祖崩,孝闵帝尚幼,中山公护虽受顾命,而名位素下,群公各图执政,莫相率服。护深忧之,密访于谨。谨曰:"夙蒙丞相殊眷,情深骨肉。今日之事,必以死争之。若对众定策,公必不得辞让。"明日,群公会议。谨曰:"昔帝室倾危,人图问鼎。丞相志在匡救,投袂荷戈,故得国祚中兴,群生遂性,今日天降祸,奄弃庶寮。嗣子虽幼,而中山公亲则犹子,兼受顾托,军国之事,理须归之。"辞色抗厉,众皆悚动。护曰:"此是家事,素虽庸昧,何敢有辞。"谨既太祖等夷,护每申礼敬。至是,谨乃趋而言曰:"公若统理军国,谨等便有所依。"遂再拜。群公迫于谨,亦再拜,因是众议始定。

孝闵帝践祚,进封燕国公,邑万户。迁太傅、大宗伯,与李弼、侯莫陈崇等参议朝政。及贺兰祥讨吐谷浑也,谨遥统其军,授以方略。

保定二年,谨以年老,上表乞骸骨。诏报曰:"昔师尚父年逾九十,召公奭几将百岁,皆勤王家,自强不息。今元恶未除,九州不一,将以公为舟楫,弘济于艰难,岂容忘二公之雅操,而有斯请。朕用恶焉。公若更执谦冲,有司宜断启。"

三年四月,诏曰:"树以元首,主乎教化,率民孝悌,置之仁寿。

是以古先明后,咸若斯典,立三老五更,躬自袒割。朕以眇身,处兹南面,何敢遗此黄发,不加尊敬。太傅、燕国公谨,执德淳固,为国元老,馈以乞言,朝野所属。可为三老,有司具礼,择日以闻。"谨上表固辞,诏答不许。又赐延年杖。高祖幸太学以食之。三老入门,皇帝迎拜门屏之间,三老答拜。有司设三老席于中楹,南向。太师、晋国公护升阶,设几于席。三老升席,南面凭几而坐,以师道自居。大司马、楚国公宁升阶,正写。皇帝升阶,立于斧扆之前,西面。有司进馔,皇帝跪设酱豆,亲自袒割。三老食讫,皇帝又亲跪授爵以酳。有司撤讫。皇帝北面立而访道。三老乃起立于席后。皇帝曰:"猥当天下重任,自惟不才,不知政治之要,公其诲之。"三老答曰:"木受绳则正,后从谏则圣。自古明王圣主,皆虚心纳谏,以知得失,天下乃安。唯陛下念之。"又曰:"为国之本,在乎忠信。是以古人云去食去兵,信不可失。国家兴废,莫不由之。愿陛下守而勿失。"又曰:"治国之道,必须有法。法者,国之纲纪。纲纪不可不正,所正在于赏罚。若有功必赏,有罪必罚,则有善者日益,为恶者日止。若有功不赏,有罪不罚,则天下善恶不分,下民无所措其手足矣。"又曰:"言行者立身之基,言出行随,诚宜相顾。愿陛下三思而言,九虑而行。若不思不虑,必有过失。天子之过,事无大小,如日月之蚀,莫不知者。愿陛下慎之。"三老言毕,皇帝再拜受之,三老答拜焉。礼成而出。

及晋公护东伐,谨时老病,护以其宿将旧臣,犹请与同行,询访戎略。军还,赐钟声一部。天和二年,又赐安车一乘。寻授雍州牧。三年,薨于位,年七十六。高祖亲临,诏谯王俭监护丧事,赐缯采千段,粟麦五千斛,赠本官,加使持节、太师、雍恒等二十州诸军事、雍州刺史,谥曰文。及葬,王公已下,咸送出郊外。配享于太祖庙庭。

谨有智谋,善于事上。名位虽重,愈存谦挹。每朝参往来,不过从两三骑而已。朝廷凡有军国之务,多与谨决之。谨亦竭其智能,弼谐帝室。故功臣之中,特见委信,始终若一,人无闲言。每教训诸子,务存静退。加以年齿遐长,礼遇隆重,子孙繁衍,皆至显达,当时莫与为比焉。子寔嗣。

寔字宾实，少和厚。年未弱冠，入太祖幕府，从征潼关及回洛城。大统三年，又从复弘农，战沙苑。以前后功，封万年县子，邑五百户，授主衣都统。河桥之役，先锋陷阵。军还，寔又为内殿，除通直散骑常侍，转太子右卫率，加都督。又从太祖战于邙山。十一年，诏寔侍讲东宫。侯景来附，遣寔与诸军援之，平九曲城。进大都督，迁仪同三司，加散骑常侍。十四年，除尚书。是岁，太祖与魏太子西巡，寔时从。太祖刻石于陇山之上，录功臣位，以次镌勒，预以寔为开府仪同三司。至十五年，方授之。寻除滑州刺史，特给鼓吹一部，进爵为公，增邑二百户。魏恭帝二年，羌东念如率部落反，结连吐谷浑，每为边患。遣大将军豆卢宁讨之，逾时不克。又令寔往，遂破之。太祖手书劳问，赐奴婢一百口，马一百匹。孝闵帝践祚，授民部中大夫，进爵延寿郡公，邑二千户。又进位大将军，除勋州刺史，入为小司寇。天和二年，延州蒲川贼郝三郎等反，攻逼丹州。遣寔率众讨平之，斩三郎首，获杂畜万余头。乃除延州刺史。五年，袭爵燕国公，进位柱国，以罪免。寻复本官，除凉州总管。大象二年，加上柱国，拜大左辅。随开皇元年，薨。赠司空，谥曰安。

子颙，大象末，上开府、吴州总管、新野郡公。

颙弟仲文，大将军、延寿郡公。仲文弟象贤，仪同三司，尚高祖女。实弟翼，自有传。翼弟义，上柱国、潼州总管、建平郡公。义弟礼，上大将军、赵州刺史、安平郡公。礼弟智，初为开府，以受宣帝旨，告齐王宪反，遂封齐国公。寻拜柱国、凉州总管、大司空。智初弟绍，上开府、绥州刺史、华阳郡公。绍弟弼，上仪同、平恩县公。弼弟兰，上仪同、襄阳县公。兰弟旷，上仪同，赠恒州刺史。

史臣曰：贺拔岳变起仓卒，侯莫陈悦意在兼并，于时将有离心，士无固志。洛抚缉散乱，抗御仇仇。全师而还，敌人绝觊觎之望；度德而处，霸王建匡合之谋。此功故不细也。李弼、于谨怀佐时之略，逢启圣之运，绸缪顾遇，缔构艰难，帷幄尽其谟猷，方面宣其庸绩，拟巨川之舟楫,为大厦之栋梁。非惟攀附成名,抑亦材谋自取。及谨以耆年硕德,誉重望高,礼备上庠,功歌司乐,常以满盈为戒,覆折是忧。不有君子,何以能国。

**周书卷一六
列传第八**

赵贵　独孤信　侯莫陈崇

　　赵贵字元贵,天水南安人也。曾祖达,魏库部尚书、临晋子。祖仁,以良家子镇武川,因家焉。

　　贵少颖悟,有节概。魏孝昌中,天下兵起,贵率乡里避难南迁。属葛荣陷中山,遂被拘逼。荣败,尔朱荣以贵为别将,从讨元颢有功,赐爵燕乐县子,授伏波将军、武贲中郎将。从贺拔岳平关中,赐爵魏平县伯,邑五百户。累迁镇北将军、光禄大夫、都督。

　　及岳为侯莫陈悦所害,将吏奔散,莫有守者。贵谓其党曰:"吾闻仁义岂有常哉,行之则为君子,违之则为小人。朱伯厚、王叔治感意气微恩,尚能蹈履名节;况吾等荷贺拔公国士之遇,宁可自同众人乎?"涕泣歔欷。于是从之者五十人。乃诣悦诈降,悦信之。因请收葬岳,言辞慷慨,悦壮而许之。贵乃收岳尸还,与寇洛等纠合之众,奔平凉,共图拒悦。贵首议迎太祖,语在太祖纪。太祖至,以贵为大都督,领府司马。悦平,以本将军、持节,行秦州事、当州大都督。为政清静,民吏怀之。

　　齐神武举兵向洛,使其都督韩轨,进据蒲坂。太祖以贵为行台,与梁御等讨之。未济河而魏孝武已西入关。拜车骑大将军、仪同三司、兼右卫将军。时曹泥据灵州拒守,以贵为大都督,与李弼等率众讨之。进爵为侯、增邑五百户。又以预立魏文帝勋,进爵为公,增邑通前一千五百户。寻授岐州刺史。时以军国多务,藉贵力用,遂不部。仍领大丞相府左长史，加散骑常侍。梁企定称乱河右，以贵为陇西行台，率众讨破之。从太祖复弘农，战沙苑，拜侍中、骠骑大将军、开府仪同三司，进爵中山郡公，除雍州刺史。从战河桥，贵与怡峰为左军，战不利，先还。又从援玉壁，齐神武遁去。高仲密以北豫州降，太祖率师迎之，与东魏人战于邙山。山贵为左军，失律，诸军因此并溃坐免官，以骠骑、大都督领本军。寻复官爵，拜御史中尉，加大将军。东魏将高岳、慕容绍宗等围王思政于颍川，贵率军援之，东南诸州兵亦受贵节度。东魏人遏洧水灌城，军不得至，思政遂没。贵乃班师。寻拜柱国大将军，赐姓乙弗氏。茹茹寇广武，贵击破之，斩首数千级，收其辎重，振旅而还。六官建，以贵为太保、大宗伯，改封南阳郡公。孝闵帝践祚，迁太傅、大冢宰，进封楚国公，邑万户。

初，贵与独孤信等皆与太祖等夷，及孝闵帝即位，晋公护摄政，贵自以元勋佐命，每怀怏怏，有不平之色，乃与信谋杀护。及期，贵欲发，信止之。寻为开府宇文盛所告，被诛。

独孤信，云中人也，本名如愿。魏氏之初，有三十六部，其先伏留屯者，为部落大人，与魏俱起。祖俟尼，和平中，以良家子自云中镇武川，因家焉。父库者，为领民酋长，少雄豪有节义，北州咸敬服之。信美容仪，善骑射。圣光末，与贺拔度等同斩卫可孤，由是知名。以北边丧乱，避地中山，为葛荣所获。信既少年，好自修饰，服章有殊于众，军中号为独孤郎。

及尔朱氏破葛荣，以信为别将。从征韩娄，信匹马挑战，擒贼渔阳王袁肆周，以功拜员外散骑侍郎。寻转骁骑将军，因镇滏口。元颢入洛，荣以信为前驱，与颢当战于河北，破之。拜安南将军，赐爵爰德县侯。

建明初，出为荆州新野镇将，带新野郡守。寻迁荆州防城大都督，带南乡守。频典二部，皆有声绩。贺拔胜出镇荆州，乃表信为大都督。从胜攻下梁逿戍，破之，迁武卫将军。及胜弟岳为侯莫陈悦所害，胜乃令信入关，抚岳余众。属太祖已统岳兵，信与太祖乡里，少相友善，相见甚欢。因令信入洛请事，至雍州，大使元毗又遣信还荆州。寻征信入朝，魏孝武雅相委任。

及孝武西迁，事起仓卒，信单骑及之于瀍涧。孝武叹曰："武卫遂能辞父母，捐妻子，远来从我。世乱识贞良，岂虚言哉。"即赐信御马一匹，进爵浮阳郡公，邑一千户。

时荆州虽陷东魏，民心犹恋本朝。乃以信为卫大将军、都督三荆州诸军事、兼尚书右仆射、东南道行台、大都督、荆州刺史以招怀之。信至武陶，东魏遣其弘农郡守田八能，率蛮左之众，拒信于淅阳；又遣其都督张齐民，以步骑三千出信之后。信谓其众曰："今我士卒不满千人，而首尾受敌。若却击齐民，则敌人谓为退走，必来要截。未若先破八能。"遂奋击，八能败而齐民亦溃。信乘胜袭荆州。东魏刺史辛纂勒兵出战。士庶既怀信遗惠，信临阵喻之，莫不解体。因而纵兵击之，纂大败，奔城趋门，未及阖，信都督杨忠等前驱斩纂。语在《忠传》。于是三荆遂定。就拜车骑大将军、仪同三司。

东魏又遣其将高敖曹、侯景等率众奄至。信以众寡不敌，遂率麾下奔梁。居三载，梁武帝方始许信还北。信父母既在山东，梁武帝问信所往，信答以事君无二。梁武帝深义之，礼送甚厚。

大统三年秋，至长安。自以亏损国威，上书谢罪。魏文帝付尚书议之，七兵尚书、陈郡王王言等议，以为"边将董戎，龚行天罚，丧师败绩，国刑无舍。荆州刺史独孤如愿，任当推毂，还袭襄、宛，斩贼帅辛纂，传首京师，论功语效，实合嘉赏。但庸积不终，旋致沦没，责成之义，朝寄有违。然孤军数千，后援未接，贼众我寡，难以自固。既经恩降，理绝刑书。昔秦宥孟明，汉舍广利，卒能改过立功，垂芳竹帛。以今方古，抑有成规。臣等参议，请赦罪，复其旧职"。魏文帝诏曰："如愿荆、襄之役，实展功效。既属强寇，力屈道穷，归贼不可，还朝路绝，适事求宜，未足称过。违难勾吴，诚贯夷险，义全终始，良可嘉欢。复情存谦退，款心谢责。宁容议及恩降，止云免咎，斯则事失权宜，理乖通变。可转骠骑大将军，加侍中、开府，其使持节、仪同三司、浮阳郡公悉如故。"

寻拜领军。仍从太祖复弘农，破沙苑。改封河内郡公，增邑二千户。时俘虏中有信亲属，始得父凶问，乃发丧行服。寻起为大都督，率众与冯翊王元季海入洛阳。颍、豫、襄、广、陈留之地，并相继款附。四年，东魏将侯景等率众围洛阳。信据金墉城，随方拒守，旬有余日。及太祖至瀍东，景等退走。信与李远为右军，战不利，东魏遂有洛阳。六年，侯景寇荆州，太祖令信与李弼出武关。景退，以信为大使，慰抚三荆。

寻除陇右十州大都督、秦州刺史。先是，守宰阍弱，政令乖方，民有冤讼，历年不能断决。及信在州，事无壅滞。示以礼教，劝以耕桑，数年之中，公私富实。流民愿附者数万家。太祖以其信著遐迩，故赐名为信。七年，岷州刺史、赤水蕃王梁企定举兵反，诏信讨之。企定寻为其部下所杀。而企定子弟，仍收其余众。信乃勒兵向万年，屯三交口。贼并力拒守，信因诡道趋稠松岭。贼不虞信兵之至，望风奔溃。乘胜逐北，径至城下，贼立出降。加授太子太保。邙山之战，大军不利。信与于谨收散卒自后击之，齐神武追骑惊扰，诸军因此得全。十二年，凉州刺史宇文仲和据州不受代，太祖令信率开府怡峰讨之，仲和婴城固守，信夜令诸将以冲梯攻其东北，信亲帅壮士袭其西南，值明克之。擒仲和，虏其民六千户，送于长安。拜大司马。十三年，大军东讨。时以茹茹为寇，令信移镇河阳。十四年，进位柱国大将军。寻克下溠、守洛阳、破岷州、平凉州等功，增封，听回授诸子。于是第二子善封魏宁县公，第三子穆文侯县侯，第四子藏义宁县侯，邑各一千户；第五子顺项城县伯，第六子陁建忠县伯，邑各五百户。信在陇右岁久，启求还朝，太祖不许。或有自东魏来者，又告其母凶问，信发丧行服。属魏太子与太祖巡北边，因至河阳吊信。信陈哀苦，请终礼制，又不许。于是追赠信父库者司空公，追封信母费连氏常山郡君。十六年。大军东讨，信率陇右数万人从军，至崤坂而还。迁尚书令。六官建，拜大司马。孝闵帝距阼，迁太保、大宗伯，进封卫国公，邑万户。

赵贵诛后，信以同谋坐免。居无几，晋公护又欲杀之，以其名望素重，不欲显其罪，逼令自尽于家。时年五十五。

信风度弘雅，有奇谋大略。太祖初启霸业，唯有关中之地，以陇右形胜，故委信镇之。既为百姓所怀，声振邻国。东魏将侯景之南奔梁也，魏收为檄梁文，矫称信据陇右不从宇文氏，仍云无关西之扰，欲以威梁人也。又信在秦州，尝因猎日暮，驰马入城，其帽微侧。诘旦，而吏民有戴帽者，咸慕信而侧帽焉。其为邻境及士庶所重如此。

子罗，先在东魏，乃以次子善为嗣。及齐平，罗至。善卒，又以罗为嗣。罗字罗仁。大象元年，除楚安郡守，授仪同大将军。

善字伏陁，幼聪慧，善骑射，以父勋，封魏宁县公。魏废帝元年，又以父勋，授骠骑大将军、开府仪同三司，加侍中，进爵长安郡公。孝闵帝践祚，除河州刺史。以父负丰，久废于家。保定三年，乃授龙州刺史。天和六年，袭爵河内郡公，邑二千户。从高祖东讨，以功授上开府。寻除兖州刺史，政存简惠，百姓安之。卒于位，年三十八。赠使持节、柱国、定赵恒沧瀛五州诸军事、定州刺史。

信长女，周明敬后；第四女，元贞皇后；第七女，随文献后；周隋及皇家，三代皆为外戚，自古以来，未之有也。

隋文帝践极，乃下诏曰：“褒德累行，往代通规；追远慎终，前王盛典。故使持节、柱国、河内郡开国公信，风宇高旷，独秀生人，睿哲居宗，清猷映世。宏谟长策，道著于弼谐；纬义经仁，事深于拯济。方当宣风廊庙，亮采台阶，而世属艰危，功高弗赏。眷言令范，事切于心。今景运初开，椒闱肃建。载怀涂山之义，无忘褒纪之典。可赠太师、上柱国、冀定相沧瀛赵恒洺贝十州诸军事、冀州刺史，封赵国公，邑一万户。谥曰景。”追憎信父库者使持节、太尉、上柱国、定恒沧瀛平燕六州诸军事、定州刺史，封赵国公，邑一万户。谥曰恭。信母费连氏，赠太尉恭公夫人。

侯莫陈崇字尚乐，代郡武川人。其先，魏之别部，居库斛真水。五世祖曰太骨都侯。其后，世为渠帅。祖允，以良家子镇武川，因家焉。父兴，殿中将军、羽林监。崇少骁勇，善驰射，谨悫少言。年十五，随贺拔岳与尔朱荣征葛荣。又从元天穆讨邢杲，平之。以功除建威将军。别从岳破元颢于洛阳。迁直寝。

后从岳入关，破赤水蜀。时万俟丑奴围岐州，遣其将李。尉迟菩萨将兵向武功。崇从岳力战破之，乘胜逐北，解岐州围。又赴百里细川，破贼帅侯伏侯元进栅。丑奴率其余众奔高平，崇与轻骑逐北，至泾州长坑及之。贼未成列，崇单骑入贼中，于马上生擒丑奴。于是大呼，众悉披靡，莫敢当之。后骑益集，贼徒因悉逃散，遂大破之。岳以丑奴所乘马及宝剑金带赏崇。除安北将军、太中大夫、都督，封临泾县侯，邑八百户。

及岳为侯莫陈悦所害，崇与诸将同谋迎太祖。太祖至军，原州刺史史归犹为悦守。太祖遣崇袭归。崇潜军夜往，轻将七骑，直到城下，余众皆伏于近路。归见骑少，遂不设备。崇即入据城门。时李远兄弟在城内，先知崇来，于是中外鼓噪，伏兵悉起，遂擒归，斩之。以崇行原州事。仍从平悦，转征西将军。又遣崇慰抚秦州，别封广武县伯，邑七百户。

大统元年，除泾州刺史，加散骑常侍、大都督，进爵为公，累迁车骑大将军、仪同三司、骠骑大将军、开府仪同三司，改封彭城郡公，邑三千户。三年，从擒窦泰，复弘农，破沙苑，增邑二千户。四年，从战河桥，崇功居多。七年，稽胡反，崇率众讨平之。寻除雍州刺史，兼太子詹事。十五年，进位柱国大将军，转少傅。魏恭帝元年，出为宁州刺史，迁尚书令。六官建，拜大司空。孝闵帝践祚，进封梁国公，邑万户，加太保。历大宗伯、大司徒。

保定三年，崇从高祖幸原州，高祖夜还京师，窃怪其故。崇谓所亲人常升曰：“吾昔闻卜筮者言，晋公今年不利。车驾今忽夜还，不过是晋公死耳。”于是众皆传之。或有发其事者。高祖召诸公卿于大德殿，责崇。崇惶恐谢罪。其夜，护遣使将兵就崇宅，逼令自杀。礼葬如常仪。谥曰躁。护诛后，改谥曰庄闵。子芮嗣。拜大将军，进位柱国。从高祖东伐，率众守太行道。并州平，授上柱国。仍从平邺,拜大司马。

崇弟琼,弟世乐。年八岁丧父,养母至孝,善事诸兄。内外莫不敬之。以军功封灵丘县男,邑三百户。从魏孝武入关,为太祖直荡都督。大统二年,迁尚药典御。三年,拜太子右卫率,进爵为侯。从独孤信征梁企定。累迁北秦州刺史。十四年,拜车骑大将军、仪同三司。孝闵帝践祚,进爵武安县公,增邑并前二千户。出为郢州刺史。武成二年,迁金州总管、六州诸军事、金州刺史。保定元年,拜大将军。天和四年,转荆州总管、十四州八防诸军事、荆州刺史。寻进位柱国,进爵同昌郡公。建德二年,拜大宗伯,出为秦州总管。四年,从高祖东伐,为后二军总管。寻改封武威郡公。大象二年,加上柱国。

琼弟凯,字敬乐。性刚正,颇好经史。随兄崇,以军功赐爵下蔡县男。大统元年,为东宫侍书。从太祖擒窦泰,破沙苑阵,以功拜宁远将军。累迁羽林监、东宫洗马、太子庶子,进授都督。十四年,兄崇以平原州功,赐爵灵武县侯,诏听转授凯。累迁东宫武卫率、尚书右丞,转左丞,进位车骑大将军、仪同三司。六官建,授司门下大夫。孝闵帝践祚,拜工部中大夫,进位开府仪同三司,转司宪中大夫,进爵为公,复除工部中大夫。世宗初,出为宜州刺史。武成二年,入为礼部中大夫。保定中,复为陵州刺史,转丹州刺史。所在颇有政绩。天和中,入为司会中大夫。建德二年,为聘齐使主。

史臣曰:萧何文吏自爱,惧秦法诛戮,乃推奉汉高;李通家传谶术,知刘氏当兴,遂翊戴光武。终而白水复禹,中阳篡尧。方策以为美谈,功臣仰其徽烈。赵贵志怀忠义,首昌大谋,爰启圣明,克复仇耻。关中全百二之险,周室定三分之业,彼此一时,足为连类。独孤信威申南服,化洽西州。信著遐方,光照邻国。侯莫陈崇以勇悍之气,当战争之利,轻骑启高平之扉,疋马得长捷之后。并以宏材远略,附凤攀龙,绩著元勋,位居上衮。而识惭明悊,咸以凶终,惜哉!信虽不免其身,庆延于后。三代外戚,何其盛欤。

　　初,魏孝庄帝以尔朱荣有翊戴之功,拜荣柱国大将军,位在丞相上。荣败后,此官遂废。大统三年,魏文帝复以太祖建中兴之业,始命为之。其后功参佐命,望实俱重者,亦居此职。自大统十六年以前,任者凡有八人。太祖位总百揆,督中外军。魏广陵王欣,元氏懿戚,从容禁闱而已。此外六人,各督二大将军,分掌禁旅,当爪牙御侮之寄。当时荣盛,莫与为比。故今之称门阀者,咸推八柱国家云。今并十二大将军录之于左。

　　使持节、太尉、柱国大将军、大都督、尚书左仆射、陇右行台、少师、陇西郡开国公李虎,

　　使持节、太傅、柱国大将军、大宗伯、大司徒、广陵王元欣,

　　使持节、太保、柱国大将军、大都督、大宗伯、赵郡开国公李弼,

　　使持节、柱国大将军、大都督、大司马、河内郡开国公独孤信,

　　使持节、柱国大将军、大都督、大司寇、南阳郡开国公赵贵,

　　使持节、柱国大将军、大都督、大司空、常山郡开国化于谨,

　　使持节、柱国大将军、大都督、少傅、彭城郡开国公侯莫陈崇。

　　右与太祖为八柱国。后并改封,此并太祖时爵。

　　使持节、大将军、大都督、少保、广平王元赞,

　　使持节、大将军、大都督、淮安王元育,

　　使持节、大将军、大都督、齐王元廓,

　　使持节、大将军、大都督、秦七州诸军事、秦州刺史、章武郡开国公宇文导,

　　使持节、大将军、大都督、平原郡开国公侯莫陈顺,

　　使持节、大将军、大都督、雍七州诸军事、雍州刺史、高阳郡开国公达奚武,

　　使持节、大将军、大都督、阳平公李远,

　　使持节、大将军、大都督、范阳郡国公豆卢宁,

　　使持节、大将军、大都督、化政郡开国公宇文贵,

　　使持节、大将军、大都督、荆州军事、荆州刺史、博陵郡开国公

贺兰祥，

　　使持节、大将军、大都督、陈留郡开府国公杨忠，

　　使持节、大将军、大都督、岐州诸军事、岐州刺史、武威郡开国公王雄。

　　　　右十二大将军，又各统开府二人。每一开府领一军兵，是为二十四军。自大统十六年以前，十二大将军外，念贤及王思政亦作大将军。然贤作牧陇右，思政出镇河南，并不在领兵之限。此后功臣，位至柱国及大将军都众矣，咸是散秩，无所统御。六柱国、十二大将军之后，有以位次嗣掌其事者，而德望素在诸公之下，不得预于此例。

周书卷一七
列传第九

梁御　若干惠　怡峰　刘亮
王德

　　梁御字善通，其先安定人也。后因官北边，遂家于武川，改姓为
纥豆陵氏。高祖俟力提，从魏太祖征讨，位至扬武将军、定阳侯。

　　御少好学，进趋详雅。及长，更好弓马。尔朱天光西讨，知御有
志略，引为左右，授宣威将军、都将。共平关右，除镇西将军、东益州
刺史、第一领民酋长，封白水县伯，邑三百户。转征西将军、金紫光
禄大夫。

　　后从贺拔岳镇长安。及岳被害，御与诸将同谋翊戴太祖。从征
侯莫陈悦，迁武卫将军。太祖既平秦陇，方欲引兵东下，雍州刺史贾
显持两端，通使于齐神武。太祖微知其意，以御为大都督、雍州刺
史，领前军先行。既与显相见，因说显曰："魏室陵迟，天下鼎沸。高
欢志在凶逆，枭夷非远。宇文夏州英姿不世，算略无方，方欲抚危定
倾，匡复京洛。公不于此时建立功效，乃怀犹豫，恐祸不旋踵矣。"显
即出迎太祖，御遂入镇雍州。授车骑大将军、仪同三司。

　　大统元年，转右卫将军，进爵信都县公，邑一千户。寻授尚书右
仆射。从太祖复弘农，破沙苑，加侍中、开府仪同三司，进爵广平郡
公，增邑一千五百户。出为东雍州刺史。为政举大纲而已，民庶称
焉。四年，薨于州。临终唯以国步未康为恨，言不及家。赠太尉、尚
书令、雍州刺史，谥曰武昭。子睿袭爵。天和中，拜开府仪同三司。

以御佐命有功，进蒋国公。大象末，除益州总管，加授柱国。睿将之任，而王谦举兵，拒不受代，仍诏睿为行军元帅，讨谦，破之。进位上柱国。

若干惠字惠保，代郡武川人也。其先与魏氏俱起，以国为姓。父树利周，从魏广阳王深征葛荣，战没，赠冀州刺史。惠年弱冠，从尔朱荣征伐，定河北，破元颢，以功拜中坚将军。复以别将从贺拔岳西征，解岐州围，擒万俟丑奴，平水洛，定陇右，每力战有功。封北平县男，邑二百户。累迁镇远将军、都督、直寝、征西将军、金紫光禄大夫。及岳为侯莫陈悦所害，惠与寇洛、赵贵等同谋翊戴太祖。仍从平悦，拜直阁将军。

魏孝武西迁，除右卫将军、大都督，进爵长昌县伯，邑五百户。出为北华州刺史，加使持节、骠骑将军。大统初，拜仪同三司，进爵为公，增邑五百户。从擒窦泰，复弘农，破沙苑，惠每先登陷阵。加侍中、开府，进爵长乐郡公，增邑通前二千二百户。四年，魏文帝东巡洛阳，与齐神武战于河桥，惠力战破之，大收降卒。七年，迁中领将军。

及高仲密举北豫州来附，太祖师师迎之。军至洛阳，齐神武于邙山将以邀我，太祖乃徙辎重于瀍曲，夜勒兵袭之。及战，惠为右军，与中军大破之，逐北数里，虏其步卒。齐神武兵乃萃于左军，军将赵贵等与战不利，诸军因之并退。时会日暮，齐神武兵屡来攻惠，惠击之，皆披靡。至夜中，齐神武骑复来追惠，惠徐乃下马，顾命厨人营食。食讫，谓左右曰："长安死，此中死，异乎？"乃建旗鸣角，收诸败军而还。齐神武追骑惮惠，疑有伏兵，不敢逼。至弘农，见太祖，陈贼形势，恨其垂成之功，覆于一篑，于是歔欷不能自胜，太祖壮之。

寻拜秦州刺史，未及之部，迁司空。惠性刚质，有勇力，容貌魁岸。善于抚御，将士莫不怀恩，人思效节。十二年，东魏将侯景侵襄州，惠率兵击走之。明年，景请内附，朝议欲收辑河南，令惠以本官镇鲁阳,以为声援。遇疾,薨于军。

惠于诸将年最少。早丧父,事母以孝闻。太祖尝造射堂新成,与诸将宴射。惠窃欢曰:"亲老矣,何时辨此乎?"太祖闻之,即日徒堂于惠宅。其见重如此。及薨,太祖为之流涕者久之。惠丧至,又临抚焉。赠本官,加秦州刺史,谥曰武烈。子凤嗣。

凤字达摩,少沉深,有识度。大统末,袭父爵长乐郡公,尚太祖女。魏废帝二年,授骠骑大将军、开府仪同三司。魏恭帝三年,除左宫伯。寻出为洛州刺史。征拜大驭中大夫。保定四年,追录佐命之功,封凤徐国公,增邑并前五千户。建德二年,拜柱国。

怡峰字景阜,辽西人也。本姓默台,因避难改焉。高祖宽,燕辽西郡守。魏道武时,率户归朝,拜羽真,赐爵长蛇公。曾祖文,冀州刺史。峰少从征役,以骁勇闻。永安中,假龙骧将军,为都将,从贺拔岳讨万俟丑奴,以功授给事中、明威将军,转征房将军、都督,赐爵蒲阴县男。及岳被害,峰与赵贵等同谋翊戴太祖。进爵为伯。时原州刺史史归犹为侯莫陈悦守,太祖令峰与侯莫陈崇讨擒之。

及齐神武与魏孝武帝构隙,帝频敕太祖简锐卒入卫京邑。太祖乃令卒与都督赵贵等率轻骑赴洛阳。至潼关,值魏孝武西迁,峰即从太祖拔回洛,复潼关。拜安东将军、华州刺史,寻辅大都督。讨曹泥有功,进爵华阳县公,邑一千户。大统二年,从太祖破窦泰于小关。还,拜散骑常侍、车骑大将军、仪同三司。又从复弘农,破沙苑,进爵乐陵郡公。仍与元季海、独孤信复洛阳。峰率奇兵至成皋,入其郛,收其户口而还。东魏遣行台任祥率步骑万余攻颍川,峰复以轻骑五百邀击之,自是威名转盛。加授开府仪同三司。东魏围洛阳,峰与季海守金墉。太祖至,围解即与东魏战于河桥。时峰为左军,不利,与李远先还,太祖因此班师。诏原其罪。拜东西北三夏州诸军事、夏州刺史。后与于谨讨刘平伏,从解玉壁围,平柏谷坞并有功。凉州刺史宇文仲和反,峰与于谨讨之。十五年,东魏围颍川,峰与赵贵赴援。至南阳,遇疾卒,时年五十。峰沉毅有胆略,得士卒心,当时号为骁将。太祖嗟悼者久之。赠华州刺史,谥曰襄威。

子昂嗣。官至开府仪同三司。朝迁追录峰功,封昂郑国公。昂弟光,少以峰勋,赐爵安平县侯,起家员外散骑常侍,累迁司土中大夫、左武伯,出为汾、泾、幽三州刺史,加开府仪同三司,进爵龙河县公。光弟春,少知名,历官吏部下大夫、仪同三司。

刘亮中山人也,本名道德。祖佑连,魏蔚州刺史。父持真,镇远将军、领民酉长。魏大统中,以亮著勋,追赠车骑大将军、仪同三司、恒州刺史。亮少倜傥,有从横计略,姿貌魁杰,见者惮之。普泰初,以都督从贺拔岳西征,解岐州围,击侯伏侯元进、万俟道洛、万俟丑奴、宿勤明达及诸贼,亮常先锋陷阵。以功拜大都督,封广兴县子,邑五百户。

侯莫陈悦害岳,亮与诸将谋迎太祖。悦平,悦之党幽州刺史孙定儿仍据州不下,泾、秦、灵等诸州悉与定儿相应,众至数万,推定儿为主,以拒义师。太祖令亮袭之。定儿以义兵犹远,未为之备。亮乃将二十骑,先竖纛于近城高岭,即驰入城中。定儿方置酒高会,卒见亮至,众皆骇愕,莫知所为。亮乃麾兵斩定儿,县首,号令贼党。仍遥指城外纛,命二骑曰:“出追大军。”贼党凶惧,一时降服。于是诸州群贼,皆即归款。

及太祖置十二军,简诸将以将之,亮领一军。每征时,常与怡峰俱为骑将。魏孝武西迁,以迎驾功,除使持节、右光禄大夫、左大都督、南秦州刺史。大统元年,以复潼关功,进位车骑大将军、仪同三司,改封饶阳县伯,邑五百户。寻加侍中。从擒窦泰,复弘农及沙苑之役,亮并力战有功。迁开府仪同三司、大都督,进爵长广郡公,邑通前二千户。以母忧去职,居丧毁瘠。太祖嗟其至性,每爱惜之。俄起复本官。

亮以勇敢见知,为时名将,兼屡陈谋策,多合机宜。太祖乃谓之曰:“卿文武兼资,即孤之孔明也。”乃赐名亮,并赐姓侯莫陈氏。十年,出为东雍州刺史。为政清净,百姓安之。在职三岁,卒于州,时年四十。丧还京师，太祖亲临之，泣而谓人曰："股肱丧矣，腹心何寄！"令鸿胪监护丧事。追赠太尉，谥曰襄，配享太祖庙庭。

子昶，尚太祖女西河长公主。大象中，位至柱国、秦灵二州总管。以亮功，封鼓国公，邑五千户。昶弟靖，天水郡守。靖弟恭，开府仪同三司、饶阳县伯。恭弟干，上仪同三司、襄中侯。

王德字天恩，代郡武川人也。少善骑射，虽不经师训，而以孝悌见称。魏永安二年，从尔朱荣讨元颢，攻河内，应募先登。以功除讨夷将军，进爵内官县子。又从贺拔岳讨万俟丑奴，平之。别封深泽县男，邑二百户，加龙骧将军、中散大夫。及侯莫陈悦害岳，德与寇洛等定议翊戴太祖。加征西将军、金紫光禄大夫、平凉郡守。德虽不知书，至于断决处分，良吏无以过也。泾州所部五郡，而德常为最。

及魏孝武西迁，以奉迎功，进封下博县伯，邑五百户，行东雍州事。在州未几，百姓怀之。赐姓乌丸氏。大统元年，拜卫将军、右光禄大夫，进爵为公，增邑一千户，加车骑大将军、仪同三司、北雍州刺史。其后常从太祖征伐，累有战功。又从破齐神武于沙苑，加开府、侍中，进爵河间郡公，增邑通前二千七百户。先是河、渭间种羌屡叛，以德有威名，为夷民所附，除河州刺史。德绥抚有方，群羌率服。十三年，授大都督、原灵显三州五原蒲川二镇诸军事。十四年，除泾州刺史。卒于州。谥曰献。德性厚重廉慎，言行无择。母年几百岁，后德终。

子庆，小名公奴，性谨厚。官至开府仪同三司。初德丧父，家贫无以葬，乃卖公奴并一女以营葬事。因遭兵乱，不复相知。及德在平凉始得之，遂名曰庆。

史臣曰：梁御等负将卒之材，蕴绕锐之气，遭逢丧乱，驰骛干戈，艰难险阻备尝，而功名未立。及殷忧启圣，豫奉兴王，参谋缔构之初，宣力经纶之始，遂得连衡灌、郿，方驾张、徐，可谓遇其时也。

并中年即世,远志未申,惜哉!惠、德本以果毅知名,而能率由孝道,难矣。图史所欢,何以加焉。勇者不必有仁,斯不然矣。

周书卷一八
列传第一〇

王罴 子庆远 孙述　　王思政

　　王罴字熊罴,京兆霸城人,汉河南尹王遵之后,世为州郡著姓。罴刚直木强,处物平当,州郡敬惮之。魏太和中,除殿中将军。先是南岐、东益氐羌反叛,王师战不利,乃令罴领羽林军五千镇梁州,讨平诸贼。还,授右将军、西河内史。辞不拜。时人谓之曰:"西河大邦,俸禄殷厚,何为致辞?"罴曰:"京洛材木,尽出西河,朝贵管第宅者,皆有求假。如其私办,即力所不堪,若科发民间,又违法宪。以此辞耳。"

　　梁将曹义宗围荆州,敕罴与别将裴衍率兵赴救。遂与梁人战,大破之。于时诸方鼎沸,所在凋残。荆州新经寇难,尤藉慰抚。以罴为荆州刺史,进号抚军将军。梁复遣曹义宗众数万围荆州,堰水灌城,不没者数板。时既内外多虞,未遑救援,乃遗罴铁券,云城全当授本州刺史。城中粮尽,罴煮粥,与将士均分而食之。每出战,尝不擐甲胄,大呼曰:"荆州城,孝文皇帝所置。天若不祐国家,使贼箭中王罴;不尔,王罴须破贼。"屡经战阵,亦不被伤。弥历三年,义宗方退。进封霸城县公。寻迁车骑大将军、泾州刺史。未及之部,属太祖征兵为勤王之举,请前驱效命,遂为大都督,镇华州。

　　魏孝武西迁,拜骠骑大将军,加侍中、开府。尝修州城未毕,梯在外。齐神武遣韩轨、司马子如从河东宵济袭罴,罴不之觉。比晓,轨众已乘梯入城。罴尚卧未起,闻阁外汹汹有声,便袒身露髻徒跣,持一白梃，大呼而出。敌见之惊，逐至东门，左右稍集，合战破之。轨众遂投城遁走。时关中大饥，征税民间谷食，以供军费。或隐匿者，令递相告，多被捶楚，以是人有逃散。唯罴信著于人，莫有隐者，得粟不少诸州，而无怨言。沙苑之役，齐神武士马甚盛。太祖以华州重要，遣使劳罴，令加守备。罴语使人曰："老罴当道卧，貆子安得过！"太祖闻而壮之。及齐神武至城下，谓罴曰："何不早降？"罴乃大呼曰："此城是王罴冢，生死在此，欲死者来。"齐神武遂不敢攻。时茹茹渡河南寇，候骑已至幽州。朝廷虑其深入，乃征发十马，屯守京城，堑诸街巷，以备侵轶。左仆射周惠达召罴议之。罴不应命，谓其使曰："若茹茹至渭北者，王罴率乡里自破之，不烦国家兵马。何为天子城中，遂作如此惊动。由周家小儿恇怯致此。"罴轻侮权势，守正不回，皆此类也。未几，还镇河东。

罴性俭率，不事边幅。尝有台使，罴为其设食。使乃裂其薄饼缘。罴曰："耕种收获，其功已深；舂爨造成，用力不少。乃尔选择，当是未饥"。命左右撤去之。使者愕然大惭。又有客怀与罴食瓜，客削瓜侵肤稍厚，罴意嫌之。及瓜皮落地，乃引手就地，取而食之。客有甚愧色。性又严急，尝有吏挟私陈事者，罴不暇命捶扑，乃手自取鞋履，持以击之。每至享会，亲自秤量酒肉，分给将士。时人尚其均平嗤其鄙碎。大统七年，卒于镇，赠太尉。

子庆远，弱冠以功臣子拜直阁将军。先罴卒。孙述嗣。

述字长述，少聪敏，有识度。年八岁，太祖见而奇之，曰："王公有此孙，足为不朽。"即以为镇远将军，拜太子舍人。以祖忧去职。述幼丧父，为罴所鞠养。及居丧，深合礼度。于时东西交争，金革方始，群官遭丧者，卒哭之后，皆起令视事。述请终礼制，辞理恳切。太祖命中使就视，知其哀毁，乃特许之。丧毕，袭爵扶风郡公，累迁上大将军。

王思政字思政，太原祁人。容貌魁伟，有筹策。魏正光中，解褐员外散骑侍郎。属万俟丑奴、宿勤明达等扰乱关右，北海王颢率兵讨之，启思政随军。军事所有谋议，并与之参详。

时魏孝武在藩，素闻其名，颢军还，乃引为宾客，遇之甚厚。及登大位，委以心膂，迁安东将军。预定策功，封祁县侯。俄而齐神武潜有异图，帝以思政可任大事，拜中军大将军、大都督，总宿卫兵。思政乃言于帝曰：“高欢之心，行路所共知矣。洛阳四面受敌，非用武之地。关中有崤、函之固，一人可御万夫。且士马精强。粮储委积，进可以讨除逆命，退可以保据关、河。宇文夏州纠合同盟，愿立功效。若闻车马西幸，必当奔走奉迎。藉天府之资，因已成之业，一二年间，习战阵，劝耕桑，修旧京，何虑不克。”帝深然之。及齐神武兵至河北，帝乃西迁，进爵太原郡公。

大统之后，思政虽被任委，自以非相府之旧，每不自安。太祖曾在同州，与群公宴集，出锦罽及杂绫绢数段，命诸将抟蒲取之。物既尽，太祖又解所服金带，令诸人遍掷，曰：“先得卢者，即与之。”群公将遍，莫有得者。次至思政，乃敛容跪坐而自誓曰：“王思政羁旅归朝，蒙宰相国士之遇，方愿尽心效命，上报知己。若此诚有实，令宰相赐知者，愿掷即为卢；若内怀不尽，神灵亦当明之，使不作也，便当杀身以谢所奉。”辞气慷慨，一坐尽惊。即拔所佩刀，横于膝上，揽樗捕，拊髀掷之。比太祖止之，已掷为卢矣。除乃拜而受。自此之后，太祖奇期寄更深。

转骠骑将军。令募精兵，从独孤信取洛阳，仍共信镇之。及河桥之战，思政下马，用长矛左右横击，一击踣数人。时陷害既深，从者死尽，思政被重创闷绝。会日暮，敌将收军。思政久经军旅，每战唯著破弊甲，敌人疑非将帅，故免。有帐下督雷五安于战处哭求思政，会其已苏，遂相得。乃割衣裹创，扶思政上马，夜久方得还。仍镇弘农。思政以玉壁地在险要，请筑城。即自营度，移镇之。迁并州刺史，仍镇玉壁。八年，东魏来寇，思政守御有备，敌人昼夜攻围，卒不能克，乃收军还。以全城功，受骠骑大将军。复命思政镇弘农。于是修城郭，起楼橹，营田农，积刍秣，凡可以守御者，皆具焉。弘农之有备，自思政始也。

十二年，加特进、荆州刺史。州境卑湿，城渐多坏。思政方命都督蔺小欢督工匠缮治之。掘得黄金三十斤，夜中密送之。至旦，思政召佐吏以金示之，曰"人臣不宜有私。"悉封金送上。太祖嘉之，赐钱二十万。思政之去玉壁也，太祖命举代己者，思政乃进所部都督韦孝宽。其后东魏来寇，孝宽卒能全城。时论称其知人。

十三年，侯景叛东魏，拥兵梁、郑，为东魏所攻。景乃请援乞师。当时未即应接。思政以为若不因机进取，后悔无及。即率荆州步骑万余，从鲁关向阳翟。思政入守颍川。景引兵向豫州，外称略地，乃密遣送款于梁。思政分布诸军，据景七州十二镇。太祖乃以所授景使持节、太傅、大将军、兼中书令、河南大行台、河南诸军事，回授思政。思政并让不受。频使敦喻，唯受河南诸军事。

东魏太尉高岳、行台慕容绍宗、仪同刘丰生等，率步骑十万来攻颍川。城内卧鼓偃旗，若无人者。岳恃其众，谓一战可屠，乃四面鼓噪而上。思政选城中骁勇，开门出入。狱众不敢当，引军乱退。岳知不可卒攻，乃多修营垒。又随地势高处，筑土山以临城中。飞梯火车，昼夜攻之。思政亦作火穳，因迅风便投之土山。又以火箭射之，烧其攻具。仍募勇士，绹而出战。岳众披靡，其守土山人亦弃山而走。齐文襄更益岳兵，堰洧水以灌城。城中水泉涌溢，不可防止。悬釜而炊，粮尽俱竭。慕容绍宗、刘丰生及其将慕容永珍共乘楼船以望城内，令善射者俯射城中。俄而大风暴起，船乃飘至城下。城上人以长钩牵船，弓弩乱发。绍宗穷急，透水而死。丰生浮向土山，复中矢而毙。生擒永珍。思政谓之曰："仆之破亡，在于昏漏。诚知杀卿无益，然人臣之节，守之以死。"乃流涕斩之。并收绍宗等尸，以礼埋瘗。

齐文襄闻之，乃率步骑十一万来攻。自至堰下，督励士卒。水壮，城北面遂崩。水便满溢，无措足之地。思政知事不济，率左右据土山，谓之曰："吾受国重任，本望平难立功。精诚无感，遂辱王命。今力屈道穷，计无所出。唯当效死，以谢朝恩。"因仰天大哭。左右皆号恸。思政西向再拜，便欲自刎。先是，齐文襄告城中人曰："有能生致王大将军者,封侯,重赏。若大将军身有损伤,亲近左右,皆从大戮。"都督骆训谓思政曰:"公常语训等,但将我头降,非但得富贵,亦是活一城人。今高相既有此言,公岂不哀城中士卒也!"固共止之,不得引决。齐文襄遣其常侍赵彦深就土山报手申意。引见文襄,辞气慷慨,无挠屈之容。文襄以其忠于所事,礼遇甚厚。

思政初入颍川,士卒八千人,城既无外援,亦无叛者。思政常以勤王为务,不营资产。尝被赐园地,思政出征后,家人种桑果。及还,见而怒曰:"匈奴未灭,去病辞家,况大贼未平,何事产业!"命左右拔而弃之。故身陷之后,家无畜积。及齐受禅,以为都官尚书。子秉。

史臣曰:王罴刚峭有余,弘雅未足。情按俭率,志在公平。既而夺节危城,抗辞勍敌,梁人为之退舍,高氏不敢加兵。以此见称,信非虚。述不陨门风,亦足称也。王思政驱驰有事之秋,慷慨功名之际。及乎策名霸府,作镇颍川,设蔡带之险,修守御之术,以一城之众,抗倾国之师,率疲乏之兵,当劲勇之卒,犹能击巫大敌,屡建奇功。忠节冠于本朝,义声动于聆听。虽运穷事蹙,城陷身囚,壮志高风,亦足奋于百世矣。

周书卷一九
列传第一一

达奚武 子震 侯莫陈顺
豆卢宁 宇文贵 杨忠
王雄

达奚武字成兴,代人也。祖眷,魏怀荒镇将。父长,沂城镇将。武少倜傥,好驰射,为贺拔岳所知。岳征关石,引为别将,武遂委心事之。以战功拜羽林监、子都督。及岳为侯莫陈悦所害,武与赵贵收岳尸归平凉,同翊戴太祖。从平悦,除中散大夫、都督,封须昌县伯,邑三百户。魏孝武入关,授直寝,转大丞相府中兵参军。大统初,出为东秦州刺史,加散骑常侍,进爵为公。

齐神武与窦泰,高敖曹三道来侵,太祖欲并兵击窦泰,诸将多异议,唯武及苏绰与太祖意同,遂擒之。齐神武乃退。太祖进图弘农,遣武从两骑觇候动静,武与其候骑遇,即便交战,斩六级,获三人而反。齐神武趣沙苑,太祖复遣武追之。武从三骑,皆衣敌人衣服。至日暮,去营百步,下马潜听,得其军号。因上马历营,若警夜者,有不如法者,往往挞之。具知敌之情状,以告太祖。太祖深嘉焉。遂从破之。除大都督,进爵高阳郡公,拜车骑大将军、仪同三司。

四年,太祖援洛阳,武率骑一千为前锋。至谷城,与李弼破莫多娄贷文。进至河桥,武又力战,斩其司徒高谷敖放曹。迁侍中、骠骑大将军、开府仪同三司。出为北雍州刺史。复战邙山,时大军不利,齐神武乘胜进至陕。武率兵御之，乃退。久之，进位大将军。

十七年，诏武率兵三万，经略汉川。梁将杨贤以武兴降。梁深以白马降，武分兵守其城。梁州刺史、宜丰侯萧循固守南郑，武围之数旬，循乃请服，武为解围。会梁武陵王萧纪遣其将杨乾运等将兵万余人救循，循于是更据城不出。恐援军之至，表裹受敌，乃简精骑三千，逆击乾运于白马，大破之。乾运退走。武乃陈蜀军俘级于城下。循知援军被破，乃降，率所部男女三万口入朝，自剑以北悉平。明年，武振旅还京师。朝议初欲以武为柱国，武谓人曰："我作柱国，不应在元子孝前。"固辞不受。以大将军出镇玉壁。武乃量地形胜，立乐昌、胡营、新城三防。齐将高苟子以千骑攻新城，武邀击之，悉虏其众。孝闵帝践祚，拜柱国、大司寇。齐北豫州刺史司马消难举州来附，诏武与杨忠迎消难以归。武成初，转大宗伯，进封郑国公，邑万户。齐将斛律敦侵汾、绛，武以万骑御之，敦退。武筑柏壁城，留开府权严、薛羽生守之。

保定三年，迁太保。其年，大军东伐。隋公杨忠引突厥自北道，武以三万骑自东道，期会晋阳。武至平阳，后期不进，而忠已还，武尚未知。齐将斛律明月遗武书曰："鸿鹤已翔于寥廓，罗者犹视于沮泽也。"武览书，乃班师。出为同州刺史。明年，从晋阳公护东伐。时尉迟迥围洛阳，为敌所败。武与齐王宪于邙山御之。至夜，收军。宪欲待明更战，武欲还，固争未决。武曰："洛阳军散，人情骇动。若不因夜速还，明日欲归不得。武在军旅久矣，备见形势。大王少年未经事，岂可将数营士众，一旦弃之乎。"宪从之。遂全军而返。天和三年，转太傅。武贱时，奢侈好华饰。及居重位，不持威仪，行常单马，左右止一两人而已。外门不施戟，恒昼掩一扉。或谓武曰："公位冠群后，功名盖世，出入仪卫，须称具瞻，何轻率若是？"武曰："子之言，非吾心也。吾在布衣，岂望富贵，不可顿忘畴昔。且天下未平，国恩未报，安可过事威容乎。"言者惭而退。

武之在同州也，时属天旱，高祖敕武祀华岳，岳庙旧在山下，常所祷祈。武谓僚属曰："吾备位三公，不能变理阴阳，遂使盛农之月，久绝甘雨，天子劳心，百姓惶惧。忝寄既重，忧责实深。不可同于众人，在常祀之所，必须登峰展诚，寻其灵奥。"岳既高峻，千仞壁立，岩路险绝，人迹罕通。武年逾六十，唯将数人，攀藤援枝，然后得上。于是稽首祈请，陈百姓恳诚。晚不得还，即于岳上藉草而宿。梦见一白衣人来，执武手曰："快辛苦，甚相嘉尚。"武遂惊觉，益用祗肃。至旦，云雾四起，俄而澍雨，远近沾洽。高祖闻之，玺书劳武曰："公年尊德重，弼谐朕躬。比以阴阳愆序，时雨不降，命公求祈，止言庙所。不谓公不惮危险，遂乃远陟高峰。但神道聪明，无幽不烛，感公至诚，甘泽斯应。闻之嘉赏，无忘于怀。今赐公杂䌽百疋，公其善思嘉猷，匡朕不逮。念坐而论道之义，勿复更烦筋力也。"武性贪吝，其为大司寇也，在库有万钉金带，当时宝之，武因入库，乃取以归。主者白晋公护，以武勋，不彰其过，因而赐之。时论深鄙焉。五年十月，薨年六十七。赠太傅、十五州诸军事、同州刺史。谥曰桓。子震嗣。

震字猛略。少骁勇，便骑射，走及奔马，膂力过人。大统初，起家员外散骑常侍。太祖尝于渭北校猎，时有兔过太祖前，震与诸将竞射之，马倒而坠，震足不倾踬，因步走射之，一发中兔。顾马才起，遂回身腾上。太祖喜曰："非此父不生此子！"赐武杂䌽一百段。十六年，封昌邑县公，一千户。累迁抚军将军、银青光禄大夫、通直散骑常侍、车骑大将军、仪同三司、散骑常侍。世宗初，拜仪同、右中大夫，加骠骑大将军、开府仪同三司，改封普宁县公。武平初，进爵广平郡公，除华州刺史。震虽生自膏腴，少习武艺，然导民训俗，颇有治方。秩满还朝，为百姓所恋。

保定四年，大军东讨，诸将皆奔退，震与敌交战，军遂独全。天和元年，进位大将军，率众征稽胡，破之。六年，拜柱国，建德初，袭爵郑国公，出为金州总管、十一州九防诸军事，金州刺史。四年，从高祖东伐，为前三军总管。五年，又从东伐，率步骑一万守统军川，攻克义宁、乌苏二镇，邺并州。进位上柱国。仍从平邺，赐妾二人、女乐一部及珍玩等，拜大宗伯。震父尝为此职，时论荣之。宣政中，出为原州总管、三州二镇诸军事、原州刺史。寻罢归。隋开皇初，薨于家。

震弟甚，车骑将军、渭南县子。大象末，为益州刺史，与王谦据蜀起兵。寻败，被诛。

侯莫陈顺，太保、梁国公崇之兄也。少豪侠，有志度。初事尔朱荣为统军，后从贺拔胜镇井陉。武泰初，讨葛荣，平邢杲，征韩娄，皆有功。拜轻车将军，羽林监。又从破元颢，进宁朔将军、越骑校尉。普泰元年，除持节，征西将军，封木门县子，邑三百户。寻加散骑常侍、千牛备身、卫将军、阁内大都督。从魏孝武入关，顺与太祖同里闾，素相友善，且其弟崇先在关中，太祖见之甚欢。乃进爵彭城郡公，邑一千户。大统元年，拜卫尉卿，授仪同三司。及梁正定围逼河州，以顺为大都督，与赵贵讨破之，即行河州事。后从太祖破沙苑，以功增邑千户。四年，魏文帝东讨，与太尉王盟、仆射周惠达等留镇长安。时赵青雀反，盟及惠达奉魏太子出次渭北。顺于渭桥与贼战，频破之，贼不敢出。魏文帝还，亲执顺手曰：“渭桥之战，卿有殊力。”便解所服金镂玉梁带赐之。

南岐州氐苻安寿自号太白王，攻破武都，州郡骚动。复以顺为大都督，往讨之。而贼屯兵要险，军不得进。顺乃设反间，离其腹心；立信赏，诱其徒属。安寿知势穷迫，遂率部落一千家，赴军款附。时顺弟崇又封彭城郡公，封顺河间郡公。明年，加骠骑大将军、开府仪同三司、行西夏州事、安平郡公。十六年，拜大将军，出为荆州总管、山南道五十二州诸军事、荆州刺史。孝闵帝践祚，拜少师，进位柱国。其年薨。

豆卢宁字永安，昌黎徒何人。其先本姓慕容氏，前燕之支庶也。高祖胜，以燕。皇始初，归魏，授长乐郡守，赐姓豆卢氏，或云避难改焉。父长，柔玄镇将，有威重，见称于时。武成初，以宁著勋，追赠柱国大将军、少保、涪陵郡公。宁少骁果，有志气，身长八尺，美容仪，善骑射。永安中,以别将随尔朱天光入关,加授都督。又以破万俟丑奴功,赐爵灵寿县男。尝与梁企定遇于平凉川,相与肆射。乃于百步悬莎草以射之,七发五中。定服其能,赠遗甚厚。天光败后,侯莫陈悦反,太祖讨悦,宁与李弼率众归太祖。

魏孝武西迁,以奉迎勋,封河阳县伯,邑五百户。大统元年,除前将军,进爵为侯,增邑三百户。迁显州刺史、显州大中正。寻拜抚军将军、银青光禄大夫,进爵为公,增邑五百户。授镇东将军、金紫光禄大夫。从太祖擒窦泰,复弘农,破沙苑,除武卫大将军,兼大都督。寻进车骑大将军、仪同三司,增邑八百户。拜北华州刺史,在州未几,以廉平著称。加散骑常侍。七年,从于谨破稽胡帅刘平伏于上郡。及梁企定反,以宁为军司,监陇右诸军事。贼平,进位侍中、使持节、骠骑大将军、开府仪同三司。九年,从太祖迎高仲密,与东魏战于邙山,迁左卫将军,进爵范阳郡公,增邑四百户。十六年,拜大将军。羌帅傍乞铁忽及郑五丑等反叛,宁率众讨平之。魏恭帝二年,改封武阳郡公,迁尚书右仆射。梁将王琳遣其将侯方儿、潘纯陁寇江陵,宁与蔡佑、郑永等讨之,方儿等遁走。三年,武兴氐及固查氐魏大王等,相应反叛宁复讨平之。孝闵帝践祚,授柱国大将军。武成初,出为同州刺史。复督诸军讨稽胡郝阿保、刘桑德等,破之。军还,迁大司寇,进封楚国公,邑万户,别食盐亭县一千户,收其租赋。保定四年,授岐州刺史。属大兵东讨,宁舆疾从军。五年,薨于同州,是年六十六。赠太保、同鄜等十州诸军事、同州刺史。谥曰昭。

初宁未有子,养弟永恩子勣。及生子赞,亲属皆请赞为嗣。宁曰:"兄弟之子,犹子也,吾何择焉。"遂以勣为世子。世以此称之。及宁薨,勣袭爵,少历显位,大象末,上柱国、利州总管。赞以宁勋建德初,赐爵华阳县侯。累迁开府仪同大将军、进爵武阳郡公。

永恩少有识度,为时辈所称。初随宁事侯莫陈悦,后与宁俱归太祖,授殄寇将军。以迎魏孝武功,封新兴县伯,邑五百户。屡逢征讨,皆有功,拜陇骧将军、中散大夫。大统八年,除直寝、右亲信都督,寻转都督,加通直散骑常侍。十六年,拜使持节、车骑大将军、仪同三司。魏废帝元年，进位骠骑大将军、开府仪同三司。二年，出为成州刺史。魏恭帝元年，进爵龙来县侯。三年，大将军、安政公史宁随突厥可汗入吐谷浑，令永恩率骑五千镇河、鄯二州，以为边防。孝闵帝践祚，授鄯州陈刺史，改封沃野县公，增邑一千户。寻转陇右总管府长史。武成元年，迁都督利沙文三州诸军事、利州刺史。时文州蛮叛，永恩率兵击破之。保定元年，入为司会中大夫。二年，复出为陇右总管府长史。宁以佐命元勋封楚国公，请以先封武阳郡三千户益沃野之封，诏许焉。又增邑并前四千五百户。寻卒官，年四十八。赠少保、幽冀等五州诸军事，幽州刺史。谥曰敬。子通嗣。

宇文贵字永贵，其先昌黎大棘人也。徙居夏州。父莫豆干。保定中，以贵著勋，追赠柱国大将军、少傅、夏州刺史、安平郡公。贵母初孕贵，梦有老人抱一儿授之曰：“赐尔是子，俾寿且贵。”及生，形类所梦，故以永贵字之。

贵少从师受学，尝辍书欢曰：“男儿当提剑汗马以取公侯，何能如先生为博士也！”正光末，破六汗拔陵围夏州，刺史源子雍婴城固守，以贵为统军救之。前后数十战，军中咸服其勇。后送子雍还，贼帅叱干麒麟、薛宗礼等处处屯聚，出兵邀截，贵每奋击，辄破之。除武骑常侍。又从子雍讨葛荣，军败奔邺，为荣所围。贼屡来攻，贵每绁而出战，贼莫敢当其锋。然凶徒实繁，围久不解。贵乃于地道潜出，北见尔朱荣，陈贼兵势，荣深纳之。因从荣擒葛荣于滏口，加别将。又从元天穆平邢杲，转都督。元颢入洛，贵率乡兵从尔朱荣焚河桥，力战有功。加征虏将军，封革融县侯，邑一千户。除郢州刺史，入为武卫将军、关内大都督。

从魏孝武西迁，进爵化政郡公。大统初，迁右卫将军。贵善骑射，有将率才。太祖又以宗室，甚亲委之。三年，进车骑大将军、仪同三司。与独孤信入洛阳。

东魏颍州刺史贺若统据颍川来降，东魏遣其将尧雄、赵育、是云宝率众二万来攻颍。贵自洛阳率步骑二千救之，军次阳翟。雄等已度马桥,去颍川三十里,东魏行台任祥又率众四万余,与雄合。诸将咸以彼众我寡,不可争锋。贵曰:"兵机倚伏,固不可以常理论。古人能以寡制众者,皆由预睹成败,决必然之策耳。吾虽闇于成事,然谓进与贺若合势,为计之上者。请为诸军说之。尧雄等必以为颍川孤危,势非其敌,又谓吾寡弱独进,若悉力以攻颍,必指掌可破。既陷颍川,便与任祥军合,同恶相济,为害更甚。吾今屯兵阳翟,便是入其数内。若贺若一陷,吾辈坐此何为。进据颍川,有城可守。雄见吾入城,出其不意,进则狐疑,退则不可。然后与诸军尽力击之,何往不克。愿勿疑也。"遂入颍川。雄等稍前,贵率千人背北为陈,与雄合战,贵马中流矢,乃短兵步斗。士众用命。雄大败轻走,赵育于陈降,获其辎重,俘万余人,尽放令还。任祥闻雄败,遂不敢进。寻而仪同怡峰率骑五百赴贵,贵乘胜逼祥。祥退保宛陵,追及之。会日暝,结陈相持。明旦合战,俘斩甚多。祥军既败,是云宝亦降。师还。魏文帝在天游园,以金卮置侯上,命公卿射中者,即以赐之。贵一发而中。帝笑曰:"由基之妙,正当尔耳。"进侍中、骠骑大将军、开府仪同三司。历夏岐二州刺史。十六年,迁中外府左长史,进位大将军。

宕昌王梁弥定为宗人獠甘所逐,来奔。又有羌酋傍乞铁忽因梁反定反后,据有渠株川,拥种类数千家,与渭州民郑五丑扇惑诸羌同反,凭险置札栅者十余所。太祖令贵与豆卢宁、史宁讨之。贵等擒斩铁忽及五丑。史宁又别击獠甘,破之,乃纳弥定。并于渠株川置岷州。朝廷美其功,遂于粟坂立碑,以纪其绩。

魏废帝初,出为岐州刺史。二年,授大都督、兴西盖等六州诸军事、兴州刺史。先是兴州氐反,自贵至州,人情稍定。贵表请于梁州置屯田,数州丰足。三年,诏贵代尉迟迥镇蜀。时隆州人开府李光赐反于盐亭,与其党帛玉成、寇食堂、谯淹、蒲皓、马术等攻围隆州。州人李柘亦聚众反,开府张遁举兵应之。贵乃命开府叱奴兴救隆州,又令开府成亚击柘及遁。势蹙遂降,执送京师。除都督益潼等八州诸军事、益州刺史,就加小司徒。先是蜀人多劫盗,贵乃召任侠杰健者,署为游军二十四部,令其督捕,由是颇息。

孝闵帝践祚,进位柱国,拜御正中大夫。武成初,与贺兰祥讨吐谷浑。军还,进封许国公,邑万户。旧爵迥封一子。迁大司空,治小冢宰,历大司徒,迁太保。

贵好音乐,耽弈棋,留连不倦。然好施爱士,时人颇以此称之。保定之末,使突厥迎皇后。天和二年,还至张掖,薨。赠太傅,谥曰穆。

子善嗣。历位开府仪同三司、大将军、柱国、洛州刺史。以罪免,寻复本官,除大宗伯。大象末,进位上柱国。善弟忻,少以父军功赐爵化政郡公。骁勇绝伦,有将帅才略。大象末,位至上柱国,进封英国公。忻弟恺,少好学,颇解属文,杂艺多通,尤精巧思。亦以父军功赐爵双泉县伯。寻袭祖爵安平郡公。起家右侍上士,稍迁御正中大夫。保定中,位至上开府。

是云宝,赵育既至,初并拜车骑大将军、仪同三司。宝后累迁至大将军、都督凉甘瓜州诸军、凉州刺史,赐爵洞城郡公。世宗时,吐谷浑侵逼凉州,宝与战不利,遂殁于阵。

杨忠,弘农华阴人也。小名奴奴。高祖元寿,魏初,为武川镇司马,因家于神武树颓焉。祖烈,龙骧将军、太原郡守。父祯,以军功除建远将军。属魏末丧乱,避地中山,结义徒以讨鲜于修礼,遂死之。保定中,以忠勋追赠柱国大将军、少保、兴城郡公。忠美髭髯,身长七尺八寸,状貌环伟,武艺绝伦,识量沉深,有将帅之略。年十八,客游泰山。会梁兵攻郡,陷之,遂被执至江左。在梁五年,从北海王颢入洛,除直阁将军。颢败,尔朱度律召为帐下统军。及尔朱兆以轻骑自并州入洛阳,忠时预焉。赐爵昌县伯,拜都督,又别封小黄县伯。从独孤信破梁下溠戍,平南阳,并有功。

及齐神武举兵内侮,忠时随信在洛,遂从魏孝武西迁,进爵为侯。仍从平潼关,破回洛城。除安西将军、银青光禄大夫。东魏荆州刺史辛纂据穰城,忠从独孤信讨之,纂战败退走。信令忠与都督康洛儿、元长生为前驱，驰至其城，叱门者曰："今大军已至，城中有应，尔等求活，何不避走！"门者尽散。忠与洛儿、长生乘城而入，弯弓大呼，篡兵卫百余人莫之敢御，斩篡以徇，城中慑服。居半岁，以东魏之逼，与信奔梁。梁武帝深奇之，以为大德主帅、关外侯。

大统三年，与信俱归阙。太祖召居帐下。尝从太祖狩于龙门，忠独当一猛兽，左挟其腰，右拔其舌。太祖壮之。北台谓猛兽为"揜于"，因以字之。从擒窦泰，破沙苑。迁征西将军、金紫光禄大夫，进爵襄城县公。河桥之役，忠与壮士五人力战守桥，敌人遂不敢进。以功除左光禄大夫、云州刺史，兼大都督。又与李远破黑水稽胡，并与怡峰解玉壁围，转洛州刺史。邙山之战，先登陷陈。除大都督，进车骑大将军、仪同三司、散骑常侍。追封母盖氏为北海郡君。寻除都督朔燕显尉四州诸军事、朔州刺史，加侍中、骠骑大将军、开府仪同三司。及东魏围颍川，蛮帅日柱清据险为乱，忠率兵讨平之。

时侯景渡江，梁武丧败，其西义阳郡守马伯符以下溠城降。朝廷因之，将经略汉、沔，乃授忠都督三荆二襄二广南雍平信随江二郢浙十五州诸军事，镇穰城。以伯符为乡导，攻梁齐兴郡及昌州，皆克之。梁雍州刺史、岳阳王萧詧虽称藩附，而尚有贰心。忠自樊城观兵于汉滨，易旗递进，实骑二千，詧登楼望之，以为三万也，惧而服焉。

梁司州刺史柳仲礼留其长史马岫守安陆，自率兵骑一万寇襄阳。初，梁竟陵郡守孙暠以其郡来附，太祖命大都督符贵往镇之。及仲礼至，暠乃执贵以降。仲礼又进遣其将王叔孙与暠同守。太祖怒，乃令忠帅众南伐。攻梁随郡，克之，获其守将桓和。所过城戍，望风请服。忠乃围安陆。仲礼闻随郡陷，恐安陆不守，遂驰归赴援。诸将恐仲礼至则安陆难下，请急攻之。忠曰："攻守势殊，未可卒拔。若引日劳师，表裹受敌，非计也。南人多习水军，不闲野战。仲礼回师在近路，吾出其不意，以奇兵袭之，彼怠我奋，一举必克，则安陆不攻自拔，诸城可传檄而定也。"于是选骑二千，衔枚夜进，遇仲礼于漴头。忠亲自陷陈，擒仲礼，悉俘其众。马岫以安陆降，王叔孙斩孙嚚，以竟陵降，皆如忠所策。梁元帝遣使送子方略为质，并送载书，请魏以石城为限，梁以安陆为界。乃旋师。进爵陈留郡公。

十七年，梁元帝逼其兄邵陵王纶。纶北度，与其前西陵郡守羊思达要随、陆土豪段珍宝、夏侯珍洽，合谋送质于齐，欲来寇掠。汝南城主李素，纶故吏也，开门纳焉。梁元帝密报太祖，太祖乃遣忠督众讨之。诘旦陵城，日昃而克。擒萧纶，数其罪而杀之；并获其安乐侯昉，亦杀之。初，忠之擒柳仲礼，遇之甚厚。仲礼至京师，乃谮忠于太祖，言其在军大取金宝珍玩等。太祖欲复按之，惜其功高，乃出忠。忠忿恚，悔不杀仲礼。故至此获纶等，并加戮焉。忠间岁再举，尽定汉东之地。宽以御众，甚得新附之心。

魏恭帝初，赐姓普六如氏，行同州事。及于谨伐江陵，忠为前军，屯江津，遏其走路。梁人束刃于象鼻以战，忠射之，二象反走。及江陵平，朝廷立萧詧为梁王令忠镇穰城以为掎角之势。别讨沔曲诸蛮，皆克之。

孝闵帝践祚，入为小宗伯。齐人寇东境，忠出镇蒲坂，及司马消难请降，忠于柱国达奚武援之。于是共率骑士五千，人兼马一疋，从间道驰入齐境五百里。前后遣三使报消难而皆不反命。去豫州三十里，武疑有变，欲还。忠曰："有进死，无退生。"独以千骑夜趋城下，四面峭绝，徒闻击柝之声。武亲来，麾数百骑以西。忠勒余骑不动，候门开而入，乃驰遣召武。时齐镇城伏敬远勒甲士二千人据东陴，举烽严警。武惮之，不欲保城，乃多取财帛，以消难及其属先归。忠以三千骑为殿，到洛南，皆解鞍而卧。齐众来追，至洛北。忠谓将士曰："但饱食，今在死地，贼必不敢渡水当吾锋。"齐兵阳若渡水，忠驰将击之，齐兵不敢逼，遂徐引而还。武欢曰："达奚武自是天下健儿，今日服矣！"进住位国大将军。武成元年，进封随国公，邑万户，别食竟陵县一千户，收其租赋。寻治御正中大夫。

保定二年，迁大司空。时朝议将与突厥伐齐，公卿咸曰："齐氏地半天下，国富兵强，墨围北入并州，极为险阻，且大将斛律明月未易可当。今欲探其巢窟，非十万不可。"忠独曰："师克在和不在众，万骑足矣。明月竖子，亦何能为。"三年，乃以忠为元帅，大将军杨纂、李穆、王杰、尔朱敏及开府元寿、田弘、慕容延等十余人皆隶焉。又令达奚武帅步骑三万，自南道而进，期会晋阳。忠乃留敏据什贲，游兵河上。忠出武川，过故宅，祭先人，飨将士，席卷二十余镇。齐人守陉岭之隘，忠纵奇兵奋击，大破之。又留杨纂屯灵丘为后拒。突厥木汗可汗控地头可汗、步蛮可汗等，以十万骑来会。四年正月朔，攻晋阳。是时大雪数旬，风寒惨烈，齐人乃悉其精锐，鼓噪而出。突厥震骇，引上西山不肯战。众皆失色。忠令其众曰："事势在天，无以众寡为意。"乃率七百人步战，死者十四五。以武后期不至，乃班师。齐人亦不敢逼。突厥于是纵兵大掠，自晋阳至栾城七百余里，人畜无孑遗，俘斩甚众。高祖遣使迎劳忠于夏州。及至京师，厚加宴赐。高祖将以忠为太傅，晋公护以其不附己，难之，乃拜总管泾幽灵云盐显六州诸军事、泾州刺史。是岁，大军又东伐，晋公护出洛阳，令忠出沃野以应接突厥。时军粮既少，诸将忧之，而计无所出。忠曰："当权以济事耳。"乃招诱稽胡诸首领，咸令在坐。使王杰盛军容，鸣鼓而至。忠阳怪而问之。杰曰："大冢宰已平洛阳，天子闻银、夏之间生胡扰动，故使杰就公讨之。"又令突厥使者驰至而告曰："可汗更入并州，留兵马十余万在长城下，故遣问公，若有稽胡不服，欲来共公破之。"坐者皆惧，忠慰喻而遣之。于是诸胡相率归命，馈输填积。属晋公护先退，忠亦罢兵还镇。又以政绩可称，诏赐钱三十万、布五百疋、谷二千斗。天和三年，以疾还京。高祖及晋公护屡临视焉。寻薨，年六十二，赠太保、同朔等十三州诸军事、同州刺史，本官如故。谥曰桓。子坚嗣。

弟整，建德中，开府、陈留郡公，从高祖平齐，殁于并州。以整死王事，诏其子智积袭其官爵。整弟惠，大象末，大宗伯、竟陵县公。惠弟嵩，以忠勋，赐爵兴城郡公，早卒。嵩弟达，亦以忠勋爵周郡公。

王雄字胡布头，太原人也。父峦以雄杰著勋，追赠柱国大将军、少傅、安康郡公。雄仪貌魁梧，少有谋略。永安末，从贺拔岳入关，除征西将军、金紫光禄大夫。魏孝武西迁,授都督,封临贞县伯,邑五百户。大统初,进爵为公,增邑二百户。拜武卫将军,加骠骑将军,增邑八百户,进大都督。寻拜仪同三司,增邑三百户。迁开府仪同三司,加侍中,出为岐州刺史。进爵武威郡公,进位大将军,行同州事。十七年,雄率军出子午谷,围梁上津、魏兴。明年,克之,以其地为东梁州。寻而复叛,又令雄讨之。魏恭帝元年,赐姓可频氏。孝闵帝践祚,授少傅,增邑二千户,进位柱国大将军。武成初,进封庸国公,邑万户。寻出为泾州总管诸军事、泾州刺史。

保定四年,从晋公护东征。雄在涂遇病,乃自力而进。至邙山,与齐将斛律明月接战。雄驰马冲之,杀三人,明月退走,雄追之。明月左右皆散,矢又尽,惟余一奴一矢在焉。雄按稍不及明月者丈余,曰:“惜尔不杀得,但任尔见天子。”明月乃射雄,中额,抱马退走,到营而薨。时年五十八。赠使持节、太保、同华等二十州诸军事、同州刺史,谥曰忠。子谦嗣,自有传。

史臣曰:太祖接丧乱之际,乘战争之余,发迹平凉,抚征关右。于时外虞孔炽,内难方殷,羽檄交驰,戎轩屡驾。终能荡清逋孽,克固鸿基。虽禀算于庙谟,实责成于将帅。达奚武等并兼资勇略,咸会风云。或效绩中权,或立功方面,均分休戚,同济艰难。可谓国之瓜牙,朝之御侮者也。而武协规太祖,得隽小间,周瑜赤壁之谋,贾诩乌巢之策,何能以尚。一言兴邦,斯近之矣。

周书卷二〇
列传第一二

王盟　贺兰祥　尉迟纲
叱列伏龟　阎庆

　　王盟字子仵,明德皇后之兄也。其先乐浪人。六世祖波,前燕太宰。祖珍,魏黄门侍郎,赠并州刺史、乐浪公。父黑,伏波将军,以良家子镇武川,因家焉。

　　魏正光中,破六汗拔陵攻陷诸镇,盟亦为其所拥。拔陵破后,流寓中山。孝昌初,除积射将军,从萧宝夤西征。宝夤僭逆,盟遂逃匿民间,以观其变。及尔朱天光入关,盟出从之。随贺拔岳为前锋,擒万俟丑奴,平秦陇,常先登力战。拜征西将军、平秦郡守。太祖将讨侯莫陈悦,征盟赴原州以为留后大都督,镇高平。悦平,除原州刺史。

　　魏孝武至长安,封魏昌县公,邑一千户。大统初,复加车骑大将军、仪同三司。三年,征拜司空,寻转司徒。迎魏文帝悼后于茹茹。加侍中,迁太尉。魏文帝东征,以留后大都督行雍州事,节度关中诸军。赵青雀之乱,盟与开府李讳辅魏太子出顿渭北。事平,进爵长乐郡公,增邑并前二千户,赐姓拓王氏。东魏侵汾川,围玉壁,盟以左军大都督守蒲坂。军还,迁太保。九年,进位太傅,加开府仪同三司。

　　盟姿度弘雅,仁而泛爱。虽位居师傅,礼冠群后,而谦自处,未尝以势位骄人。魏文帝甚尊重之。及有疾,数幸其弟,亲问所欲。其见礼如此。大统十一年，薨，赠本官，谥曰孝定。

子励，字丑兴，性忠果，有才干。年十七，从太祖入关，及太祖平秦陇，定关中，励常侍从。太祖尝谓之曰："为将，坐见成败者上也，被坚执锐者次也。"励曰："意欲兼之。"太祖大笑。寻拜平东将军、散骑常侍，赐爵梁甫县公。大统初，为千牛备身直长、领左右，出入卧内，小心谨肃。魏文帝尝曰："王励可谓不二心之臣也。"沙苑之役，励以都督领禁兵从太祖，励居左翼，与帐下数十人用短兵接战，当其前者，死伤甚众。励亦被伤重，遂卒于行间，时年二十六。太祖深悼焉。赠使持节、太尉、领尚书令、十州诸军事、雍州刺史，追封咸阳郡公，谥曰忠武。子弼袭爵。尚魏安乐公主，官至抚军将军、大都督、通直散骑常侍。

励弟懋，字小兴。盟之西征，以懋尚幼，留在山东。永安中，始入关，与盟相见，遂从征伐。大统初，赐爵安平县子，授杨烈将军。从盟迎魏悼后还，拜城门校尉。魏文帝东征，以抚军将军兼太子左率，留守。俄转右率。历尚食典御、领左右、武卫将军。录前后功，进爵为公，增邑千户，迁右卫将军。于时疆场交兵，未申丧纪，服齐斩者，并墨缞从事。及盟薨，懋上表辞位，乞终丧制。魏文帝不许。累迁大都督、散骑常侍、使持节、车骑大将军、仪同三司、骠骑大将军、开府仪同三司、侍中、左卫将军、领军将军。懋性温和，小心敬慎。宿卫宫禁，十有余年，勤恪当官，未尝有过。魏文帝甚嘉之。废帝二年，除南岐州刺史，进爵安宁郡公，增邑并前二千户。魏恭帝二年，迁大将军、大都督。后拜小司寇。卒于官。子悦嗣。官至大将军、同州刺史，改封济南郡公。

盟兄子显，幼而敏悟，沉静少言。初为太祖帐内都督，累迁奉车都尉、宁朔将军、车骑大将军、仪同三司、燕朔显蔚四州诸军事、燕州刺史、骠骑大将军、开府仪同三司、光禄卿、凤州刺史，赐爵洛邑县公，进位大将军，卒。子谊嗣。

谊倜傥有大志，深为高祖所亲委。少历显职，见重于时。位至柱国、平阳郡公。宣帝即位，进封杨国公，拜大司空。大象末，襄州总管、上柱国。

贺兰祥字盛乐。其先与魏俱起，有纥伏者，为贺兰莫何弗，因以为氏。其后有以良家子镇武川者，遂家焉。父初真，少知名，为乡阊所重。尚太祖姊建安长公主。保定二年，追赠太傅、柱国、常山郡公。

祥年十一而孤，居丧合礼。长于舅氏，特为太祖所爱。虽在戎旅，常博延儒士，教以书传。太祖初入关，祥与晋公护俱在晋阳，后乃遣使迎致之，语在护传。年十七，解褐奉朝请，加威烈将军。祥少有胆气，志在立功。寻擢补都督，恒在帐下。从平侯莫陈悦，又迎魏孝武。以前后功，封抚夷县伯，邑五百户。仍从击潼关，获东魏将薛长孺。又攻回洛城，拔之。还，拜左右直长，进爵为公，增邑并前一千三百户。大统三年，从仪同于谨攻杨氏壁，祥先登，克之。迁右卫将军，加持节、征虏将军。沙苑之役，诏祥留卫京师。后以留守功，增邑八百户。寻除镇西将军。四年，魏文帝东伐，祥领军从战河桥，以功加使持节、大都督。八年，迁车骑大将军、仪同三司、散骑常侍。九年，从太祖与东魏战于邙山，进位骠骑大将军、开府仪同三司，加侍中。

十四年，除都督三荆南襄南雍平信江随二郢浙十二州诸军事、荆州刺史，进爵博陵群公。先是，祥尝行荆州事，虽未期月，颇有惠政，至是重往，百姓安之。由是汉南流民，襁负而至者日有千数。远近蛮夷，莫不款附。祥随机抚纳，咸得其欢心。时盛夏亢阳，祥乃亲巡境内，观政得失。见有发掘古冢，暴露骸骨者，乃谓守令曰："此岂仁者之为政耶。"于是命所在收葬之，即日澍雨。是岁，大有年。州境先多古墓，其俗好行发掘，至是遂息。

祥虽太祖密戚，性甚清素。州境南接襄阳，西通岷蜀，物产所出，多诸珍异。时既与梁通好，行李往来，公私赠遗，一无所受。梁雍州刺史、岳阳王萧詧，钦其节俭，乃以竹屏风、绤纻之属及以经史赠之。祥难违其意，取而付诸所司。太祖后闻之，并以赐祥。寻被征还。

十六年，拜大将军。太祖以泾渭溉灌之处，渠堰废毁，乃命祥修造富平堰，开渠引水，东注于洛。功用既毕，民获其利。魏废帝二年，行华州事。后改华州为同州，仍以祥为刺史。寻拜尚书左仆射。六官建，授小司马。孝闵践祚，进位柱国，迁大司马。时晋公护执政，祥与护中表，少相亲爱，军国之事，护皆与祥参谋。及诛赵贵，废孝闵帝，祥有力焉。

武成初，吐谷浑侵凉州，诏祥与宇文贵总兵讨之。祥乃遣其军司檄吐谷浑曰："夫二气既分，三才定位，树之以君，本为黔首，岂使悖义违道，肆于民上？昔魏氏不纲，群方幅裂，豺狼横噬，龟玉已毁，喁喁黔黎，咸坠涂炭。我先皇神武应期，一匡天下，东戡南剪，无思不服。天鉴有周，世笃英圣，遂廓洪基，奄荒万寓。固则神皋西岳，险则百二犹在。卿士师师，群后率职。故知三灵之所眷集，四隩之所来苏也。彼国世在西垂，作藩于魏。值中原政乱，遂阻皇风，首鼠两端，伺我边隙。先皇含垢藏疾，仍存聘享，欲睦之以邻好，申之以婚姻。彼国苞藏祸心，屡违盟约，外结仇仇自贻近患，是故往年致突厥之师也。是尔迄今，蜂虿弥毒，入我姑臧，俘我河县，芟夷我菽麦，虔刘我苍生。我皇武以止戈，文以怀远，德覃四海，化溢八荒。以彼恶稔祸盈，故命龚行九伐。武臣猛将，天张雷动，皆六郡良家，三秦精锐，挥戈摄甲，同萃龙沙。柱国、博陵公祥，贵戚重望，乃文乃武，受脤庙堂，元戎启路；太傅、燕国公于谨，英猷不世，应变无穷，仗旄指麾，为其谋主；柱国、化政公贵，早播威声，奇正兼设，直取龙涸，济自南河。突厥与国睦亲，同耻反道，驱引弓之民，总穹卢之众，解鞍成山，云蒸雾合。往岁王师西伐，成都不守；枹鼓南临，江陵底定。凿空万里，辟地千都，荒服畏威，膜拜厥角。成败之机，较然可见。若能转祸为福，深识事宜，君臣相率，与樑稽颡，则爵等显除，永蕃西服；如其徘徊危邦，觊延时漏，复宇湮祀，良助寒心。幸思嘉谋，以图去就。"

遂与吐浑广定王、钟留王等战，破之。同拔其洮阳、洪和二城，以其地为洮州。抚安西土，振旅而还。进封凉国公，邑万户。保定四年薨,年四十八。赠使持节、太师、同岐等十二州诸军事、同州刺史。谥曰景。

有七子,敬让璨师宽知名。敬少历显职,封化隆县侯。后袭爵凉国公,位至柱国大将军、华州刺史。让,大将军、郧州刺史、河东郡公。璨,开府仪同三司、宜阳县公。建德五年,从高祖于并州,战殁,赠上大将军,追封清都郡公。师,尚世宗女,位至上仪同大将军、幽州刺史、博陵郡公。宽,开府仪同大将军、武始郡公。祥弟隆,大将军、襄乐县公。隋文帝与祥有旧,开皇初,追赠上柱国。

尉迟纲字婆罗,蜀国公迥之弟也。少孤,与兄迥依托舅氏。太祖西讨关陇,迥、纲与母昌乐大长公主留于晋阳,后方入关。从太祖征伐,常陪侍帷幄,出入卧内。后以迎魏孝武功,拜殿中将军。大统元年,授帐内都督,从仪同李祎讨曹泥,破之。又从破窦泰。以功封广宗县伯,邑五百户。仍从复弘农,克河北郡,战沙苑,皆有功。

纲骁果有膂力,善骑射。太祖甚宠之,委以心膂。河桥之战,太祖马中流矢,因而惊奔。纲与李穆等左右力战,众皆披靡,太祖方得乘马。以前后功,增邑八百户,进爵为公,仍拜平远将军、步兵校尉。八年,加通直散骑常侍、太之武卫率、前将军,转帅都督。东魏围玉壁,纲从太祖救之。九年春,太祖复与东魏战于邙山,大军不利,人心离解。纲励将士,尽心翊卫。迁大都督。十四年,拜车骑大将军、仪同三司,加散骑常侍,增邑三百户。俄迁骠骑大将军、开府仪同三司,加侍中,进爵昌平郡公。十七年,出为华州刺史。魏废帝二年,拜大将军,兼领军将军。及帝有异谋,言颇漏泄。太祖以纲职典禁旅,使密为之备。俄而帝废,立齐王,仍以纲为中领军,总宿卫。

纲兄迥率众伐蜀,纲从太祖送之于城西,见一走兔,太祖命纲射之。誓曰:"若获此兔,必当破蜀。"俄而纲获兔而反。太祖喜曰:"事平之日,当赏汝佳口。"及克蜀,赐纲侍婢二人。又常从太祖北狩云阳,值五鹿俱起,纲获其三。每从游宴,太祖以珍异之物令诸功臣射而取之,纲所获辄多。

孝闵帝践祚，纲以亲戚掌禁兵，除小司马。又与晋公护废帝，语在护传。世宗即位，进位柱国大将军。武成元年，进封吴国公，邑万户，除泾州总管、五州十一防诸军事、泾州刺史。是岁，大长公主薨于京师，纲去职。寻起复本官。保定元年，拜少傅。俄而授大司空。二年，出为陕州总管、七州十三防诸军事、陕州刺史。四年，晋公护东讨，乃配纲甲士，留镇京师。纲以天子在宫，必无内虑，乃请出外，顿于咸阳。大军还，纲复归镇。天和二年，以纲政绩可称，赐帛千段、谷六千斛、钱二十万，增邑四百户。陈公纯等以皇后阿史那氏自突厥将入塞，诏征纲与大将军王杰率众迎卫于境首。三年，追论河桥之功，封一子县公，邑一千户。四年五月，薨于京师，时年五十三。赠太保、十二州诸军事、同州刺史。谥曰武。

第三子安，以嫡嗣。大象末，位至柱国。安兄运，别有传。运弟勤，少历显位。大象末，青州总管。起兵应伯父迥，事在迥传。安弟敬，尚世宗女河南公主，位至仪同三司。

叱列伏龟字摩头陀，代郡西部人也。世为部落大人。魏初入附，遂世为第一领民酋长。至龟，容貌环伟，腰带十围，进止详雅，兼有武艺。嗣父业，复为领民酋长。

魏正光五年，广阳王深北征，请龟为宁朔将军，委以帐内兵事。寻除善无郡守。孝昌三年，又除别将，从长孙稚西征。以战功，累迁征西将军、金紫光禄大夫。后还洛，授都督，遂为齐神武所宠任，加授大都督。沙苑之败，随例来降。太祖以其豪门，解缚礼之。仍以邵惠公女妻之。大统四年，封长乐县公，邑一千户，自此常从太祖征讨，极有战功。八年，出为北雍州刺史，加大都督。寻进位车骑大将军、仪同三司、散骑常侍。十四年，征拜侍中，加骠骑大将军、开府仪同三司，除恒州刺史，增邑通前一千四百户。十七年，卒。子椿嗣。

椿字千年。世宗时，拜车骑大将军、仪同三司。寻迁骠骑大将军、开府仪同三司，改封永世县公，邑一千二百户。保定二年，授幽州刺史。天和初，除左宫伯，进位大将军。

阎庆字仁庆，河南河阴人也。曾祖善，仕魏，历龙骧将军、云州镇将，因家于云州之盛乐郡。祖提，使持节、车骑大将军、敦煌镇都大将。父进，有谋略，勇冠当时。正光中，拜龙骧将军。属卫可孤作乱，攻围盛乐。进率众拒守，县历三载，昼夜交战，未尝休息，以少击众，城竟获全。以功拜盛乐郡守。

庆幼聪敏，重然诺，风仪端肃，望之俨然。及卫可孤侵逼盛乐，庆随父固守，颇有力焉。拜别将，稍迁轻车将军。加给事中。后以军功，拜步兵校尉、中坚将军。

既而齐神武举兵入洛，魏孝武西迁，庆谓所亲曰："高欢跋扈，将有篡逆之谋，岂可苟安目前，受其控制也！"遂以大统三年，自宜阳归阙。太祖谓庆曰："高欢逆乱，宇内分崩，群盗竞兴，人皆徇己。卿遂能尽忠贞之节，重君臣之义，背逆归顺，舍危就安，虽古人所称，何以加也。"即拜中坚将军、奉车都尉。河桥之役，以功拜前将军、太中大夫，迁后将军。封安次县子，邑四百户。及邙山之战，先登陷陈。拜抚军将军、大都督，进爵为伯，增邑五百户。

庆善于绥抚，士卒未休，未尝先舍，故能尽其死力，屡展勋劳。累迁使持节、车骑大将军、仪同三司、散骑常侍、骠骑大将军、开府仪同三司、云州大中正，加侍中，赐姓大野氏。

孝闵帝践祚，出为河州刺史。进爵石保县公，增邑千户。州居河外，地接戎夷。庆留心抚纳，颇称简惠。就拜大将军，进爵大安郡公，邑户如旧。入为小司空，除云州刺史，转宁州刺史。庆性宽和，不苛察，百性悦之。天和六年，进位柱国。

晋公护母，庆之姑也。护虽擅朝，而庆未尝阿附。及护诛，高祖以此重之。乃诏庆弟十二子毗尚帝女清都公主。庆虽位望隆重，婚连帝室，常以谦慎自守，时人以此称之。建德二年，抗表致仕，优诏许焉。庆既衰老，恒婴沉瘤。宣帝以其先朝耆旧，特异常伦，乃诏静帝至第问疾，赐而布帛千段。医药所须，令有司供给。大象二年，拜上柱画。隋文帝践极，又令皇太子就第问疾，仍供医药之费。开皇二年薨,时年七十七。赠司空、荆谯淅湖沣广蒙七州诸军事、荆州刺史。谥曰成。

　　长子常,先庆卒。次子稚嗣。大象末,位至大将军。

　　史臣曰:中阳御历,沛邑多封侯;白水配天,南阳皆贵戚。是知阶缘近属,以取宠荣,其来尚矣。王盟等始以亲党升朝,终以才能进达,勤宣运始,位列周行。实参迹于功臣,盖弗由于恩泽也。

周书卷二一
列传第一三

尉迟迥 王谦 司马消难

尉迟迥字薄居罗,代人也。其先,魏之别种,号尉迟部,因而姓焉。父俟兜,性弘裕,有鉴识,尚太祖姊昌乐大长公主,生迥及纲。俟兜病且卒,呼二子,抚其首曰:"汝等并有贵相,但恨吾不见尔,各宜勉之。"

迥少聪敏,美容仪。及长,有大志,好施爱士。稍迁大丞相帐内都督。尚魏文帝女金明公主,拜驸马都尉。从太祖复弘农,破沙苑,皆有功。累迁尚书左仆射,兼领军将军。迥通敏有干能,虽任兼文武,颇允时望。太祖以此深委仗焉。后拜大将军。

侯景之渡江,梁元帝时镇江陵,既以内难方殷,请修邻好。其弟武陵王纪,在蜀称帝,率众东下,将攻之。梁元帝大惧,乃移书请救,又请伐蜀。太祖曰:"蜀可图矣。取蜀制胜,在此一举。"乃与群公会议,诸将多有异同。唯迥以为纪既尽锐东下,蜀必空虚,王师临之,必有征无战。太祖深以为然,谓迥曰:"伐蜀之事,一以委汝,计将安出?"迥曰:"蜀与中国隔绝百有余年,恃其山川险阻,不虞我师之至。宜以精甲锐骑,星夜袭之。平路则倍道兼行,险途则缓兵渐进,出其不意,冲其腹心。蜀人既骇官军之临速,必望风不守矣。"于是乃令迥督开府元珍、乙弗亚、万俟吕陵始、叱奴兴、綦连、宇文升等六军,甲士一万二千,骑万疋,伐蜀。以魏废帝二年春,自散关由固道出白马、趣晋寿,开平林旧道。前军临剑阁,纪安州刺史乐广,以州先降。纪梁州刺史杨乾运时镇潼州，又降。六月，迥至潼州，大飨将士，引之而西。纪益州刺史萧伪不敢战，遂婴城自守。进军围之。初，纪至巴郡，闻迥来侵，遣谯淹回师，为伪外援。迥分遣元珍、乙弗亚等以轻骑破之，遂降。伪为前后战数十合，皆为迥所破。伪与纪子宜都王肃，及其文武官属，诣军门请见，迥以礼接之。其吏人等，各令复业。唯收僮隶及储积以赏将士。号令严肃，军无私焉。诏迥为大都督、益潼等十八州诸军事、益州刺史。以平蜀功，封一子为公。自剑阁以南，得承制封拜及黜陟。迥乃明赏罚，布恩威，绥缉新邦，经略未附，夷夏怀而归之。

迥性至孝，色养不怠。身虽在外，所得四时甘脆，必先荐奉，然后敢尝。大长公主年高多病，迥往在京师，每退朝参候起居，忧悴形于容色。大长公主每为之和颜进食，以宁迥心。太祖知其至性，徵迥入朝，以慰其母意。遣大鸿胪郊劳，仍赐迥衮冕之服。蜀人思之，立碑颂德。孝闵践祚，进位柱国大将军。又以迥有平蜀之功，同霍去病冠军之义，封宁蜀公。进蜀公，爵邑万户。

宣帝即位，以迥为大前疑，出为相州总管。宣帝崩，隋文帝辅政，以迥望位夙重，惧为异图，乃令迥子魏安公惇赍诏书以会葬徵迥。寻以郧公韦孝宽代之为总管。迥以隋文帝当权，将图篡夺，遂谋举兵，留惇而不受代。隋文帝又使候正破六汗裒诣迥喻旨，密与总管府长史晋昶等书，令为之备。迥闻之，杀长史及裒，乃集文武士庶，登城北楼而令之曰："杨坚以凡庸之才，藉后父之势，挟幼主而令天下，威福自己，赏罚无章，不臣之迹，暴于行路。吾居将相，与国舅甥，同休共戚，义由一体。先帝处吾于此，本欲寄以安危。今欲与卿等纠合义勇，匡国庇人，进可以享荣名，退可以终臣节，卿等以为何如？"于是众咸从命，莫不感游。乃自称大总管。承制署置官司。于时赵王招已入朝，留少子在国，迥又奉以号令。迥弟子勤，时为青州总管，亦从迥，迥令管相、卫、黎、毛、名、贝、赵、冀、瀛、沧，勤所统青、胶、光莒诸州，皆从之。众数十万。荣州刺史邵公宇文冑、申州刺史李惠、东楚州刺史费也利进、东潼州刺史曹孝远，各据州以应迥。迥又北结高宝宁以通突厥；南连陈人，以割江、淮之地。

　　隋文帝于是徵兵讨迥，即以韦孝宽为元帅。惇率众十万入武德，军于沁东。孝宽等诸军隔水相持不进。隋文帝又遣高颎驰驿督战。惇布兵二十里，麾军小却，欲待孝宽军半度击之。孝宽因其小却，鸣鼓齐进，惇大败。孝宽乘胜进至邺。迥与子惇、佑等又悉其卒十三万，陈于城南。迥别统万人，皆绿巾锦袄，号曰黄龙兵。勤率众五万，自青州赴迥，以三千骑先到，迥旧习军旅，虽老犹被甲临阵。其麾下千兵，皆关中人，为之力战。孝宽等军失利而却。邺中士女，观者如堵。高颎与李询整阵，先犯观者，因其扰而乘之。迥大败遂入邺。迥走保北城，孝宽纵兵围之。李询、贺楼子干以其属先登。迥上楼，射杀数人，乃自杀。勤、惇等东走，并追获之。余众，月余皆斩之。

　　迥末年衰耄，惑于后妻王氏，而诸子多不睦。以开府、小御正崔达拏为长史，余委任亦多用齐人。达拏文士，无筹略，举措多失纲纪，不能有所匡救。迥自起兵至败，六十八日。

　　武德中，迥从孙库部员外郎耆福上表，请改葬。朝议以迥忠于周室，有诏许之。

　　王谦字敕万，太保雄之子也。性恭谨，无他才能。以父功，累迁骠骑大将军、开府。孝闵践祚，治右小武伯。雄从晋公护东讨，为齐人所毙。朝议以谦父殒身行阵，特加殊宠，乃授谦柱国大将军。以情礼未终，固辞不拜。高祖手诏夺情，袭爵庸公，邑万户。从皇太子讨吐谷浑，力战有功。是时高祖东征，谦又力战，进上柱国、益州总管。

　　时，谦令司录贺若昂奉表诣阙。昂还，具陈京师事势。谦以世受国恩，将图匡复，遂举兵，署官司。所管益、潼、新、始、龙、邛、青、泸、戎、宁、汶、陵、遂、合、楚、资、眉、普十八州及嘉、渝、临、渠、蓬、隆、通、兴、武、庸十州之人多从之。总管长史乙弗虔、益州刺史达奚惎劝廉据险观变。隆州刺史阿史那环为谦画三策曰：“公亲率精锐，直至散关，蜀人知公有勤王之节，必当各思效命，此上策也；出兵梁、汉，以顾天下，此中策也；坐守剑南，发兵自卫，此下策也。”谦参用举中下之策。

梁睿未至大剑，谦遣兵镇始州。隋文即以睿为行军元帅，便发利、凤、文、泰、成诸州兵讨之。达奚惎、乙弗虔等众十万攻利州。闻睿至，众溃。睿乘其弊，纵兵深入。惎、虔密使诣睿，请为内应以赎罪。谦不知之，并令守成都。谦先无筹略，承藉父勋，遂居重任。初谋举兵，咸以地有江山之险，进可以立功，退可以自守。且任用多非其才。及闻睿兵奄至，惶惧，乃自率众逆战。又以惎、虔之子为左右军。行数十里，军皆叛。谦以二十骑奔新都，县令王宝斩之，传首京师。以成都降，隋文以其首谋，斩之。阿史那环亦诛。

司马消难字道融，河内温人，父子如，为齐神武佐命，位至尚书令。消难幼聪惠，微涉轻史，好自矫饰，以求名誉。起家著作郎。子如既当朝贵，消难亦爱宾客。邢子才、王元景、魏收、陆卬、崔瞻等皆游其门。寻拜驸马都尉、光禄卿，出为北豫州刺史。

齐文宣末年，昏虐滋甚。消难既惧祸及，常有自全之谋，曲意抚纳，颇为百姓所附属。文宣在并，驿召其弟上党王涣，涣惧于屠害，遂斩使者东奔。数日间搜捕邺中，邺中大忧。后竟获于济州。涣之初走，朝士私相谓曰：“今上党亡叛，似赴成皋。若与司马北豫州连谋，必为国患。”此言遂达于文宣，文宣颇疑之。消难惧，密令所亲裴操间行入关请举州来附。晋公护遣达奚武、杨忠迎之，消难遂与武俱入朝。授大将军、荥阳公。从高祖东伐，迁大后丞。纳女为静帝后。寻出为交州总管。

隋文帝辅政，消难既闻蜀公迥不受代，遂欲与迥合势，亦举兵应之。以开府田广等为腹心，杀总管长史侯莫陈杲、邓州刺史蔡泽等四十余人。所管郧、随、温、应士、顺、沔、环岳九州，鲁山、甑山、沌阳、应城、平靖、武阳、上明、须水八镇，并从之。使其子冰质于陈以求援。隋文帝命襄州总管王谊为元帅，发荆襄兵以讨之。八月，消难闻谊军将至，率其麾下，归于陈。陈宣帝以为都督安赵九州八镇、车骑将军、司空、隋公。

初，杨忠之迎消难，结为兄弟，情好甚笃。隋文每以叔礼事之。及陈平，消难至京，特免死，配为乐户。经二旬放免。犹被旧恩，特蒙引见。寻卒于家。性贪淫，轻于去就。故世之言反覆者，皆引消难云。其妻高氏，齐神武之女。在邺，敬重之。后入关，便相弃薄。消难之赴邝州，留高及三子在京。高言于隋文曰："荥阳公性多变诈，今以新宠自随，必不顾妻子，愿防虑之。"消难入陈，而高母子因此获免。

史臣曰：尉迟迥地则舅甥，职惟台衮，沐恩累弃，荷眷一时，居形胜之地，受藩维之托，颠而不扶，忧责斯在。及主威云谢，鼎业将迁，九服移心，三灵改卜，遂能志存赴蹈，投袂稍兵。忠君之勤未宣，违天之祸便及。校其心迹，葛诞之俦欤。

周书卷二二
列传第一四

周惠达　冯景　　杨宽　兄穆　俭
柳庆　子机

　　周惠达字怀文,章武文安人也。父信,少仕州郡,历乐乡、平舒、平成三县令,皆以廉能称。

　　惠达幼有志操,好读书,美容貌,进退可观,见者莫不重之。魏齐王萧宝夤为瀛州刺史,召惠达及河间冯景同在阁中,甚礼之。及宝夤还朝,惠达尝随入洛阳。领军元义势倾海内,惠达尝因宝夤与义言论,义欢重之,于座遗惠达衣物。孝昌初,魏临淮王彧北讨,以惠达为府长流参军。及万俟丑奴等构乱,萧宝夤西征,惠达复随入关。宝夤后与贼战不利,退还,仍除雍州刺史,令惠达使洛阳。未还,而宝夤反谋闻于京师。有司以惠达是其行人,将执之。乃私驰还,至潼关,遇大使杨侃。侃谓惠达曰:“萧氏逆谋已成,何为故入兽口?”惠达曰:“萧王为左右所误,今往,庶其改图。”及至宝夤反形已露,不可弥缝,遂用惠达为光禄勋、中书舍人。宝夤既败,人悉逃散,唯惠达等数从之。宝夤语惠达曰:“人生富贵,左右咸言尽节,及遭厄难,乃知岁寒也。”

　　贺拔岳获宝夤送洛,留惠达为府祭酒,给其衣马,即与参议。岳为关中大行台,以惠达为从事中郎。尝使至洛,魏孝武与惠达语及世难。惠达陈天下事势,述岳有诚节,唯以忧国定乱为事。言辞激切,帝甚嘉之。及还,具以白岳。岳曰:“人生于天,受命于君,当有利人荣禄,而不忧其祸难?卿之所奏,实获吾心。"自是更被亲礼,岳每征讨,恒命惠达居守。又转岳府属。

岳为侯莫陈悦所害,悦得惠达,欲官之。惠达辞以疾,不见许,乃遁入汉阳之麦积崖。悦平,惠达归于太祖,即用秦州司马,安辑陇右。及太祖为大都督总管兵起雍,复以惠达为府司马,便委任焉。魏孝武诏太祖尚冯翊长公主,以惠达为长史,赴洛阳奉迎。至潼关,遇孝武已西,即令惠达先。太祖谓惠达曰:"昔周之东迁,晋郑是依。今乘与播越,降临关右,吾虽猥当其任,而才愧昔人,卿宜戮力,共成功业,以取富贵也。"对曰:"惠达宦游有年,属明公一匡之运,富贵之事,非所敢望。但愿明公威德加于天下,惠达得效其尺寸,则志愿毕矣。"

太祖为大将军、大行台,以惠达为行台尚书,大将军府司马,封文安县子,邑三百户。太祖出镇华州,留惠达知后事。于时既承丧乱,庶事多阙,惠达造戎仗,储积食粮,简阅士马,以济军国之务,时甚赖焉。为安东将军,拜太子少傅,进爵为伯,增邑三百户。寻除中书令,进爵为公,增邑通前九百户,加卫大将军、左光禄大夫。

四年,兼尚书右仆射。其年,太祖与魏文帝东征,惠达辅魏太子居守,总留台事。惠达前后辞让,帝手诏答曰:"西顾无忧,唯公是属。萧、寇之重,深所寄怀。"及邙山失律,人情骇动。赵青雀率东人据长安子城反,惠达奉太子出渭桥北以御之。军还,青雀等伏诛。拜吏部尚书。久之,复为右仆射。

自关右草创,礼乐缺然。惠达与礼官损益旧章,至是仪轨稍备。魏文帝因朝奏乐,顾谓惠达曰:"此卿之功也。"寻拜仪同三司。

惠达虽居显职,性谦退,善下人,尽心勤公,进拔良士。以此人皆敬而附之。十年,薨。子题嗣。隋开皇初,以惠达著绩前代,追封萧国公。

冯景字长达,少与惠达同志相友。延景中,梁人寇抄徐、扬,景谓萧宝夤曰:"今梁寇凭凌,朝廷思靖边之将。王若能先驱效命,非唯雪家国之耻,亦是保身之长策也。"宝夤深然之,及宝夤为大都督,以景为功曹参军。后为右仆射,引景入省,领尚书都令史。正光中,宝夤为关西大行台,又假景陵江将军,领大行台都令使,从宝夤征讨。宝夤举兵反,景固谏,不从。

宝夤败后,景还洛。朝廷先闻景有谏言,故免之。除奉车都尉。汝阳王元叔昭为陇右大行台,启景为行台郎中。贺拔岳为大都督,又以景为从事中郎。太祖平侯莫陈悦,除景洛阳郡守,寻兼行台左丞,留守原州。魏孝武西迁,封高阳县伯,邑三百户。迁散骑常侍、行台尚书,加瀛州刺史。大统初,行泾州事。后以疾卒。

杨宽字景仁,弘农华阴人也。祖恩魏镇远将军、河间内史。父钧,博学强识,举秀才,拜大理平,转廷尉正。累迁,历洛阳令、右中郎将军、华州大中正、河南尹、廷尉卿、安北将军、七兵尚书、北道大行台、恒州刺史、怀朔镇将军,卒于镇。赠侍中、司空公,追封临贞县伯,谥曰恭。

宽少有大志,每与诸儿童游处,必择高大之物而坐之,见者咸异焉。及长,颇解属文,尤尚武艺。弱冠,除奉朝请。属钧出镇恒州,请从展效,乃改授将军、高阙戍主。时茹茹既乱,其主阿那环来奔,魏帝遣使纳之,诏钧率兵卫送。宽亦从,以功拜行台郎中。时北边贼攻围镇城,钧卒,城民等推宽守御。寻而城陷,宽乃北走茹茹。后讨镇贼,破之,宽始得还朝。

魏广阳王深与宽素相委昵,深犯法得罪,宽被逮捕。魏孝庄时为侍中,与宽有旧,藏之宇宅,遇赦得免。除宗正丞。北海王颢少相器重,时为大行台,北征葛荣,欲启宽为左右丞,与参谋议。宽辞以孝庄厚恩未报,义不见利而动。颢未之许。颢妹婿李神轨谓颢曰:"杨宽义士也,匹夫独不可夺志,况义士乎。王今强之以行,亦恐不为人用。"颢乃止。孝庄践祚,拜通直散骑侍郎,领河南尹丞,行洛阳令。

邢杲反,宽以都督从太宰、上党王元天穆讨平之。就拜通直散骑常侍。师未还,属元颢自梁入洛,孝庄出居河内。天穆惧,计无所出,集诸将谋之。宽曰:"吴人轻跳,非王之敌。况悬军深入,师老兵疲,强弩之末,何能为也。愿径取成皋,会兵伊洛,戮带定襄,于是乎在,此事易同摧朽,王何疑焉。"天穆然之,乃引军趣成皋,令宽与尒朱能为后拒。寻以众议不可,乃回赴石济。宽夜行失道,后期。诸将咸言:"宽少与北海周旋,今不来矣。"天穆答曰:"杨宽非轻于去就者也,其所逗留,必有他故。吾当为诸君保明之。"语讫,候骑白宽至。天穆抚髀而笑曰:"吾固知其必来。"遽出帐迎之,握其手曰:"是所望也。"即给牛三十头、车五乘、绵绢一十五车、羊五十口,与天穆俱谒孝庄于太行,拜散骑常侍、安东将军。仍为都督,从平河内,进围北中。

时梁将陈庆之为颢兵守北门,天穆驻马围外,遣宽至城下说庆之。宽先自称姓名,然后与语,备陈利害,劝令早降。庆之不答。久之,乃曰:"贤兄抚军在此,颇欲相见。"宽答曰:"仆兄力屈王威,迹沦逆党,人臣之理,何烦相见。向所以先申姓名者,岂不知兄在彼乎。直以信不见疑,卢为令德耳。仆之昆季,幸不待言。但当议良图,自求多福。"天穆闻之,谓左右曰:"杨宽大异人,何至不惜形便如此。"自是弥敬重之。孝庄反正,拜中军将军、太府卿、华州大中正,封澄城县伯,邑三百户。

尒朱荣被诛,其从弟世隆等拥部曲烧城门,出据河桥,还逼京师。进宽镇北将军、使持节、大都督。随机扞御。世隆谓宽曰:"岂忘太宰相知之深也?"宽答曰:"太宰见爱以礼,人臣之交耳。今日之事,事君常节"。世隆北走,宽追至河内。俄而尒朱兆陷洛阳,囚执孝庄帝。宽还洛不可,遂自成皋奔梁。至建业,闻孝庄帝弑崩,宽发哀尽礼。梁武义之,待之甚厚。而寻礼送还朝。至下邳,尒朱仲远启复宽官爵,留为大行台吏部尚书。

孝武初,改授散骑常侍、骠骑将军、给事黄门侍郎,监内典书事。时夏州戍兵数千人据衮州反,诏宽兼侍中,节度诸军讨平之。中尉綦俊与宽有宿憾,诬以他罪,劾之。孝武谓侍臣曰:"杨宽清直,朕极知其无罪,但不能杜法官之奏耳。"事下廷尉,寻得申释。又除黄门侍郎,兼武卫将军。孝武与齐神武有隙,遂召募骑勇,广增宿卫。以宽为阁内大都督,专总禁旅。从孝武入关,兼吏部尚书。录从驾勋,进爵华山郡公,邑一千二百户。大统初,迁车骑大将军、太子太傅、仪同三司。三年,使茹茹,迎魏文悼后。还,拜侍中、都督泾州诸军事、泾州刺史。五年,除骠骑大将军、开府仪同三司、都督东雍州诸军事、东雍州刺史,即本州也。十年,转河州刺史。十六年,兼大丞相府司马。

朝议欲经略汉川,而梁宜丰侯萧循固守南郑。十七年,宽从大将军达奚武讨之。梁武陵王萧纪遣将杨乾运率兵万余人救循,武令宽督开府王杰、贺兰愿德等邀击之。军至白马,与乾运合战,破之,俘斩数千人。军还,除南幽州刺史。魏废帝初,入为尚书左仆射、将作大监,坐事免。魏恭帝二年,除廷尉卿。世宗初,拜大将军,增邑一千二百户。从贺兰祥讨吐谷浑,破之,别封宜阳县公,邑一千户。除小冢宰,转御正中大夫。武成二年,诏宽与麟趾学士参定经籍。

宽性通敏,有器识。频牧数州,号称清简。历居台阁,有当官之誉。然与柳庆不协,欲按成其罪,时论颇以此讥之。保定元年,除总管梁兴等十九州诸军事、梁州刺史。其年,薨于州。赠华陕虞上潞五州刺史。谥曰元。子纪嗣。大象末,官至上仪同大将军、虞部下大夫。

宽二兄,穆、俭。穆字绍叔。魏永安中,除华州别驾。孝武末,宽请以澄城县伯让穆,诏许之。仍拜中军将军、金紫光禄大夫,除车骑将军、都督并州诸军事、并州刺史。卒于家。赠骠骑大将军、开府仪同三司、华州刺史。俭字景则。伟容仪,有才行。魏正始中,起家侍御史,加奉朝请,迁员外散骑侍郎。孝昌中,除镇远将军、顿丘太守。未及述职,元颢启请随军。建义初,兼给事黄门侍郎、左将军、太府少卿。元颢入洛,授抚军将军。孝庄反正,废于家。寻拜散骑常侍、都督颍州诸军事、颍州刺史。建明中,加征南将军、金紫光禄大夫。孝武初,除卫将军、北雍州刺史。政尚宽惠,夷夏安之。孝武西迁，除侍中、骠骑将军。大统初，以本官行东秦州事，加使持节、当州大都督。从破齐神武于沙苑，封夏阳县侯，邑八百户。七年，领大丞相府谘议参军，出为都督东雍华二州诸军事、骠骑大将军、开府仪同三司、华州刺史。八年，卒于家。赠本官，谥曰静。

柳庆字更兴，解人也。五世祖恭，仕后赵，为河东郡守。后以秦、赵丧乱，乃率民南徙，居于汝、颍之间，故世仕江表。祖绪，守同州别驾，宋安郡守。父僧习，齐奉朝请。魏景明中，与豫州刺史裴叔业据州归魏。历北地，颍川二郡守、杨州大中正。

庆幼聪敏，有器量。博涉群书，不治章句。好饮酒，闲于占对。年十三。因曝书，僧习谓庆曰："汝虽聪敏，吾未经持试。"乃令庆于杂赋集中取赋一篇，千有余言，庆立读三遍，便即诵之，无所遗漏。时僧习为颍川郡，地接都畿，民多豪右。将选乡官，皆依倚贵势，竟来请托。选用未定。僧习谓诸子曰："权贵请托，吾并不用。其后欲还，皆须有答。汝等各以意为吾作书也。"庆乃具书草云："下官受委大邦，选吏之日，有能者进，不肖者退。此乃朝廷恒典。"僧习读书，欢曰："此儿有意气，丈夫理当如是。"即依庆所草以报。起家奉朝请。

庆出后第四叔，及遭父忧，议者不许为服重。庆泣而言曰："礼者尽缘人情，若于出后之家，更有苴斩之服，可夺此从彼。今四叔薨背已久，情事不追。岂容夺礼，乖违天性！"时论不能抑，遂以苫击终丧。既葬，乃与诸兄负土成坟。服阕，除中坚将军。

魏孝武将西迁，除庆散骑侍郎，驰传入关。庆至高平见太祖，共论时事。太祖即请奉迎与驾，仍命庆先还复命。时贺拔胜在荆州，帝屏左右谓庆曰："高欢已屯河北，关中兵既未至，朕欲往荆州，卿意何如？"庆对曰："关中金城千里，天下之强国也。宇文泰忠诚奋发，朝廷之良臣也。以陛下之圣明，仗宇文泰之力用，进可以东向而制群雄，退可以闭关而固天府。此万全之计也。荆州地非要害，众又寡弱，外迫梁寇，内拒欢党，斯乃危亡是惧，宁足以固鸿基？以臣断之,未见其可。"帝深纳之。

及帝西迁,庆以母老不从。独孤信之镇洛阳,乃得入关。除相府东阁祭酒,领记室,转户曹参军。八年,迁大行台郎中,领北华州长史。十年,除尚书都兵,郎中如故,并领记室。

时北雍州献白鹿,群臣欲草表陈贺。尚书苏绰谓庆曰:"近代以来,文章华靡,逮于江左,弥复轻薄。洛阳后进,祖述不已。相公柄民轨物,君职典文房,宜制此表,以革前弊。"庆操笔立成,辞兼文质。绰读而笑曰:"枳橘犹自可移,况才子也。"寻以本官兼雍州别驾。

庆陵王元欣,魏之懿亲。其甥孟氏,屡为匄横。或有告其盗牛。庆捕推得实,趣令就禁。孟氏殊无惧容,乃谓庆曰:"今若加以桎梏,后复何以脱之?"欣亦遣使辨其无罪。孟氏由此益骄。庆于是大集僚吏,盛言孟氏依倚权戚,侵虐之状。言毕,便令答杀之。此后贵戚剑手,不敢侵暴。

有贾人持金二十斤,诣京师交易,寄人停止。每欲出行,常自执管钥。无何,缄闭不异而失之。谓是人所窃,郡县讯问,主人遂自诬服。庆闻而欢之,乃召问贾人曰:"卿钥恒置何处?"对曰:"恒自带之。"庆曰:"颇与人同宿乎?"曰:"无。""与人同饮乎?"曰:"日者曾与一沙门再度酣宴,醉而昼寝。"庆曰:"主人特以痛自诬,非盗也。彼沙门乃真盗耳。"即遣吏逮捕沙门,乃怀金逃匿。后捕得,尽获所失之金。十二年,改三十六曹为十二部,诏以庆为计部郎中,别驾如故。

有胡家被劫,郡县按察,莫知贼所,邻近被囚击者甚多。庆以贼徒既众,似是乌合,既非旧交,必相疑阻,可以诈求之。乃作匿名书多榜官门曰:"我等共劫胡家,徒侣混杂,终恐泄露。今欲首,惧不免诛。若听先首免罪,便欲来告。"庆乃复施免罪之榜。居二日,广阳王欣家奴面缚自告榜下。因此推穷,尽获党与。庆之守正明察,皆此类也。每叹曰:"昔于公断狱无私,辟高门可以待封。傥斯言有验,吾其庶几乎。"十三年,封清河县男,邑二百户,兼尚出右丞,摄计部。十四年,正右丞。

太祖尝怒安定国臣王茂,将杀之,而非其罪。朝臣咸知,而莫敢谏。庆乃进曰:"王茂无罪,奈何杀之?"太祖愈怒,声色甚厉,谓庆曰:"王茂当死,卿若明其无罪,亦须坐之。"乃执庆于前。庆辞气不挠,抗声曰:"窃闻君有不达者为不明,臣有不争者为不忠。庆谨竭愚诚,实不敢爱死,但惧公为不明之君耳,愿深察之。"太祖乃悟而赦茂,已不及矣,太祖默然。明日,谓庆曰:"吾不用卿言,遂令王茂冤死。可赐茂家钱帛,以旌吾过。"寻进爵为子,增邑三百户。十五年,加平南将军。十六年,太祖东讨,以庆为大行台右丞,加抚军将军。还转尚书右丞,加通直散骑常侍。魏废帝初,除民部尚书。

庆威仪端肃,枢机明辨。太祖每发号令,常使庆宣之。天性抗直,无所回避。太祖亦以此深委仗焉。二年,授车骑大将军、仪同三司。魏恭帝初,进位骠骑大将军、开府仪同三司、尚书右仆射,转左仆射,领著作。六官建,拜司会中大夫。孝闵帝践祚,赐姓宇文氏,进爵平齐县公,增邑通前一千五百户。

晋公护初摄政,欲引为腹心。庆辞之,颇忤旨。又与杨宽有隙,及宽参知政事,庆遂见疏忌,出为万州刺史。世宗寻悟,留为雍州别驾,领京兆尹。武成二年,除宜州刺史。庆自为郎,迄于司会,府库仓储,并其职也。及在宜州,宽为小冢宰,乃囚庆故吏,求其罪失。按验积六十余日,吏或有死于狱者,终无所言,唯得秉锦数匹。时人服其廉慎。保定三年,又入为司会。

先是,庆兄桧为魏兴郡守,为贼黄宝所害。桧子三人,皆幼弱,庆抚养甚笃。后宝率众归朝,朝廷待以优礼。居数年,桧次子雄亮白日手刃宝于长安城中。晋公护闻而大怒,执庆及诸子侄皆囚之。让庆曰:"国家宪纲,皆君等所为。虽有私怨,宁得擅杀人也!"对曰:"庆闻父母之仇不同天,昆弟之仇不同国。明公以孝治天下,何乃责于此乎。"护愈怒,庆辞色无所屈,卒以此免。天和元年十二月薨。时年五十,赠郿绥丹三州刺史,谥曰景。子机嗣。

机字匡时,少有令誉,风仪辞令,为当世所推。历小纳言、开府仪同三司、司宗中大夫。大象中，御正上大夫、华州刺史。机弟弘，字匡道，少聪颖，亦善草隶，博涉群书，辞彩雅赡。与弘农杨素为莫逆之交。解巾中外府记室参军。建德初，除内史上士，历小宫尹、御正上士。陈遣王偃民来聘，高祖令弘劳之。偃民谓弘曰："来日，至于蓝田，正逢滋水暴长，所赍国信，溺而从流。今所进者，假之从吏。请勒下流人，见为追寻此物也。"弘曰："昔淳于之献空笼，前史称以为美。足下假物而进，讵是陈君之命乎。"偃民惭不能对。高祖闻而嘉之，尽以偃民所进之物赐弘，仍令报聘。占对详敏，见称于时。使还，拜内史都上士，迁御正下大夫。寻卒于官，时年三十一。高祖甚惜之。赠晋州刺史。杨素诔之曰："山阳王弼，风流长逝。颍川荀粲，零落无时。修竹夹池，永绝梁园之赋；长杨映沼，无复洛川之文。"其为士友所痛惜如此。有文集行于世。

庆三兄，鸑、蚪、桧、蚪、桧并自有传。鸑好学，善属文。魏临淮王记室参军事。早卒。子带韦，字孝孙。深沉有度量，少好学。身长八尺三寸，美风仪，善占对。韩贤素为洛州刺史，召为主簿。后与诸父归朝，太祖辟为参军。

时侯景作乱江右，太祖令带韦使江、郢二州，与梁邵陵、南平二王通好。行至安州，值假宝等反，带韦乃矫为太祖书以抚安之，并即降附。即至郢，见邵陵，具申太祖意。邵陵即使随带韦报命。以奉使称旨，授转辅国将军、中散大夫。

十七年，太祖遣大将军达奚武经略汉川，以带韦为治行台左丞，从军南讨。时梁宜丰侯萧循守南郑，武攻之未拔。乃令带韦入城说循曰："足下所固者险，所恃者援，所守者民。今王师深入栈道，长驱汉川，此则所凭之险不足固也；武兴陷没于前，白马破亡于后，自余川谷酋豪，路阻而不敢进，此则所望之援不可恃也；夫顾亲戚，惧诛夷，贪荣慕利，此生人常也，今大兵总至，长围四合，戮逃亡以劝安居，赏先降以招后服，人人怀转祸之计，家家图安堵之谋，此则所部之民不可守也。且足下本朝丧乱，社稷无主，尽忠将何所托，死节不足成名，窃为足下不取也。仆闻贤者相时而动，智者因变立功。

当今为足下计者，莫若肉袒军门，归命下吏，免生民于涂炭，全发肤于孝道。必当纡青拖紫，裂土分珪，名重当时，业光后嗣。岂若进退无据，身名俱灭者哉。"循然之，后乃降。

魏废帝元年，出为解县令。二年，加授骠骑将军、左光禄大夫。明年，转汾阴令。发摘奸伏，百姓畏而怀之。世宗初，入为地官上士。武成元年，授帅都督、治御伯下大夫，迁武藏下大夫。保定三年，授大都督。四年，加仪同三司、中外府掾。天和六年，封康城县男，邑五百户，转职方中大夫。三年，授兵部中大夫。虽频徙职，仍领武藏。寻丁母忧。起为职方中大夫。五年，转武藏中大夫。俄迁骠骑大将军、开府仪同三司。凡居剧职，十有余年，处断无滞，官曹清肃。

时谯王俭为益州总管，汉王赞为益州刺史。高祖乃以带韦为益州总管府长史，领益州别驾，辅弼二王，总知军民事。建德中，大军东讨，徵带韦为前军总管齐王宪府长史。齐平，以功授上开府仪同大将军，进爵为公，增邑一千户。陈王纯出并州，以带韦为并州司会、并州总管府长史。六年，卒于位，时年五十五。谥曰恺。子祚嗣。少有名誉。大象末，宣纳上士。

史臣曰：周惠达见礼于宝夤，杨宽荷恩于晋泰。既而萧氏获罪，庄帝出居，遂能契阔寇戎，不以兴亡革虑；崎岖危难，不以夷险易心。斯固笃终之士。柳庆束带立朝，怀匪躬之节；莅官从政，著清白之美。并遭逢兴运，各展志能，誉重搢绅，望隆端揆，非虚云也。然庆畏避权宠，违忤宰臣，虽取诎于一时，实获申于千载矣。

周书卷二三
列传第一五

苏　绰

　　苏绰字令绰，武功人，魏侍中则之九世孙也。累世二千石。父协，武功郡守。

　　绰少好学，博览群书，尤善算术。从兄让为汾州刺史，太祖饯于东都门外。临别，谓让曰："卿家子弟之中，谁可任用者？"让因荐绰。太祖乃召为行台郎中。在官岁余，太祖未深知之。然诸曹疑事，皆询于绰而后定。所行公文，绰又为之条式。台中咸称其能。后太祖与仆射周惠达论事，惠达不能对，请出外议之。乃召绰，告以其事，绰即为量定。惠达入呈，太祖称善，谓惠达曰："谁与卿为此议者？"惠达以绰对，因称其有王佐之才。太祖曰："吾亦闻之久矣。"寻除著作佐郎。

　　属太祖与公卿往昆明池观渔，行至城西汉故仓地，顾问左右，莫有知者。或曰："苏绰博物多通，请问之。"太祖乃召绰。具以状对。太祖大悦，因问天地造化之始，历代兴亡之迹。绰既有口辩，应对如流。太祖益喜。乃与绰并马徐行至池，竟不设纲罟而还。遂留绰至夜，问以治道，太祖卧而听之。绰于是指陈帝王之道，兼述申韩之要。太祖乃起，整衣危坐，不觉膝之前席，语遂达曙不厌。诘朝，谓周惠达曰："苏绰真奇士也，吾方任之以政。"即拜大行台左丞，参典机密。自是宠遇日隆。绰始制文案程式，朱出墨入，及计帐、户籍之法。

　　大统三年,齐神武三道入寇。诸将咸欲分兵御之,独绰意与太祖同。遂并力拒窦泰,擒之于潼关。四年,加卫将军、右光禄大夫,封美阳县子,邑三百户。加通直散骑常侍,进爵为伯,增邑二百户。十年,授大行台度支尚书,领著作,兼司农卿。

　　太祖方欲革易时政,务弘强国富民之道,故绰得尽其智能,赞成其事。减官员,置二长,并置屯田以资军国。又为六条诏书,奏施行之。

　　其一,先治心,曰:"凡今之方伯守令,皆受命天朝,出临下国,论其尊贵,并古之诸侯也。是以前世帝王,每称共治天下者,唯良宰守耳。明知百僚卿尹,虽各有所司,然其治民之本,莫若宰守之最重也。凡治民之体,先当治心。心者,一身之主,百行之本。心不清净,则思虑妄生。思虑妄生,则见理不明。见理不明,则是非谬乱。是非谬乱,则一身不能自治,安能治民也!是以治民之要,在清心而已。夫所谓清心者,非不贪货财之谓也,乃欲使心气清和,志意端。静心和志静,则邪僻之虑,无因而作。邪僻不作,则凡所思念,无不皆得至公之理。率至公之理以临其民,则彼下民孰不从化。是以称治民之本,先在治心。其次又在治身。

　　凡人君之身者,乃百姓之表,一国之的也。表不正,不可求直影;的不明,不可责射中。今君身不能自治,而望治百姓,是犹曲表而求直影也;君行不能自修,而欲百姓修行者,是犹无的而责射中也。故为人君者,必心如清水,形如白玉。躬行仁义,躬行孝悌,躬引忠信,躬行礼让,躬行廉平,躬行俭约,然后继之以无倦,加之以明察。行此八者,以训其民。是以其人畏而爱之,则而象之,不待家教日见而自兴行矣。"

　　其二,敦教化,曰:"天地之性,唯人为贵。明其有中和之心,仁恕之行,异于木石,不同禽兽,故贵之耳。然性无常守,随化而迁。化于敦朴者,则质直;化于浇伪者,则浮薄。浮薄者,则衰弊之风;质直者,则淳和之俗。衰弊则祸乱交兴,淳和则天下自治。治乱兴亡,无不皆由所化也。然世道凋丧,已数百年。大乱滋甚,且二十岁。民不见德,唯兵革是闻;上无教化,惟刑罚是用,而中兴始尔,大难未平,加之以师旅,因之以饥馑,凡百草创,率多权宜。致使礼让弗兴,风俗未改。比年稍登稔,徭赋差轻,衣食不切,则教化可修矣。凡诸牧守令长,宜洗心革意,上承朝旨,下宣教化矣。

夫化者,贵能扇之以淳风,浸之以太和,被之以道德,示之以朴素。使百姓蒀蒀,中迁于善,邪伪之心,嗜欲之性,潜以消化,而不知其所以然,此之谓化也。然后教之以孝悌,使民慈爱;教之以仁顺,使民和睦;教之以礼义,使民敬让。慈爱则不遗其亲,和睦则无怨于人,敬让则不竟于物。三者既备,则王道成矣。此之谓教也。先王之所以移风易俗,还淳反素,垂拱而治天下以至太平者,莫不由此。此之谓要道也。”

其三,尽地利,曰:“人生天地之间,以衣食为命。食不足则饥,衣不足则寒。饥寒切体,而欲使民兴行礼让者,此犹逆坂走丸,势不可得也。是以古之圣王,知其若此,故先足其衣食,然后教化随之。夫衣食所以足者,在于地利尽。地利所以尽者,由于劝课有方。主此教者,在乎牧守令长而已。民者冥也,智不自周,必待劝教,然后尽其力。诸州郡县,每至岁首,必戒敕部民,无问少长,但能操持农器者,皆令就田,垦发以时,勿失其所。及布种既讫,嘉苗须理,麦秋在野,蚕停于室,若此之时,皆宜少长悉力,男女并功,若援溺、救火、寇盗之将至,然后可使农夫不废其业,蚕妇得就其功。若有游手息惰,早归晚出,好逸恶劳,不勤事业者,则正表牒名郡县,守令随事加罚,罪一劝百。此则明宰之教也。夫百亩之田,必春耕之,夏种之,秋收之,然后冬食之。此三时者,农之要也。若失其一时,则谷不可得而食。故先王之戒曰:‘一夫不耕,天下必有受其饥者;一妇不织,天下必有受其寒者。’若此三时不务省事,而令民废农者,是则绝民之命,驱以就死然。单劣之户,及无牛之家,劝令有无相通,使得兼济。三农之隙,及阴雨之暇,又当教民种桑、植果,艺其菜蔬,修其园圃,畜育鸡豚,以备生生之资,以供养老之具。夫为政不欲过碎,碎则民烦;劝课亦不容太简,简则民怠。善为政者,必消息时宜而适烦简之中。故《诗》曰:'不刚不柔,布政优优,百禄是求。'如不能尔则必陷于刑辟矣。"

其四,擢贤良,曰:"天生烝民,不能自治,故必立君以治之。人君不能独治,故必置臣以佐之。上至帝王,下及郡国,置臣得贤则治,失贤则乱,此乃自然之理,百王不能易也。今刺史守令,悉有僚吏,皆佐治之人也。刺史府官则命于天朝,其州吏以下,并牧守自置。自昔以来,州郡大吏,但取门资,多不择贤良;末曹小吏,唯试刀笔,并不问志行。夫门资者,乃先世之爵禄,无妨子孙之愚瞽;刀笔者,乃身外之末材,不废性行之浇伪。若门资之中而得贤良,是则策骐骥而取千里也;若门资之中而得愚瞽,是则土牛木马,形似而用非,不可以涉道也。若刀笔之中而得志行,是则金玉质,内外俱美,实为人宝也;若刀笔之中而得浇伪,是则饰画朽木,悦目一时,不可以充榱椽之用是也。今之选举者,当不限资荫,唯在得人。苟得其人,自可起厮养而为卿相,伊尹、傅说是也。而况州郡之职乎。苟非其人,则丹、朱、商均虽帝王之胤,不能守百里之封,而况于公卿之胄乎。由此而言,观人之道可见矣。

凡所求材艺者,为其可以治民。若有材艺而以正直为本者,必以其材而为治也;若有材艺而以奸伪为本者,将由其官而为乱也,何治之可得乎。是故将求材艺,必先择志行。其志行善者,则举之;其志行不善者,则去之。而今择人者多云'邦国无贤,莫知所举。'此乃未之思也,非适理之论。所以然者,古人有言:明主聿兴,不降佐于昊天;大人基命,不擢才于后土。常引一世之人,治一世之务。故殷、周不待稷、契之臣,魏、晋无假萧、曹之佐。仲尼曰:'十室之邑必有忠信如丘者焉。'岂有万家之都,而云无士,但求之不勤,择之不审,或用之不得其所,任之不尽其材,故云无耳。古人云:'千人之秀曰英,万人之英曰俊。'今之智效一官,行闻一邦者,岂非近英俊之士也。但能勤而审察,去虚取实,各得州郡之最而用之,则民无多少,皆足治矣。孰云无贤!

夫良玉未剖,与瓦石相类;名骥未驰,与驽马相杂。及其剖而莹之,驰而试之,玉石驽骥,然后始分。彼贤士之未用也,混于凡品,竟何以异。要任之以事业,责之以成务,方与彼庸流较然不同。昔吕望之屠钓,百里奚之饭牛,宁生之扣角,管夷吾之三败,当此之时,悠悠之徒,岂谓其贤。及升王朝,登霸国,积数十年,功成事立,始识其奇士也。于是后世称之,不容于口。彼环伟之材,不世之杰,尚不能以未遇之时,自异于凡品,况降此者哉,若必待太公而后用,是千载无太公;必待夷吾而后任,是百无夷吾。所以然者,士必从微而至著,功必积小以至大,岂有未任而已成,不用而先达也。若识此理,则贤可求,士可择。得贤而任之,得士而使之,则天下之治,何向而不可成也。

然善官人者必先省其官。官省,则善人易充,善人易充,则事无不理;官烦,则必杂不善之人,杂不善之人,则政必有得失。故语曰:"官省则事省,事省则民清;官烦则事烦,事烦则民浊。"清浊之由,在于官之烦省。案今吏员,其数不少。昔民殷事广,尚能克济,况今户口减耗,依员而置,独以为少。如闻在下州郡,尚有兼假,扰乱细民,甚为无理。诸如此辈,悉宜罢黜,无得习常。非直州郡之官,宜须善人,爰至党族闾里正长之职,皆当审择,各得一乡之选,以相监统。夫正长者,治民之基。基不倾者,上必安。凡求贤之路,自非一途。然所以得之审者,必由任而试之,考而察之。起于居家,至于乡党,访其所以,观其所由,则人道明矣,贤与不肖别矣。率此以求,则庶无恧悔矣。"

其五,恤狱讼,曰:"人受阴阳之气以生,有情有性。性则为善,情则为恶。善恶既分,而赏罚随焉。赏罚得中,则恶止而善劝;赏罚不中,则民无所措手足。民无所措手足,则怨叛之心生。是以先王重之,特加戒慎。夫戒慎者,欲使治狱之官,精心悉意,推究事源。先之以五听,参之以证验,妙睹情状,穷鉴隐伏,使奸无所容,罪人必得。然后随事加刑,轻重皆当,赦过矜愚,得情勿喜。又能消息情理,斟酌礼律,无不曲尽人心,远明大教,使获罪者如归。此则善之上也。然宰守非一,不可人人皆有通识,推理求情,时或难尽。唯当率至公之心,去阿枉之志,务求曲直,念尽平当。听察之理,必穷所见,然后拷讯以法,不苛不暴,有疑则从轻,未审不妄罚,随事断理,狱无停滞。此亦其次。若乃不仁恕而肆其残暴,同民木石,专任捶楚。巧诈者虽事彰而获免,辞弱者乃无罪而被罚。有如此者,斯则下矣,非共治所寄,今之宰守,当勤于中科,而慕其上善。如在下条,则刑所不赦。

又当深思远大,念存德教。先王之制曰,与杀无辜,宁赦有罪;与其害善,宁其利淫。明必不得中,宁滥舍有罪,不谬害善人也。今之从政者则不然。深文巧劲,宁致善人于法,不免有罪于刑。所以然者,皆非好杀人也。但云为吏宁酷,可免后患。此则情存自便,不念至公,奉法职此,皆奸人也。夫人者,天地之贵物,一死不可复生。然楚毒之下,以痛自诬,不被申理,遂陷刑戮者,将恐往往而有。是以自古以来,设五听三宥之法,著明慎庶狱之典,此皆爱民甚也。凡伐木杀草,田猎不顺,上违时令,而亏帝道;况刑罚不中,滥害善人,宁不伤天心、犯和气也!天心伤,和气损,而欲阴阳调适,四时顺序,万物阜安,苍生悦乐者,不可得也。故语曰,一夫吁嗟,王道为之倾覆,正谓此也。凡百宰守,可无慎乎。若有深奸巨滑,伤化败俗,悖乱人伦,不忠不孝,故为背道者,杀一砺百,以清王化,重刑可也。识此二途,则刑政尽矣。”

其六,均赋役,曰:“圣人之大宝曰位。何以守位曰仁,何以聚人曰财。明先王必以财聚人,以仁守位。国而无财,位不可守。是故五三以来,皆有征税之法。虽轻重不同,而济用一也。今逆寇未平,军用资广,虽未遑减省,以恤民瘼,然令平均,使下无匮。夫平均者,不舍豪强而征贫弱,不纵奸巧而固愚拙,此之谓均也。故圣人曰:‘盖均无贫。’然财货之生,其功不易。织纴纺绩。起于有渐,非旬日之间,所可造次。必须劝课,使预营理。绢乡先事织任,麻土早修纺绩。先时而备,至时而输,故王赋获供,下民无因,如其不预劝戒,临时迫切,复恐稽缓,以为己过,捶扑交至,取办目前。富商大贾,缘兹射利，有者从之贵买，无者举之与息。输税之民，于是弊矣。

租税之时，虽有大式，至于斟酌贫富，差次先后，皆事起于正长，而系之于守令。若斟酌得所，则政和而民悦；若检理无方，则吏奸而民怨。又差发徭役，多不存意。致令贫弱者或重徭而远戍，富强者或轻使而近防。守令用怀如此，不存恤民之心，皆王政之罪人也。”

太祖甚重之，常置诸座右。又令百司习诵之。其牧守令长，非通六条及计帐者，不得居官。

自有晋之季，文章竞为浮华，遂成风俗。太祖欲革其弊，因魏帝祭庙，群臣毕至，乃命绰为大诰，奏行之。其词曰："惟中兴十有一年，仲夏，庶邦百辟，咸会于王庭。柱国讳洎群公列将，罔不来朝。时乃大稽百宪，敷于庶邦，用绥我王度。皇帝曰："昔尧命羲和，允厘百工。舜命九官，庶绩咸熙。武丁命说，克号高宗，时惟休哉，朕其钦若。格尔有位，胥暨我太祖之庭，朕将丕命女以厥官。"

六月丁巳，皇帝朝格于太庙，凡厥具僚，罔不在位。

皇帝若曰："咨我元辅、群公、列将、百辟、卿士、庶尹、御事，朕惟寅敷祖宗之灵命，稽于先王之典训，以大诰于尔在位。昔我太祖神皇，肇膺明命，以创我皇基。烈祖景宗，廓开四表，底定武功。暨乎文祖，诞敷文德，龚惟武考，不实其旧。自时厥后，陵夷之弊，用兴大难于彼东丘，则我黎人，咸坠涂炭。惟台一人，缵戎下武，夙夜祗畏，若涉大川，罔识攸济。是用稽于帝典，揆于王廷，拯我民瘼。惟彼哲王，示我通训，曰天生烝民，罔克自乂，上帝降鉴睿圣，植元后以乂之。惟时元后弗克独乂，博求明德，命百辟群吏以佐之。肆天之命辟，辟之命官，惟以恤民，弗惟逸念。辟惟元首，庶黎惟趾股肱惟弼。上下一体，各勤攸司，兹用克臻于皇极。故其彝训曰：'后克艰厥后，臣克艰厥臣，政乃乂。'今台一人，膺天之眼，既陟元后。股肱百辟又服我国家之命，罔不守厥职。嗟夫，后弗艰厥后，臣弗艰厥臣，于政何弗驿，呜呼艰哉！凡尔在位其敬听命。"

皇帝若曰："柱国，唯四海之不造，载繇二纪。天未绝我太祖列祖之命，用锡我以元辅。国家将坠，公惟栋梁。皇之弗极，公作相。百揆襞度，公惟大录。公其允文允武，克明克义，迪七德，敷九功，戡暴除乱，下绥我苍生，旁施于九土。若伊之在商，周之有吕，说之相丁，用保我无疆之祚。"

皇帝若曰："群公、太宰、太尉、司徒、司空。惟公作朕鼎足，以弼乎朕躬。宰惟天官，克谐六职。尉惟司武，武在止戈。徒惟司众，敬敷五教。空惟司土，利用厚生。惟时三事，若三阶之在天；惟兹四辅，若四时之成岁。天工人其代诸。"

皇帝若曰："列将，汝惟鹰扬，作朕爪牙，寇贼奸宄，蛮夷猾夏，汝徂征，绥之以惠，董之以威。刑期于无刑，万邦咸宁。俾八表之内，莫违朕命，时汝功。"

皇帝若曰："庶邦列辟，汝惟守土，作民父母。民惟不胜其饥，故先王重农；不胜其寒，故先王贵女功。民之不率于孝慈，则骨肉之恩薄；弗惇于礼让，则争夺之萌生。惟兹六物，实为教本。呜呼！为上在宽，宽则民怠。齐之以礼，不刚不柔，稽极于道。"

皇帝若曰："卿士、庶尹、凡百御事，王省惟岁，卿士惟月，庶尹惟日，御事惟时。岁月日时，罔易其度，百宪咸贞，庶绩其凝。呜呼！惟若王官，陶均万国，若天之有斗，斟元气，酌阴阳，弗失其和，苍生永赖；悖其序，万物以伤。时惟艰哉！"

皇帝若曰："惟天地之道，一阴一阳；礼俗之变，一文一质。爰自三五，以迄于兹，匪惟相革，惟其救弊，匪惟相袭，惟其可久。惟我有魏，承乎周之末流，接秦汉遗弊，袭魏晋之华诞，五代浇风，因而未革，将以穆俗兴化，庸可暨乎。嗟我公辅、庶僚、列侯，朕惟否德，其一心力，祗慎厥艰，克遵前王之丕显休烈，弗敢怠荒。咨尔在位，亦协乎朕心，惇德允元，惟厥难是务。克捐厥华，即厥实，背厥伪。崇厥诚。勿信勿忘，一乎三代之彝典，归于道德仁义，用保我祖宗之丕命。荷天之休，克绥我万方，永康我黎庶。戒之哉！戒之哉！朕言不再。"

柱国讳泊庶僚百辟手稽首曰："禀聪明作元后,元后作民父母。"惟三五之王,率繇此道,用臻于刑措。自时厥后,历千载而未闻。惟帝念功,将反叔世。遂致于雍。庸锡降丕命于我群臣。博哉王言,非言之难,行之实难。罔不有初,鲜克有终。《商书》曰:'终始惟一,德乃日新。'惟帝敬厥始,慎厥终,以济日新之德,明我群臣,敢不夙夜对扬休哉。惟兹大谊,未光于四表,以迈种德,俾九域幽遐,咸诏奉元后之明训,率迁于道,永膺无疆之休。"

帝曰:"钦哉。"

自是之后,文笔皆依此体。

绰性俭素,不治产业,家无余财,以海内未平,常以天下为己任。博求贤俊,共弘治道,凡所荐达,皆至大官。太祖亦推心委任,而无闲言。太祖或出游,常预署空纸以授绰,若须有处分,则随事施行,及还,启之而已。绰尝谓治国之道,当爱民如慈父,训民如严师。每与公卿议论,自昼达夜,事无巨细,若指诸掌。积思劳倦,遂成气疾。十二年,卒于位,时年四十九。太祖痛惜之,哀动左右。及将葬,乃诏公卿等曰:"苏尚书平生谦退,敦尚俭约。吾欲全其素志,便恐悠悠之徒,有所未达;如其厚加赠谥,又乖宿昔相知之道。进退惟谷,孤有疑焉。"尚书令史麻瑶越次而进曰:"昔宴子,齐之贤大夫,一狐裘三十年。及其死也。遗车一乘。齐侯不夺其志。绰既操履清白,谦挹自居,愚谓宜从俭约,以彰其美。"太祖称善,因荐瑶于朝廷。及绰葬武功,唯载以布车一乘。太祖与群公,皆步送出同州郭门外。太祖亲于车后酹酒而言曰:"尚书平生为事妻,子兄弟不知者,吾皆知之。惟尔知吾心,吾知尔意。方欲共定天下,不幸遂舍我去,奈何!"因举声恸哭,不觉失卮于手。至葬日,又遣使祭以太牢,太祖自为其文。绰又著《佛性论》、《七经论》,并行于世。明帝二年,以绰配享太祖庙庭。子威嗣。

威少有父风,袭爵美阳伯,娶晋公护女新兴公主,拜车骑大将军、仪同三司,进爵怀道县公。建德初,稍迁御伯下大夫。大象末,开府仪同大将军。

隋开皇初,以绰著名前代,乃下诏曰:"昔汉高钦无忌之义,魏武挹子干之风,前代名贤,后王斯重。魏故度支尚书、美阳伯苏绰,文雅政事,遗迹可称。展力前王,垂声著绩。宜开土宇,用旌善人。"于是追封邳国公,邑三千户。

绰弟椿,字令钦。性廉慎,沉勇有决断。正光中,关右贼乱,椿应募讨之,授汤寇将军。累功封迁奉朝请、厉威将军、中散大夫,赐封美阳子,加都督、持节、平西将军、太中大夫。大统初,拜镇东将军、金紫光禄大夫,赐姓贺兰氏。四年,出为武都郡守。改授西夏州长史,除帅都督,行弘农郡事。

椿当官强济,特为太祖所知。十四年,置当州乡帅,自非乡望允当众心,不得预焉。乃令驿追椿领乡兵。其年,破槃头氏有功,除散骑常侍,加大都督。十六年,征随郡,军还,除武功郡守。既为本邑,以清俭自居,小大之政,必尽忠恕。寻授使持节、车骑大将军、仪同三司,进爵为侯。武成二年,进位骠骑大将军、开府仪同三司、大都督。保定三年,卒。子植嗣。

史臣曰:《书》云:"惟后非贤弗乂,惟贤非后罔食。"是以知人则哲,有国之所先;用之则行,为下之常道。若乃庖厨、胥靡、种德、微管之臣,罕闻于世;黜鲁、逐荆、抱关、执戟之士,无乏于时。斯固《典》《谟》所以昭则,《风》《雅》所以兴刺也。诚能监前事之得丧,劳虚己于吐握,其知贤也必用,其授爵也勿疑,则舜禹汤武之德可连衡矣,稷契伊吕之流可比肩矣。

太祖提剑而起,百度草创。施约法之制于竞逐之辰,修治定之礼于鼎峙之日。终能斩雕为朴,变奢从俭,风化既被,而下肃上尊;疆场屡扰,而内亲外附。斯盖苏令绰之力也。名冠当时,庆流后嗣,宜哉。

周书卷二四
列传第一六

卢　辩

卢辩字景宣，范阳涿人。累世儒学，父靖，太常丞。辩少好学，博通经籍，举秀才，为太学博士。以《大戴礼》未有解诂，辩乃注之。其兄景裕为当时硕儒，谓辩曰："昔侍中注《小戴》，今尔注《大戴》，庶纂前修矣。"

及帝入关，事起仓卒，辩不及至家，单马而从。或问辩曰："得辞家不？"辩曰："门外之治，以义断恩，复何辞也。"孝武至长安，授给事黄门侍郎，领著作。太祖以辩有儒术，甚礼之，朝廷大议，当日顾问。赵青雀之乱，魏太子出居渭北。辩时随从，亦不告家人。其执志敢决，皆此类也。寻除太常卿、太子少傅。魏太子及诸王等，皆行束修之礼，受业于辩。进爵范阳公，转少师。

自魏末离乱，孝武西迁，朝章礼度，湮坠咸尽。辩因时制宜，皆合轨度。性强记默契，能断大事。凡所创制，处之不疑。累迁尚书右仆射。世宗即位，进位大将军。帝尝与诸公幸其第，儒者荣之。出为宜州刺史。薨，配食太祖庙庭。子慎。

初，太祖欲行《周官》，命苏绰专掌其事。未几而绰卒，乃令辩成之。于是依《周礼》建六官，置公、卿、大夫、士，并撰次朝仪，车服器用，多依古礼，革汉、魏之法。事并施行。今录辩所述六官著之于篇。天官府管冢宰等众职，地官府领司徒等众职，春官府领宗伯等众职，夏官府领司马等众职，秋官府领司寇等众职，冬官府领司空等众职。史虽具载,文多不录。

辩所述六官,太祖以魏恭帝三年始命行之。自兹厥后,世有损益。宣帝嗣位,事不师古,官员班品,随意变革。至如初置四辅官,及六府诸司复置中大夫,并御正、内史增置上大夫等,则载于外史。余则朝出夕改,莫能详录。于时虽行《周礼》,其内外众职,又兼用秦汉等官。今略举其名号及命数,附之于左。其纪传内更有余官而于此不载者,亦史阙文也。

柱国大将军,大将军。右正九命。

骠骑、车骑等大将军,开府仪同三司,雍州牧。右正九命。

骠骑、车骑等将军,左、右光禄大夫,户三万以上州刺史。右正八命。

征东、征西、征南、征北、中军、镇军、抚军等将军。左右金紫光禄大夫,大都督,户二万以上州刺史,京兆尹。右八命。

平东、平西、平南、平北、前、后将军,左、右将军,左、右银青光禄大夫,帅都督,户一万以上刺史,柱国大将军府长史、司马、司录。右正七命。

冠军、辅国等将军,太中、中散等大夫,都督,户五千以上刺史,户一万五千以上郡守。右七命。

镇远、建中等将军,谏议、诚议等大夫,别将,开府长史、司马、司录,户一万以上郡守,大呼药。右正六命。

中坚,宁朔等将军;左、右中郎将;仪同府、正八命州长史,司马,司录;户五千以上郡守;小呼药。右六命。

宁远、扬烈伏波等将军;左、右员外常侍;统军;骠骑车骑府、八命州长史,司马,司录;柱国大将军府中郎掾;户一千以上郡守;长安、万年县令。右正五命。

轻车将军;奉车、奉骑等都尉;四征中镇抚军府、正七命州长史,司马、司录;开府府中郎掾属;户不满千以下郡守;户七千以上县令;正八命州呼药。右五命

宣威、明威等将军;武贲、冗从等给事;仪同府中郎掾属;柱国

大将军府列曹参军；四平前后左右将军府，七命州长史，司马，司录；正八命州别驾；户四千以上县令；八命州呼药。右正四命。

　襄威、厉威将军；给事中；奉朝请；军主；开府府列曹参军；冠军辅国府、正六命州长史，司马、司录；正七命州别驾；正八命州治中；七命郡丞；户二千以上县令；正七命州呼药。右四命。

　威烈、讨寇将军，左、右员外侍郎，幢主，仪同府、正八命州列曹参军，柱国府参军，镇远建忠中坚宁朔府长史、司录，正六命州别驾，正七命州治中，正六命郡丞，户五百以上县令，七命州呼药。右正三命。

　荡寇、荡难将军，武骑常侍、侍郎，开府府参军，骠骑车骑府、八命州列曹参军，宁远扬烈伏波轻车府长史，正六命州治中，六命郡丞，户不满百以下县令，戍主，正六命州呼药。右三命。

　殄寇、殄难将军，强弩、司马，四征中镇抚府、正七命州列曹参军，正五命郡丞。右正二命。

　扫寇、扫难将军，武威司马，四平前后左右府、七命州列曹参军，戍副，五命郡丞。右二命。

　旷野、横野将军，殿中、员外二司马，冠军辅国府、正六命州列曹参军。右正一命。

　武威、武牙将军，淮海、山林二都尉，镇远建忠中坚宁朔宁远扬烈伏波轻车府列曹参军。右一命。

　周制：封郡县五等爵者，皆加开国；授柱国大将军、开府、仪同者，并加使持节、大都督；其开府又加车骑大将军、散骑常侍；其授总管刺史，则加使持节、诸军事。以此为常。大象元年，诏总管刺史及行兵者，加持节，余悉罢之。建德四年，增置上柱国大将军，改仪同三司为仪同大将军。

周书卷二五
列传第一七

李贤 弟远

李贤字贤和，其先陇西成纪人也。曾祖富，魏太武时以子都督讨两山屠各殁于阵，赠宁西将军、陇西郡守。祖斌，袭领父兵，镇于高平，因家焉。父文保，早卒。魏大统末，以贤兄弟著勋，追赠泾原东秦三州刺史、司空。

贤幼有志节，不妄举动。尝出游，遇一老人，须眉皓白，谓之曰："我年八十，观士多矣，未如卿者。必为台牧，卿其勉之。"九岁，从师受业，略观大旨而已，不寻章句。或谓之曰："学不精勤，不如不学。"贤曰："夫人各有志，贤岂能强学待问，领徒授业耶，唯当粗闻教义，补己不足。至如忠孝之道，实铭之于心。"问者斩服。年十四，遭父丧，抚训诸弟，友爱甚笃。

魏永安中，万俟丑奴据岐、泾等诸州反叛，魏孝庄遣尔朱天光率兵击破之。其党万俟道洛、费连少浑犹据原州，未知丑奴已败。天光遣使造贤，令密图道洛。天光率兵续进。会贼党万俟阿宝战败逃还，私告贤曰："丑奴已败，王师行至此。阿宝以性命相投，愿能存济。"贤因令阿宝伪为丑奴使，绐道洛等曰："今已破台军，须与公计事，令阿宝权守原州，公宜速往。"道洛等信之，是日便发。既出而天光至，遂克原州。道洛乃将麾下六千人奔于牵屯山。天光见贤曰："道洛之出，子之力也。"贤又率乡人出马千匹以助军，天光大悦。时原州亢旱，天光以乏水草，乃退舍城东五十里，牧马息兵。令都督长孙邪利行原州事，以贤为主簿。道洛复乘虚忽至，时贼党千余人在城中，密为内应，引道洛入城，遂杀邪利，贤复率乡人殊死拒战，道洛乃退走。

又有贼帅达符显围逼州城，昼夜攻战，屡被摧衄。贤间道赴雍州，诣天光请援。天光许之，贤乃还。而贼营垒四合，无因入城，候日向夕，乃伪负薪，与贼樵采者俱得至城下。城中垂布引之，贼众方觉，乃弓弩乱发。射之不中，遂得入城，告以大军将至。贼闻之，便即散走。累迁威烈将军、殿中将军、高平令。

贺拔岳为侯莫陈悦所害，太祖西征。贤与其弟远、穆等密应侯莫陈崇，以功授都督，仍守原州。及大军将军至秦州，悦弃城走，太祖令兄子导勒兵追之，以贤为前驱。转战四百余里，至牵屯山及之，悦自刭于阵。贤亦被重疮，马中流矢。太祖嘉之，赏奴婢、布帛及杂畜等，授持节、抚军大将军、都督。

魏孝武西迁，太祖令贤率骑兵迎卫。时山东之众，多欲逃归。帝乃令贤以精骑三百为殿，众皆惮之，莫敢亡叛。封下邽县公，邑一千户。俄授左都督、安东将军，还镇原州。

大统二年，州民豆卢狼害都督大野树儿等，据州城反。贤乃招集豪杰与之谋曰：“贼起仓卒，便诛二将，其势虽盛，其志已骄。然其政令莫施，唯以残剥为业。夫以羁旅之贼，而驭乌合之众，势自离解。今若从中击之，贼必丧胆。如吾计者，指日取之。”众皆从焉。贤乃率敢死士三百人，分为两道，乘夜鼓噪而出。群贼大惊，一战而败，狼乃斩关遁走。贤轻与三骑追斩之。迁原州长史，寻行原州事。

四年，莫折后炽连结贼党，所在寇掠。贤率乡兵与行泾州事史宁讨之。后炽列阵以待。贤谓宁曰：“贼聚结岁久，徒众甚多，数州之人，皆为其用。我若总一阵并大击之，彼既同恶相济，理必总萃于我。其势不分，众寡莫敌。我便救尾，无以制之。今若令诸军分为数队，多设旗鼓，掎角而前，以胁诸栅。公别统精兵，直指后炽，按甲而待，莫与交锋。后炽欲前，则惮公之锐。诸栅欲出，则惧我疑兵。令其进不得战，退不得走，以候其懈，击之必破。后炽一败，则众栅不攻自拔矣。"宁不从，屡战频北。贤乃率数百骑径掩后炽营，收其妻子、僮隶五百人，并辎重等。属后炽与宁战胜，方欲追奔，忽闻贤至，乃弃宁与贤接战。贤手斩十余级，生获六人，贼遂大败。后炽单骑遁走。师还，以功赏奴婢四十口，杂畜数百头。

八年，授原州刺史。贤虽少从戎旅，而颇闲政事，抚导乡里，甚得民和。十二年，随独孤信征凉州，平之。又抚慰张掖等五郡而还。俄而茹茹围逼州城，剽掠居民，驱拥畜牧。贤欲出战，大都督王德犹豫未决贤固请，德乃从之。贤勒兵将出，贼密知之，乃引军退。贤因率骑士追击，斩二百余级，捕虏百余人，获驼马牛羊二万头，财物不可胜计。所掠之人，还得安堵。加授使持节、车骑大将军、仪同三司。

十六年，迁骠骑大将军、开府仪同三司。太祖之奉魏太子西巡也，至原州，遂幸贤第，让齿而坐，行乡饮酒礼焉。其后，太祖又至原州，令贤乘辂，备仪服，以诸侯会遇礼相见，然后幸贤第，欢宴终日。凡是亲族，颁赐有差。

魏恭帝元年，进爵河西郡公，增邑通前二千户。后以弟子植被诛，贤坐除名。俄授使持节、车骑大将军、仪同三司。时荆州群蛮反，开府潘招讨之。令贤与贺若敦率骑士七千，别道邀截，击蛮帅文子荣，大破之。遂于平州北筑汶阳城以镇之。寻治郢州刺史。时以巴、湘初附，诏贤总监诸军，略定，乃迁江夏民二千余户以实安州，并筑甑山城而还。保定二年，诏复贤官爵，仍授瓜州刺史。

高祖及齐王宪之在襁褓也，以避忌，不利居宫中。太祖令于贤家处之，六载乃还宫。因赐贤妻吴姓宇文氏，养为侄女，赐与甚厚。及高祖西巡，幸贤第，诏曰："朕昔冲幼，爰寓此州。使持节、骠骑大将军、开府仪同三司、大都督、瓜州诸军事、瓜州刺史贤，斯土良家，勋德兼著，受委居朕，辅导积年。念其规诲，功劳甚茂。食彼桑梓，尚怀好音，矧兹惠矣，其庸可忘？今巡抚居此，不殊代邑，举目依然，益增旧想。虽无属籍，朕处之若亲。凡厥昆季乃至子侄等，可并豫宴赐。"于是令中侍上士尉迟恺往瓜州，降玺书劳贤，赐衣一袭及被褥，并御所服十三环金带一要、中厩马一匹、金装鞍勒、杂彩五百段、银钱一万。赐贤弟申国公穆亦如之。子侄男女中外诸孙三十四人，各赐衣一袭。又拜贤甥厍狄乐为仪同。贤门生昔经侍奉者，二人授大都督，四人授帅都督，六人别将。奴已免贱者，五人授军主，未免贱者十二人酬替放之。

四年，王师东讨，朝议以西道空虚，卢羌、浑侵扰，乃授贤使持节、河州总管、三州七防诸军事、河州刺史。河州旧非总管，至是创置焉。贤乃大营屯田，以省运漕；多设斥候，以备寇戎。于是羌、浑敛迹，不敢向东。五年，宕昌寇边，百姓失业，乃于洮州置总管府以镇遏之。遂废河州总管，改授贤洮州总管、七防诸军事，洮州刺史。属羌寇石门戍，撤破桥道，以绝援军，贤率千骑御之，前后斩获数百人，贼乃退走。羌复引吐谷浑数千骑，将入西疆。贤密知之，又遣兵伏其隘路，复大败之。虏遂震慑，不敢犯塞。俄废洮州总管，迁于河州置总管府，复以贤为之。

高祖思贤旧恩，征拜大将军。天和四年三月，卒于京师，时年六十八。高祖亲临，哀动左右。赠使持节、柱国大将军、大都督、泾原秦待十州诸军事、原州刺史。谥曰桓。子端嗣。

端字永贵，历位开府仪同三司、司会中大夫、中州刺史。从高祖平齐，于邺城战殁，赠上大将军，追封襄阳公，谥曰果。端弟吉，仪同三司。吉弟崇位至太府中大夫、上柱国、广宗郡公。崇弟孝轨，开府仪同大将军、升迁县伯。孝轨弟询，少历显位。大象末，上柱国、陇西郡公。

贤弟远，字万岁。幼有器局，志度恢然。尝与群儿为战斗之戏，指麾部分，便有军阵之法。郡守见而异之，召使更戏，群儿惧而散走，远持杖叱之，复为向势，意气雄壮殆甚于前。郡守曰："此小儿必为将军，非常人也。"及长涉猎书传，略知指趣而已。

魏正光末，天下鼎沸，敕勒贼胡琛侵逼原州，其徒甚盛。远昆季率励乡人，欲图拒守，而众情猜惧，颇有异同。远乃按剑而言曰："顷年以来，皇家多难。匈党乘机，肆其毒螫。王略未振，缓其枭夷。正是忠臣立节之秋，义士建功若弃同即异，去顺效逆，虽五尺童子，犹或非之，将复何颜见天下之士。有异议者，请以剑斩之！"于是众皆股栗，莫不听命。乃相与盟歃，遂深壁自守。而外无救援，城遂陷。其徒多被杀害，唯远兄弟并为人所匿，得免。远乃言于贤曰："今逆贼孔炽，屠戮忠良。远欲间行入朝，请兵救援。兄晦迹和光，可以免祸。内伺衅隙，因变立功。若王师西指，得复表里相应，既殉国家之急，且全私室之危。岂若窘迫凶威，坐见夷灭！"贤曰："是吾心也。"遂定东行之策。远乃崎岖寇境，得达京师。魏朝嘉之，授武骑常侍。俄转别将，赐帛千匹，并弓刀衣马等。

及尔朱天光西伐，乃配远精兵，使为乡导。天光钦远才望，特相引接，除伏波将军、长城郡守、原州大中正。

后以应侯莫陈崇功，迁高平郡守。太祖见远，与语悦之，令居麾下，甚见亲遇。及魏孝武西迁，授假节、银青光禄大夫、主衣都统，封安定县伯，邑五百户。魏文帝嗣位之始，思享遐年，以远字可嘉，令扶帝升殿。迁使持节、征东大将军，进爵为公，增邑千户，仍领左右。从征窦泰，复弘农，并有殊勋。授都督、原州刺史。太祖谓远曰："孤之有卿，若身体之有手臂之用，岂可暂辍于身。本州之荣，乃私事耳。卿若述职，则孤无所寄怀。"于是遂令远兄贤代行州事。沙苑之役，远功居最，除车骑大将军、仪同三司，进爵阳平郡公，邑三千户。寻从独孤信东略，遂入洛阳。为东魏将侯景等所围。太祖至，乃解。及河桥之战，远与独孤信为右军，不利而退。除大丞相府司马。军国机务，远皆参之，畏避权势，若不在己。时河东初复，民情未安，太祖谓远曰："河东国之要镇，非卿无以抚之。"乃授河东郡守远敦奖风俗，劝课农桑，肃遏奸非，兼修守御之备。曾未期月，百姓怀之。太祖嘉焉，降书劳问。徵为侍中、骠骑大将军、开府仪同三司。魏建东宫，授太子少傅，寻转少师。

东魏北豫州刺史高仲密请举州来附。时齐神武屯兵河阳。太祖以仲密所据辽远，难为应接，诸将皆惮此行。远曰："北豫在贼境，高欢又屯兵河阳，常理而论，实难救援。但兵务神速，事贵合机。古人有言‘不入兽穴，不得兽子。’若以奇兵出其不意，事或可济。脱有利钝，故是兵家之常。如其顾望不行，便无克定之日。”太祖喜曰："李万岁所言，差强人意。"乃授行台尚书，前驱东出。太祖率大军继进。远乃潜师而往，拔仲密以归。仍从太祖战于邙山。时大军不利，远独整所部为殿。寻授都督义州弘农等二十一防诸军事。

远善绥抚，有干略，守战之备，无不精锐。每厚抚外之人，使为间谍，敌中动静，必先知之。至有事泄被诛戮者，亦不以为悔，其得人心如此。尝校猎于莎栅，见石于丛蒲中，在为伏兔，射之而中，镞入寸余。就而视之，乃石也。太祖闻而异之，赐书曰："昔李将军广亲有此事，公今复尔，可谓世载其德。虽熊渠之名，不能独擅其美。"

东魏将段孝先率步骑二万趋宜阳，以送粮为名，然实有窥窬之意。远密知其计，遣兵袭破之，获其辎重器械。孝先遁走。太祖乃赐所乘马及金带床帐衣被等，并杂彩二千匹，拜大将军。

顷之，除尚书左仆射。远白太祖曰："远，秦陇匹夫，才艺俱尔。平生念望，不过一郡守耳。遭逢际会，得奉圣明。主贵臣迁，以至于此。今位居上列，爵迈通侯，受委方面，生杀在手。非直荣宠一时，亦足光华身世。但尚书仆射，任居端揆，今以赐授，适所以重其罪责。明公若欲全之，乞寝此授。"太祖曰："公勋德兼美，朝廷钦属，选众而举，何足为辞。且孤之于公，义等骨肉，岂容于官位之间，便致退让，深乖所望也。"远不得已，方拜职。太祖又以第十一子达令远子，即代王也。其见亲待如此。

时太祖嫡嗣未建，明帝居长，已有成德；孝闵处嫡，年尚幼冲。乃召群公谓之曰："孤欲立子以嫡，恐大司马不疑。"大司马即犹孤信，明帝敬后父也。众皆默，未有言者。远曰："夫立子以嫡不以长，礼经明义。略阳公为世子，公何所疑。若以信为嫌，请即斩信。"便拔刀而起。太祖亦起曰："何事至此！"信又自陈说，远乃止。于是群公并从远议。出外拜谢信曰："临大事，不得不尔。"信亦谢远曰："今日赖公，决此大议。"六官建，授小司寇。孝闵帝践祚，进位柱国大将军，邑千户。复镇弘农。

远子植,在太祖时已为相府司录参军,掌朝政。及晋公护执权,恐不被任用,乃密欲诛护。语在《孝闵帝纪》。谋颇漏泄,护知之,乃出植为梁州刺史。寻而废帝,召远及植还朝。远恐有变,沉吟久之,乃曰:"大丈夫宁为忠鬼,安能作叛臣乎!"遂就徵。既至京师,护以远功名素重,犹欲全宥之。乃引与相见,谓之曰:"公儿遂有异谋,非止屠戮护身,乃是倾危宗社。叛臣贼子,理宜同疾,公可早为之所。"乃以植付远。远素钟爱于植,植又口辩,乃云初无此谋。远谓为信然。诘朝,将植谒护,护谓植已死,乃曰:"阳平公何意乃自来也?"左右云:"植亦在门外。"护大怒曰:"阳平公不信我矣!"乃召入,仍命远同坐,令帝与植相质于远前。植辞穷,谓帝曰:"本为此谋,欲安社稷,利至尊耳。今日至此,何事云云。"远闻之,自投于床曰:"若尔,诚合万死。"于是护乃害植,并逼远令自杀。时年五十一。植弟叔谐、叔谦、叔让亦死。余并以年幼得免。

建德元年,晋公护诛,乃诏曰:"故使持节、柱国大将军、大都督、阳平郡开国公远,早蒙驱任,夙著勋绩,内参帷幄,外属藩维。竭诚王室,乃罹横祸。言念贞良,追增伤悼。宜加荣宠,用彰忠节。"赠本官,加陕熊等十五州诸军事、陕州刺史。谥曰忠。隋开皇初,追赠上柱国、黎国公,邑三千户,改谥曰怀。植及诸弟,并加赠谥。

植弟基,字仲和。幼有声誉,美容仪,善谈论,涉猎群书,尤工骑射。太祖召见奇之,乃令尚义归公主。大统十年,释褐员外散骑常侍。后以父勋,封建安县公,邑一千户。累迁抚军将军、银青光禄大夫、通直散骑常侍,领大丞相亲信。俄转大都督,进爵清河郡公。

太祖扶危定倾,威权震主,及魏废帝即位之后,猜隙弥深。时太祖诸子,年皆幼冲,章武公导、中山公护复东西作镇,唯托意诸婿,以为心膂。基与义城公李晖、常山公千翼等俱为武卫将军,分掌禁旅。帝深惮之,故密谋遂泄。

魏恭帝即位,迁使持节、车骑大将军、仪同三司,加散骑常侍,进爵敦煌郡公,寻加侍中、骠骑大将军、开府仪同三司,拜阳平国世子。六官建,授御正中大夫。孝闵帝践祚,出为海州刺史。

寻以兄植被收，例合坐死。既以主贵，又为季父穆所请，得免。武成二年，除江州刺史。既被遣谪，常忧惧不得志。保定元年，卒于位，年三十一。申公穆尤所钟爱，每哭辄悲恸，谓其所亲曰："好儿舍我去，门户岂是欲兴。"宣政元年，追赠使持节、上开府仪同三司、大将军、曹徐谯三州刺史、敦煌郡公，谥曰孝。子威嗣。

威字安民，起家右侍上士，累迁至开府仪同三司，又改袭远爵阳平郡公。从高祖平齐，以功授上开府、拜军司马。宣帝即位，进授大将军，出为熊州刺史。大象末，位至柱国。

史臣曰：李贤和兄弟，属乱离之际，居戎马之间，志略纵横，忠勇奋发，及摧勍敌，屡涉艰危，而功未书于王府，仕不过于州郡。及逢卓时值主，策名委质，或使烦莫府，或契阔戎行，荷生成之恩，蒙国士之遇，俱縻好爵，各著勋庸。遂得任兼文武，声彰内外，位高望重，光国荣家，趺萼连晖，椒聊繁衍，冠冕之盛，当时莫比焉。自周迄隋，郁为西京盛族，虽金、张在汉、不之尚也。

然而太祖初崩，嗣君冲幼。内则功臣放命，外则强寇临边。晋公以犹子之亲，膺负图之托，遂能抚宁家国，开翦异端，革魏兴周，远安迩悦。功勤已著，过恶未彰。李植受遇先朝，宿参机务，恐威权之已去，惧将来之不容。生此厉阶，成兹贝锦，乃以小谋大，由疏间亲。主无昭帝之明，臣有上官之诉。嫌隙既兆，峥故因之。启冢宰无君之心，成闵皇废弑之祸，植之由也。李远既阙义方之训，又无先见之明，以是诛夷，非为不幸。

周书卷二六
列传第一八

长孙俭　长孙绍远　弟澄　兄子兕
斛斯征

　　长孙俭，河南洛阳人也。本名庆明。其先，魏之枝族，姓托拔氏。孝文迁洛，改为长孙。五世祖嵩，魏太尉、北平王。俭少方正，有操行，状貌魁梧，神彩严肃，虽在私室，终日俨然。性不妄交，非其同志，虽贵游造门，亦不与相见。孝昌中，起家员外散骑侍郎，从尔朱天光破陇右。太祖临夏州，以俭为录事，深敬器之。贺拔岳被害，太祖赴平凉，凡有经纶谋策，俭皆参预。从平侯莫陈悦，留俭为秦州长史。时西夏州仍未内属，而东魏遣许和为刺史，俭以信义招之，和乃举州归附。即以俭为西夏州刺史，总统三夏州。

　　时荆襄初附，太祖表俭功绩尤美，宜委东南之任，授荆州刺史、东南道行以仆射。所部郑县令泉璨为民所讼，推治获实。俭即大集僚属而谓之曰："此由刺史教诲不明，信不被物，是我之愆，非泉璨之罪。"遂于厅事前，肉袒自罚，舍璨不问。于是属城肃励，莫敢犯法。魏文帝玺书劳之。太祖又与俭书曰："近行路传公以部内县令有罪，遂自杖三十，用肃群下。吾昔闻'王臣謇謇，匪躬之故'，盖谓忧公忘私，知无不为而已。未有如公刻身罚己以训群僚者也。闻之嘉欢。"荆蛮旧俗，少不敬长。俭殷勤劝导，风俗大革。务广耕桑，兼习武事，故得边境无虞，民安其业。吏民表请为俭构清德楼，树碑刻颂，朝议许焉。在州遂历二载。

征授大行台尚书，兼相府司马。尝与群公坐于太祖，及退，太祖谓左右曰："此公闲雅，孤每与语，尝肃然畏敬，恐有所失。"他日，太祖谓俭曰："名实理须相称，尚书既志安贫素，可改名俭，以彰雅操。"又除行台仆射、荆州刺史。时梁岳阳王萧詧内附，初遣使入朝，至荆州。俭于厅事列军仪，具戎服，与使人以宾主礼相见。俭容貌魁伟，音声如钟，大为鲜卑语，遣人传译以问客。客惶恐不敢仰视。日晚，俭乃著群襦纱帽，引客宴于别齐，因序梁国丧乱，朝廷招携之意，发言可观。使人大悦。出曰："吾所不能测也。"

及梁元帝嗣位于江陵，外敦邻睦，内怀异计。俭密启太祖，陈攻取之谋。于是征俭入朝，问其经略。俭对曰："今江陵既在江北，去我不远。湘东即位，已涉三年，观其形势，不欲东下。骨肉相残，民厌其毒。荆州军资器械，储积已久，若大军西讨，必无匮乏之虑。且兼弱攻昧，武之善经。国家既有蜀土，若更平江汉，抚而安之，收其贡赋，以供军国，天下不足定也。"太祖深然之，乃谓俭曰："如公之言，吾取之晚矣。"令俭还州，密为之备。寻令柱国、燕公于谨总戎众伐江陵。平，以俭元谋，赏奴婢三百口。太祖与俭书曰："本图江陵，由公画计，今果如所言。智者见未萌，何其妙也。但吴民离散，事藉招怀，南服重镇，非公莫可。"遂令俭镇江陵，进爵昌宁公，迁大将军，移镇荆州，总管五十二州。

俭旧尝诣阙奏事，时值大雪，遂立于雪中待报，自旦达暮，竟无惰容。其奉公勤至，皆此类也。三年，以疾还京。为夏州总管，薨，遗启世宗，请葬于太祖陵侧，并以官所赐之宅还官。诏皆从之。追封郐公。荆民仪同赵超等七百人，感俭遗爱，诣阙请为俭立庙树碑，诏许之。诏曰："昔叔敖辞沃之地，萧何就穷僻之乡，以古方今，无斩薨哲。言寻嘉尚，弗忘于怀。而有司未达大体，遽以其第即便给外。今还其妻子。"子隆。

长孙绍远字师，河南洛阳人。少名仁。父稚，魏太师、录尚书、上党王。绍远性宽容，有大度，望之俨然，朋侪莫敢执狎。雅好坟籍，聪慧过人。时稚作牧寿春，绍远幼，年甫十三。稚管记王硕闻绍远强记，心以为不然，遂白稚曰："伏承世子聪慧之姿，发于天性，目所一见，诵之于口。此既历世罕有，窃愿验之。"于是命绍远试焉。读《月令》数纸，才一遍，诵之若流。自是硕乃欢服。

魏孝武初，累迁司徒右长史。及齐神武称兵而帝西迁，绍远随稚奔赴。又累迁殿中尚书、录尚书事。太祖每谓群公曰："长孙公任使之处，令人无反顾忧。汉之萧、寇，何足多也。然其容止堂堂，足为当今模楷。"六官建，拜大司乐。孝闵帝践祚，封上党公。

初，绍远为太常，广召工人，创造乐器，土木丝竹，各得其宜。唯黄钟不调，绍远每以为意。尝因退朝，经韩使君佛寺前过，浮图三层之上，有鸣铎焉。忽闻其音，雅合宫调，取而配奏，方始克谐。绍远乃启世宗行之。绍远所奏乐，以八为数，故梁黄门侍郎裴正上书，以为昔者大舜欲闻七始，下洎周武，爰七音。持林钟作黄钟，以为正调之首。诏与绍远详议往复，于是遂定以八为数焉。授小司空。高祖读史书，见武王克殷而作七始，又欲废八而悬七，并除黄种之正宫，用林钟为调首。绍远奏云："天子悬八，肇自先民，百王共轨，万古不易。下逮周武，甫修七始之音。详诸经义，又无废八之典。且黄钟为君，天子正位，今欲废之，未见其可。"后高祖竟废七音。属绍远遘疾，未获面陈，虑有司遽损乐器，乃书与乐部齐树之。缺后疾甚，乃上遗表又陈之而卒。帝省表涕零，以痛惜之。

澄字士亮。年十岁，司徒李琰之见而奇之，遂以女妻焉。十四，从征讨，有策谋，勇冠诸将。及长，容貌魁岸，风仪温雅。魏孝武初，除征东将军、渭州刺史。魏文帝尝与太祖及群公宴，从容言曰："《孝经》一卷，人行之本，诸公宜各引要言。"澄应声曰："夙夜匪懈，以事一人。"座中有人次曰："匡救其恶。"既而出阁，太祖深欢澄之合机，而遣其次答者。后从太祖援玉壁，又从战邙山，进位骠骑大将军、开府。孝闵帝践祚，拜大将军，封义门公，为玉壁总管。卒，自丧初至及葬，世宗三临之。典祀中大夫宇文容谏曰："君临臣丧，自有节制。今乘舆屡降，恐乖礼典。"世宗不从。

澄操履清约,家无余财。太祖尝谓曰:"我于公间,志无所惜,公有所须,宜即具道。"澄曰:"澄自顶至足,皆是明公恩造。即如今者,实无所须。"雅对宾客,接引忘疲。虽不饮酒,而好观人酣兴。常恐座客请归,每勒中厨别进异馔,留之止。

觅字若汗,性机辩,强记博闻,雅重宾游,尤善谈论。从魏孝武西迁。天和初,累迁骠骑大将军、开府,迁绛州刺史。

斛斯征,字士亮,河南洛阳人。父椿,太傅,尚书令。幼聪颖,五岁诵《孝经》、《周易》、识者异之。及长,博涉群书,尤精《三礼》,兼解音律。有至性,居父丧,朝夕共一溢米。以父勋累迁太常卿。自魏孝武西迁,雅乐废缺,博采遗逸,稽诸典故,创新改旧,方始备焉。又乐有锌于者,近代绝无此器,或有自蜀得之,皆莫之识,见之曰:"此锌于也。"众弗之信。遂依于宝周礼注以芒简拊之,其声极振,众乃叹服。乃取以合乐焉。六官建,拜司乐中大夫。进位骠骑大将军、开府。

后高祖以治经有师法,诏令教授皇太子。宣帝时为鲁公,与诸皇子等咸服青衿,行束修之礼,受业于,仍并呼为夫子。儒者荣之。

宣帝嗣位,迁上大将军、大宗伯。时高祖初崩,梓宫在殡,帝意欲速葬,令朝臣议之。与内史宇文孝伯等固请依礼七月,帝竟不许。帝之为太子也,宫尹郑译坐不能以正道调护,被谪除名。而帝雅亲爱译,至是拜译内史中大夫,甚委任之。译乃献新乐,十二月各一笙,每一笙用十六管。帝令与议之,驳而奏,帝颇纳焉。及高祖山陵还,帝欲作乐,复令议其可不。曰:"《孝经》云'闻乐不乐'。闻尚不乐,其况作乎。"郑译曰:"既云闻乐,明即非无。止可不乐,何容不奏帝。"遂依译议。译因此衔之。

帝后肆行非度,昏虐日甚。以荷高祖重恩,尝备位师傅,若生不能谏,死何以见高祖。乃上疏极谏,指陈帝失,帝不纳。译因潜之,遂下狱。狱卒张元哀之,乃以佩刀穿狱墙,遂出之。元卒被拷而终无所言。遇赦得免。

隋文帝践祚,例复官,除太子太傅,诏修撰乐书。开皇初,薨。子
谚。所撰《乐典》十卷。

周书卷二七
列传第一九

赫连达　韩果　祭佑　常善
辛威　厍狄昌　田弘　梁椿
梁台　宇文测 弟深

　　赫连达字朔周,盛乐人,勃勃之后也。曾祖库多汗,因避难改姓杜氏。达性刚鲠,有胆力。少从贺拔岳征讨有功,拜都将,赐爵长广乡男,迁都督。及岳为侯莫陈悦所害,军中大扰。赵贵建议迎太祖,诸将犹豫未决。达曰:"宇文夏州昔为左丞,明略过人,一时之杰。今日之事,非此公不济。赵将军议是也。达请轻骑告哀,仍迎之。"诸将或欲南追贺拔胜,或云东告朝庭。达又曰:"此皆远水不救近火,何足道哉。"贵于是谋遂定,令达驰往。太祖见达恸哭,问故,达以实对。太祖遂以数百骑南赴平凉,引军向高平,令达率骑据弹筝峡。时百姓惶惧,奔散者多。有数村民,方扶老弱、驱畜牧,欲入山避难,军士争欲掠之。达曰:"远近黎民,多受制于贼,今若值便掠缚,何谓伐罪吊民!不如因而抚之,以示义师之德。"乃抚以恩信,民皆悦附,于是迭相晓语,咸复旧业。太祖闻而嘉之。悦平,加平东将军。太祖谓诸将曰:"当清水公遇祸之时,君等性命悬于贼手,虽欲来告,其路无从。杜朔周冒万死之难,远来见及,遂得共尽忠节,同雪仇耻。虽藉众人力,实赖杜子之功。劳而不酬,何以劝善。"乃赐马二百匹;达固让,太祖弗许。魏孝武入关,褒叙勋义,以达首迎元帅,匡复秦、陇进爵魏昌县伯,邑五百户。

从仪同李虎破曹泥,除镇南将军、金紫光禄大夫,加通直散骑常侍,增邑并前一千户。从复弘农,战沙苑,皆有功。又增邑八百户,除泉郡守,转帅都督,加持节,除济州刺史。诏复姓赫连氏。以达勋望兼隆,乃除云州刺史,即本州也。进爵为公,拜大都督,寻授仪同三司。

从大将军达奚武攻汉中。梁宜丰侯萧循拒守积时,后乃送款。武问诸将进止之宜。开府贺兰愿德等以其食尽,欲急攻取之。达曰:"不战而获城,策之上者。无容利其子女,贪其财帛。穷兵极武,仁者不为。且观其士马犹强,城池尚固,攻之纵克,必将彼此俱损。如其困兽犹斗,则成败未可知。况行师之道,以全军为上。"武曰:"公言是也。"乃命将帅各申所见。于是开府杨宽等并同达议,武遂受循降。师还,迁骠骑大将军、开府仪同三司,加侍中,进爵蓝田县公。六官初建,授左遂伯。出为陇州刺史。保定初,迁大将军、夏州总管、三州五防诸军事。达虽非文吏,然性质直,遵奉法度,轻于鞭挞,而重慎死罪。性又廉俭,边境胡民或馈达以羊者,达欲招纳异类,报以赠帛。主司请用官物,达曰:"羊入我厨,物出官库,是欺上也。"命取私帛与之。识者嘉其仁恕焉。寻进爵乐川郡公。建德二年,进位柱国,薨。子迁嗣,大象中,位至大将军、蒲州刺史。

韩果字阿六拔,代武川人也。少骁雄,善骑射。贺拔岳西征,引为帐内。击万俟丑奴及其枝党,转战数十合,并破之。膂力绝伦,被甲荷戈,升陟峰岭,犹涉平路,虽数十百日,不以为劳。以功授宣威将军、子都督。从太祖讨平侯莫陈悦,迁都督,赐爵邯郸县男。魏孝武入关,进封石县伯,邑五百户。大统初,进爵为公,增邑通前一千户,加通直散骑常侍。果性强记,兼有权略。所行之处,山川形势,备能记忆。兼善伺敌虚实,揣知情状,有潜匿溪谷欲为间侦者,果登高望之,所疑处,往必有获。太祖由是以果为虞候都督。每从征行,常领候骑,昼夜巡察,略不眠寝。

从袭窦泰于潼关，太祖依其规画，军以胜返。赏以珠金带一腰、帛二百匹，授征虏将军。又从复弘农，攻拔河南城，获郡守一人，论功为最。破沙苑，战河桥，并有功，授抚军将军、银青光禄大夫，增邑九百户。迁朔州刺史，转安州刺史，加帅都督。九年，从战邙山，军还，除河东郡守。又从大军破稽胡于北山。胡地险阻，人迹罕至，果进兵穷讨，散其种落。稽胡惮果劲健，号为著翅人。太祖闻之，笑曰："著翅之名，宁减飞将。"累迁大都督、车骑大将军、仪同三司、骠骑大将军、开府仪同三司，出为宜州刺史。录前后功，进爵褒中郡公。魏恭帝元年，授大将军。从贺兰祥讨吐谷浑，以功别封一子县公。武成二年，又率军破稽胡，大获生口。赐奴婢一百口，除宁州刺史。保定三年，拜少帅，进位柱国。四年，从尉迟迥围洛阳。军退，果所部独全。天和初，授华州刺史，为政宽简，吏民称之。建德初，薨。

子明嗣。大象末，位至上大将军、黎州刺史。与尉迟迥同谋，被诛。

祭佑字承先，其先陈留圉人也。曾祖绍为夏州镇将，徙居高平，因家焉。祖护，魏景明初，为陈留郡守。父袭，名著西州。正光中，万俟丑奴寇乱关中，袭乃背贼，弃妻子，归洛阳。拜齐安郡守。及魏孝武西迁，仍在关东。后始拔难西归，赐爵平舒县伯，除岐、夏二州刺史，卒。赠原州刺史。佑性聪敏，有行检。袭之背贼东归也，佑年十四，事母以孝闻。及长，有膂力，便骑射。太祖在原州，召为帐下亲信。太祖迁夏州，以佑为都督。

及侯莫陈悦害贺拔岳，诸将遣使迎太祖。将赴，夏州首望弥姐元进等阴有异计。太祖微知之，先与佑议执元进。佑曰："狼子野心，会当反噬，今若执缚，不如杀之。"太祖曰："汝大决也。"于是召元进等入计事。太祖曰："陇贼逆乱，与诸人戮力讨之。观诸八辈似有不同者。"太祖微以此言动之，因目佑。即出外，衣甲持刀直入，睢目叱诸人曰："与人朝谋夕异，岂是人也！蔡祐今日必斩奸人之头。"因按剑临之。举座皆叩头曰："愿有简择。"佑乃叱元进而斩之，并其党并伏诛。一坐皆战粟，莫敢以视。于是与诸将结盟，同心诛悦。太祖以此知重之。乃谓佑曰："吾今以尔为子，尔其父事我。"后从讨悦，破之。

又从迎魏孝武于潼关。以前后功，封苌乡县伯，邑五百户。大统初，加宁朔将军、羽林监，寻持节、员外散骑常侍，进爵为侯，增邑一千一百户。从太祖擒窦泰，复弘农，战沙苑，皆有功，授平东将军、太中大夫。又从太祖战于河桥，祐乃下马步斗，手杀数人，左右劝乘马以备急卒。佑怒曰："丞相养我如子，今日岂以性命为念！"遂率左右十余人，齐声大呼，杀伤甚多。敌以其无继，遂围之十余重，谓佑曰："观君似是勇士，但弛甲来降，岂虑无富贵耶。"佑骂之曰："死卒！吾今取头，自当封公，何假贼之官号也。"乃弯弓持满，四面拒之。东魏人弗敢逼，乃募厚甲长刀者，直进取佑。去佑三十步，左右劝动射之，佑曰："吾曹性命，在一矢耳，岂虚发哉。"敌人渐进，可十步，佑乃射之，正中其面，应弦而倒，便以矛刺杀之。因此，战数合，唯失一人，敌乃稍却。佑徐引退。是战也，我军不利。太祖已还。佑至弘农，夜中与太祖相会。太祖见佑至，谓之曰："承先，尔来，吾无忧矣。"太祖心惊，不得寝，枕佑股上，乃安。以功进爵为公，增邑三百户，授京兆郡守。

九年，东魏豫州刺史高仲密举州来附。太祖率军援之，与齐神武遇，战于邙山。佑时著明光铁铠，所向无前。敌人咸曰"此是铁猛兽也"，皆遽避之。俄授青州刺史，转原州刺史，加帅都督，寻除大都督。十三年，遭父忧，请终丧纪。弗许。迁车骑大将军、仪同三司，加骠骑大将军、开府仪同三司、侍中，赐姓大利稽氏，进爵怀宁郡公。

魏恭帝二年，中领军。六官建，授兵部中大夫。江陵初附，诸蛮骚动，诏佑与大将军豆卢宁讨平之。三年，拜大将军，给后部鼓吹。以前后功，增邑并前四千户，别封一子县伯。太祖不豫，佑与晋公护、贺兰祥等侍疾。及太祖崩，佑悲慕不已，遂得气疾。

孝闵帝践祚，拜少保。佑与尉迟纲俱掌禁兵，递直殿省。时帝信任司会李植等，谋害晋公护，佑每泣谏，帝不听。寻而帝废。

世宗即位，拜小司马，少保如故。帝之为公子也，与佑特相友昵，至是礼遇弥隆。御膳每有异味，辄辍以赐佑；群臣朝宴，每被别留，或至昏夜，列炬鸣笳，送佑还宅。佑以过蒙礼遇，常辞疾避之。至于婚姻，尤不愿交于势要。寻以本官获镇原州。顷之，授且州刺史，未之部，因先气疾动，卒于原州。时年五十四。

佑少有大志，与乡人李穆，布衣齐名。尝相谓曰："大丈夫当建立功名，以取富贵，安能久处贫贱邪！"言讫，各大笑。穆即申公也。后皆如其言。及从征伐，常溃围陷阵，为士卒先。军还之日，诸将争功，佑终无所竟。太祖每欢之，尝谓诸将曰："承先口不言勋，孤当代其论叙。"其见知如此。性节俭，所得禄皆散与宗族，身死之日，家无余财。赠使持节、柱国大将军、大都督、五州诸军事、原州刺史。谥曰庄。子正嗣。官至使持节、车骑大将军、仪同三司。

佑弟泽，颇好学，有干能。起家魏广平王参军、丞相府兼记室，加宣威将军、给事中。从尉迟迥平蜀，授帅都督，赐爵安弥县男。稍迁司铬下大夫、车骑大将军、仪同三司、礼州刺史。在州受赂，总管代王达以其功臣子弟，密奏贳之。后为邛州刺史，不从司马消难，被害。

常善，高阳人也。世为豪族。父安成。魏正光末，茹茹寇边，以统军从镇将慕容胜与战，大破之。时破六汗拔陵作乱，欲逼安成，不从，乃率所部讨陵。以功授伏波将军。给鼓节。后与拔陵连战，卒于战阵善，魏孝昌中，从尔朱容入洛，授威烈将军、都督，加龙骧将军、中散大夫、直寝，封房城县男，邑三百户。后从太祖平侯莫陈悦，除天水郡守。魏孝武西迁，授武卫将军，进爵武始县伯，增邑二百户。大统初，加平东将军，进爵为侯。擒窦泰，复弘农，破沙苑，累有战功。除使持节、卫将军，假骠骑大将军、秦州刺史。四年，从战河桥，加大都督，进爵为公，除泾州刺史。属茹茹入寇，抄掠北边，善率所部破之，尽获所掠。拜车骑大将军、仪同三司，迁骠骑大将军、开府仪同三司,西安州刺史。转蔚州刺名。频莅三蕃,颇有政绩。魏恭帝二年,进爵永阳郡公,增邑二千户。孝闵帝践祚,拜大将军、宁州总管。保定二年,入为小司徒。四年,突厥出师与随公杨忠东伐,令善应接之。五年夏,卒,时年六十四。赠使持节、柱国大将军、大都督、延夏盐恒燕五州诸军事、延州刺史。子升和嗣。先以善勋,拜仪同三司。

辛威,陇西人也。祖大汗,魏渭州刺史。父生,河州四面大都督。及威著勋,追赠大将军、凉甘等五州刺史。威少慷慨,有志略。初从贺兰拔岳征讨有功,假辅国将军、都督。及太祖统岳之众,见威奇之,引为帐内。寻授羽林监,封白土县伯,邑五百户。从迎魏孝武,因攻回洛城,功居最。大统元年,拜宁远将军,增邑二百户。累迁通直散骑常侍,进爵为侯,增邑三百户。从擒窦泰,复弘农,战沙苑,并先锋陷敌,勇冠一时。以前后功,授抚军将军、银青光禄大夫。从于谨破襄城。又从独孤信入洛阳,经河桥阵,加持节,进爵为公,增邑八百户。五年,授扬州刺史。加大都督。十三年,迁车骑大将军、仪同三司,骠骑大将军、开府仪同三司,赐姓普毛氏,出为鄜州刺史。威时望既重,朝廷以桑梓荣之,迁河州刺史,本州大中正。频领二镇,颇得民和。闵帝践祚,拜大将军,进爵包罕郡公,增邑五千户。及司马消难来附,威与达奚武率众援接。保定初,复率兵讨丹州叛胡,破之。三年,与达奚武攻阳关,拔之。明年,从尉迟迥围洛阳。还,拜小司马。天和初,进位柱国。复为行军总管,讨绥、银等诸州叛胡,并平之。六年,从齐王宪东伐,拔伏龙等五城。建德初,拜大司寇。三年,迁少傅,出为宁州总管。宣政元年,进位上柱国。大象二年,进封宿国公,增邑并前五千户,复为少傅。其年冬,薨,时年六十九。

威性持重,有威严。历官数十年,未尝有过,故得以身名终。兼其家门友义,五世同居,世以此称之。子永达嗣。大象末,以威勋,拜仪同大将军。

厍狄昌字恃德，神武人也。少便骑射，有膂力。及长，进止闲雅，胆气壮烈，每以将帅自许。年十八，尔朱天光引为幢主，加讨夷将军。从天光定关中，以功拜宁远将军、奉车都尉、统军。天光败，又从贺拔岳。授征西将军、金紫光禄大夫。及岳被害，昌与诸将翊戴太祖。从平侯莫陈悦，赐爵阴盘县子，加卫将军、右光禄大夫。

后从太祖迎魏孝武，复潼关，改封长子县子，邑八百户。大统初，进爵为公，增邑一千户。从破窦泰，授车骑将军、左光禄大夫。又从复弘农，战沙苑，昌皆先登陷阵。太祖嘉之，授帅都督。四年，从战沙河桥，除冀州刺史。后与于谨破胡贼刘平伏于上郡，授冯诩郡守。久之，转河北郡守。十三年，录前后功，授大都督、通直散骑常侍。又从随公杨忠破蛮贼田社清，昌功为最，增邑三百户，拜仪同三司。寻迁开府仪同三司。十六年，出为东夏州刺史。魏废帝元年，进爵方城郡公，增邑并前四千一百户。六官建，授稍伯中大夫。孝闵帝践祚，拜大将军。后疾卒。

田弘字广略，高平人也。少慷慨，志立功名，膂力过人，敢勇有谋略。魏永安中，陷于万俟丑奴。尔朱天光入关，弘自原州归顺，授都督。

及太祖初统众，弘求谒见，乃论世事，深被引纳，即处以爪牙之任。又以迎魏孝武功，封鹑阴县子，邑五百户。太祖常以所着铁甲赐弘云："天下若定，还将此甲示孤也。"大统三年，转帅都督，进爵为公，从太祖复弘农，战沙苑，解洛阳围，破河桥阵，弘功居多，累蒙殊赏，赐姓纥干氏。寻授原州刺史。以弘勋望兼至，故以衣锦荣之。太祖在同州，文武并集，乃谓之曰："人人如弘尽心，天下岂不早定。"即授车骑大将军、仪同三司。魏废帝元年，加骠骑大将军、开府仪同三司。平蜀之后，梁信州刺史史萧韶等各据所部，未从朝化，诏弘讨平之。又讨西平叛羌及凤州叛氐等，并破之。弘每临阵，锋推直前，身被一百余箭，破骨者九，马被十矛，朝廷壮之。信州群蛮反，又诏弘与贺若敦等平之。孝闵帝践祚，进爵雁门郡公，邑通前二千七百户。保定元年,出为岷州刺史。弘虽武将,而动遵法式,百姓颇安之。三年,从随公杨忠伐齐,拜大将军。明年,又从忠东伐。师还,乃旋所镇。吐谷浑寇西边,宕昌羌潜相应接,诏弘讨之。获其二十五王,拔其七十六栅,遂破平之。天和二年,陈湘州刺史华皎来附,弘从卫公直赴援。与陈人战,不利,仍以弘与江陵总管。及陈将吴明彻来寇,弘与梁主肖岿退保纪南,令副总管高琳拒守,明彻退,乃还江陵。寻以弘为仁寿城主,以逼宜阳。齐将段孝先、斛律明月出军定陇以为宜阳援,弘与陈公纯破之,遂拔宜阳等九城。以功增邑五百户,进位柱国大将军。建德二年,拜大司空,迁少保。三年,出为总管襄郧昌丰唐蔡六州诸军事、襄州刺史。薨于州。

子恭嗣。恭少有名誉,早历显位。大象末位,至柱国、小司马。朝廷又追录弘勋,进恭爵观国公。

梁椿字千年,代人也。祖屈朱,魏昌平镇将,父提,内正郎。椿初以统军从尔朱荣入洛,复从荣破葛荣于滏口,以军功进授都将。后从贺拔岳讨平万俟丑奴、萧宝夤等,迁中坚将军、屯骑校尉、子都督。普泰初,拜征西将军、金紫光禄大夫。二年,除高平郡守,封卢奴县男,邑一百户。太昌元年,进授都督。从太祖平侯莫陈悦,拜卫将军、右光禄大夫。大统初,进爵栾城县伯,增邑五百户。出为陇东郡守。寻进爵为公,增邑五百户,迁梁州刺史。从复弘农,战沙苑,与独孤信入洛阳,从宇文贵破东魏将尧雄等,累有战功。授车骑大将军、仪同三司、大都督。从战河桥,进爵东平郡公,增邑一千户。俄迁侍中、骠骑大将军、开府仪同三司。七年,从于谨讨稽胡刘平伏,椿擒其别帅刘持塞。又从独孤信讨岷州羌梁企定,破之。除渭州刺史。在州虽无他政绩,而夷夏安之。十三年,从李弼赴颍川援侯景。别攻阎韩镇,斩其镇城除卫。城主卜贵洛率军士千人降。以功增邑四百户。孝闵帝践祚,除华州刺史,改封清陵郡公,增邑通前三千七百户。二年,入为少保,转少傅。保定元年,拜大将军。卒于位。赠恒郕延丹宁五州诸军事,行恒州刺史,谥曰烈。

椿性果毅，善于抚纳，所获赏物，分赐麾下，故每践敌场，咸得其死力。雅好俭素，不营赀产，时论以此称焉。

子明，魏恭帝二年，以椿功袭爵丰阳县公。寻授大都督，迁车骑大将军、仪同三司、散骑常侍，治小吏部，历小御伯、御正下大夫。保定五年，诏袭椿爵，旧封回授弟朗。天和中，改封乐陵郡公，除上州刺史，增邑并前四千三百户。

梁台字洛都，长池人也。父去斤，魏献文时为陇西郡守。台少果敢，有志操。孝昌中，从尔朱天光一平关、陇，一岁之中，大小二十余战，以功授子都督，赐爵陇城乡男。普泰初，进授都督。后隶侯莫陈悦讨南秦州群盗，平之。悦表台为假节、卫将军、左光禄大夫，进封陇城县男，邑二百户。寻行天水郡事，转行赵平郡事。频治郡，颇有声绩。未几，天光追台还，引入帐内。及天光败于寒陵，贺拔岳又经为心膂。

岳为侯莫陈悦所害，台与诸将议翊戴太祖。从讨悦，破之。又拜天水郡守。大统初，复除赵平郡守。又与太仆石猛破两山屠各，增邑一百户，转平凉郡守。时莫折后炽结聚轻剽，寇掠居民。州刺史史宁讨之，历时不克。台陈贼形势，兼论攻取之策，宁善而从之，遂破贼徒。复与于谨破刘平伏。录前后勋，授颍州刺史，赐姓贺兰氏。从援玉壁，战邙山，授都督。大统十五年，拜南夏州刺史，加通直散骑常侍、本州大中正，增邑二百户。魏废帝二年，迁使持节、车骑大将军、仪同三司，进骠骑大将军、开府仪同三司，加侍中。孝闵帝践祚，进爵中部县公，增邑通前一千户。武成中，从贺兰祥征洮阳，先登有功，别封绥安县侯，邑一千户。诏听转授其子元庆。保定四年，拜大将军。时大军围洛阳，久而不拔。齐骑奄至，齐公宪率兵御之。乃有数人为敌所执，已去阵二百余步，台望见之，愤怒，单马突入，射杀两人，敌皆披靡，执者遂得还。齐公宪每欢曰："梁台果毅胆决，不可及也。"五年，拜鄜州刺史。

台性疏通，恕己待物。至于莅民处政，尤以仁爱为心。不过识千余字，口占书启，辞意可观。年过六十，犹能被甲跨马，足不蹑镫。
驰射弋猎，矢不虚发。后以疾卒。

宇文测字澄镜，太祖之族子也。高祖中山、曾祖豆颓、祖骐骥、
父永，仕魏，位并显达。测性沉密，少笃学，每旬月不窥户牖。起家
奉朝请、殿中侍御史。累迁司徒右长史、安东将军。尚宣武女阳平
公主，拜驸马都尉。及魏孝武疑齐神武有异图，诏测诣太祖言，令密
为之备。太祖见之甚欢。使还，封广川县伯，邑五百户。寻从孝武
西迁，进爵为公。太祖为丞相，以测为右长史，军国政事，多委任之。
又令测详定宗室昭穆远近，附于属籍。除通直散骑常侍、黄门侍郎。
大统四年，拜侍中、长史。六年，坐事免。寻除使持节、骠骑大
将军、开府仪同三司、大都督、行汾州事。测政存简惠，颇得民和。地
接东魏，数相钞窃，或有获其为寇者，多缚送之。测皆命解缚，置之
宾馆，然后引与相见，如客礼焉。仍设酒肴宴劳，放还其国，并给粮
饩，卫送出境。自是东魏人大惭，乃不为寇。汾、晋之间，各安其业。
两界之民，遂通庆吊，不复为仇仇矣。是论称之，方于羊叔子。或有
告测与外境交通，怀贰心者。太祖怒曰："测为我安边，吾知其无贰
志，何为间我骨肉，生此贝锦！"乃命斩之。仍许测以便宜从事。八
年，加金紫光禄大夫，转行绥州事。每岁河冰合后，突厥即来寇掠，
先是常预遣居民入城堡以避之。测至，皆令安堵如旧，乃于要路数
百处并多积柴，仍远斥候，知其动静。是年十二月，突厥从连谷入
寇，去界数十里。测命积柴之处，一时纵火。突厥谓有大军至，惧而
遁走，自相蹂践，委弃杂畜及辎重不可胜数。测徐率所部收之，分给
百姓。自是突厥不敢复至。测因请置戍兵以备之。十年，征拜太子
少保。十二年十月，卒于位。时年五十八。太祖伤悼，亲临恸焉。仍
令水池公护监护丧事。赠本官。谥曰靖。
测性仁恕，好施与，衣食之外，家无蓄积。在洛阳之日，曾被窃
盗，所失物，即其妻阳平公主之衣服也。州县擒盗，并物俱获。测恐
此盗坐之以死，仍不忍焉。遂遇赦得免。盗既感恩，因请为测左右。

及测从魏孝武西迁,事极狼狈,此人亦从测入关,竟无异志。子该嗣。历官内外,位至上开府仪同三司、临淄县公。测弟深。

深字奴干。性耿正,有器局。年数岁,便累石为营伍,并折草作旌旗,布置行列,皆有军阵之势。父永遇见之,乃大喜曰:"汝自然知此,于后必为名将。"至永安初,起家秘书郎。时群盗蜂起,深屡言时事,尔朱荣雅知重之。拜厉武将军。寻除车骑府主簿。三年,授子都督,领宿卫兵卒。及齐神武举兵入洛,孝武西迁。既事起仓卒,人多逃散,深抚循所部,并得入关。以功赐爵长乐县伯。

太祖以深有谋略,欲引致左右,图议政事。大统元年,乃启为丞相府主簿,加朱衣直阁。寻转尚书直事郎中。

及齐神武屯蒲坂,分遣其将窦泰趣潼关,高敖曹围洛州。太祖将袭泰,诸将咸难之。太祖乃隐其事,阳若未有谋者,而独问荣于深。对曰:"窦氏,欢之骁将也,顽凶而勇,战亟胜而轻敌,欢每仗之,以为御侮。今者大军若就蒲坂,则高欢拒守,窦泰必援之,内外受敌,取败之道也。不如选轻锐之卒,潜出小关。窦性躁急,必来决战,高欢持重,未即救之,则窦可擒也。既虏窦氏,欢势自沮。回师御之,可以制胜。"太祖喜曰:"是吾心也。"军遂行,果获泰而齐神武亦退。深又说太祖进取弘农,复克之。太祖大悦,谓深曰:"君即吾家之陈平也。"

是冬,齐神武又率大众度河涉沙苑。诸将皆有惧色,唯深独贺。太祖诘之,曰:"贼来充斥,何贺之有?"对曰:"高欢之抚河北,甚得众心,虽乏智谋,人皆用命,以此自守,未易可图。今悬师度河,非众所欲,唯欢耻失窦氏,复谏而来,所谓忿兵,一战可以擒也此,事昭然可见,不贺何为。请假深一节,发王黑之兵,邀其走路,使无遗类矣。"太祖然之。寻而大破齐神武军,如深所荣。

四年,从战河桥。六年别监李弼军讨白额稽胡,并有战功。俄进爵为侯,历通直散骑常侍、东雍州别驾、使持节、大都督、东雍州刺史。深为政严明,示民以信,抑挫豪右,吏民怀之。十七年,入为雍州别驾。魏恭帝二年,进车骑大将军、仪同三司、散骑常侍。六官建拜，拜小吏部下大夫。孝闵帝受禅，进位骠骑大将军，开府仪同三司，迁吏部中大夫。武成元年，除幽州刺史，改封安化县公。二年，征拜宗师大夫，转军司马。保定初，除京兆尹。入为司会中大夫。

深少丧父，事兄甚谨。性多奇谲，好读兵书。既在近侍，每进筹策。及在选曹，颇获时誉。性仁爱，性隆宗党。从弟神誉、神庆幼孤，深抚训之，义均同气，世亦以此称焉。天和三年，卒于位。赠使持节、少帅、恒云蔚三州刺史，谥曰成康。子孝伯，自有传。

史臣曰：太祖属祸乱之辰，以征伐定海内，大则连兵百万，系以存亡，小则转战边亭，不阕旬月。是以人无少长，士无贤愚，莫不投笔要功，横戈请奋。若夫数将者，并攀翼云汉，底绩屯夷，虽运移年世，而名成终始，美矣哉！以赫连达之先识，而加之以仁恕；蔡佑之敢勇，而终之以不伐。斯岂企及所致乎，抑亦天性也。宇文测昆季，政绩谋献，咸有可述，其当时之良臣软。

周书卷二八
列传第二〇

史宁　陆腾　贺若敦
权景宣

　　史宁字永和，建康袁氏人也。曾祖豫，仕沮渠氏为临松令。魏
平凉州，祖灌随例迁于抚宁镇，因家焉。父遵，初为征虏府铠曹参
军。属杜洛周构逆，六镇自相屠陷，遵遂率乡里二千家奔恒州，其后
恒州为贼所败，遵复归洛阳。拜楼烦郡守。及宁著勋，追赠散骑常
侍、征西大将军、凉州刺史，谥曰贞。宁少以军功，拜别将。迁直阁
将军、都督，宿卫禁中。寻加持节、征东将军、金紫光禄大夫。贺拔
胜为荆州刺史，宁以本官为胜军司，率步骑一千，随胜之部。值荆蛮
骚动，一鄟路绝，宁先驱平之。因抚慰蛮左，翕然降附，遂税得马一
千五百匹供军。寻除南郢州刺史。及胜为大行台，表宁为大都督。
率步骑一万攻梁下差戍，破之，封武平县伯，邑五百户。又攻拔梁齐
兴镇等九城，获户二万而还。未及论功，属魏孝武西迁，东魏遣侯景
率众寇荆州，宁随胜奔梁。梁武帝引宁至香磴前，谓之曰："观卿风
表，终至富贵，我当使卿衣锦还乡。"宁答曰："臣世荷魏恩，位为列
将，天长丧乱，本朝倾覆，不能北面逆贼，幸得息肩有道。傥如明诏，
欣幸实多。"因涕泣横流，梁武为之动容。在梁二年，胜乃与宁密图
归计。宁曰："朱异既为梁主所信任，请往见之。"胜然其言。宁乃见
异，申以投分之言，微托思归之意，辞气雅至，异亦嗟挹，谓宁曰：
"桑梓之思，其可忘怀？当为奏闻，必望遂所请耳。"未几，梁主果许

胜等归。

大统二年，宁自梁归阙，进爵为侯，增邑三百户。久之，迁车骑将军、行泾州事。时贼帅莫折后炽寇掠居民，宁率州兵与行原州事李贤讨破之。转通直散骑常侍、东义州刺史。东魏亦以故胡梨苟为东义州刺史。宁仅得入州，梨苟亦至，宁迎击，破之，斩其洛安郡守冯善道。州既邻接疆场，百姓流移，宁留心抚慰，咸来复业。

十二年，转凉州刺史。宁未至而前刺史宇文仲和据州作乱。诏遣独孤信率兵与宁讨之，宁先至凉州，为陈祸福，城中吏民皆相率降附。仲和仍据城不下，寻亦克之。加车骑大将军、仪同三司、大都督、凉西凉二州诸军事、散骑常侍、凉州刺史。十五年，迁骠骑大将军、开府仪同三司，加侍中，进爵为公。

十六年，宕昌叛羌獠甘作乱，逐其王弥定而自立，并连结傍乞铁忽及郑五丑等，诏宁率军与宇文贵、豆卢宁等讨之。宁别击獠甘，而山路险阻，才通单骑，獠甘已分其党立栅守险。宁进兵攻之，遂破其栅。獠甘率三万人逆战，宁复大破之，追至宕昌。獠甘将百骑走投生羌巩廉王。弥定遂得复位。宁以未获獠甘，密谋图之，乃扬声欲还。獠甘闻之，复招引叛羌，依山起栅，欲攻弥定。宁谓诸将曰："此羌入吾术中，当进兵擒之耳。"诸将思归，咸曰："生羌聚散无常，依据山谷，今若追讨，恐引日无成。且弥定还得守蕃，将军功已立矣。獠甘势弱，弥定足能制之。以此还师，策之上者。"宁曰："一日纵敌，数世之患，岂可舍将灭之寇，更烦再举。人臣之礼，知无不为。以此诸君不足与计事也。如更沮众，宁岂不能斩诸君邪！"遂进军，獠甘众亦至，与战，大破之，生获獠甘，徇而斩之。并执巩廉王送阙。所得军实，悉分赏将士，宁无私焉。师还，诏宁率所部镇河阳。宁先在凉州，戎夷服其威惠，迁镇之后，边民并思慕之。

魏废帝元年，复除凉甘瓜三州诸军事、凉州刺史。初茹茹与魏和亲，后更离叛。寻为突厥所破，杀其主阿那环。部落逃逸者，仍奉环之子孙，抄掠河右。宁率兵邀击，获环子孙二人，并其种落酋长。自是每战破之，前后获数万人。进爵安政郡公。三年，吐谷浑通使于齐,宁击获之,就拜大将军。宁后遣使诣太祖请事,太祖即以所服冠履衣被及弓箭甲矛等赐宁。谓其使人曰:"为我谢凉州,孤解衣以衣公,推心以委公,公其善始令终,无损功名也。"

时突厥木汗可汗假道凉州,将袭吐浑,太祖令宁率骑随之。军至番禾,吐浑已觉,奔于南山。木汗将分兵追之,令俱会于青海。宁谓木汗曰:"树敦、贺真二城,是吐浑巢穴。今若拔其本根,余种自然离散,此上策也。"木汗从之,即分为两军。木汗从北道向贺真,宁趣树敦。浑婆周国王率众逆战,宁击斩之。逾山履险,遂至树敦。敦是浑之旧都,多诸珍藏。而浑主先已奔贺真,留其征南王及数千人固守。宁进兵攻之,退浑人果开门逐之,因回兵奋击,门未及阖,宁兵遂得入。生获其征南王,俘虏男女、财宝,尽归诸突厥。浑贺罗拔王依险为栅,周回五十余里,欲塞宁路。宁攻其栅,破之,俘斩万计,获杂畜数万头。木汗亦破贺真,虏浑主妻子,大获珍物。宁还军于青海,与木汗会。木汗握宁手,欢其勇决,并遗所乘良马,令宁于帐前乘之,木汗亲自步送。突厥以宁所图必破,皆畏惮之,咸曰:"此中国神智人也。"及将班师,木汗又遗宁奴婢一百口、马五百匹、羊一万口。宁乃还州。寻被征入朝,属太祖崩,宁悲恸不已,请赴陵所尽哀,并告行师克捷。

孝闵帝践祚,拜小司徒,出为荆襄淅郢等五十二州及江陵镇防诸军事、荆州刺史。宁有识尽,识兵权,临敌指挥,皆如其策,甚得当时之誉。及在荆州,颇自奢纵贪浊,不修法度。尝出,有人诉州佐曲法,宁还付被讼者治之。自是有事者不复敢言,声名大损于西州。保定三年,卒于州,谥曰烈。子雄嗣。

雄字世武。少勇敢,膂力过人,便弓马,有算略。年十四,从宁于牵屯山奉迎太祖。仍从校猎,弓无虚发。太祖欢异之。寻尚太祖女永富公主。除使持节、骠骑大将军、开府仪同三司,累迁驾部中大夫、大驭中大夫。从柱国包罕公辛威镇金城,遂卒于军,时年二十四。雄弟祥,以父勋赐爵武遂县公。祥弟云,亦以父勋赐爵武平县公,历位司织下大夫,仪同大将军。云弟威,亦以父勋赐爵武当县公。

　　陆腾字显圣,代人也。高祖俟,魏征西大将军、东平王。祖弥,夏州刺史。父旭,性雅澹,好《老》、《易》纬候之学,撰《五星要诀》及《两仪真图》,颇得其指要。太和中,征拜中书博士,稍迁散骑常侍。知天下将乱,遂隐于太行山。孝庄即位,屡征不起。后赠并汾恒肆四州刺史。腾少慷慨有大节,解巾员外散骑侍郎、司徒府中兵参军。尔朱荣入洛,以腾为通直散骑侍郎、帐内都督。从平葛荣,以功赐爵清河县伯。普泰初,迁朱衣直阁。尚安平主,即东莱王贵平女也。魏孝武幸贵平第,见腾,与语悦之,谓贵平曰:“阿翁真得好婿。”即擢为通直散骑常侍。及孝武西迁,腾时使清州,遂没于邺。东魏兴和初,征拜征西将军,领阳城郡守。

　　大统九年,大军东讨,以腾所据冲要,遂先攻之。时兵威甚盛,长史麻休劝腾降,不许,拒守经月余,城陷被执。太祖释而礼之,问其东间消息,腾盛陈东州人物,又叙述时事,辞理抑扬。太祖笑曰:“卿真不背本也。”即拜帐内大都督。未几,除太子庶子,迁武卫将军。既为太祖所知,愿立功效,不求内职,太祖嘉之。十三年,拜车骑大将军、仪同三司。

　　魏废帝元年,安康贼黄众宝等作乱,连结汉中,众数万,攻围东梁州。城中粮尽,诏腾率军自子午谷以援之。腾乃星言就道,至便与战,大破之。军还,拜陇州刺史。太祖谓腾曰:“今欲通江由路,直出南奏,卿宜善思经略。”腾曰:“必望临机制变,未敢预陈。”太祖曰:“此是卿取柱国之日,卿其勉之。”即解所服金带赐之。州民李广嗣、李武等凭据岩险,以为堡壁,招集不逞之徒,攻劫郡县,历政不能治。腾密令多造飞梯,身率众麾下,夜往掩袭,未明,四面俱上,遂破之,执广嗣等于鼓下。其党有任公忻者,更聚徒众,围逼州城。乃语腾曰:“但免广嗣及武,即散兵请罪。”腾谓将士曰:“吾若不杀广嗣等,可谓隳军实而长寇仇,事之不可者也。公忻竖子,乃敢要人!”即斩广嗣及武,以首示之。贼徒沮气,于是出兵奋击,尽获之。

魏恭帝三年，拜骠骑大将军，开府仪同三司，转江州刺史，爵上庸县公，邑二千户。陵州木笼獠恃险粗犷，每行抄劫，诏腾讨之。獠既因山为城，攻之未可拔。腾遂于城下多设声乐及诸杂技，示无战心。诸贼果弃其兵仗，或携妻子临城观乐。腾知其无备，密令众军俱上，诸贼惶惧，不知所为。遂纵兵讨击，尽破之，斩首一万级，俘获五千人。

世宗初，陵、眉、戎、江、资、邛、新、遂八州夷夏及合州民张瑜兄弟并反，众数万人，攻破郡县。腾率兵讨之。转潼州刺史。武成元年，诏征腾入朝，世宗面敕之曰："益州险远，非亲勿居，故令齐公作镇。卿之武略，已著遐迩，兵马镇防，皆当委卿统摄。"于是徙隆州刺史，随宪入蜀。及赵公招代宪，复请留之。

保定元年，迁隆州总管，领刺史。二年，资州磐石民反，杀郡守，据险自守，州军不能制。腾率军讨击，尽破斩之。而蛮、獠兵及所在峰起，山路险阻，难得掩袭。腾遂量山川形势，随便开道。蛮獠畏威，承风请服。所开之路，多得古铭，并是诸葛亮、桓温旧道。是年，铁山獠抄断内江路，使驿不通。腾乃进军讨之。欲至铁山，乃伪还师。贼不以为虞，遂不守备。腾出其不意击之，应时奔溃。一日下其三城，斩其魁帅，俘获三千人，招纳降附者三万户。帝以腾母在齐，未令东讨。适有其亲属自东还朝者，晋公护奉令伪告腾云："齐为无道，已诛公家，母兄并从涂炭。"盖欲发其怒也。腾乃发哀泣血，志在复仇。四年，齐公宪与晋公护东征，请腾为副。赵公招时在蜀，复留之。晋公护与招书曰："今朝廷令齐公扫荡河、洛，欲与此人同行。汝彼无事，且宜借吾也。"于是命腾驰传入朝，副宪东讨。五年，拜司宪中大夫。

天和初，信州蛮、蜑据江峡反叛，连结二千余里，自称王侯，杀刺史守令等。又诏腾率军讨之。腾乃先趣益州，进骁勇之士，兼具楼船，沿外江而下。军至汤口，分道奋击，所向摧破。乃筑京观以旌武功。语在《蛮传》。涪陵郡守兰休祖又据楚、向、临、容、开、信等州。地方二千余里，阻兵为乱。复诏腾讨之。初与大战，斩首二千余级，俘获千余人。当时虽摧其锋，而贼众既多，自夏及秋，无日不战，师老粮尽，遂停军集市，更思方略。贼见腾不出，四面竞前。腾乃激励其士众，士皆争奋，复攻拔其鱼令城，大获粮储，以充军实。又破铜盘等七栅，前后斩获四千人，并船舰等。又筑临州、集市二城，以镇遏之。腾自在龙州，至是前后破平诸贼，凡赏得奴婢八百口，马牛称是。于是巴蜀悉定，诏令树碑纪绩焉。

四年，迁江陵总管。陈遣其将章昭达率众五万、船舰二千围江陵。卫王直闻有陈寇，遣大将军赵言、李迁哲等率步骑赴之，并受腾节度。时迁哲等守外城，陈将程文季、雷道勤夜来掩袭，迁哲等惊乱，不能抗御。腾夜遣开门，出甲士奋击，大破之。陈人奔溃，道勤中流矢而毙，虏获二百余人。陈人又决龙川宁邦堤，引水灌江陵城。腾亲率将士战于西堤，破之，斩首数千级，陈人乃遁。六年，进位柱国，进爵上庸郡公，增邑通前三千五百户。

建德二年，征拜大司空，寻出为泾州总管。宣政元年冬，薨于京师。赠本官加并汾等五州刺史，重赠大后丞。谥曰定。子玄嗣。

玄字士鉴，腾入关时，年始七岁。仕齐为奉朝请，历成平县令。齐平，高祖见玄，特加劳勉，即拜地官府都上士。大象末，为隋文相府内兵参军。玄弟融，字士倾，最知名，少历显职。大象中，位至大将军、定陵县公。

贺若敦，代人也。父统，为东魏颍州长史。大统二年，执刺史田迅以州降。至长安，魏文帝谓统曰："卿自颍川从我。何日能忘。"即拜右卫将军、散骑常侍、兖州刺史，赐爵当亭县公。寻除北雍州刺史。卒，赠侍中、燕朔恒三州刺史、司空公，谥曰哀。敦少有气干，善骑射。统之谋执迅也，虑事不果，又以累弱既多，难以自拔，沉吟者久之。敦时年十七，乃进策曰："大人往事葛荣，已为将帅；后入尔朱，礼遇尤重。韩陵之后，屈节高欢，既非故人，又无功效，今日委任，无异于前者，正以天下未定，方藉英雄之力，一旦清平，岂有相容之理。以敦愚计，恐将来有危亡之忧。愿思全身远害，不得有所顾念也。"统乃流涕从之,遂定谋归太祖。时群盗蜂起,各据山谷。大龟山贼张世显潜来袭统,敦挺身赴战,手斩七八人,贼乃退走。统大悦,谓左右僚属曰:"我少从军旅,战阵非一,如此儿年时胆略者,未见其人。非唯成我门户,亦当为国名将。"

明年,从河内独孤信于洛阳,被围。敦弯弓三石,箭不虚发。信大奇之,乃言于太祖。太祖异之,引置麾下,授都督,封安陵县伯,邑四百户。尝从太祖校猎于甘泉宫,时围人不齐,兽多逃逸,太祖大怒,人皆股战。围内唯有一鹿,俄亦突围而走。敦跃马驰之,鹿上东山,敦弃马步逐至山半,便擎之而下。太祖大悦,诸将因得免责。累迁太子庶子、抚军将军、通直散骑常侍、大都督、车骑大将军、散骑常侍、仪同三司,进爵广乡县侯。敦既有武艺,太祖恒欲以将帅任之。魏废帝二年,拜右卫将军,俄加骠骑大将军、开府仪同三司,进爵为公。

时岷蜀初开,民情尚梗。巴西人谯淹据南梁州,与梁西江州刺史王开业共为表裹,扇动群蛮。太祖令敦率军讨之,山路艰验,人迹罕至。敦身先将士,攀木缘崖,倍道兼行,乘其不意,又遣仪同扶猛破其别帅向镇侯于白帝。淹乃与开业并其党泉玉成、侯造等率众七千口,累三万,自垫江而下,就梁王琳。敦邀击,破之。淹复依山立栅,南引蛮帅向白彪为援。敦设反间,离其党与,因其懈怠,复破之。斩淹,尽俘其众。进爵武都公,增邑通前一千七百户,拜典祀中大夫。寻出为金州都督、七州诸军事、金州刺史。向白彪又与蛮帅向五子等聚众为寇,围逼信州。诏敦与开府田弘赴救,未至而城已陷。进与白彪等战,破之,俘斩二千人。仍进军追讨,遂平信州。是岁,荆州蛮帅文子荣自号仁州刺史,拥逼土人,据沮漳为逆。复令敦与开府潘招讨之,擒子荣,并虏其众。

武成元年,入为军司马。自江陵平后,巴、湘之地并内属,每遣梁人守之。至是陈将侯真、侯安都等围逼湘州,遏绝粮援。乃令敦率步骑六千,度江赴救。真等以敦孤军深入,规欲取之。敦每设奇伏,连战破真,乘胜径进,遂次湘州。因此轻敌,不以为虞。俄而霖雨不已，秋水泛溢，陈人济师，江路遂断。粮援既绝，人怀危惧。敦于是分兵抄掠，以充资费。恐真等知其粮少，乃于营内多为土聚，覆之以米，集诸营军士，人各持囊，遣官司部分，若欲给粮者，因召侧近村民，阳有所访问，令于营外遥见，随即遣之。真等闻之，良以为实。乃据守要险，欲旷日以老敦师。敦又增修营垒，造卢舍，示以持久，湘罗之间，遂废农业。真等无如之何。

初，土人亟乘轻船，载米粟及笼鸡鸭以饷真军。敦患之。乃伪为土人，装船伏甲士于中，真兵人望见，谓饷船之至，逆来争取。敦甲士出而擒之。敦军数有叛人乘马投真者，辄纳之。敦又别取一马，牵以趣船，令船中逆以鞭鞭之，如是者再三，马便畏船不上。后伏兵于江岸，遣人以招真军，诈称投附。真便遣兵迎接，竟来牵马。马既畏船不上，敦发伏掩之，尽殪。此后实有馈及亡命奔真者，独谓敦之设诈，逆迁歼击，并不敢受，相持岁余，真等不能制，求借船送敦度江。敦虑其或诈，拒而弗许。真复遣使谓敦曰："骠骑在此既久，今欲给船相送，何为不去？"敦报云："湘州是我国家之地，为尔侵逼。敦来之日，欲相平殄。既未得一决，所以不去。"真后日复遣使来，敦谓使者云："必须我还，可舍我百里，当为汝去。"真等留船于江，将兵去津路百里，敦觇知非诈，徐理舟楫，勒众而还。在军病死者十五六。晋公护以敦失地无功，除名为民。

保定二年，拜工部中大夫。寻出为金州总管、七州诸军事、金州刺史。三年，从柱国杨忠引突厥破齐长城，至并州而还，以敦为殿，别封一子顺义县公，邑一千户。五年，除中州刺史，镇函谷。

敦恃功负气，顾其流辈皆为大将军，敦犹未得，兼以湘州之役，全军而反，不蒙旌赏，翻被除名，每怀怨怒。属有台使至，乃出怨言。晋公护怒，遂征敦还，逼令自杀。时年四十九。建德初追赠大将军。谥曰烈。

子弼，有文武材略。大象末，位至开府仪同大将军、扬州刺史、襄邑县公。敦第谊，亦知名。官至柱国、海陵县公。

权景宣字晖远，天水显亲人也。父昙胜，魏陇西郡守。赠秦州刺史。景宣少聪悟，有气侠，宗党皆欢异之。年十七，魏行台萧宝夤见而奇之，表为轻车将军。及宝夤败，景宣归乡里。太祖平陇右，擢为行台郎中。魏孝武西迁，授镇远将军、步兵校尉，加平西将军、秦州大中正。大统初，转祠部郎中。

景宣晓兵权，有智略。从太祖拔弘农，破沙苑，皆先登陷阵。转外兵郎中。从开府于谨援洛阳，景宣督课粮储，军以周济。时初复洛阳，将修缮宫室，景宣率徒三千，先出采运。会东魏兵至，司州牧元季海等以众少拔还，属城悉叛，道路拥塞。景宣将二十骑，且战且走，从骑略尽，景宣轻马突围，手斩数级，驰而获免，因投民家自匿。景宣以久藏非计，乃伪作太祖书，招募得五百余人，保据宜阳，声言大军续至。东魏将段琛等率众至九曲，惮景宣，不敢进。景宣恐琛审其虚实，乃将腹心自随，诈云迎军，因得西遁。与仪同李延孙相会，攻孔城。洛阳以南，寻亦来附。太祖即留景宣守张白坞，节度东南义军。东魏将王元凯入洛，景宣与延孙等击走之，以功授大行台右丞。进屯宜阳，攻襄城，拔之，获郡守王洪显，俘斩五百余人。太祖嘉之，征入朝。录前后功，封显亲县男，邑三百户。除南阳郡守。郡邻敌境，旧制，发民守防三十五处，多废农桑，而奸宄犹作。景宣至，并除之，唯修起城楼，多备器械，寇盗敛迹，民得肄业。百姓称之。立碑颂德。太祖特赏粟帛。以旌其能。迁广州刺史。侯景举河南来附，景宣从仆射王思政经略应接。既而侯景南叛，恐东魏复有其地，以景宣为大都督、豫州刺史，镇乐口。东魏亦遣张伯德为刺史。伯德令其将刘贵平率其戍卒及山蛮，屡来攻逼。景宣兵不满千人，随机奋击，前后擒斩三千余级，贵平乃退走。进授使持节、车骑大将军、仪同三司。颍川陷后，太祖以乐口等诸城道路阻绝，悉令拔还。襄州刺史杞秀以狼狈得罪。景宣号令严明，戎旅整肃，所部全济，独被优赏。仍留镇荆州，委以鹏南之事。

初，梁岳阳王萧詧将以襄阳归朝，仍勒兵攻梁元帝于江陵。詧叛将杜岸乘虚袭之。景宣乃率骑三千，助詧破岸。詧因是乃送其妻王氏及子寮入质。景宣又与开府杨忠取梁将柳仲礼,拔安陆、随郡。久之。随州城民吴士英等杀刺史黄道玉,因聚为寇。景宣以英等小贼,可以计取之,若声其罪,恐同恶者众。乃与英书,伪称道玉凶暴,归功英等。英果信之,遂相率而至。景宣执而戮之。散其党与。进攻应城,拔之,获夏侯珍洽。于是应、礼、安、随并平,朝议以景宣威行南服,乃授并安肆郧新应六州诸军事、并州刺史。寻进骠骑大将军、开府仪同三司,加侍中,兼督江北司二州诸军事,进爵为伯,邑五百户。唐州蛮田鲁嘉自号豫州伯,引致齐兵,大为民患。景宣又破之,获鲁嘉,以其地为郡。转安州刺史。梁定州刺史李洪远初款后叛,景宣恶其怀贰,密袭破之,虏其家口及部众。洪远脱身走免。自是酋帅慑服,无敢叛者。燕公于谨征江陵,景宣别破梁司空陆法和司马羊亮于溳水。又遣别帅攻拔鲁山。多造舟舰益张旗帜,临江欲度,以惧梁人。梁将王琳在湘州,景宣遗之书,谕以祸福。琳遂遣长史席壑因景宣请举州款附。孝闵帝践祚,征为司宪中大夫,寻除基郡硖平四州五防诸军事、江陵防主,加大将军。

保定四年,晋公护东讨,景宣别讨河南。齐豫州刺史王士良、永州刺史萧世怡并以城降。景宣以开府谢撤守永州,开府郭彦守豫州,以士良、世怡及降卒一千人归诸京师。寻而洛阳不守,乃弃二州,拔其将士而还。至昌州而罗阳蛮反,景宣回军破之,斩首千级。获生口二千、杂畜千头,送阙。还次灞上,晋公护亲迎劳之。

天和初,授荆州总管、十七州诸军事、荆州刺史,进爵千金郡公。陈湘州刺史华皎举州款附,表请援兵。敕景宣统水军与皎俱下。景宣到夏口,陈人已至。而景宣以任遇隆重,遂骄傲恣纵,多自矜伐,兼纳贿货,指麾节度,朝出夕改。将士愤怒,莫肯用命。及水军始交,一时奔北,船舰器仗,略无孑遗。时卫公直总督诸军,以景宣负败,欲绳以军法。朝廷不忍加罪,遣使就军赦之。寻遇疾卒,赠河渭鄯三州刺史,谥曰恭。

子如璋嗣。位至开府、胶州刺史。如璋弟如玖,仪同大将军、广川县侯。

景宣之去乐口，南荆州刺史郭贤据鲁阳以拒东魏。

贤字道因，赵兴阳州人也。父云，凉州司马。贤性强记，学涉经史。魏正光末，贼帅宿勤明达围逼豳州，刺史毕晖补贤统军，与之拒守。后为州主簿。行北地郡事。以征讨有功，授都督。

大统二年，齐神武袭陷夏州。太祖虑其南下，与朝臣议之。贤进曰："高欢兵士虽众，智勇已竭，策其举措，必不敢远来。昔贺拔公初薨，关中振骇，而欢不能因利乘便，进取雍州，是其无智。及銮驾西迁，六军寡弱，毛鸿宾丧败，关门不守，又不能乘此危机，以要一战，是其无勇。今上下同心，士民戮力，欢志沮丧，宁敢送死。且豳州荒阻，千里无烟，纵欲南侵，资粮莫继。以此而言，不来必矣。"齐神武后果退，如贤所策。寻加伏波将军，从王思政镇弘农。授使持节、行义州事、当州都督。转行弘农郡事。贤质直有算略，思政甚重之，御边之谋，多与贤参决。十二年，除辅国将军、南州刺史。

及侯景来附，思政遣贤先出三鹍镇于鲁阳。加大都督，封安武县子，邑四百户。寻进车骑大将军、仪同三司，加散骑常侍。及颍川被围，东魏遣蛮酋鲁和扇动群蛮，规断鹍路。和乃遣其从弟与和为汉广郡守，率其部曲，侵扰州境。贤密简士马，轻往掩袭，大破之，遂擒鲁和。既而颍川陷，权景宣等并拔军西还，自鲁阳以东皆附东魏。将彭乐因之，遂来攻逼。贤抚循将士，咸为尽其力用，乐不能克，乃引军退。而东魏又以土民韦默儿为义州刺史，镇父城以逼贤。贤又率军攻默儿，擒之。转广州刺史。

后从尉迟迥伐蜀。行安州事。魏恭帝元年，行宁蜀郡事，兼益州长史。以平蜀勋，进爵为伯，增邑五百户，转行始州事。孝闵帝践祚，进位骠骑大将军、开府仪同三司，进爵为侯，增邑通前一千四百户。世宗初，除迎师中大夫。寻出为勋州刺史，镇玉壁。武成二年迁安应等十二州诸军事、安州刺史。进爵乐昌县公。贤在官虽无明察之誉，以廉平待物，去后颇亦见思。保定三年，转陕州刺史。天和元年，卒于位。赠少保、宁蔚朔三州刺史。谥曰节。

贤衣服饮食虽以俭约自处，而居家丰丽，室有余赀，时论讥其诈云。子正嗣。

史臣曰:昔耿恭抗劲虏于疏勒,马敦拒群兵于开城,虽以生易死,终赖王师之助,其嘉声峻节,亦见称于良史焉。贺若敦志略慷慨,深入敌境,掠敌绝其粮道,长江阻其归途,势危而策出无方,事迫而雄心弥厉。故能使士卒感其义,敌人畏其威,利涉死地,全师而返。非夫忘生以徇国者,其孰能若此者乎。俯窥元定之传,曾粪土之不若也。诚宜裂地以赏之,分职以授之,而茂勋莫纪,严刑已及。嗟乎!政之纰缪,一至于此!天下是以知宇文护不能终其位焉。史宁、权景宣并以将帅之才,受内外之宠。总戎薄伐,著克敌之功;布政莅民,垂称职之誉。若此者,岂非有国之良翰欤。然而史在末年,货财亏其雅志。权亦晚节矜骄,丧其威声。传曰"终之实难"其斯之谓矣。

陆腾志气懔然,雅仗名节。及授戎律,建藩麾,席卷巴梁,则功著铭典;云撤江汉,则声流帝籍。身名俱劭,其最优乎。

周书卷二九
列传第二一

王杰　王勇　宇文虬
宇文盛 弟丘　耿豪　高琳
李和　伊娄穆　杨绍　王雅
达奚实　刘雄　侯植

王杰，金城直城人也，本名文达。高祖万国，魏伏波将军、燕州刺史。父巢，龙骧将军、榆中镇将。杰少有壮志，每以功名自许，善骑射，有膂力。魏孝武初，起家子都督。后从西迁，赐爵都昌县子。太祖奇其才，擢授扬烈将军、羽林监，寻加都督。太祖尝谓诸将曰："王文达万人敌也，但恐勇决太过耳。"复潼关，破沙苑，争河桥，战邙山，皆以勇敢闻。亲待日隆。赏赐加于伦等。于是赐姓宇文氏。除岐州刺史，加抚军将军、银青光禄大夫，进爵为公，邑八百户。累迁大都督、车骑大将军、仪同三司、侍中、骠骑大将军、开府仪同三司。

魏恭帝元年，从于谨围江陵。时栅内有人善用长矛，战士将登者，多为所毙。谨令杰射之。应弦而倒。登者乃入，余众继进，遂拔之。谨喜曰："济我大事者，在公此箭也。"孝闵帝践祚，进爵张掖郡公，增邑一千户，出为河州刺史。朝廷以杰勋望俱重，故授以本州。保定三年，进位大将军。三年，诏杰与随公杨忠自汉北伐齐，至并州而还。天和三年，除宜州刺史，增邑通前三千六百户。六年，从齐公宪东御齐将斛律明月，进位柱国。建德初，除泾州总管。

杰少从军旅，虽不习吏事，所历州府，咸以忠恕为心，以是颇为百姓所慕。宣帝即位，拜上柱国。大象元年，薨，时年六十五。赠河鄯邓延洮宕翼七州诸军事、河州刺史，追封鄂国公，谥曰威。子孝仟。大象末，位至开府仪同大将军。

王勇，代武川人也，本名胡仁。少雄健，有胆决，便弓马，膂力过人。魏永安中，万俟丑奴等寇乱关陇，勇占募随军讨之，以功授宁朔将军、奉车都尉。又数从侯莫陈悦、贺拔岳征讨，功每居多，拜别将。及太祖为丞相，引为帐内直荡都督，加后将军、太中大夫，封包信县子，邑三百户。大统初，增邑四百户，进爵为侯。从擒窦泰，复弘农，战沙苑，气盖众军，所当必破。太祖欢其勇敢，赏赐特隆。进爵为公，邑一千五百户，拜镇南将军，授师都督。从讨赵青雀，平之，论功居最，除卫大将军，殷州刺史，加通直散骑常侍兼太子武卫率。

邙山之战，勇率敢死之士三百人，并执短兵，大呼直进，出入冲击，杀伤甚多，敌人无敢当者。是役也，大军不利，唯勇及王文达、耿令贵三人力战，皆有殊功。太祖于是赏帛二千疋，令自分之。军还，皆拜上州刺史。以雍州、岐州、北雍州拟授勇等，然州颇优劣，又令探筹取之。勇遂得雍州，文达得岐州，令贵得北雍州。仍赐勇名为勇，令贵名豪，文达名杰，以彰其功。

十三年，授大都督，迁使持节、车骑大将军、仪同三司。十五年，进侍中、骠骑大将军、开府仪同三司。魏恭帝元年，从柱国赵贵征茹茹破之。勇追击，获杂畜数千头。进爵新阳郡公，增邑通前二千户，仍赐姓库汗氏。六官建，拜稍伯中大夫。又论讨茹茹功，别封永固县伯，邑五百户。时有别封者，例听回授次子，勇独请封兄子元兴，时人义之。寻进位大将军。世宗初，岷山羌豪巩廉俱和叛，勇帅师讨平之。

勇性雄猛，为当时骁将。然矜功伐善，好扬人之恶，时论亦以此鄙之。柱国侯莫陈崇，勋高望重，与诸将同谒晋公护，闻勇数论人之短，乃于众中折辱之。勇遂斩惹，因疽发背而卒。子昌嗣，官至大将军。

宇文虬字乐仁，代武川人也。性骁悍，有胆略。少从军征讨，累有战功。魏永安中，除征虏将军、中散大夫，加都督。魏孝武初，从独孤信在荆州，破梁人于下差，遂平欧阳，鄀城。虬俘获甚多。又攻南阳、广平二城，擒郡守一人。以功加安西将军、银青光禄大夫、员外、直阁将军、阁内都督，封南安县侯，邑九百户。及孝武西迁，以独孤信为行台，信引虬为帐内都督。破田八能及擒东魏荆州刺史辛纂，虬功居多。寻随信奔梁。

大统三年，归阙。朝廷论前后功，增邑四百户，进爵为公。擒窦泰，复弘农，及沙苑、河桥之战，皆有功。增邑八百户，进车骑将军、左光禄大夫。七年，除汉阳郡守，又独孤信讨梁企定，破之。十一年，出为南秦州刺史，加车骑大将军、仪同三司，进骠骑大将军、开府仪同三司。追论斩辛纂功，增邑一千户。十七年，与大将军王雄征上津、魏兴等，并平之。又于白马与武陵王萧纪将杨乾运战，破之。虬每经行阵，必身先卒伍，故上下同心，战无不克。寻而魏兴复叛，虬又与王雄讨平之。俄除金州刺史，进位大将军。后以疾卒。

宇文盛字保兴，代人也。曾祖伊与敦祖长寿、父文孤，并为沃野镇军主。盛志力骁雄。初为太祖帐内，从破侯莫陈悦，授威烈将军，封渔阳县子，邑三百户。大统三年，兼都督。从擒窦泰，复弘农，破沙苑，授督、平远将军、步兵校尉，进爵为公，增邑八百户。除冯翊郡守，加帅都督、西安州大中正、通直散骑常侍、抚军将军，增邑三百户。累迁大都督、车骑大将军、仪同三司、骠骑大将军、开府仪同三司、盐州刺史。及楚公赵贵谋为乱，盛密赴京告之。贵诛。授大将军，进爵忠城郡公，除泾州都督，赐甲一领、奴婢二百口、马五百疋，牛羊及庄田、什物等称是。仍从贺兰祥平洮阳供和二城，别封一子甘棠县公。转延州总管，进位柱国。

天和五年，入为大宗伯。六年，与柱国王杰从齐公宪东讨。时汾州被围日久，宪遣盛军粟以给之。仍赴姚襄城，受宪节度。齐将段孝先率兵大至，盛力战拒之。孝先退，乃筑大宁城而还。建德二年，授少帅。五年，从高祖东伐，率步骑一万，守汾水关。宣帝即位，拜上柱国，增邑通前四千六百户。大象中，薨。子述嗣。大象末，上柱国、濮阳公。

盛弟丘。丘字胡奴，起家襄城将军、奉朝请、都督，赐爵临邑县子。稍迁辅国将军、大都督。预告赵贵谋，拜车骑大将军、仪同三司，进爵安义县侯，邑一千户。加骠骑大将军、开府仪同三司，进爵为公，除咸阳郡守。迁汾州刺史。入为左宫伯，进位大将军。出为延绥丹三州三防诸军事、延州刺史。转凉甘瓜三州诸军事、凉州刺史，加柱国大将军。建德元年薨，时年六十。赠柱国、宜鄜等州刺史。子陇嗣。

耿豪，巨鹿人也。本名令贵。其先避刘、石之乱，居辽东，因仕于燕。曾祖超，率众归魏，遂魏家于神武川。豪少粗犷，有武艺，好以气凌人。贺拔岳西征，引为帐内。岳被害，归太祖，以武勇见知。豪亦自谓所事得主。从讨侯莫陈悦及迎魏孝武，录前后功，封平原县子，邑三百户，除宁朔将军、奉车都尉。迁征虏将军，加通直散骑常侍，进爵为侯，增邑七百户。从擒窦泰，复弘农，豪先锋陷阵，加前将军、中散大夫。沙苑之战，豪杀伤甚多，血染甲裳尽赤。太祖见之，欢曰："令贵武猛，所向无前，观其甲裳，足以为验，不须更论级数也。"于是进爵为公，增邑通前一千五百户。除镇北将军、金紫光禄大夫、南郢州刺史。

九年，从太祖战于邙山，豪谓所部曰："大丈夫见贼，须右手拔刀，左手把矛，直刺直斫，慎莫皱眉畏死。"遂大呼独入，敌人锋刃乱下，当时咸谓豪殁。俄然奋刀而还。战数合，当豪前者，死伤相继。又谓左右曰："吾岂乐杀人，但壮士除贼，不得不尔。若不能杀贼，又不为人所伤,何异逐坐人也。"太祖嘉之,拜北雍州刺史。十三年,论前后功,进授车骑大将军、仪同三司,增邑通前一千八百户。十五年,赐姓和稽氏,进位侍中、骠骑大将军、开府仪同三司。

豪性凶悍,言多不逊。太祖惜其骁勇,每优容之。豪亦自谓意气冠群,终无所屈。李穆、蔡佑初与豪同时开府,后并居豪之右。豪意不平,谓太祖曰:"外闻物议,谓豪胜李穆、蔡佑。"太祖曰:"何以言之?"豪曰:"世言李穆、蔡佑,丞相臂膊;耿豪、王勇,丞相咽项。以咽项在上,故为胜也。"豪之粗猛,皆此类。十六年,卒,时年四十五。太祖痛惜之,赠以本官,加朔州刺史。子雄嗣,位至大将军。

高琳字珉,其先高勾丽人也。六世祖钦,为质于慕容廆遂仕于燕。五世祖宗,率众归魏,拜第一领民酋长,赐姓羽真氏。祖明、父迁仕魏,咸亦显达。琳母尝被禊泗滨,遇见一石,光彩朗润,遂持以归。是夜梦见一人,衣冠有若仙者,谓其母曰:"夫人向所将来之石,是浮磬之精。若能宝持,必生令子。"其母惊寤,便举身是汗,俄而有娠。及生,因名琳字季珉焉。

魏正光初,起家卫府都督。从元天将讨邢杲,破梁将军沈庆之,以功转统军。又从尔朱天光破万俟丑奴,论功为最,除宁朔将军、奉车都尉。后随天光败于韩陵山,琳因留洛阳。魏孝武西迁,从入关。至滦水,为齐神武所追,拒战有功,封巨野县子,邑三百户。大统初,进爵为侯,增邑四百户,转龙骧将军。顷之,授直阁将军,迁平西将军,加通直散骑常侍。三年,从太祖破齐神武于沙苑,转安西将军,进爵为公,增邑八百户。累迁卫将军,银青光禄大夫、右光禄大夫。四年,从擒莫多娄贷文。仍战河桥,琳先驱奋击,勇冠诸军。太祖嘉之,谓之曰:"公即我之韩、白也。"拜太子左庶子。寻以本官镇玉壁。复从太祖战邙山,除正平郡中,加大都督,增邑三百户。齐将东方老来寇,琳率众御之。老恃其勇健,直前趣琳。短兵接,琳击之,老中数疮而退,谓其左右曰:"吾经阵多矣,未见如此健儿。"后乃密使人劝琳东归,琳斩其使以闻。进使持节、车骑大将军、仪同三司、散骑常侍。除郿州刺史,加骠骑大将军、开府仪同三司、侍中。

孝闵帝践祚,进爵犍为郡公,邑一千户。武成初,从贺兰祥征吐谷浑,以勋别封一子许昌县公,邑一千户,除延州刺史。又从柱国豆卢宁讨稽胡郝阿保、刘桑德等,破之。二年,文州氐酋反,诏琳率兵讨平之。师还,帝宴群公卿士,仍命赋诗言志。琳诗末章云:“寄言窦车骑,为谢霍将军。何以报天子?沙漠静妖氛。”帝大悦曰:“獯猃陆梁,未时款塞,卿言有验,国之福也。”保定初,授梁州总管、十州诸军事。天和二年,徙丹州刺史。三年,迁江陵总管。时陈将吴明彻来寇,总管田弘弘与梁主萧岿出保纪南城,唯琳与梁仆射王操固守江陵三城以抗之。昼夜拒战,凡经十旬,明彻退去。岿表言其状,帝乃优诏追琳入朝,亲加劳问。进授大将军,仍副卫公直镇襄州。六年,进位柱国。建德元年,薨,时年七十六。赠本官,加冀定齐沧州五州诸军事、冀州刺史,谥曰襄。

子儒,少以父勋赐爵许昌县公,拜左侍上士。后袭爵犍为郡公,位至仪同大将军。

李和本名庆和,其先陇西狄道人也。后徙居朔方。父僧养,以累世雄豪,善于统御,为夏州酋长。和少敢勇,有识度,状貌魁伟,为州里所推。贺拔岳作镇关中,乃引和为帐内都督。以破诸贼功,稍迁征北将军、金紫光禄大夫。赐爵思阳公。寻除汉阳郡守,治存宽简,百姓称之。

至大统初,加车骑将军、左光禄大夫、都督,累迁使持节、车骑大将军、仪同三司、散骑常侍、侍中、骠骑大将军、开府仪同三司、夏州刺史,赐姓宇文氏。太祖尝谓诸将曰:“宇文庆和,智略明胆,立身恭谨,累经委任,每称吾意。”遂赐名意焉。改封永丰县公,邑一千户。保定二年,除司宪中大夫,进爵义城郡公。寻又改封德广郡公,出为洛州刺史。和前在夏州,颇留遗惠,乃有此授,商洛父老,莫不想望德音。和至州,以仁恕训物,狱讼为之简静。天和三年,进位大将军,拜延绥丹三州武安伏夷安民三防诸军事、延州刺史。六年,进柱国大将军。建德元年，改授延绥银三州文安伏夷安民周昌梁和五防诸军事。以罪免。寻复柱国。

隋开皇元年，迁上柱国。和立身刚简，老而逾励，诸子趋事，若奉严君。以意是太祖赐名，市朝已革，庆和则父之所命，义不可违。至是，遂以和为名。二年，薨，赠本官，加司徒公，徐衮邳沂海泗六州刺史。谥曰肃。子彻嗣。

伊娄穆字奴干，代人也。父灵，善骑射，为太祖所知。太祖尝谓之曰：“昔伊尹阿衡于殷，致主尧舜。卿既姓伊，庶卿不替前绪。”于是赐名尹焉。历金紫光禄大夫、卫将军、隆州刺史，赐爵卢奴县公。

穆弱冠为太祖内亲信，以机辩见知，授奉朝请，常侍左右。邙山之役，力战有功，拜子都督、丞相府参军事，转外兵参军。累迁帅都督、平东将军、中散大夫，历中书舍人、尚书驾部郎中、抚军将军、大都督、通直散骑常侍。尝入白事，太祖望见悦之，字之曰：“奴干作仪同面见我矣。”于是拜车骑大将军、仪同三司，赐安阳县伯，邑五百户。转大丞相府掾，迁从事中郎，除给事黄门侍郎。

魏废帝二年，穆使于蜀。属伍城郡人赵雄杰与梓潼郡人王令公、邓朏等构逆，众三万余人，阻涪水立栅，进逼潼州。穆遂与刺史叱罗协率兵破之。增邑五百户。孝闵帝践祚，拜兵部中大夫，治御正，进爵为侯，增邑五百户。寻进位骠骑大将军、开府仪同三司。保定初，授军司马，进爵为公。四年，除金州总管、八州诸军事、金州刺史。天和二年，增邑二千一百户。又为民部中大夫。

卫公直出镇襄州，以穆为长史。鄀州城民王道肯反，袭据州城。直遣穆率百余骑驰往援之。穆至城下，频破肯众。会大将军高琳率众军继进，肯等乃降。唐州山蛮恃险逆命，穆率军讨之。蛮酋等保据石窟一十四处，穆分军进讨，旬有四日，并破之，虏获六千五百人。六年，进位大将军。建德初，授荆州，复以穆为总管府长史。穆频贰戚藩，甚得匡赞之誉。

入为小司马。从柱国李穆平轵关等城，赏布帛三百匹、粟三百石、田三十顷。五年，从皇太子讨吐谷浑。还，穆殿，为浑人围。会刘雄救至，乃得解。后以疾卒。

杨绍字子安，弘农华阴人也。祖兴，魏新平郡守。父国，中散大夫。绍少慷慨有志略，屡从征伐，力战有功。魏永安中，授广武将军、屯骑校尉、直荡别将。普泰初，封平乡男，邑一百户，加征西将军，金紫光禄大夫。魏孝武初，迁卫将军、右光禄大夫，进爵冠军县伯，邑百户。大统元年，进爵为公，增邑六百户。累迁车骑将军、通直散骑常侍、骁卫将军、左光禄大夫。四年，出为郿城郡守。绍性恕直，兼有威惠，百姓安之。稽胡恃众与险，屡为抄窃。绍率郡兵从侯莫陈崇讨之，疋马先登，破之于默泉之上。加帅都督、骠骑、常侍、朔州大中正。十三年，录前后功，增邑通前二千二百户，除燕州刺史。累迁大都督、车骑大将军、仪同三司。

复从大将军达奚武征汉中。时梁恒农侯萧循固守梁州。绍以为悬军敌境，围守坚城，旷日持久，粮饷不继，城中若致死于我，惧不能归，请为计以诱之。乃频至城下挑战，设伏待之。循初不肯出。绍又遣人骂辱之，循怒，果出兵，绍率众伪退。城降。以功授辅国将军、中散大夫，听回授一子。

又从柱国、燕国公于谨围江陵。绍斗于枇杷门，流矢中股而力战不衰。事平，赏奴婢一百口，进骠骑大将军、开府仪同三司，除衡州刺史，赐姓叱利氏。孝闵帝践祚，进位大将军。保定二年，卒，赠成文等八州刺史。谥曰信。子雄嗣。大象末，上柱国、邦国公。

王雅字度容，阐熙新固人也。少而沈毅，木讷寡言，有胆勇，善骑射。太祖闻其名，召入军，累有战功。除都督，赐爵居庸县子。

东魏将窦泰入寇，雅从太祖擒于潼关。沙苑之战，雅谓所部曰："彼军殆有百万，今我不满万人，以常理论之，实难与敌。但相公神武命世，股肱王室，以顺讨逆，岂计众寡。丈夫若不以此时破贼，何用生为！"乃撮甲步战，所向披靡，太祖壮之。又从战邙山。时大军不利,为敌所乘,诸将皆引退,雅独回骑拒之。敌人见其无继,步骑竟进。雅左右奋击,频斩九级,敌众稍却,雅乃还军"太祖叹曰:"王雅举身悉是胆也。"录前后功,进爵为伯,除帅都督、鄜城郡守。政尚简易,吏人安之。迁大都督、延州刺史,转夏州刺史,加车骑大将军、仪同三司,进骠骑大将军、开府仪同三司。世宗初,除汾州刺史。励精为治,人庶悦而附之,自远至者七百余家。保定初,复为夏州刺史,卒于州。

子世积嗣。少倜傥有文武干略。大象末,上大将军、宜阳郡公。

达奚实字什伐代,河南洛阳人也。高祖凉州,魏征西将军、山阳公。父显相,武卫将军。实少修立,有干局。起家给事中,加冠军将军。魏孝武初,授都督,镇弘农。后从西迁,封临汾县伯,邑六百户。迁大行台郎中,仍与行台郎神镇潼关。及潼关失守,即与大都督阳山武战于关,东魏人甚惮之。从太祖擒窦泰,复弘农,皆力战有功,增邑三百户,加车骑将军、左光禄大夫。十三年,又授大行台郎中、相府掾,转从事中郎。实性严重。太祖深器之。累迁大都督、持节、通直散常侍。魏废帝二年,除中外府司马。

大军伐蜀,以实行南岐州事,兼都军粮。先是,山氏生犷,不供赋役,历世羁縻,莫能制御。实导之以政,氏人感悦,并从赋税。于是大军粮饩,咸取给焉。寻征还,仍为司马。六官建,拜蕃部中大夫,加骠骑大将军、开府仪同三司,进爵平阳县公。武成二年,授御正中大夫,治民部,兼晋公护司马。

保定元年,出为文州刺史,卒于州,时年四十九。赠文康二州刺史。谥曰恭。子丰嗣。

刘雄字猛雀,临洮子城人也。少机辩,慷慨有大志。大统中,起家为太祖亲信。寻授统军、宣威将军、给事中,除子城令,加都督、辅国将军、中散大夫,兼中书舍人,赐姓宇文氏。孝闵帝践祚,加大都督,历司市下大夫,齐右下大夫,治小驾部,进车骑大将军、仪同三司。保定四年,治中外府属,从征洛阳。

天和二年,迁驾部中大夫。四年,兼齐公宪府掾,从宪出宜阳,筑安义等城。五年,齐相斛律明月率众筑通关城以援宜阳。先是,国家与齐通好,约言各保境息民,不相侵扰。至是,宪以齐人失信,令雄使于明月,责其背约。雄辞义辩直,齐人惮焉。使还,兼中府外掾。寻加骠骑大将军、开府仪同三司,封周昌县伯,邑六百户。齐人又于姚襄筑伏龙等五城,以处戍卒。雄从齐公宪攻之,五城皆拔。宪复遣雄与柱国宇文盛于齐长城已西,连营防御。齐将段孝先等率众围盛。营外先有长堑,大将军韩欢与孝先交战不利,雄身负排,率所部二十余人,据堑力战,孝先等乃止。军还,迁军司马,进爵为侯,邑一千四百户。

建德初,授纳言,转军正,复为纳言。二年,转内史中大夫,除侯正。高祖尝从容谓雄曰:“古人云‘富贵不归故乡,犹衣锦夜游。’今以卿为本州,何如?”雄稽首拜谢。于是诏以雄为河州刺史。雄先已为本县令,复有此授,乡里荣之。四年,从柱国李穆出轵关,攻邵州等城,拔之。以功获赏。

五年,皇太子西征吐谷浑,雄自凉州从滕王逌率军先入浑境,去伏侯城二百余里,逌遣雄先至城东举火,与大军相应。浑洮王率七百余骑逆战。雄时所部数百人先并分遣斥侯,在左右者二十许人。雄即率与交战,斩首七十余级,雄亦亡其三骑。自是从逌连战之,雄功居多,赏物甚厚。止军还,伊娄穆殿,为贼所图。皇太子命雄救之。雄率骑一千解穆围。增邑三百户,加上开府仪同三司。其年,大军东讨,雄从齐王宪拔洪洞,下永安。军还,仍与宪回援晋州。未至,齐后主已率大兵亲自攻围,晋州垂陷。宪遣雄先往察其军势。雄乃率步骑千人,鸣鼓角,遥报城中。寻而高祖兵至,齐主遁走。从平并州,拜上大将军,进爵赵郡公,邑二千户,旧封回授一子。明年,从平邺城,进柱国。其年,从齐王宪总北讨稽胡。军还,出镇幽州。

宣政元年四月,突厥寇幽州,拥略居民。雄出战,为突厥所围,临阵战殁。赠亳州总管、七州诸军事、亳州刺史。子升嗣。以雄死王事,大象末,授仪同大将军。

　　侯植字仁干,上谷人也。燕散骑常侍龛之八世孙。高祖恕,魏北地郡守。子孙因家于北地之三水,遂为州郡冠族。父欣,泰州刺史、奉义县公。植少倜傥,有大节,容貌奇伟,武艺绝伦。正光中,起家奉朝请。寻而天下丧乱,群盗蜂起,植乃散家财,率募勇敢讨贼。以功拜统军,迁清河郡守。后从贺拔岳讨万俟丑奴等,每战有功,除义州刺史。在州甚有政绩,为夷夏所怀。及齐神武逼洛阳,植从魏孝武西迁。大统元年,授骠骑将军、都督。赐姓侯伏侯氏。从太祖破沙苑,战河桥,进大都督,加左光禄大夫。凉州刺史宇文仲和据州作逆,植从开府独孤信讨擒之,拜车骑大将军、仪同三司,封肥城县公,邑一千户。又赐姓贺屯。魏恭帝元年,从于谨平江陵,进骠骑大将军、开府仪同三司,赐奴婢一百口,别封一子开源县伯。六官建,拜司仓下大夫。孝闵帝践祚,进爵郡公,增邑通前二千户。

　　时帝幼冲,晋公护执政,植从兄龙恩为护所亲任。及护诛赵贵,而诸宿将等多不自安。植谓龙恩曰:“今主上春秋既富,安危系于数公。共为唇齿,尚忧不济,况以纤介之间,自相夷灭!植恐天下之人,因此解体。兄既受人任使,安得知而不言。”龙恩竟不能用。植又乘间言于护曰:“君臣之分,情均父子,理须同其休戚,期之始终。明公以骨肉之亲,当社稷之寄,与存与亡,在于兹日。愿公推诚王室,拟迹伊、周,使国有泰山之安,家传世禄之盛,则率土之滨,莫不幸甚。”护曰:“我蒙太祖厚恩,且属当犹子,拆将以身报国,贤兄应见此心。卿今有是言,岂谓吾有他志耶。”又闻其先与龙恩言,乃阴忌之。植惧不免祸,遂以忧卒。赠大将军、正杨光三州诸军事、平州刺史,谥曰节。子定嗣。

　　及护伏诛,龙恩与其弟大将军、武平公万寿并预其祸,高祖治护事,知植忠于朝廷,乃特免其子孙。定后位至车骑大将军、仪同三司。

史臣曰：王杰、王勇、宇文虬之徒，咸以果毅之姿，效节于扰攘之际，终能屠坚复锐，立御侮之功，裂膏壤，据势位，固其宜也。仲尼称"无求备于一人"，信矣。夫文士怀温恭之操，其弊也懦弱；武夫禀刚烈之质，其失也敢悍。故有使酒不逊之祸，拔剑争功之尤，大则莫全其生，小则仅而获免。耿豪、王勇，不其然乎。

周书卷三〇
列传第二二

窦炽 兄子毅 于翼 李穆

　　窦炽字光成，扶风平陵人也。汉大鸿胪章十一世孙。章子统，灵帝时，为雁门太守，避窦武之难，亡奔匈奴，遂为部落大人。后魏南徙，子孙因家于代，赐姓纥豆陵氏。累世仕魏，皆至大官。父略，平远将军。以炽著勋，赠少保、柱国大将军、建昌公。炽性严明，有谋略，美须髯，身长八尺二寸。少从范阳祁忻受毛诗、《左氏春秋》，略通大义。善骑射，膂力过人。魏正光末，北镇扰乱，炽乃随路避地定州，因没于葛荣。荣欲官略，略不受。荣疑其有异志，遂留略于冀州，将炽及炽兄善随军。魏永安元年，尔朱荣破葛荣，炽乃将家随荣于并州，时葛荣别帅韩娄、郝长众数万人据蓟城不下，以炽为都督，从骠骑将军侯深讨之。炽手斩娄，以功拜扬烈将军。三年，除员外散骑侍郎，迁给事中。建明元年，加武厉将军。魏孝武即位，茹茹等诸番并遣使朝贡，帝临轩宴之。有鸥飞鸣于殿前，帝素知炽善射，因欲示远人，乃给炽御箭两只，命射之。鸥乃应弦而落，诸番人咸欢异焉。帝大悦，赐帛五十疋。寻率兵随东南道行台樊子鹄追尔朱仲远，仲远奔梁。时梁主又遣元树入寇，攻陷谯城，遂据之。子鹄令炽率骑兵击破之，封行唐县子，邑五百户。寻拜直阁将军、银青光禄大夫。领华骝令，进爵上洛县伯，邑一千户。时帝与齐神武构隙，以炽有威重，堪处爪牙之任，拜阁内大都督。迁抚军将军，朱衣直阁，遂从帝西迁。仍与其兄善重至城下，与武卫将军高金龙战于千秋门，败之。因入宫城,取御马四十匹并鞍勒,进之行所。帝大悦,赐炽及善骏马各二匹,驾马十匹。

大统元年,以从驾功,别封真定县公,除东豫州刺史,加卫将军。从擒窦泰,复弘农,破沙苑,皆有功,增邑八百户。河桥之战,诸将退走,炽时独从两骑为敌人所追,至邙山,炽乃下马背山抗之。俄而敌众渐多,三面攻围,矢下如雨。炽骑士所执弓,并为敌人所射破,炽乃总收其箭以射之,所中人马皆应弦而倒。敌人杀伤既多,乃相谓曰:“得此人未足为功。”乃稍引退。炽因其怠,遂突围得出。又从太保李弼讨白额稽胡,破之,除车骑将军。

高仲密以北豫州来附,炽率兵从太祖援之。至洛阳,会东魏人据邙山为阵,太祖命留辎重于厘曲,率轻骑奋击,中军与右军大破之,悉虏其步卒。炽独追至石济而还。迁车骑大将军、仪同三司、散骑常侍,增邑一千户。十三年,进使持节、骠骑大将军、开府仪同三司,加侍中,增邑通前三千六百户。出为泾州刺史,莅职数年,政号清净。改封安武县公,进授大将军。

魏废帝元年,除大都督、原州刺史。炽抑挫豪右,申理幽滞,每亲巡垄亩,劝民耕桑。在州十载,甚有政绩。州城之北,有泉水焉,炽屡经游践,尝与僚吏宴于泉侧,因酌水自饮曰:“吾在此州,唯当饮水而已。”及去职之后,人吏感其遗惠,每至此泉者,莫不怀之。

魏恭帝元年,进爵广武郡公。属茹茹寇广武,炽率兵与柱国赵贵分路讨之。茹茹闻军至,引退。炽度河至麴使川追及,与战,大破之,斩其酋帅郁久闾是发,获生口数千,及杂畜数万头。孝闵帝践祚,增邑二千户。武成二年,拜柱国大将军。世宗以炽前朝忠勋,望实兼重,欲独为造第。炽辞以天下未平,干戈未偃,不宜辄发徒役,世宗不许。寻而帝崩,事方得寝。

保定元年,进封郑国公,邑一万户,别食资阳县一千户,收其租赋。四年,授大宗伯,随晋公护东征。天和五年,出为宜州刺史。先是,太祖田于渭北,令炽与晋公护公射走兔,炽一日获十七头,护获十一头。护耻其不及,因以为嫌。至是,炽又以高祖年长,有劝护归政之议,护恶之,故左迁焉。及护诛,征太傅。

炽既朝之元老,名位素隆,至于军国大谋,常与参议。尝有疾,高祖至其第而问之,因赐金石之药。其见礼如此。帝于大德殿将谋伐齐,炽时年已衰老,乃扼腕曰:"臣虽朽迈,请执干橹,首启戎行。得一睹诛翦鲸鲵,廓清寰宇,省方观俗,登岳告成,然后归魂泉壤,无复余恨。"高祖壮其志节,遂以炽第二子武当公恭为左二军总管。齐平之后,帝乃召炽历观相州宫殿。炽拜贺曰:"陛下真不负先帝矣。"帝大悦,赐奴婢三十人,及杂绘帛千疋,进位上柱国。

宣政元年,兼雍州牧。及宣帝营建东京,以炽为京洛营作大监。宫苑制度,皆取决焉。大象初,改食乐陵县,邑户如旧。隋文帝辅政,停洛阳宫作,炽请入朝。属尉迟迥举兵,炽乃移入金墉城,简练关中军士得数百人,与洛州刺史、平凉公元亨同心固守,仍权行洛州镇事。相州平,炽方入朝。属隋文帝初为相国。百官皆劝进。炽自以累代受恩,遂不肯署笺。时人高其节。

隋文帝践祚,拜太傅,加殊礼,赞拜不名。开皇四年八月,薨,时年七十八。赠本官、冀沧瀛赵卫贝魏洛八州诸军事、冀州刺史。谥曰恭。炽事亲孝,奉诸兄以悌顺闻。及其位望隆重,而子孙皆处列位,遂为当时盛族。子茂嗣。茂有弟十三人,恭、威最知名。恭位至大将军。从高祖平齐,封赞国公,除西衮州总管,以罪赐死。炽兄善,以中军大都督、南城公从魏孝武西迁。后仕至太仆、卫尉卿、汾北华瀛三州刺史、骠骑大将军、开府仪同三司、永富县公。谥曰忠。子荣定嗣。起家魏文帝千牛备身。稍迁平东将军、大都督,进骠骑大将军、仪同三司。历次飞中大夫、右司卫上大夫。大象中,位至大将军。炽兄子毅。

毅字天武。父岳,早卒。及毅著勋,追赠大将军、冀州刺史。毅沉深有器度,事亲以孝闻。魏孝武初,起家为员外散骑侍郎。时齐神武擅朝,毅慨然有殉主之志。及孝武西迁,遂从入关,封奉高县子,邑六百户,除符玺郎。从擒窦泰,复弘农,战沙苑,皆有功。拜右将军、太中大夫,进爵为侯,增邑一千户。累迁持节、抚军将军、通直散骑常侍。魏废帝二年,授车骑大将军、仪同三司、大都督,进爵安武县公,增邑一千四百户。魏恭帝元年,进授骠骑大将军、开府仪同三司、大都督,改封永安县公,出为幽州刺史。孝闵帝践祚,进爵神武郡公,增邑通前五千户。保定三年,征还朝,治左宫伯,转小宗伯,寻拜大将军。

时与齐人争,衡戎车岁动,并交结突厥,以为外援。在太祖之时,突厥已许纳女于我,齐人亦甘言重币,遣使求婚。狄固贪婪,便欲有悔。朝廷乃令杨荐等累使结之,往反十余,方复前好。至是,虽期往逆,犹惧改图。以毅地兼勋戚,素有威重,乃命为使。及毅之至,齐使亦在焉。突厥君臣,犹有贰志。毅抗言正色,以大义责之,累旬乃定,卒以皇后归。朝议嘉之,别封成都县公,邑一千户,进位柱国。出为同州刺史,迁蒲州总管,徙金州总管,加授上柱国,入为大司马。隋开皇初,拜定州总管。累居藩镇,咸得民和。二年,薨于州,年六十四。赠襄郢等六州刺史,谥曰肃。毅性温和,每以谨慎自守,又尚太祖第五女襄阳公主,特为朝廷所委信,虽任兼出纳,未尝有矜惰之容,时人以此称焉。子贤嗣。

贤字托贤,志业通敏,少知名。天和二年,策拜神武国世子。宣政元年,授使持节仪同大将军。隋开皇中,袭爵神武公,除迁州刺史。

有二女即唐太穆皇后。武德元年,诏赠司空、穆总管荆郢硖夔复沔岳沇沣鄂十州诸军事、荆州刺史,封杞国公。并追赠贤,金迁房直均五州诸军事、金州刺史,袭杞国公。又追赠贤子绍宣秦州刺史,并袭贤爵。绍宣无子,仍以绍宣兄孝宣子德藏为嗣。

于翼字文若,太师、燕公谨之子。美风仪,有识度。年十一,尚太祖女平原公主,拜员外散骑常侍,封安平县公,邑一千户。大统十六年,进爵郡公,加大都督,领太祖帐下左右,禁中宿卫。迁镇南将军、金紫光禄大夫、散骑常侍、武卫将军。谨平江陵,所赠得军实,分给诸子。翼一无所取,唯简赏口内名望子弟有士风者,别待遇之。太祖闻之,特赐奴婢二百口,翼固辞不受。寻授车骑大将军、仪同三司,加侍中、骠骑大将军、开府仪同三司。六官建,除左宫伯。孝闵帝践祚,出为渭州刺史。翼兄实先莅此州颇有惠政。翼又推诚布信,事存宽简,夷夏感悦,比之大小冯君焉。时土谷浑入寇河右,凉鄯河三州咸被攻围,使来告急。秦州都督遣翼赴援,不从。寮属咸以为言。翼曰:“攻取之术,非夷俗所长。此寇之来,不过抄掠边牧耳。安能顿兵城下,久事攻围! 掠而无获,势将自走。劳师以往,亦无所及,翼揣之已了,幸勿复言。”居数日间至,果如翼所策。贺兰祥讨吐谷浑,翼率州兵先锋深入。以功增邑一千二百户。寻征拜右宫伯。

世宗雅爱文忠,立麟趾学,在朝有艺业者,不限贵贱,皆预听焉。乃至萧㧑、王褒等与卑鄙之徒同为学士。翼言于帝曰:“萧㧑,梁之宗子;王褒梁之公卿。今与趋走同侪,恐非尚贤贵爵之义。”帝纳之,诏翼定其班次,于是有等差矣。

世宗崩,翼与晋公护同受遗诏,立高祖。保定元年,徙军司马。三年,改封常山郡公,邑二千九百户。天和初,迁司会中大夫,增邑通前三千七百户。三年,皇后阿史那氏自突厥,高祖行亲迎之礼,命翼总司仪制。狄人虽蹲踞无节,然咸惮翼之礼法,莫敢违犯。遭父忧去职,居丧过礼,为时辈所称。寻有诏,起令视事。高祖又以翼有人伦之鉴,皇太子及诸王等相傅以下,并委翼选置。其所擢用,皆民誉也,时论金谓得人。迁大将军,总中外宿卫兵事。晋公护以帝委翼腹心,内怀猜忌。转为小司徒,加拜柱国。虽外示崇重,实疏斥之。及诛护,帝召翼,遣往河东取护子中山公训,仍代镇蒲州。翼曰:“冢宰无君陵上,自取诛夷。元恶既除,余孽宜殄。然皆陛下骨肉,犹谓疏不间亲。陛下不使诸王而使臣异姓,非直物有横议,愚臣亦所未安。”帝然之,乃遣越王盛代翼。

先是,与齐陈二境,各修边防,虽通聘好,而每岁交兵。然一彼一此,不能有所克获。高祖既亲万机,将图东讨,诏边城镇,并益储待,加戍卒。二国闻之,亦增修守御。翼谏曰:“宇文护专制之日,兴兵至洛,不战而败,所丧实多。数十年委积,一朝糜散。虽为护无制胜之策，亦由敌人之有备故也。且疆场相侵，互有胜败，徒损兵储，非策之上者。不若解边严，减戎防，继好息民，敬待来者。彼必善于通好，懈而少备，然后出其不意，一举而山东可图。若犹习前踪，恐非荡定之计。”帝纳之。

建德二年，出为安随等六州五防诸军事、安州总管。时属大旱，溳水绝流。旧俗，每逢亢阳，祷白兆山祈雨。高祖先禁群祀，山庙已除。翼遣主簿祭之，即日澍雨沾洽，岁遂有年，民庶感之，聚会歌舞，颂翼之德。

四年，高祖将东伐，朝臣未有知者，遣纳言卢韫等前后乘驿，三诣翼问策焉。翼赞成之。及军出，诏翼率荆、楚兵二万，自宛、叶趣襄城，大将军张光洛、郑恪等并隶焉。旬日下齐一十九城。所部都督，辄入民村，即斩以徇。由是百姓欣悦，赴者如归。属高祖有疾，班师，翼亦旋镇。

五年，转陕熊等七州十六防诸军事、宜阳总管。翼以宜阳地非襟带，请移镇于陕。诏从之，仍除陕州刺史，总管如旧。其年，大军复东讨，翼自陕入九曲，攻拔造润等诸城，径到洛阳。齐洛州刺史独孤永业开门出降，河南九州三十镇，一时俱下。襄城民庶等喜复见翼，并壶浆塞道。寻即除洛怀等九州诸军事、河阳总管。寻徙豫州总管，给兵五千人、马千匹以之镇，并配开府及仪同等二十人。仍敕河阳、襄州、安州、荆州泗州总管内有武干者，任翼征牒，不限多少。仪同以下官爵，承制先授后闻。陈将鲁天念久围光州，闻翼到汝南，望风退散。霍州蛮首田元显，负险不宾，于是，送质请附。陈将任蛮奴悉众攻显，显立栅拒战，莫有异心。及翼还朝，元显便叛。其得殊俗物情，皆此类也。

大象初，征拜大司徒。诏翼巡长城，立亭鄣。西自雁门，东至碣石，创新改旧，咸得其要害云。仍除幽定七州六镇诸军事、幽州总管。先是，突厥屡为寇掠，居民失业。翼素有威武，兼明斥候，自是不敢犯塞，百姓安之。

及尉迟迥据相州举兵，以书招翼。翼执其使，并书送之。于时隋文帝执政，赐翼杂缯一千五百段、粟麦一千五百石，并珍宝服玩等。进位上柱国，封任国公，增邑通前五千户，别食任城县一千户，收其租赋。翼又遣子让通表劝进，并请入朝。隋文帝许之。

开皇初，拜太尉。或有告翼，云往在幽州欲同尉迟迥者，隋文召致清室，遣理官按验。寻以无实见原，仍复本位。三年五月，薨。赠本官、加蒲晋怀绛邠汾六州诸军事、蒲州刺史。谥曰穆。

翼性恭俭，与物无竞，常以满盈自戒，故能以功名终子玺，官至上大将军、军司马、黎阳郡公。玺弟诠，上仪同三司、吏部下大夫、常山公。诠弟让，仪同三司。

尉迟迥之举兵也，河西公李贤弟穆为并州总管，亦执迥子送之。

李穆字显庆，少明敏，有度量。太祖入关，便给事左右，深被亲遇。穆小心谨肃，未尝懈怠。太祖嘉之，遂处以腹心之任，出入卧内，当时莫与为比。及侯莫陈悦害贺拔岳，太祖自夏州赴难，而悦党史归据原州，犹为悦守。太祖令侯莫陈崇轻骑袭之。穆先在城中，与兄贤、远等据城门应崇，遂擒归。以功授都督。从迎魏孝武，封永平县子，邑三百户。擒窦泰，复弘农，并有战功。沙苑之捷，穆又言于太祖曰：“高欢今日已丧胆矣，请速逐之，则欢可擒也。”太祖不听。论前后功，进爵为公。

河桥之战，太祖所乘马中流矢惊逸，太祖坠于地，军中大扰。敌人追及之，左右皆奔散，穆乃以策扶太祖，因大骂曰：“尔曹主何在？尔独住此！”敌人不疑是贵人也，遂舍之而过。穆以马授太祖，遂得俱免。是日微穆，太祖已不济矣。自是恩盼更隆。擢授武卫将军，加大都督、车骑大将军、仪同三司，进爵武安郡公，增邑一千七百户。前后赏赐，不可胜计。久之，太祖美其志节，乃叹曰：“人之所贵，唯身命耳，李穆遂能轻身命之重，济孤于难。虽复加之以爵位，赏之以玉帛，未足为报也。”乃特赐铁券，恕以十死。进骠骑大将军、开府仪同三司、侍中。初，穆授太祖以总马，其后中厩有此色马者，悉以赐之。又赐穆世子惇安乐郡公，姊一人为郡君，自余姊妹并为县君，兄弟子侄及缌麻以上亲并舅氏，皆沾厚赐。其见褒崇如此。

从解玉壁围，拜安定国中尉。寻授同州刺史，入为太仆卿。征江陵功，封一子长城县侯，邑千户。寻进位大将军，赐姓拓拔氏。俄除原州刺史，又以贤子为平高郡守，远子为平高县令，并加鼓吹。穆自以叔侄一家三人，皆牧宰乡里，恩遇过隆，固辞不拜。太祖不许。后转雍州刺史，入为小冢宰。孝闵帝践祚，增邑通前三千七百户，又别封一子为县伯。穆请回封贤子孝轨，许之。

及远子植谋害晋公护，植诛死，穆亦坐除名。时植弟基任淅州刺史，例合从坐。穆频诣护，请以子惇、怡等代基死，辞理酸切，闻者莫不动容。护矜之，遂特免基死。

世宗即位，拜骠骑大将军、开府仪同三司、大都督、安武郡公、直州刺史。武成二年，拜少保。保定二年，进位大将军。三年，从隋公杨忠东伐。还，拜小司徒，迁柱国大将军，别封一子郡公，邑二千户。五年，迁大司空。天和二年，进封中国公，邑五千户，旧爵迥授一子。建德元年，迁太保。寻出为原州总管。四年，高祖东征，令穆率兵三万，别攻轵关及河北诸县，并破之。后以帝疾班师，弃而不守。六年，进位上柱国，除并州总管。时东夏再平，人情尚扰，穆镇之以静，百姓怀之。大象元年，迁大左辅，总管如旧。二年，加太傅，仍总管。

及尉迟迥举兵，穆字荣欲应之。穆弗听曰："周德既衰，愚智共悉。天时若此，吾岂能违天。"乃遣使谒隋文帝，并上十三环金带，盖天子之服也，以微申其意。时迥子谊为朔州刺史，亦执送京师。迥令其所署行台韩长业攻陷潞州，执刺史赵威，署城民郭子胜为刺史。穆遣兵讨之，获子胜。隋文帝嘉之，以穆劳效同破邺城第一勋，加三转，听分授其二子荣、才及兄贤子孝轨。荣及才并仪同大将军，孝轨进开府仪同大将军。又别封子雄为密国公，邑三千户。

穆长子惇，字士宇。大统四年，以穆功赐爵安平县侯，寻授车骑大将军、仪同三司、大都督，进爵为公。太祖令功臣世子并与略阳公游处，惇于时辈之中，特被引接。每有远方服玩，异域珍奇，无不班锡。俄授小武伯,进爵安乐郡公。天和三年,迁骠骑大将军、开府仪同三司、凤州刺史。卒于位。赠大将军、原灵幽三州刺史。

史臣曰:窦炽仪表魁梧,器识雄远。入参朝政,则嘉谋以陈;出总蕃条,则惠政斯洽。窦毅忠肃奉上,温恭接下,茂实彰于本朝,义声扬于殊俗。并以国华民望,论道当官,荣映一时,庆流来叶。及炽迟疑劝进,有送故之心,虽王公恨恨,何以加此。语曰:“君使臣以礼,臣事君以忠。”然则效忠之迹或殊,处臣之理斯一,榷言指要。其维致命乎。是以典午擅朝,葛公休为之投袂;新都篡盗,翟仲文所以称兵。及东郡诛夷,竟速汉朝之祸;淮南覆败,无救魏室之亡。而烈士贞臣,赴蹈不已,岂忠义所感,视死如归者欤。于、李之送往事居,有曲于此。翼既功臣之子,地即姻亲;穆乃早著勋庸,寄深肺腑。并兼文武之任,荷累世之恩,理宜与存与亡,同休同戚。加以受扞城之托,总戎马之权,势力足以勤王,智能足以卫难。乃宴安宠禄,曾无释位之心;报使献诚,但务随时之义。弘名节以高贵,岂所望于二公。若舍彼天时,征诸人事,显庆起晋阳之甲,文若发幽蓟之兵,叶契岷峨,约从漳滏,北控沙漠,西指崤函,则成败之数,未可量也。

周书卷三一
列传第二三

韦孝宽　韦琼　梁士彦

　　韦叔裕字孝宽，京兆杜陵人也，少以字行。世为三辅著姓。祖直善，魏冯翊、扶风二郡守。父旭，咸威郡守。建义初，为大行台右丞，加辅国将军、雍州大中正。永安二年，拜右将军、南幽州刺史。时氐贼数为抄窃，旭随机招抚，并即归附。寻卒官。赠司空、冀州刺史，谥曰文惠。孝宽沉敏和正，涉猎经史。弱冠，属萧宝夤作乱关右，乃诣阙，请为军前驱。朝廷嘉之，即拜统军。随冯翊公长孙承业西征，每战有功。拜国子博士，行华山郡事。属侍中杨侃为大都督，出镇潼关，引孝宽为司马。侃奇其才，以女妻之。永安中，授宣武将军、给事中，寻赐爵山北县男。普泰中，以都督从荆州刺史源子恭镇襄城，以功除析阳郡守。时独孤信为新野郡守，同荆州，与孝宽情好款密，政术俱美，荆部吏人，号为连璧。孝武初，以都督镇城。

　　文帝自原州赴雍州，命孝宽随军。及克潼关，即授弘农郡守。从擒窦泰，兼左丞，节度宜阳兵马事。仍与独孤信入洛阳城守。复与宇文贵、怡峰应接颍州义徒，破东魏将任祥、尧雄于颍川。孝宽又进平乐口，下豫州，获刺史冯邕。又从战于河桥。时大军不利，边境骚然，乃令孝宽以大将军行宜阳郡事。寻迁南兖州刺史。

　　是岁，东魏将段琛、尧杰复据宜阳，遣其扬州刺史牛道恒扇诱边民。孝宽深患之，乃遣谍人访获道恒手迹，令善学书者伪作道恒与孝宽书，论归款意，又为落烬烧迹，若火下书者，还令谍人送于琛营。琛得书,果疑道恒,其所欲经略,皆不见用。孝宽知其离阻,日出奇兵掩袭,擒道恒及琛等,崤、渑遂清。大统五年,进爵为侯。八年,转晋州刺史,寻移镇玉壁,兼摄南汾州事。先是山胡负险,屡为劫盗,孝宽示以威信,州境肃然。进授大都督。十二年,齐神武倾山东之众,志图西入,以玉壁冲要,先命攻之。连营数十里,至于城下,乃于城南起土山,欲乘之以入。当其山处,城上先有两高楼。孝宽更缚木接之,命极高峻,多积战具以御之。齐神武使谓城中曰:"纵尔缚楼至天,我会穿城取尔。"遂于城南凿地道。又于城北起土山,攻具,昼夜不息。孝宽复掘长堑,要其地道,仍饬战士屯堑。城外每穿至堑,战士即擒杀之。又于堑外积柴贮火,敌人有伏地道内者,便下柴火,以皮韛吹之。吹气一冲,咸即灼烂。城外又造攻车,车之所及,莫不摧毁。虽有排楯,莫之能抗。孝宽乃缝布为缦,随其所向则张设之。布既悬于空中,其车竟不能坏。城外又缚松于竿,灌油加火,规以烧布,并欲焚楼。孝宽复长作铁钩,利其锋刃,火竿来,以钩遥割之,松俱麻落。外又于城四面穿地,作二十一道,分为四路,于其中各施梁柱,作讫,以油灌柱,放火烧之,柱折,城并崩坏。孝宽又随崩处竖木栅以扞之,敌不得入。城外尽其攻击之术,孝宽咸拒破之。神武无如之何,乃遣仓曹参军祖孝征谓曰:"未闻救兵,何不降也?"孝宽报云:"我城池严固,兵食有余,攻者自劳,守者常逸。岂有旬朔之闻,已须救援。适忧尔众有不反之危。孝宽关西男子,必不为降将军也。"俄而孝征复谓城中人曰:"韦城主受彼荣禄,或复可尔,自外军士,何事相随入汤火中耶。"乃射募格于城中云:"能斩城主降者,拜太尉,封开国郡公,邑万户,赏帛万匹。"孝宽手题书背,反射城外云:"若有斩高欢者,一依此赏。"孝宽弟子迁,先在山东,又锁至城下,临以白刃,云若不早降,便行大戮。孝宽慷慨激扬,略无顾意。士卒莫不感动,人有死难之心。神武苦战六旬,伤及病死者十四五,智力俱困,因而发疾。其夜遁去。后因此仇恚,遂殂。魏文帝嘉孝宽功,令殿中尚书长孙绍远、左丞王悦至玉壁劳问,授骠骑大将军、开府仪同三司,进爵建忠郡公。

废帝二年,为雍州刺史。先是,路侧一里置一土候,经雨颓毁,每须修之。自孝宽临州,乃勒部内当候处植槐树代之。既免修复,行旅又得庇荫。周文后见,怪问知之,曰:"岂得一州独尔,当令天下同之。"于是令诸州夹道一里种一树,十里种三树,百里种五树焉。

恭帝元年,以大将军与燕国公于谨伐江陵,平之,以功封穰县公。还,拜尚书右仆射,赐姓宇文氏。三年,周文北巡,命孝宽还镇玉壁。周孝闵帝践阼,拜小司徒。明帝初,参麟趾殿学士,考校图籍。

保定初,以孝宽立勋玉壁,遂于玉壁置勋州,仍授勋州刺史。齐人遣使至玉壁,求通互市。晋公护以其相持日久,绝无使命,一日忽来求交易,疑别有故。又以皇姑、皇世母先没在彼,因其请和之际,或可致之。遂令司门下大夫尹公正至玉壁,共孝宽详议。孝宽乃于郊盛设供帐,令公正接对使人,兼论皇家亲属在东之意。使者辞色甚悦。时又有汾州胡抄得关东人,孝宽复放东还,并致书一版,具陈朝廷欲敦邻好。遂以礼送皇姑及护母等。

孝宽善于抚御,能得人心。所遣间谍入齐者,皆为尽力。亦有齐人得孝宽金货,遥通书疏。故齐有动静,朝廷皆先知。时有主帅许盆,孝宽度以心膂,令守一戍。盆乃以城东入。孝宽怒,遣谍取之,俄而斩首而还。其能致物情如此。

汾州之北,离石以南,悉是生胡,抄掠居人,阻断河路。孝宽深患之。而地入于齐,无方诛剪。欲当其要处,置一大城。乃于河西征役徒十万,甲士百人,遣开府姚岳监筑之。岳色惧,以兵少为难。孝宽曰:"计成此城,十日即毕。既去晋州四百余里,一日创手,二日伪境始知;设令晋州征兵,二日方集;谋议之间,自稽三日;计其军行,二日不到。我之城隍,足得办矣。"乃令筑之。齐人果至南首,疑有大军,乃停留不进。其夜,又令汾水以南,傍介山、稷山诸村,所在纵火。齐人谓是军营,遂收兵自固。版筑克就,卒如其言。

四年,进位柱国。时晋公护将东讨,孝宽遣长史辛道宪启陈不可,护不纳。既而大军果不利。后孔城遂陷,宜阳被围。孝宽乃谓其将帅曰:"宜阳一城之地,未能损益。然两国争之,劳师数载。彼多君子,宁乏谋猷。若弃崤东,来图汾北,我之强界,必见侵扰。今宜于华谷及长秋速筑城,以杜贼志。脱其先我,图之实难。"于是画地形,具陈其状。晋公护令长史叱罗协谓使人曰:"韦公子孙虽多,数不满百。汾北筑城,遣谁固守?"事遂不行。天和五年,进爵郧国公,增邑通前一万户。

是岁,齐人果解宜阳之围,经略汾北,遂筑城守之。其丞相斛律明月至汾东。请与孝宽相见。明月云:"宜阳小城,久劳战争。今既入彼,欲于汾北取偿,幸勿怪也。"孝宽答曰:"宜阳彼之要冲,汾北我之所弃。我弃彼图,取偿安在?且君辅翼幼主,位重望隆,理宜调阴阳,抚百姓,焉用极武穷兵,构怨连祸!且沧、瀛大水,千里无烟,复欲使汾、晋之间,横尸暴骨?苟贪寻常之地,涂炭疲弊之人,窃为君不取。"孝宽参军曲岩颇知卜筮,谓孝宽曰:"来年,东朝必大相杀戮。"孝宽因令岩作谣歌曰:"百升飞上天,明月照长安。"百升,斛也。又言:"高山不摧自崩,槲树不扶自竖。"令谍人多赍此文,遗之于邺。祖孝征既闻,更润色之,明月竟以此诛。

建德之后,武帝志在平齐。孝宽乃上疏陈三策。

其第一策曰:"臣在边积年,颇见间隙,不因际会,难以成功。是以往岁出军,徒有劳费,功绩不立,由失机会。何者?长淮之南,旧为沃土,陈氏以破亡余烬,犹能一举平之。齐人历年赴救,丧败而反,内离外叛,计尽力穷。《传》不云乎:'仇有衅焉,不可失也。'今大军若出轵关,方轨而进,兼与陈氏共为掎角;并令广州义旅,出自三鵶;又募山南骁锐,沿河而下;复遣北山稽胡绝其并、晋之路。凡此诸军,仍令各募关、河之外劲勇之士,厚其爵赏,使为前驱。岳动川移,雷骇电激,百道俱进,并趋虏庭。必当望旗奔溃,所向摧殄。一戎大定,实在此机。"

其第二策曰:"若国家更为后图,未即大举,宜与陈人分其兵势。三鵶以北,万春以南,广事屯田,预为贮积。募其骁悍,立为部伍。彼既东南有敌,戎马相持,我出奇兵,破其疆场。彼若兴师赴援,我则坚壁清野,等其去远,还复出师。常以边外之军,引其腹心之众。我无宿舂之费,彼有奔命之劳。一二年中,必自离叛。且齐氏昏暴,政出多门,鬻狱卖官,唯利是视,荒淫酒色,忌害忠良。阖境嗷然,不胜其弊。以此而观,覆亡可待。然后乘间电扫,事等摧枯。"

其第三策曰:"窃以大周土宇,跨据关、河,蓄席卷之威,持建瓴之势。太祖受天明命,与物更新,是以二纪之中,大功克举。南清江、汉,西翦巴、蜀,塞表无虞,河右底定。唯彼赵、魏,独为榛梗者,正以有事三方,未遑东略。遂使漳、滏游魂,更存余晷。昔勾践亡吴,尚期十载;武王取乱,犹烦再举。今若更存遵养,且复相时,臣谓宜还崇邻好,申其盟约。安人和众,通商惠工,蓄锐养威,观衅而动。斯则长策远驭,坐自兼并也。"

书奏,武帝遣小司寇淮南公元卫、开府伊娄谦等重币聘齐。尔后遂大举,再驾而定山东,卒如孝宽之策。

孝宽每以年迫悬车,屡请致仕。帝以海内未平,优诏弗许。至是复称疾乞骸骨。帝曰:"往已面申本怀,何烦重请也。"

五年,帝东伐,过幸玉壁。观御敌之所,深欢羡之,移时乃去。孝宽自以习练齐人虚实,请为先驱。帝以玉壁要冲,非孝宽无以镇之,乃不许。及赵王招率兵出稽胡,与大军掎角,乃敕孝宽为行军总管,围守华谷以应接之。孝宽克其四城。武帝平晋州,复令孝宽还旧镇。及帝凯还,复幸玉壁。从容谓孝宽曰:"世称老人多智,善为军谋。然朕唯共少年,一举平贼。公以为如何?"孝宽对曰:"臣今衰耄,唯有诚心而已。然昔在少壮,亦曾输力先朝,以定关右。"帝大笑曰:"实如公言。"乃诏孝宽随驾还京。拜大司空,出为延州总管,进位上柱国。

大象元年,除徐兖等十一州十五镇诸军事、徐州总管。又为行军元帅,徇地淮南。乃分遣杞公宇文亮攻黄城,郕公梁士彦攻广陵,孝宽率众攻寿阳,并拔之。初孝宽到淮南,所在皆密送诚款。然彼五门,尤为险要。陈人若开塘放水,即津济路绝。孝宽遽令分兵据守之。陈刺史吴文立果遣决堰,已无及。于是陈人退走,江北悉平。军还,至豫州,宇文亮举兵反,立以数百骑袭孝宽营。时亮围宦茹宽密白其状孝宽有备。亮不得入，遁走，孝宽追获之。诏以平淮南之功，别封一子滑国公。

及宣帝崩，隋文帝辅政，时尉迟迥先为相州总管，诏孝宽代之。又以小司徒叱列长文为相州刺史，先令赴邺。孝宽续进，至朝歌，迥遣大都督贺兰贵赍书候孝宽。孝宽留贵与语以察之，疑其有变，遂称疾徐行。又使人至相州求医药，密以伺之。既至汤阴，逢长文奔还。孝宽兄子魏郡守艺文弃郡南走，孝宽审讦其状，乃驰还。所经桥道，皆令毁撤，驿马悉拥以自随。又勒驿将曰："蜀公将至，可多备食酒及刍粟以待之。"迥果遣仪同梁子康将数百骑追孝宽，驿司供设丰厚，所经之处，皆辄停留，由是不及。

时或劝孝宽，以为洛京虚弱，素无守备，河阳镇防，悉是关东鲜卑，迥若先往据之，则为祸不小。乃入保河阳。河阳城内旧有鲜卑八百人，家并在邺，见孝宽轻来，谋欲应迥。孝宽知之，遂密造东京官司，诈称遣行，分人诣洛阳受赐。既至洛阳，并留不遣。因此离解，其谋不成。

六年，诏发关中兵，以孝宽为元帅东伐。七月，军次河阳。迥所署仪同薛公礼等围逼怀州，孝宽遣兵击破之。进次怀县永桥之东南。其城既在要冲，雉堞牢固，迥已遣兵据之。诸将士以此城当路，请先攻取。孝宽曰："城小而不固，若攻而不拔，损我兵威。今破其大军，此亦何能为也。"于是引军次于武陟，大破迥之惇，惇轻骑奔邺。军次于邺西门豹祠之南。迥自出战，又破之。迥穷迫自杀。兵士在小城中者，尽坑于游豫园。诸有未服，皆随机讨之，关东悉平。十月，凯还京师。十一月薨，时年七十二。赠太傅、十二州诸军事、雍州牧。谥曰襄。

孝宽在边多载，屡抗强敌。所有经略，布置之初，人莫之解；见其成事，方乃惊服。虽在军中，笃意文史，政事之余，每自披阅。末年患眼，犹令学士读而听之。又早丧父母，事兄嫂甚谨。所得俸禄，不入私房。亲族有孤遗者，必加振赡。朝野以此称焉。长子谌年已十岁，魏文帝欲以女妻之。孝宽辞以兄子妻世康年长。帝嘉之，遂以世康。孝宽有六子，总、寿、霁、津知名。

韦琼字敬远。志尚夷简，澹于荣利。弱冠，被召拜雍州中从事。非其好也，遂谢疾去职。前后十见征辟，皆不应命。属太祖经纶王业侧席求贤，闻琼养高不仕，虚心敬悦，遣使辟之，备加礼命。虽情谕甚至，而竟不能屈。弥以重之，亦弗之夺也。所居之宅，枕带林泉，琼对玩琴书，萧然自逸。时人号为居士焉。至有慕其闲素者，或载酒从之，琼亦为之尽欢，接对忘倦。

明帝即位，礼敬逾厚。乃为诗以贻之曰："六爻贞遁世，三辰光少微。颍阳让逾远，沧州去不归。香动秋兰佩，风飘莲叶衣。坐石窥仙洞，乘槎下钓矶。岭松千仞直，岩泉百丈飞。聊登平乐观，远望首阳薇。巨能同四隐，来参余万机。"琼答帝诗，愿时朝谒。帝大悦，敕有司日给河东酒一斗，号之曰逍遥公。

时晋公护执政，广营第宅。尝召琼至宅，访以政事。琼仰视其堂，徐而欢曰："酣酒嗜音，峻宇雕墙，有一于此，未或弗亡。"护不悦。有识者以为知言。

陈遣其尚书周弘正来聘，素闻琼名，请与相见。朝廷许之。弘正乃造琼，谈谑盈日，恨相遇之晚。后请琼至宾馆，琼时赴。弘正仍赠诗曰："德星犹未动，真车讵肯来。"其为时所钦挹如此。

武帝尝与琼夜宴，大赐之缣帛，令侍臣数人负以送出。琼唯取一匹，示承恩旨而已。帝以此益重之。孝宽为延州总管，琼至州与孝宽相见。将还，孝宽以所乘马及辔勒与琼。琼以其华饰，心弗欲之。笑谓孝宽曰："昔人不弃遗簪坠履者，恶与之同出，不与同归。吾虽不逮前烈，然舍旧录新，亦非吾志也。"于是乘旧马以归。武帝又以佛、道、儒三教不同，诏琼辨其优劣。琼以三教虽殊，同归于善，其迹似有深浅，其致理如无等级。乃著《三教序》奏之。帝览而称善。时宣帝在东宫，亦遗琼书，并令以帝所乘马迎之，问以立身之道。琼对曰："《传》不云乎，俭为德之恭，侈为恶之大。欲不可纵，志不可满。并圣人之训也。愿殿下察之。"

琼子瓘行随州刺史,因疾物故,孝宽子总复于并州战殁。一日之中,凶问俱至。家人相对悲恸,而琼神色自若。谓之曰:"死生命也,去来常事,亦何足悲。"援琴抚之如旧。

琼又雅好名义,虚襟善诱。虽耕夫牧竖有一介可称者,皆接引之。特与族人处玄及安定梁旷为放逸之友。少爱文史,留情著述,手自抄录数十万言。晚年虚静,唯以体道会真为务。旧所制述,咸削其藁,故文笔多并不存。

建德中,琼以年老,预戒其子等曰:"昔士安以蘧除束体,王孙以布囊绕尸,二贤高达,非庸才能继。吾死之日,可敛旧衣,勿更新造。使棺足周尸,牛车载柩,坟高四尺,圹深一丈。其余烦杂,悉无用也。朝晡奠食,于事弥烦,吾不能顿绝汝辈之情,可朔望一奠而已。仍荐蔬素,勿设牲牢。亲友欲以物吊祭者,并不得为受。吾当恐为终恍惚,故以此言预戒汝辈。瞑目之日,勿违吾志也。"宣政元年二月,卒于家,时年七十七。武帝遣使祭,赗赙有加。其丧制葬礼,诸子等并遵其遗戒。子世康。

梁士彦字相如,安定乌氏人也。少任侠,好读兵书,颇涉经史。周武帝将平东夏,闻其勇决,自扶风郡守除为九曲镇将,进位上开府,封建威县公。齐人甚惮之。后以熊州刺史从武帝拔晋州,进位大将军,除晋州刺史。及帝还,齐后主亲攻围之。楼堞皆尽,短兵相接。士彦慷慨自若,谓将士曰:"死在今日,吾为尔先。"于是勇猛齐奋,号声动天,无不一当百。齐兵少却,乃令妻及军人子女昼夜修城,三日而就。武帝大军亦至,齐师围解。士彦见帝,捋帝须泣,帝亦为之流涕。时帝欲班师,士彦叩马谏,帝从之。执其手曰:"朕有晋州,为平齐之基,宜善守之。"及齐平,封郕国公,位上柱国、雍州总管。宣帝即位,除徐州总管。与乌丸轨禽陈将吴明彻、裴忌于吕梁,略定淮南地。隋文帝作相,转亳州总管。尉迟迥反,为行军总管,及韦孝宽击之。令家僮梁默等为前锋,士彦继之,所当皆破。

及迥平,除相州刺史。深见忌,乃代还京师。闲居无事,恃功怀怨,与宇文忻、刘昉等谋反。将率僮仆,候上享庙之际以发机。复欲于蒲州起事,略取河北,捉黎阳关,塞河阳路,劫调布为牟甲,募盗贼为战士。其甥裴通知而奏之。帝未发其事,授晋州刺史,欲观其志。志彦欣然谓昉等曰:"天也!"又请仪同薛摩儿为长史,帝从之。后与公卿朝谒,帝令执士彦、忻、昉等于行间。诘之状,犹不伏,捕薛摩儿至,对之。摩儿具论始末,云第二子刚垂泣苦谏,第三子叔谐曰:"作猛兽须成班。"士彦失色,顾曰:"汝杀我!"于是伏诛。年七十二。

有子五人。操字孟德,位上开府、义乡县公,早卒。刚字永固,位大将军、通政县公、泾州刺史。以谏父获免,徙瓜州。叔谐坐士彦诛。

梁默者,士彦之苍头也,骁武绝人。士彦每从征伐,常与默陷阵。仕周,位开府。开皇末,以行军总管从杨素征突厥,进位大将军。又从平杨谅,授柱国。大业五年,从炀帝征吐谷浑,力战死之。赠光禄大夫。

周书卷三二
列传第二四

申徽　陆通　弟逞　柳敏
卢柔　唐瑾

申徽字世仪，魏郡人也。六世祖钟，为后赵司徒。冉闵末，中原丧乱，钟子邃避地江左。曾祖爽仕宋，位雍州刺史。祖隆道，宋北兖州刺史。父明仁，郡功曹，早卒。徽少与母居，尽心孝养。及长，好经史。性审慎，不妄交游。遭母忧，丧毕，乃归魏。元颢入洛，以无邃为东徐州刺史，邃引徽为主簿。颢败，邃被槛车送洛阳，故吏宾客并委去，唯徽送之。及邃得免，乃广集宾友，叹徽有古人风。寻除太尉府行参军。

孝武初徽以洛阳兵难未已，遂间行入关见文帝。文帝与语，奇之，荐之于贺拔岳。岳亦雅相敬待，引为宾客。文帝临夏州，以徽为记室参军，兼府主簿。文帝察徽沉密有度量，每事信委之。乃为大行台郎中。时军国草创，幕府务殷，四方书檄，皆徽之辞也。以迎孝武功，封博平县子，本州大中正。大统初，进爵为侯。四年，拜中书舍人，修起居注。河桥之役，大军不利，近侍之官，分散者众，徽独不离左右。魏帝称欢之。十年，迁给事黄门侍郎。

先是，东阳王元荣为瓜州刺史，其女婿刘彦随焉。及荣死，瓜州首表望荣子康为刺史，彦遂杀康而取其位。属四方多难，朝廷不遑问罪，因授彦刺史。频征不奉诏，又南通吐谷浑，将图叛逆。文帝难于动众，欲以权略致之。乃以徽为河西大使，密令图彦。徽轻以五十骑行,既至,止于宾馆。彦见徽单使,不以为疑。徽乃遣一人微劝彦归朝,以揣其意。彦不从。徽又使赞成其住计,彦便从之,遂来至馆。徽先与瓜州豪祐密谋执彦,遂叱而缚之。彦辞无罪。徽数之曰:"君无尺寸之功,滥居方岳之重。恃远背诞,不恭贡职,戮辱使人,轻忽诏命。计君之咎,实不容诛。但授诏之日,本令相送归阙,所恨不得申明罚以射边远耳。"于是宣诏慰劳吏人及彦所部,复云大军续至,城内无敢动者,使还,迁都官尚书。

十二年,瓜州刺史成庆为城人张保所杀,都督令狐延等起义逐保,启请刺史。以徽信洽西土,拜假节、瓜州刺史。徽在州五稔,俭约率下,边人乐而安之。十六年,征兼尚书右仆射,加侍中、骠骑大将军、开府仪同三司。废帝二年,进爵为公,正右仆射,赐姓宇文氏。

徽性勤至,凡所居官,案牍无大小,皆亲自省览。以是事无稽滞,吏不得为奸。后虽历公卿,此志不懈。出为襄州刺史。时南方初附,旧俗,官人皆通馈遗。徽性廉慎,乃画杨震像于寝室以自戒。及代还,人吏送者数十里不绝。徽自以无德于人,慨然怀愧,因赋诗题于清水亭。长幼闻之,竞来就读。递相谓曰:"此是申使君手迹。"并写诵之。

明帝以御正任总丝纶,更崇其秩为上大夫,员四人,号大御正,又以徽为之。历小司空、少保,出为荆州刺史,入为小司徒、小宗伯。天和六年,上疏乞骸骨,诏许之,薨。赠泗州刺史,谥曰章。

子康嗣。位泸州刺史,司织下大夫、上开府。康弟敦,汝南郡守。敦弟静,齐安郡守。静弟处,上开府、同昌县侯。卒。

陆通字仲明,吴郡人也。曾祖载,从宋武帝平关中,军还,留载随其子义真镇长安,遂没赫连氏。魏太武平赫连氏,载仕魏任中山郡守。父政,性至孝。其母吴人,好食鱼,北土鱼少,政求之常苦难。后宅侧忽有泉而出有鱼,遂得以供膳。时人以为孝感所致,因谓其泉为孝鱼泉。初从尔朱天光讨伐,及天光败,归文帝。文帝为行台,以政为行台左丞、原州长史,赐爵中都县伯,大统中,卒。

通少敦敏好学，有志节。幼从在河西，遂逢寇难，与政相失。通乃自拔东归，从尔朱荣。死，又从尔朱兆。及尔朱氏灭，乃入关。文帝时在夏州，引为帐内督。顷之，贺拔岳为侯莫陈悦所害，时有传兵军府已亡散者，文帝忧之，通以为不然。居数日，问至，果如所策。自是愈见亲礼，遂昼夜陪侍，家人罕见其面。通虽处机密，愈自恭谨，文帝以此重之。后以迎孝武功，封都昌县伯。大统元年，进爵为侯。从禽窦泰，复弘农。沙苑之役，力战有功。

又从解洛阳围。军还，属赵青雀反于长安，文帝将讨之，以人马疲弊，不可速行。又谓青雀等一时陆梁，不足为虑。乃云："我到长安，但轻骑临之，必当面缚。"通进曰："青雀等既以大军不利，谓朝廷倾危，同恶相求，遂成反乱。然其逆谋久定，必无迁善之心。且其诈言大军败绩，东寇将至，若以轻骑往，百姓谓为信然，更沮兆庶之望。大兵虽疲弊，精锐犹多。以明公之威，率思归之众，以顺讨逆，何虑不平。"文帝深纳之，因从平青雀。录前后功，进爵为公，徐州刺史。以寇难未平，留不之部。与于谨讨刘平伏，加大都督。从文帝援玉壁，进仪同三司。九年，高仲密以地来附，通从若干惠战于邙山，众军皆退，唯惠与通率所部力战。至夜中乃阴引还，敌亦不敢逼。进授骠骑大将军、开府仪同三司、太仆卿，赐姓步六孤氏，进爵绥德郡公。周孝闵践祚，拜小司空。保定五年，累迁大司寇。

通性柔谨，虽久处列位，常清慎自守。所得禄赐，尽与亲故共之，家无余财。常曰："凡人患贫而不贵，不患贵而贫也。"建德元年，转大司马。其年薨。通弟逞。

逞字季明，初名彦，字世雄。魏文帝常从容谓之曰："尔既温裕，何因乃字世雄？且为世之雄，非所宜也。于尔兄弟，又复不类。"遂改焉。逞少谨密，早有名誉。兄通先以军功别受茅土，乃让父爵中都县伯，令逞袭之。起家羽林监、文帝内亲信。时辈皆以骁勇自达，唯逞独兼文雅。文帝由此加礼遇焉。大统十四年，参大丞相府军事，寻兼记室。保定初，累迁吏部中大夫，历藩部、御伯中大夫，进骠骑大将军、开府仪同三司，徙授司宗中大夫，转军司马。逞干识详明，历任三府,所在著绩。朝廷嘉之,进爵为公。

天和三年,齐遣侍中斛斯文略、中书侍郎刘逖来聘。初修邻好,盛选行人。诏逞为使主,尹公正为副以报之。逞美容止,善辞令,敏而有礼,齐人称焉。还届近畿,诏令路车仪服,郊迎而入。时人荣之。四年,除京兆尹。都界有豕生数子。经旬而死。其家又有豶,遂乳养之,诸豚赖以活。时论以逞仁政所致。俄迁司会中大夫,出为河州刺史。晋公护雅重其才,表为中外府司马,颇委任之。寻复为司会,兼纳言,迁小司马。及护诛,坐免官。顷之,起为纳言。又以疾不堪剧任,乃除宜州刺史。故事,刺史奉辞,例备卤簿。逞以时属农要,奏请停之。武帝深嘉焉,诏遂其所请,以彰雅操。逞在州有惠政,吏人称之。东宫初建,授太子太保。卒,赠大将军。子操嗣。

柳敏字白泽,河东解县人,晋太常纯之七世孙也。父懿,魏车骑大将军、仪同三司、汾州刺史。

敏九岁而孤,事母以孝闻。性好学,涉猎经史,阴阳卜筮之术,靡不习焉。年未弱冠,起家员外散骑侍郎。累迁河东郡丞。朝议以敏之本邑,故有此授。敏虽统御乡里,而处物平允,甚得时誉。

及文帝克复河东,见而器异之。乃谓之曰:“今日不喜得河东,喜得卿也。”即拜丞相府参军事。俄转户曹参军,兼记室。每有四方宾客,恒令接之,爰及吉凶礼仪,亦令监综。又与苏绰等修撰新制,为朝廷政典。迁礼部郎中,封武城县子,加帅都督,领本乡兵,俄进大都督。遭母忧,居丧旬日之间,鬓鬓半白。寻起为吏部郎中。毁瘠过礼,仗而后起。文帝见而欢异之,特加廪赐。及尉迟迥伐蜀,以敏为行军司马。军中筹略,并以委之。益州平,进骠骑大将军、开府仪同三司,加侍中,迁尚书,赐姓宇文氏。六官建,拜礼部中大夫。孝闵帝践祚,进爵为公,又除河东郡守,寻复征拜礼部。出为郢州刺史,甚得物情,及将还朝,夷夏士人感其惠政,并赍酒肴及土产候之于路。敏乃从他道而还。复拜礼部。后改礼部为司宗,仍以敏为之。

敏操履方正,性又恭勤,每日将朝,必夙兴等待。又久处台合,明练故事，近仪或乖先典者，皆按据旧章，刊正取中。迁小宗伯，监修国史。转小司马，又监修律令。进位大将军。出为鄜州刺史，以疾不之部。武帝平齐，进爵武德郡公。敏自建德以后，寝疾积年，武帝及宣帝并亲幸其第问疾焉。

开皇元年，进位大将军、太子太保。其年卒。赠五州诸军事、晋州刺史。临终诫其子等，丧事所须，务从简约。其子等并涕泣奉行。少子昂。

昂字千里，幼聪颖有器识，干局过人。武帝时，为内史中大夫、开府仪同三司，赐爵文城郡公。当途用事，百寮皆出其下。昂竭诚献替，知无不为，谦虚自处，未尝骄物。时论以此重之。武帝崩，受遗辅政。稍被宣帝疏，然不离本职。隋文帝为丞相，深自结纳。文帝以为大宗伯。拜日，遂得偏风，不能视事。文帝受禅，疾愈，加上开府，拜潞州刺史。昂见天下无事，上表请劝学行礼。上览而善之，优诏答昂。自是天下州县皆置博士习礼焉。昂在州甚有惠政。卒官。子调嗣。

卢柔字子刚。少孤，为叔母所养，抚视甚于其子。柔尽心温清，亦同己亲。宗族欢重之。性聪敏，好学，未弱冠，解属文，但口吃不能持论。颇使酒诞节，为世所讥。司徒、临淮王彧见而器之，以女妻焉。

及魏孝武与齐神武有隙，诏贺拔胜出牧荆州，柔谓因此可著功绩，遂从胜之荆州。以柔为大行台郎中，掌书记。军中机务，柔多预之。及胜为太保，以柔为掾，加冠军将军。孝武后召胜引兵赴洛，胜以问柔。曰："高欢托晋阳之甲，意实难知。公宜席卷赴都，与决胜负，存没以之，此忠之上策也。若北阻鲁阳，南并旧楚，东连兖、豫，西接关中，带甲十万，观衅而动，亦中策也。举三荆之地，通款梁国，可以身免，功名去矣。策之下者。"胜轻柔年少，笑而不应。及孝武西迁，东魏遣侯景袭穰，胜败，遂南奔梁。柔亦从之。胜频表梁求归，武帝览表，嘉其辞彩。既知柔所制，因遣舍人劳问，并遗缣锦。后与胜俱还，行至襄阳，齐神武惧胜西入，遣侯景以轻骑邀之。胜及柔惧，乃弃船山行，赢粮冒险，经数百里。时属秋霖，徒侣冻馁，死者大半。至丰阳界，柔迷失道，独宿僵木之下，寒雨衣湿，殆至于死。

大统二年，至长安。封容城县男，邑二百户。太祖重其才，引为行台郎中，加平东将军，除从事中郎，与苏绰对掌机密。时沙苑之后，大军屡捷，汝颍之间，多举义来附。书翰往反，日百余牒。柔随机报答，皆合事宜。进爵为子，增邑三百户，除中书舍人。迁司农少卿，转郎，兼著作，撰起居注。后拜黄门侍郎。文帝知其贫，解衣赐之。魏废帝元年，加车骑大将军、仪同三司、散骑常侍、中书监。

孝闵帝践祚，拜小内史，迁内中大夫，进位开府。卒于位。所作诗颂碑铭檄表启行于世者数十篇。子恺嗣。

恺字长仁。涉猎经史，有当世干能。起家齐王记室。历吏部、内史上士，礼部下大夫。寻为聘陈副使。大象初，拜东京吏部下大夫。

唐瑾字附璘。父永。性温恭，有器量，博涉经史，雅好属文。身长八尺二寸，容貌甚伟。年十七，周文闻其名，乃贻永书曰：“闻公有二子：曰陵，从横多武略；瑾，雍容富文雅。可并遣入朝，孤欲委以文武之任。”因召拜尚书员外郎、相府记室参军事。军书习檄，瑾多掌之。从破沙苑，战河桥，并有功，封姑臧县子。累迁尚书右丞、吏部郎中。于时魏室播迁，庶务草创，朝章国典，瑾并参之。迁户部尚书，进位骠骑大将军、开府仪同三司，赐姓宇文氏。

时燕公于谨勋高望重，朝野所属。白文帝，言瑾学行兼修，愿与之同姓，结为兄弟，庶子孙承其余论，有益义方。文帝欢异者久之，更赐瑾姓万纽于氏。瑾乃深相结纳，敦长幼之序；谨亦庭罗子孙，行弟侄之敬。其为朝望所宗如此。进爵临淄县伯，转吏部尚书，铨综衡流，雅有人伦之鉴。以父忧去职，寻起令视事。时六尚书皆一时之秀，周文自谓得人，号为六俊。然瑾尤见器重。

于谨南伐江陵，以瑾为元帅府长史。军中谋略，多出瑾焉。江陵既平,衣冠仕伍,并没为仆隶。瑾察其才行,有片善者,辄议免之,赖瑾岳济者甚众。时论多焉。及军还,诸将多因虏掠,大获财物。瑾一无所取,唯得书两车,载之以归。或白文帝曰:"唐瑾大有辎重,悉是梁朝珍玩。"文帝初不信之,然欲明其虚实,密遣使检阅之,唯见坟籍而已。乃欢曰:"孤知此人来二十许年,明其不以利干义。向若不令检视,恐常人有投杼之疑,所以益明之耳。凡受人委任,当如此也。"论平江陵功,进爵为公。六官建,授礼部中大夫,出为蔡州刺史。历拓州、硖州,所在皆有德化,人吏称之。转荆州总管府长史。入为吏部中大夫,历御正、纳言中大夫。曾未十旬,遂迁四职,搢绅以为荣。久之,除司宗中大夫,兼内史。寻卒于位。赠小宗伯,谥曰方。

　　瑾性方重,有风格。退朝休假,恒著衣冠以对妻子。遇迅雷烈风,虽闲夜宴寝,必起,冠带端笏危坐。又好施与,家无余财,所得禄赐,常散之宗族。其尤贫者,又割膏腴田于以赈之。所留遗子孙者,并垍埆之地。朝野以此称之。撰《新仪》十篇。所著赋颂碑诔二十余万言。孙大智嗣。

　　瑾次子令则,性好篇章,兼解音律,文多轻艳,为时人所传。天和中,以齐驭下大夫使于陈。大象中,官至乐部下大夫。仕隋,位太子左庶子。皇太子勇废,被诛。

周书卷三三
列传第二五

厍狄峙　杨荐　赵刚　王庆
赵昶　王悦　赵文表

厍狄峙,其先辽东人,本姓段氏,匹䃅之后也,因避难改焉。后徙居代,世为豪右。祖凌,武威郡守。父贞,上洛郡守。峙少以弘厚知名,善骑射,有谋略。仕魏,位高阳郡守。为政仁恕,百姓颇悦之。孝武西迁,峙乃弃官从入关。大统元年,拜中书舍人,参掌机密,以恭谨见称。迁黄门侍郎。

时与东魏争衡,戎马不息,蠕蠕乘虚,屡为边患。朝议欲结和亲,乃使峙往。峙状貌魁梧,善于辞令。蠕蠕主雅信重之,自是不复为寇。太祖谓峙曰:“昔魏绛和戎,见称前史。以君方之,彼愧色。”封高邑县公,邑八百户。迁骠骑将军、岐州刺史,加散骑常侍,增邑三百户,开府仪同三司。恭帝元年,征拜侍中。

蠕蠕灭后,突厥强盛,虽与文帝通好,而外连齐氏。太祖又令峙衔命喻之。突厥感悟,即执齐使,归诸京师。录前后功,拜大将军、安丰郡公,邑通前二千户。寻除小司空。孝闵践祚,转世宗小司寇。初,为都督益潼等三十一州诸军事、益州刺史。峙性宽和,尚清静,甚为夷獠所安。保定四年,除宣州刺史。天和三年,入为少师。峙以年老,表乞骸骨,手诏许之。五年,卒,赠同州刺史。谥曰定。

子嶷嗣。少知名,起家吏部上士。历小内史、小纳言,授开府阶,迁职方中大夫,为蔡州刺史。卒于官。子授嗣。

杨荐字承略，秦郡宁夷人也。父宝，昌平郡守。荐幼孤，早有名誉。性廉谨，喜怒不形于色。魏永安中，随尔朱天光入关讨群贼，封高邑县男。文帝临夏州，补帐内都督。及平侯莫陈悦，使荐入洛阳请事。魏孝武帝授文帝关西大行台，仍除直阁将军。时冯翊长公主嫠居，孝武意欲归诸文帝，乃令武卫元毗喻旨。荐归曰，文帝又遣荐入洛阳请之。孝武即许焉。孝武欲向关中，荐赞成其计。孝武曰："卿归语行台迎我。"文帝又遣荐与长史宇文测出关候接。孝武至长安，进爵清水县子。

魏大统元年，蠕蠕请和亲。文帝遣荐与杨宽使，并结婚而还。进爵为侯。又使荐纳币于蠕蠕。魏文帝郁久闾后崩，文帝遣仆射镇赵善使蠕蠕更请婚。善至夏州，闻蠕蠕贰于东魏，欲执使者。善惧，乃还。文帝乃使荐往，赐黄金十斤、杂缬三百匹。荐至蠕蠕，责其背惠食言，并论结婚之意。蠕蠕感悟，乃遣使随荐报命焉。

及侯景来附，文帝令荐与镇遏。荐知景飞覆，遂求还，具陈事实。文帝乃遣使密追助景之兵。寻而景叛。

十六年，大军东讨。文帝恐蠕蠕乘虚寇掠，乃遣荐往更论和好，以安慰之。进使持节、骠骑大将军、开府仪同三司，加侍中。

孝闵帝践祚，除御伯大夫，进爵姚谷县公。仍使突厥结婚。突厥可汗弟地头可汗阿史那库头居东面，与齐通和，说其兄欲背先约。计谋已定，将以荐等送齐。荐知其意，乃正色责之，辞气慷慨，涕泗横流。可汗惨然良久曰："幸无所疑，当共平东贼，然后发遣我女。"乃令荐先报命，仍请东讨。以奉使称旨，迁大将军。保定四年，又纳币突厥。还，行小司马，又行大司徒。从陈公纯等逆女于突厥，进爵南安郡公。天和三年，迁总管、梁州刺史。后以疾卒。

赵刚字僧庆，河南洛阳人也。曾祖蔚，魏并州刺史。祖宁，高平太守。父和，太平中，陵江将军。南讨度淮，闻父丧，辄还。所司将致之于法，和曰："罔极之恩，终天莫报。若许安厝，礼毕而即罪戮，死且无恨。"言讫号恸，悲感傍人。主司以闻，遂宥之。丧毕，除宁远将军。大统初，追赠右将军、胶州刺史。刚少机辩，有干能。起家奉朝请。累迁镇东将军、银青光禄大夫，历大行台郎中、征东将军，加金紫阶，领司徒府从事中郎，加阁内都督。及魏孝武与齐神武构隙，刚密奉旨召东荆州刺史冯景昭率兵赴阙。未及发，而神武已逼洛阳，孝武西迁，景昭集府僚文武，议其去就。司马冯道和请据州待北方处分。刚曰："公宜勒兵赴行在所。"久之更无言者。刚抽刀投地曰："公若为忠臣，可斩道和；如欲从贼，可见杀。"景昭感悟，遂率众赴关右。属侯景逼穰城，东荆州人杨祖欢等起兵应景，以其众邀景昭于路。景战败，刚遂没于蛮。后自赎免。乃见东魏荆州刺史李魔怜，劝令归关西。魔怜纳之，使刚至并州密观事势。神武引刚内宴，因令刚齐书申敕荆州。刚还报魔怜，仍说魔怜斩祖欢等，以州归西。魔怜乃使刚入朝。

大统初，刚于霸上见太祖，具陈关东情实。太祖嘉之，封阳邑县子，邑三百户，除车骑将军、左光禄大夫。论复东荆州功，进爵临汝县伯，邑五百户。

初，贺拔胜、独孤信以孝武西迁之后，并流寓江左。至是刚言于魏文帝，请追而复之。乃以刚为兼给事黄门侍郎，使梁魏兴，齐移书与其梁州刺史杜怀宝等论邻好，并致请胜等移书。宝即与刚盟歃，受移赴建康，仍遣行人随刚报命。是年，又诏刚使三荆，听在所便宜从事。使还，称旨，进爵武城县侯，除大丞相府帐内都督。复使魏兴，重申前命。寻而梁人礼送贺拔胜、独孤信等。顷之，御史中尉董绍进策，请图梁汉。以绍为行台、梁州刺史，率士马向汉中。刚以为不可，而朝议已决，遂出军。绍竟无功而还，免为庶人。除刚颍川郡守，加通直散骑常侍、御大将军。从复弘农。进拜大都督、东道军司，节度开府李延孙等七军，攻复阳城，擒太守王智纳。转陈留郡守。东魏行台吉宁率众三万攻陷郡城，刚突出，还保颍川，重行郡事。复为侯景所破，乃率余众赴洛阳。大行台元海遣刚还郡征粮。时景众已入颍川，刚于西界招复阳翟二万户，转输送洛。明年，洛阳不守。刚远隔敌中,连战破东魏广州刺史李仲品。时侯景别帅陆太、颍川郡守高冲等众八千人,寇襄城等五郡。刚简步骑五百,大破冲等。开府李延孙为长史杨伯简所害,刚击斩之。又攻拨广州,进军阳翟。侯景自邺入鲁阳,与刚接战。旬有三日,旋军宜阳。时河南城邑,一彼一此。刚复出军伊、洛,侯景亦度河筑城。刚前后下景三郡,获郡守一人,别破其行台梅迁,斩首千余级。除尚书金部郎中。高仲密以北豫州来附,兼大行台左丞,持节赴颍川节度义军。师还,刚别破侯景前驱于南陆,复获其郡守二人。

时有流言传刚东叛,齐神武因设反间,声遣迎接。刚乃率骑袭其下坞,拔之,露板言状。太祖知刚无贰,乃加赏赉焉。除营州刺史,进爵为公,增邑二百户,加大都督、车骑大将军、仪同三司、散骑常侍。

漕州民郑五丑构逆,与叛羌傍乞铁匆相应,令刚往镇之。将发,魏文帝引见内寝,举觞属刚曰:“昔侯景在东,为卿所困。黠羌小竖,岂足劳卿谋虑也。”时五丑已克定夷镇,所在立栅。刚至,并攻破之,散其党与。五丑于是西奔铁匆。刚又进破铁匆伪广宁郡。属宇文贵等西讨,诏以刚行渭州事,资给粮饩。铁匆平,所获羌卒千人,配刚军中,教以戎旅,皆尽其力用。加骠骑大将军、开府仪同三司,入为光禄卿。六官建,拜膳部中大夫。孝闵帝践祚,进爵浮阳郡公。出为利州总管、利沙方渠四州诸军事。沙州氐恃险逆命,刚再讨服之。方州生獠自此始从赋役。刚以伪信州滨江负阻,远连殊俗,蛮左强犷,历世不宾,乃表请讨之。诏刚率利沙等十四州兵,兼督仪同十人、马步一万往经略焉。仍加授渠州刺史。刚初至,渠帅惮其军威,相次降款。后以刚师出逾年,士卒疲弊,寻复亡叛。后遂以无功而还。又与所部仪同尹才失和,被征赴阙。遇疾,卒于路。年五十七。赠忠浙涿州刺史。谥曰成。子元卿嗣。

王庆字兴庆,太原祁人也。父因,魏灵州刺史、怀德县公。庆少开悟,有才略。初从文帝征伐,复弘农,破沙苑,并有战功,每获殊赏。大统十年，授殿中将军。孝闵帝践祚，晋公护引为典签。庆枢机明辨，渐见亲待。授大都督。武成元年，以前后功，赐爵始安县男。二年，行小宾部。保定二年，使吐谷浑，与其分疆，仍论和好之事。浑主悦服，遣所亲随庆贡献。

初，突厥与周和亲，许纳女为后。而齐人知之，惧成合从之势，亦遣使求婚，财馈甚厚。突厥贪其重赂，便许之。朝议以魏氏昔与蠕蠕结婚，遂为齐人离贰。今者复恐改变，欲遣使结之。遂授庆左武伯，副杨荐为使。是岁，遂兴入并之役。庆乃引突厥骑，与随公杨忠至太原而还。以齐人许送皇姑及世母，朝廷遂与通和。突厥闻之，复致疑阻，于是又遣庆往喻之，可汗感悦，结好如初。五年，复与宇文贵使突厥逆女。自此，以庆信著北蕃，频岁出使。

后更至突厥，属其可汗暴殂，突厥谓庆曰："前后使来，逢我国丧者，皆劓面表哀。况今二国和亲，岂得不行此事。"庆抗辞不从。突厥见其守正，卒不敢逼。武帝闻而嘉之。录庆前后使功，迁开府仪同三司、兵部大夫，进爵为公。

历丹、中二州刺史。为政严肃，吏不敢欺。大象元年，授小司徒，加上大将军、总管汾石二州五镇诸军事、汾州刺史。又除延州总管，进位柱国。开皇元年，进爵平昌郡公。卒于镇。赠上柱国，谥曰庄。子淹嗣。

赵昶字长舒，天水南安人也。曾祖襄，仕魏至中山郡守，因家于代。祖泓，广武令。父琛，上洛郡守。昶少聪敏，有志节。弱冠，以材力闻。孝昌中，起家拜督，镇小平津。魏北中郎将高千甚敬重之。千牧兖州，以昶行临涣、北梁二郡事。大统初，千迁镇陕，又以昶为长史、中军都督。太祖平弘农，擢为相府典签。

大统九年，大军失律于邙山，清水氐酋李鼠仁自军逃还，凭险作乱。陇右大都督独孤信频遣军击之，不克。太祖将讨之，欲先遣观其势。顾问谁可为。左右莫对。昶曰："此小竖尔，以公威，孰不听命。"太祖壮之，遂令昶使焉。昶见鼠仁，喻以祸福。群凶聚议，或从或否。其逆命者，复将加刃于昶。而昶神色自若，志气弥厉。鼠仁感悟，遂相率降。氐梁道显叛，攻南由。太祖复遣昶慰谕之，道显等皆即款附。东秦州刺史魏光因徙其豪帅四十余人并部落于华州，太祖即以昶为都督领之。

先是，汾州胡叛，再遣昶慰劳之，皆知其虚实。及大军往讨，昶为先驱，遂破之。以功封章武县伯，邑五百户。十五年，拜安夷郡守，带长蛇镇将。氐族荒犷，世号难治，昶威怀以礼，莫不悦服。期岁之后，乐从军者千余人。加授帅都督。时属军机，科发切急，氐情难之，复相率谋叛。昶又潜遣诱说，离间其情，因其携贰，遂轻往临之。群氐不知所为，咸来见昶。乃收其首逆者二十余人斩之，余众遂定。朝庭嘉之，除大都督，行南秦州事。时氐帅盖闹等反，昶复讨擒之。进抚军将军，加通直散骑常侍。又与史宁破宕昌羌、獠二十余万。拜武州刺史、车骑大将军、仪同三司、诸州军事。魏恭帝初，加骠骑大将军、开府仪同三司。潭水羌叛，杀武陵、潭水二郡守。昶率仪同骆天义等骑步五千讨平之。

世宗初，凤州人仇周贡、魏兴等反，自号周公，有众八千人。破广化郡，攻没诸县，分兵西入，围广业、修城二郡。广业郡守薛爽、修城郡守位杲等请昶为援。昶遣使报杲，为周贡党樊伏兴等所获。兴等知昶将至，解修城围，据泥功岭，设六伏以待昶。昶至，遂遇其伏，合战，破之。广业之围亦解。昶追之至泥阳川而还。兴州人段叱及氐酋姜多复反，攻没郡县，昶讨斩之。语在《氐传》。

昶自以被拔擢居将帅之任，倾心下士。虏获氐、羌，抚而使之，皆为昶尽力。太祖常曰："不烦国家士马而能威服氐、羌者，赵昶有之矣。"至是，世宗录前后功，进爵长道郡公，赐姓宇文氏，赏劳甚厚。二年，征拜宾部中大夫，行吏部。寻以疾卒。

王悦字众喜，京兆蓝田人也。少有气干，为州里所称。魏永安中，尔朱天光西讨，引悦为其府骑兵参军。除石安令。

太祖初定关、陇，悦率募乡里从军，屡有战功。大统元年，除平东将军、相府刑狱参军，封蓝田县伯，邑六百户。四年，东魏将侯景攻围洛阳，太祖赴援。悦又率乡里千余人，从军至洛阳。将战之夕，悦罄其行资，市牛犒战士。及战，悦所部尽力，斩获居多。六年，加通直散骑常侍，迁大行台右丞。十年，转左丞久居管辖，颇获时誉。十二年，齐神武亲率诸军围玉壁，大都督韦孝宽拒守累旬，敌方引退。朝廷以宽勋重，遣尚书长孙绍远为大使，悦为副使，劳问宽等，并校定勋人。

十三年，侯景据河南来附，仍请兵为援。太祖先遣韦法保、贺兰愿德等率众助之。悦言于太祖曰："侯景之于高欢，始则笃乡党之情，末乃定君臣之契，位居上将，职重台司，论其分义，有同鱼水。今欢始死，景便离贰。岂不知君臣之道有同，忠义之礼不足？盖其所图既大，不恤小嫌。然尚能背德于高氏，岂肯尽其节于朝廷。今若益之以势，援之以兵，非唯侯景不为池中之物，亦恐朝廷贻笑将来也。"太祖纳之，乃遣行台郎中赵士宪追法保等，而景寻叛。

十四年，授雍州大中正、帅都督，加卫将军、右光禄大夫、都督。率所部兵从军将军杨忠征随郡、安陆、并平之。时悬兵深入，悦支度路程，勒其部伍，节减粮食。及至竟陵，诸军多有匮乏，悦出廪米六百石分给之。太祖闻而嘉焉。寻拜京兆郡守，加使持节、车骑大将军、仪同三司、散骑常侍，迁大行台尚书。又领所部从达奚武征梁汉。军出，武令悦说其城主杨贤。悦乃贻之书曰："夫惟德是辅，天道之常也；见机而作，人事之会也。梁主内亏刑政，外阙藩篱。匹夫攘袂，举国倾覆。非直下民离心，抑亦上玄所弃。我相公膺千龄之运，创三分之业，道洽区中，威振方外。声教所被，风行草偃；兵车所指，云除雾廓。斯固天下所共闻，无俟二谈也。大将军高阳公，韬韬略之秘，总熊罴之旅，受赈庙堂，威怀巴汉。先附者必赏，后服者必诛。君兵粮既寡，救援路绝。欲守，则城池无紫带之险；欲战，则士卒有土崩之势。以此求安，未见其可。昔韩信背项，前典以为美谈；黄权归魏，良史称其盛烈。事有变通，冀其则也。"贤于是遂降。悦白武云："白马要冲，是必争之地。今城守寡弱，易可图也。若蜀兵更至,攻之实难。"武然之,令悦率轻骑七百,径趣白马。悦先示其祸福,其将梁深遂以城降。梁武陵王呆遣其将任奇率步骑六千,欲先据白马。行次阙城,闻已降,乃还。及梁州平,太祖即以悦行刺史事。招携初附,民吏安之。

魏废帝二年,征还本任。属改行台为中外府,尚书员废,以仪同领兵还乡里。悦既久居显职,及此之还,私怀快快。犹陵驾乡里,失宗党之情。其长子康,恃旧望,遂自骄纵。所部军人,将有婚礼,康乃非理凌辱。军人诉之。悦及康并除名,仍配流远防。及于谨伐江陵,平悦从军展效,因留镇之。

孝闵帝践祚,依例复官。授郢州。寻拜使持节、骠骑大将军、开府仪同三司、大都督、司水中大夫,进爵蓝田县侯。迁司宪中大夫,赐姓宇文氏,又进爵河北县公。悦性俭约,不营生业,虽出入荣显,家徒四壁而已。世宗手敕劳勉之,赐粟六百石。保定元年,卒于位。康嗣。官司邑下大夫。

赵文表,其先天水西人也,后徙居南郑。累世为二千石。父江,性方严,有度量。历官东巴州刺史、计部中大夫、骠骑大将军、开府仪同三司、御伯中大夫,封昌国县伯。赠虞绛二州刺史,谥曰贞。文表少而修谨,志存忠节。便弓马,能左右驰射。好读《左氏春秋》,略举大义。起家为太祖亲信。魏恭帝元年,从开府田弘征山南,以功授都督。复从平南巴州及信州,迁帅都督。又从许国公宇文贵镇蜀,行昌城郡事。加中军将军、左金紫光禄大夫。保定元年,除许国公府司马,转大都督。五年,授畿伯下大夫。又为许国公府长史。寻拜车骑大将军、仪同三司。

仍从宇文贵使突厥,迎皇后,进止仪注,皆令文表典之。文表斟酌而行,皆合礼度。及皇后将入境,突厥托以马瘦,行徐。文表虑其为变,遂说突厥使罗莫缘曰:"后自发彼藩,已淹时序,途经沙漠,人马疲劳。且东寇每伺间隙,吐谷浑亦能为变。今君以可汗之爱女,结姻上国,曾无防虑,岂人臣之体乎?"莫缘然之,遂倍道兼行,数日至甘州。以迎后功，别封伯阳县伯，邑六百户。

天和三年，除梁州总管府长史。所管地名恒陵者，方数百里，并生獠所居，恃其险固，常怀不轨。文表率众讨平之。迁蓬州刺史，政尚仁恕，夷獠怀之。加骠骑大将军、开府仪同三司。又进位大将军，爵为公。

大象中，拜吴州总管。时开府于颛为吴州刺史。及隋文帝执政，尉迟迥等举兵，远近骚然，人怀异望。颛自以族大，且为国家肺腑，惧文表图己，谋欲先之。乃称疾不出。文表往问之，颛遂手刃文表。因令吏人告云"文表谋反"，仍驰启其状。隋文以诸方未定，恐颛为变，遂授颛吴州总管以安之。后知文表无异志，虽不罪颛，而听其子仁海袭爵。

周书卷三四
列传第二六

赵善 元定 杨檦 裴宽
杨敷

赵善字僧庆，太傅、楚国公贵之从祖兄也。祖国，魏龙骧将军、洛州刺史。父更，安乐太守。善少好学，涉猎经史，美容仪，沉毅有远量。永安初，尔朱天光为肆州刺史。辟为主簿，深器重之。天光讨邢杲及万俟丑奴，以善为长史。军中谋议，每参予之。天光为关右行台，表善为行台左丞，加都督、征虏将军。普泰初，赏平关、陇之功，拜骠骑将军、大行台、散骑常侍，封山北县伯，邑五百户。俄除持节、东雍州诸军事，雍州刺史。天光东拒齐神武于寒令陵，善又以长史从。及天光败见杀，善请收葬其尸，齐神武义而许之。

贺拔岳总关中兵，乃遣迎善，复以为长史。岳为侯莫陈悦所害，善共诸将翊戴太祖，仍从平悦。魏孝武西迁，除都官尚书，改封襄城县伯，增邑五百户。顷之，为北道行台，与仪同李讳等讨曹泥，克之。迁车骑大将军、仪同三司、尚书右仆射，进爵为公，增邑并前一千五百户。大统三年，转左仆射兼侍中，监著作，领太子詹事。善性温恭，有器局，虽位居端右，而逾自谦退。其职务克举，则曰某官之力；若有罪责，则曰善之咎也。时人称其公辅之量。太祖亦雅敬重焉。九年，从战邙山，属大军不利，善为敌所获，遂卒于东魏。建德初，朝廷与齐通好，齐人乃归其枢。其子绚表请赠谥。诏赠大将军、大都督、岐宜宁豳四州诸军事、岐州刺史。谥曰敬。

子度，字幼济，车骑大将军、仪同三司。度弟绚，字会绩，骠骑大将军、开府仪同三司、浙资二州刺史。

元定字顾安，河南洛阳人也。祖比颓，魏安西将军、务州刺史。父道龙，征虏将军、巨鹿郡守。

定惇厚少言，内沉审而外刚毅。永安初，从尔朱天光讨关陇群贼，并破之。除襄虏将军。及贺拔岳被害，定从太祖讨侯莫陈悦，以功拜平远将军、步兵校尉。魏孝武西迁，封高邑县男，邑二百户。从击潼关，拔回洛城，进爵为伯，增邑三百户，加前将军、太中大夫。从擒窦泰，复弘农，破沙苑，战河桥，定皆先锋，当其前者，无不披靡。以前后功，累迁都督、征东将军、金紫光禄大夫、帅都督，增邑三百户。邙山之役，敌人如堵，定奋矛冲之，杀伤甚众，无敢当者。太祖亲观之，论功为最，赏物甚厚。十三年，授河北郡守，加大都督、通直散骑常侍，增邑通前一千户。定有勇略，每战必陷阵，然未尝自言其功。太祖深重之，诸将亦称其长者。十五年，迁使持节、车骑大将军、开府仪同三司，进爵为公。魏废二年，以宗室，进封建城郡王。二年，行《周礼》，爵随例改，封长湖郡公。世宗初，拜岷州刺史。威恩兼济，甚得羌豪之情。先时主羌据险不宾者，至是并出山谷，从征赋焉。及定代远，羌豪等感恋之。保定中，授左宫伯中大夫。久之，转左武伯中大夫，进位大将军。

天和二年，陈湘州刺史华皎举州归梁，梁主欲因其隙，更图攻取，乃遣使请兵。诏定从卫公直率众赴之。梁人与华皎皆为水军，定为陆军，直总督之，俱至夏口。而陈郢州坚守不下。直令定率步骑数千围之。陈遣其将淳于量、徐度、吴明撤等水陆来拒。量等以定已度江，势分，遂先与水军交战。而华皎所统之兵，更怀疑贰，遂为陈人所败。皎得脱身归梁。定既孤军悬隔，进退路绝，陈人乘胜，水陆逼之。定乃率所部斫竹开路，且行且战，欲趣湘州，而湘州已陷。徐度等知定穷迫，遣使伪与定通和，重为盟誓，许放还国。定疑其诡诈，欲力战死之。而定长史孙隆及诸将等多劝定和，定乃许之。

于是与度等刑牲歃血，解仗就舡。遂为度等所执，所部众军亦被囚虏，送诣丹阳。居数月，忧愤发病卒。子乐嗣。

杨㯃字显进，正平高凉人也。祖贵、父猛，并为县令。㯃少豪侠有志气。魏孝昌中，尔朱荣杀害朝士，大司马、城阳王元徽逃难投㯃，㯃藏而免之。孝庄帝立，徽乃出，复为司州牧。由是㯃以义烈闻。擢拜伏波将军、给事中。元颢入洛，孝庄欲往晋阳就尔朱荣，诏㯃率其宗人收舡马渚。㯃未至，帝已北度太千，㯃遂匿所收舡，不以资敌。及尔朱荣奉帝南讨，至马渚，㯃乃具舡以济王师。颢平，封肥如五百户，加镇远将军、步兵校尉，行济北郡事。进都督、平东将军、太中大夫。从魏孝武入关，进爵为侯，增邑八百户，加抚军、银青光禄大夫。时东魏迁邺，太祖欲知其所为，乃遣㯃间行诣邺以观察之。使还，称旨，授通直散骑常侍、车骑将军。稽胡恃险不宾，屡行抄窃，以㯃兼黄门侍郎，往慰抚之，㯃颇有权略，能得边情，诱化酋渠，多来款附，乃有随㯃入朝者。

时弘农为东魏守，㯃从太祖攻拔之。然自河以北，犹附东魏。㯃父猛先为邵郡白水令，㯃与其豪右相知，请微行诣邵郡，举兵以应朝廷。太祖许之。㯃遂行，与土豪王覆怜等阴谋举事，密相应会者三千人，内外俱发，遂拔邵郡，擒郡守程保及令四人，并斩之。众议推㯃行郡事，㯃以因覆怜成事，遂表覆怜为邵郡守。以功授大行台左丞，率义徒更为经略。于是遣谍人诱说东魏城堡，旬月之间，正平、河北、南涉二绛、建州、大宁等城，并有请为内应者，大军因攻拔之。以㯃行正平郡事，左丞如故。齐神武败于沙苑，其将韩轨、潘洛、可朱浑元等为殿，㯃分兵邀截，杀伤甚众。东雍州刺史马恭惧㯃威声，弃城遁走。㯃遂移据东雍州。

太祖以㯃有谋略，堪委边任，乃表行建州事。时建州远在敌境三百余里，然㯃威恩夙著，所经之处，多并赢粮附之。比至建州，众已一万，东魏刺史车折手于洛出兵逆战，㯃击败之。又破其行台斛律俱步骑二万于州西，大获甲仗及军资，以给义士。由是威名大振。

东魏遣太保侯景攻陷正平，复遣行台薛循义率兵与斛律俱相会，于是敌众渐盛。檦以孤军无援，且腹背受敌，谋欲拔还。恐义徒背叛，遂伪为太祖书，遣人若从外送来者，云已遣军四道赴援，因令人漏泄，使所在知之。又分土人义首，令领所部四出抄掠，拟供军费。檦分遣讫，遂于夜中拔还邵郡。朝廷嘉其权以全军，即授建州刺史。

时东魏以正平为东雍州，遣薛荣祖镇之。檦将谋取之，乃先遣奇兵，急攻汾桥。荣祖果尽出城中战士，于汾桥拒守。其夜，檦率步骑二千，从他道济，遂袭克之。进骠骑将军、既而邵郡民以郡东叛，郡守郭武脱身走免。檦又率兵攻而复之。转正平郡守。又击破东魏南绛郡，房其郡守屈僧珍。录前后功，别封邰阳县伯，邑五百户。

邙山之战，檦攻拔柏谷坞，因即镇之。及大军不利，檦亦拔还。而东魏将侯景率骑追檦，檦与仪同韦法保同心抗御，且前经数十里，景乃引退。太祖嘉之，赐帛三百疋。复授建州刺史，镇车箱。檦久从军役，未及葬父，至是表请还葬。诏赠其父车骑大将军、仪同三司、晋州刺史，赠其母夏阳县君，并给仪卫。州里荣之。

及齐神武围玉壁，别令侯景趣齐子岭。檦恐入寇邵郡，率骑御之。景闻檦至，斫木断路者六十余里，犹惊而不安，遂退还河阳，其见惮如此。十二年，进授大都督，加晋建二州诸军事。又攻破蓼坞，获魏将李显，仪同三司。寻迁开府，复除建州邵郡河内汲郡黎阳等诸军事，领邵郡。十六年，大军东讨，授大行台尚书，率义众先驱敌境，攻其四戍，拔之。时以齐军不出，乃追檦还。并肥如、邰阳二邑，合一千八百户，改封华阳县侯。又于邵郡置邵州，以檦为刺史，率所部兵镇之。

保定四年，迁少帅。其年，大军围洛阳，诏檦率义兵万余人出轵关。然檦自镇东境二十余年，数与齐人战，每常克获，以此遂有轻敌之心。时洛阳未下，而檦深入敌境，又不设备。齐人奄至，大破檦军。檦以众败，遂降于齐。檦之立勋也，有慷慨壮烈之志，及军败，遂就房以求苟免。时论以此鄙之。朝廷犹录其功，不以为罪，令其子袭爵。檦之败也，新平郡守韩盛亦于洛阳战没。

盛字文炽，南阳堵阳人也。五世祖远，为郑县令，因徙居京兆之渭南焉。曾祖良，举秀才，奉朝请、姑臧令。祖与，魏党城郡守，赠直州刺史。父先藻，安夷鄜城二郡守，赠镇远将军、义州刺史。盛幼有操行，涉猎经史，兼善骑射，膂力过人。魏大统初，起家开府行参军。转参军事。从李远积年征讨，每有战功。累迁至都督、辅国将军、中散大夫、帅都督、持节、平东将军、太中大夫、银青光禄大夫、大都督。明帝二年，封临湍县子，邑三百户。保定四年，授使持节、车骑大将军、仪同三司、虞部下大夫，出为新平郡守。居官清静，严而不残，矜恤孤贫，抑挫豪右，贼盗止息，郡治肃然。寻以本官从晋公护东讨，于洛阳战没。赠浙洛义三州刺史，谥曰壮。子谦嗣。官至大都督。

盛二兄，德舆、仲恭。德舆姿貌魁杰，有异常人。历官持节、车骑大将军、仪同三司、通洛慈涧防主、邵州刺史、任城县男。仲恭美容仪，澹于荣利。郡累辟为功曹、中正。仲恭答曰："第五之号，岂减骠骑乎！"后历广原、灵原、新丰三县令，所在皆有声绩。有八子。并有志操。少子纟勺约，后最知名。

裴宽字长宽，河东闻喜人也。祖德欢，魏中书郎、河内郡守。父静虑，银青光禄大夫，赠汾州刺史。宽仪貌环伟，博涉群书，弱冠为州里所称。与二弟汉、尼是和知名。亲殁，抚弟以笃友闻。荥阳郑孝穆常谓从弟文直曰："裴长宽兄弟，天伦笃睦，人之师表。吾爱之重之。汝可与之游处。"年十三，以选为魏孝明帝挽郎，释褐员外散骑侍郎。魏孝武末，除广陵王府直兵参军，加宁朔将军、员外散骑常侍。及孝武西迁，宽谓其诸弟曰："权臣擅命，乘舆播越，战争方始，当何所依？"诸弟咸不能对。宽曰："君臣逆顺，大义昭然。今天子西幸，理无东面，以亏臣节。"乃将家属避难于大石岭。独孤信镇洛阳，始出见焉。

时汾州刺史韦子粲降于东魏，子粲兄弟在关中者，咸已从坐。

其季弟子爽先在洛，窘急，乃投宽。宽开怀纳之。遇有大赦，或传子爽合免，因尔遂出。子爽卒以伏法。独孤信召而责之。宽曰："穷来见归，义无执送，今日获罪，是所甘心。"以经赦宥，遂得不坐。

大统五年，授都督、同轨防长史，加征虏将军。十三年，从防主韦法保向颍川，解侯景围。景密图南叛，军中颇有知者。以其事计未成，外示无贰，往来诸军间，侍从寡少。军中名将，必躬自造，至于法保，尤被亲附。宽谓法保曰："侯景狡猾，必不肯入关。虽托款于公，恐未可信。若仗兵以斩之，亦一时之计也。如曰不然，便须深加严警，不得信其诳诱，自贻后悔。"法保纳之，然不能图景，但自固而已。

十四年，与东魏将彭乐、恂战于新城，因伤被擒。至河阴，见齐文襄。宽举止详雅，善于占对，文襄甚赏异之。谓宽曰："卿三河冠盖，材识如此，我必使卿富贵。关中贫校，何足可依，勿怀异图也。"因解锁付馆，厚加其礼。宽乃裁卧毡，夜缒而出，因得遁还，见于太祖。太祖顾谓诸公曰："被坚执锐，或有其人，疾风劲草，岁寒方验。裴长宽为高澄如此厚遇，乃能冒死归我。虽古之竹帛所载，何以加之！"乃手书署宽名下，授持节、帅都督，封夏阳县男，邑三百户，并赐马一匹、衣一袭，即除孔城城主。

十六年，迁河南郡守，仍镇孔城。寻加抚军、大都督、通直散骑常侍。魏废帝元年，进使持节、车骑大将军、仪同三司、散骑常侍。孝闵帝践祚，进爵为子。宽在孔城十三年，与齐洛州刺史独孤永业相对。永业有计谋，多谲诈，或声言春发，秋乃出兵，掩蔽消息，倏忽而至。宽每揣知其情，用兵邀击，无不克之。永业常戒其所部曰："但好镇孔城，自外无足虑。"其见惮如此。齐伊川郡守梁鲜，常在境首抄掠。太祖患之，命宽经略焉。鲜行过妻家，椎牛宴饮，既醉之后，不复自防。宽密知之，遣兵往袭，遂斩之。太祖嘉焉。赐奴婢、金带、粟帛等。武成二年，征拜司士中大夫。

保定元年，出为汾州刺史。寻转鲁山防主。四年，加骠骑大将军、开府仪同三司。天和二年，行复州事。三年，除温州刺史。初陈氏与国通好,每修聘好。自华皎附后,胀图寇掠。汾州既接敌境,事资守备,于是复以宽为汾州刺史。而州城埤狭,器械又少,宽知其难守,深以为忧。又恐秋水暴长,陈人得乘其便。即白襄州总管,请戍兵,并请移城于羊蹄山,权以避水。总管府许增兵守御,不许迁移城,宽乃量度年常水至之处,竖大木于岸,以备舡行。襄州所遣兵未至,陈将程灵洗已率众至于城下。遂分布战舰,四面攻之。水势犹小,灵洗未得近城。宽每简募骁兵,令夜掩击,频挫其锐。相持旬日,灵洗无如之何。俄而雨水暴涨,所竖木上,皆通舡过。灵洗乃以大舰临逼,拍干打楼,应即摧碎,弓弩大石,昼夜攻之。苦战三十余日,死伤过半,女垣崩尽,陈人遂得上城。短兵相拒,犹经二日,外无继援,力屈。城陷之后,水便退缩。陈人乃执宽至扬州,寻被送岭外。经数载,后还建业,遂卒于江左。时年六十七。子义宣后从御正杜杲使于陈,始得将宽枢还。开皇元年,隋文帝诏赠襄郢二州刺史。

义宣起家谯王俭府记室,转司金二命士,合江令。宽弟汉。

汉字仲霄,操尚弘雅,聪敏好学,尝见人作百字诗。一览便诵。魏孝武初,解褐员外散骑侍郎。大统五年,除大司丞相府士曹行参军,补墨曹参军。汉善尺牍,尤便簿领,理识明赡,决断如流。相府为之语曰:“日下粲烂有裴汉。”十一年,李远出镇弘农,启汉为司马。远特相器遇。寻加安东将军、银青光禄大夫、成都上士。寻转司车路下大夫。与工部郭彦、太府高宾等参议格令,每较量时事,必有条理,彦等咸敬异之。加帅都督。天和中,复与司宗孙恕、典祀薛慎同为八使,巡察风俗。五年,加车骑大将军、仪同三司。

汉少有宿疾,恒带虚羸,剧职烦官,非其好也。时晋公护擅权,搢绅等多谄附之。以图仕进。唯汉直道固守,八年不从职。性不饮酒,而雅好宾游。每良辰美景,必招引时彦,宴赏留连,间以篇什。当时人物,以此重之。自宽没后,遂断绝游从,不听琴瑟,岁时伏腊,哀恸而已。抚养兄弟子,情甚笃至。借人异书,必躬自录本。至于疹疾弥年,亦未尝释卷。建德元年卒,时年五十九。赠晋州刺史。

子镜民,少聪敏,涉猎经史。为大将军、谭公会记室参军。后历宋王实侍读，转记室，迁司录。宣政初，吏部上士。大象末，春官府都上士。汉弟尼。

尼字景尼，性弘雅，有器局。起家奉朝请。除梁王东阁祭酒，迁从事中郎，加通直散骑常侍。陇西李际、范阳卢诞并有高名于世，与尼结忘年之交。魏恭帝元年，以本官从于谨平江陵，南获军实，谨恣诸将校取之。余人皆竟取珍玩，尼唯取梁元帝素琴一张而已。谨深欢美之。六官建，拜御正下大夫。寻以疾卒。赠辅国将军、随州刺史。

子之隐，赵王招府记室参军。子隐弟师民，好学有识度，见称于时。起家秦王赟府记室参军，仍兼侍读。宽族弟鸿。

鸿少恭谨，干略，历官内外。孝闵帝践阼，拜辅城公司马，加仪同三司。为晋公护雍州治中。累迁御正中大夫，进位开府仪同三司，转民部中大夫。保定末，出为中州刺史，九曲城主。镇守边鄙，甚有扞御之能。卫公直出镇襄州，以鸿为襄州司马。天和初。拜郢州刺史，转襄州总管府长史，赐爵高邑县侯。从直南征，军败，遂没。寻卒于陈。朝廷哀之，赠丰资遂三州刺史。

杨敷字文衍，华山公宽之兄之也。父暄，字景和。性朗悟，有识学。弱冠拜奉朝请，历员外散骑侍郎、华州别驾、尚书右中兵郎中、辅国将军、谏议大夫。以别将从魏广阳王深征葛荣，为荣所害。赠殿中尚书、华夏二州诸军事、镇西将军、华州刺史。敷少有志操，重然诺。每览书传，见忠臣烈士之事，常慨然景慕之。魏建义初，袭祖钧爵临贞县伯，邑四百户。除员外羽林监。大统元年，拜奉车都尉。历尚书左士郎中、祠部郎中、大丞相府墨曹参军、帅都督、平东将军、太中大夫，加抚军将军、通直散骑常侍。魏恭帝二年，迁廷尉少卿。所断之狱，号称平允。

孝闵帝践阼，进爵为侯，增邑并前八百户。除小载师下大夫，使北豫州迎司马消难，还，授使持节、蒙州诸军事、蒙州刺史。先是蛮左等多受齐假署，数为乱逆。敷推诚布信，随方慰抚，蛮左等感之，相率归附。敷乃送其首四十余人赴阙，请因齐所假而授之。诸蛮等愈更感悦州境获宁。特降玺书劳问，加车骑大将军、仪同三司。保定中，征为司水中大夫。夷夏吏民，及荆州总管长孙俭并表请留之。时议欲东讨，将委敷以舟舰转输之事，故弗许焉。陈公纯镇陕州，以敷为总管长史。五年，转司木中大夫、军器副监。敷明习吏事，所在以勤察著名，每岁奏课居最累，获优赏，进位骠骑大将军、开府仪同三司。

天和六年，出为汾州诸军事、汾州刺史，进爵为公，增邑一千五百户。齐将段孝先率从五万来寇，梯冲地道，昼夜攻城。敷亲当矢石，随事扞御，拒守累旬。孝先攻之愈急。时城中兵不满二千，战死者已十四五，粮储又尽，公私穷蹙。齐公宪总兵赴救，惮孝先，不敢进军。敷知必陷没，乃召其众谓之曰：“吾与卿等，俱在边镇，实愿同心戮力，破贼全城。但强寇四面遣攻围日久，吾等粮已尽，救援断绝。守死穷城，非丈夫也。今胜兵之士，犹数百人，欲突围出战，死生一决，傥或得免，犹冀生还，受罪阙庭，孰与死于寇乎！吾计决矣，于诸君意何如？众咸涕泣从命。”敷乃率见兵夜出，击杀齐军数十人。齐军众稍却。俄而孝先率诸军尽锐围之，敷殊死战，矢尽，为孝先所擒。齐人方欲任用之，敷不为之屈，遂以忧惧卒于邺。高祖平齐，赠使持节、大将军、淮广复三州诸军事、三州刺史，谥曰忠壮。葬于华阴旧茔。

子素，有文武材略。大象末，上柱国、清河郡公。

史臣曰：自三方鼎峙，群雄竞逐，俊能驰骛，各吠非主。争奋厉其智勇，忠赴蹈于仁义。临危不顾，前哲所难。赵善等或行彰于孝友，或诚显于忠概，咸躬志力，俱徇功名。兵凶战危，城孤援绝。杨敷、赵善，类庞德之势穷；元定、裴宽，同黄推之无路。王旅不振，非其罪也。敷少而慷慨，终能立节，仁而有勇，其最优乎。杨檦屡有奇功，狃于数胜，轻敌无备，兵破身囚，未能远谋，良可嗟矣。《易》曰：“师出以律，否臧凶。”《传》曰：“不备不虞，不可以师。”其杨檦之谓也？

周书卷三五
列传第二七

郑孝穆　崔谦 弟说　子弘度　崔猷
裴侠　薛端　薛善 弟慎

　　郑孝穆字道,和荥阳开封人,魏将作大匠浑之十一世孙。祖敬叔,魏颍川、濮阳郡守,本邑中正。父琼,范阳郡守,赠安东将军、青州刺史。孝穆幼而谨厚,以清约自居。年未弱冠,涉猎经史。父叔四人并早殁,昆季之中,孝穆居长。抚训诸弟,有如同生,闺庭之中,怡怡如也。魏孝昌初,解褐太尉行参军,转司徒主簿。属盗贼蜂起,除假节、龙骧将军、别将,屡有战功。永安中,迁冠军将军、持节、都督。从元天穆讨平邢杲,进骠骑将军、左光禄大夫、太师咸阳王长史。及魏孝武西迁,从入关,除司徒左长史,领临洮王友,赐爵永宁县侯。

　　大统五年,行武功郡事,迁使持节、本将军,行岐州刺史、当州都督。在任未几,有能名。就加通直散骑常侍。王罴时为雍州刺史,钦其善政,遣使贻书,盛相称述。先是,所部百姓,久遭离乱,饥馑相仍,逃散殆尽。孝穆下车之日,户止三千。留情绥抚,远近咸至,数年之内,有四万家。每岁考绩,为天下最。太祖嘉之,赐书曰:"知卿莅职近几,留心治术。凋弊之俗,礼教兴行;厌乱之民,襁负而至。昔郭伋政成并部,贾琮誉重冀方,以古方今,彼有惭德。"于是征拜京兆尹。

　　十五年,梁雍州刺史、岳阳王萧詧称藩来附,时议欲遣使,盛选行人。太祖历观内外，无逾孝穆者。十六年，乃假孝穆散骑常侍，持节策拜督为梁王。使还称旨，进车骑大将军、仪同三司，加散骑常侍。是年，太祖总戎东讨，除大丞相府右长史，封金乡县男，邑二百户。军次潼关，命孝穆与左长史长孙俭、司马杨宽、尚书苏亮、谘议刘孟良等分掌众务。仍令孝穆引接关东归附人士，并品藻才行而任用之。孝穆抚纳铨叙，咸得其宜。大将军达奚武率众经略汉中，以孝穆为梁州刺史，以疾不之部。拜中书令，赐姓宇文氏。寻以疾免。

孝闵帝践祚，加骠骑大将军、开府仪同三司，进爵为子，增邑通一千户。晋公护为雍州牧，辟为别驾，又以疾固辞。武成二年，征拜御伯中大夫，徙授御正。保定三年，出为宜州刺史，转华州刺史。五年，除虞州刺史，转陕州刺史。频历数州，皆有政绩。复以疾笃，屡乞骸骨。入为少司空。卒于位，时年六十。赠本官，加郑梁北豫三州刺史。谥曰贞。

子诩嗣。历位纳言，为聘陈使。后至开府仪同三司、大将军、邵州刺史。诩弟译，于隋文帝有翊赞功，开皇初又追赠孝穆大将军、徐兖等六州刺史，改谥曰文。

译幼聪敏，涉猎群书，尤善音乐，有名于时。世宗诏令事辅城公。及高祖即位，除都督，稍迁御正下大夫，颇被顾待。东宫建，以译为宫尹下大夫，特被太子亲爱。建德二年，为聘齐使副。及太子西征，多有失德，王轨、宇文孝伯等以闻，高祖大怒，宫臣亲幸者，咸被谴责，译坐除名。后例复官，仍拜吏部下大夫。宣帝嗣位，授开府仪同大将军、内史中大夫，封归昌县公，邑千户。既以恩旧，任遇甚重，朝政机密，并得参详。寻迁内史上大夫，进爵沛国公。上大夫之官，自译始也。及宣帝大渐，御正下大夫刘昉乃与译谋，以隋公受遗辅少主。隋文帝执政，拜柱国、大丞相府长史，内史如故。寻进位上柱国。

崔谦字士逊，博陵安平人也。祖辩，魏平远将军、武邑郡守。父楷，散骑常侍、光禄大夫、殷州刺史，赠侍中、都督冀定相三州诸军事、骠骑大将军、仪同三司、冀州刺史。谦幼聪敏，神彩巍然。及长，深沉有识量。历观经史，不持章句，志在博闻而已。每览经国纬民之事，心常好之，未尝不抚卷叹息。孝昌中，解褐著作佐郎。从太宰元天穆讨邢杲，破之，以功授辅国将军、太中大夫，迁平东将军、尚书殿中郎。

贺拔胜出镇荆州，以谦为行台左丞。胜虽居方岳之任，至于安辑夷夏，纲纪众务，皆委谦焉。谦亦尽其智能，以相匡弼。胜有声南州，谦之力也。及魏孝武将备齐神武之逼，乃诏胜引兵赴洛。军至广州，帝已西迁。胜乃迟疑，将旋所镇。谦谓胜曰：“昔周室不造，诸侯释位；汉道中微，列藩尽节。今皇家多故，主上蒙尘，实忠臣枕戈之时，义士立功之日也。公受方面之重，总宛、叶之众，若杖义而动，首唱勤王，天下闻风，孰不感激。诚宜顺义勇之志，副遐迩之心，倍道兼行，谒帝关右。然后与宇文行台，同心协力，电讨不庭。则桓、文之勋，复兴于兹日矣。舍此不为，中道而退，便恐人皆解体，士各有心。一失事机，后悔何及。”胜不能用，而人情果大骚动。还未至州，州民邓诞引侯景军奄至，胜与战，败绩，遂将麾下数百骑南奔于梁。谦亦与胜俱行。及至梁，每乞师赴援。梁武帝虽不为出军，而嘉胜等志节，并许其还国。乃令谦先还，且通邻好。魏文帝见谦甚悦，谓之曰：“卿出万死之中，投身江外，今得生还本朝，岂非忠贞之报也。”太祖素闻谦名，甚礼之。乃授征西将军、金紫光禄大夫，赐爵千乘县男。及胜至，拜太师，以谦有毗辅之功，又授太师长史。

大统三年，从太祖擒窦泰，战沙苑，并有功。进爵为子，迁车骑大将军、右光禄大夫，拜尚书右丞。谦明练时事，及居枢辖，时论以为得人。四年，从太祖解洛阳围，仍经河桥战，加定州大中正、瀛州刺史。十五年，授车骑大将军、仪同三司，又破柳仲礼于随郡，讨平李迁哲于魏兴，并有功。进骠骑大将军、开府仪同三司、直州刺史，赐姓宇文氏。

魏恭帝初，转利州刺史。谦性明悟，深晓政术，又勤于理务，民讼虽繁，未尝有懈倦之色。吏民以是敬而爱之。时有蜀人贾晃迁举

兵作乱，率其党围逼州城。谦仓卒分部，才得千许人，便率拒战。会
梁州援兵至，遂擒晃迁，余人乃散。谦诛其渠帅，余并原之。旬日之
间，遂得安辑。世宗初，进爵作唐县公。保定二年，迁安州总管、随
应等十一甗曾山上明鲁山三镇诸军事、安州刺史。四年，加大将军，
进爵武康郡公。

天和元年，授江陵总管。三年，迁荆州总管、荆浙等十四州南阳
平阳等八防诸军事、荆州刺史。州既统摄遐长，俗兼夷夏，又南接
陈，境东邻齐寇。谦外御强敌，内抚军民，风化大行，号称良牧。每
年考绩，常为天下最，屡有诏褒美焉。谦随贺拔胜之在荆州也，虽被
亲遇，而名位未显。及践其位，朝野以为荣。四年，卒于州。阖境痛
惜之，乃共立祠堂，四时祭飨。子旷嗣。

谦性至孝，少丧父，殆将灭性。与弟说特相友爱，虽复年事并
高，名位各重，所有资产，皆无私焉。其居家严肃，动遵礼度。旷与
说子弘度等，并奉其遗训云。旷少温雅，仁而凡爱。释褐中外府记
室。大象末，位至开府仪同大将军，浙州刺史。

说本名士约，少鲠直，有节概，膂力过人，尤工骑射。释褐领军
府录事，转谘议参军。及贺拔胜出牧荆州，以说为假节、冠军将军、
防城都督。又随胜奔梁，复自梁归国。授卫将军、都督，封安昌县子，
邑三百户。从太祖复弘农，战沙苑，皆有功。进爵为侯，增邑八百户，
除京兆郡守。累迁帅都督、抚军将军、通直散骑常侍、大都督、车骑
大将军、仪同三司、都官尚书、定州大中正，改封安固县侯，增邑三
百户，赐姓宇文氏，并赐名说焉。进爵骠骑大将军、开府仪同三司，
加侍中，进爵万年县公，增邑通前二千四百户。除陇州刺史，迁总管
凉甘瓜三州诸军事、凉州刺史。说莅政强毅，百姓畏之。齐王宪东
征，以说为行军长史。军还，除使持节、崇德安义等十三防熊和忠等
三州诸军事、崇德防主，加授大将军，改封安平县公。建德四年卒，
时年六十四。赠鹿延丹绥长五州刺史，谥曰壮。子弘度，猛毅有父
风。大象末，上柱国、武乡郡公。

崔猷字宣猷，博陵安平人，汉尚书实之十二世孙也。祖挺，魏光州刺史、泰昌县子，赠辅国将军、幽州刺史，谥曰景。父孝芬，左光禄大夫，仪同三司，兼吏部尚书，为齐神武所害。猷少好学，风度闲雅，性鲠正，有军国筹略。释褐员外散骑侍郎，领大行台郎中。寻为吏部尚书李神俊所荐，拜通直散骑侍郎，摄尚书驾部郎中。普泰初，除征虏将军、司徒从事中郎。既遭家难，遂间行入关。及谒魏孝武，哀动左右，帝为之改容。既退，帝目送之曰：“忠孝之道，萃此一门。”即以本官奏门下事。

大统初，兼给事黄门侍郎，封平原县伯，邑八百户。二年，正除黄门，加中军将军。擒窦泰，复弘农，破沙苑，猷常以本官从军典文翰。五年，除司徒左长史，加骠骑将军。时太庙初成，四时祭祀，犹设俳优角抵之戏，其郊庙祭官，多有假兼。猷屡上疏谏，书奏，并纳焉。迁京兆尹。时婚姻礼废，嫁娶之辰，多举音乐。又廛里富室，衣服奢淫，乃有织成文绣者。猷又请禁断，事亦施行。与卢辩等创修六官。十二年，除大都督、骠骑将军、浙州刺史，加车骑大将军、仪同三司。

十四年，侯景据河南归款，遣行台王思政赴之。太祖与思政书曰：“崔宣猷智略明赡，有应变之才，若有所疑，宜与量其可不。”思政初顿兵襄城，后欲于颍川为行台治所，遣使人魏仲奉启陈之。并致书于猷论将移之意。猷复书曰：“夫兵者，务在先声后实，故能百战百胜，以弱为强也。但襄城控带京洛，实当今之要地，如有动静，易相应接。颍川既邻寇境，又无山川之固，贼若充斥，径至城下。辄以愚情，权其利害，莫若顿兵襄城，为行台治所，颍川置州，遣郭贤镇守。则表里胶固，人心易安，纵有不虞，岂能为患。”仲见太祖，具以启闻。太祖即遣仲还，令依猷之策。思政重启，求与朝廷立约：贼若水攻，乞一周为断；陆攻，请三岁为期。限内有事，不烦赴援。过此以往，惟朝廷所裁。太祖以思政既亲其事，兼复固请，遂许之。及颍川没后，太祖深追悔焉。十六年，以疾去职。属大军东征，太祖赐以马舆，命随军，与之筹议。十七年，进侍中、骠骑大将军、开府仪同三司、本州大中正,赐姓宇文氏。

魏恭帝元年,太祖欲开梁汉旧路,乃命猷督仪同刘道通、陆腾等五人,率众开回车路,凿山堙谷五百余里,至于梁州。即以猷为都督梁利等十二州白马傥城二防诸军事、梁州刺史。及太祖崩,始利沙兴等诸州,阻兵为逆,信合开楚四州亦叛,唯梁州境内,民无贰心。利州刺史崔谦请援,猷遣兵六千赴之。信州粮尽,猷又送米四千斛。二镇获全,猷之力也。进爵固安县公,邑二千户。猷深为晋公护所重,护乃养猷第三女为己女,封富平公主。

世宗即位,征拜御正中大夫。时依《周礼》称天王,又不建年号,猷以为世有浇淳,运有治乱,故帝王以之沿革,圣哲因时制宜。今天子称王,不足以威天下,请遵秦汉称皇帝,建年号。朝议从之。武成二年,除司会中大夫,御正如故。

世宗崩,遗诏立高祖。晋公护谓猷曰:"鲁国公禀性宽仁,太祖诸子之中,年又居长。今奉遵遗旨,翊戴为主,君以为何如?"猷对曰:"殷道尊尊,周道亲亲,今朝廷既遵《周礼》,无容辄违此义。"护曰:"天下事大,但恐毕公冲幼耳。"猷曰:"昔周公辅成王以朝诸侯,况明公亲贤莫二,若行周公之事,方为不负顾托。"事虽不行,当时称其守正。保定元年,重授总管梁利开等十四州白马傥成二防诸军事、梁州刺史。寻复为司会。

天和二年,陈将华皎来附,晋公护议欲南伐,公卿莫敢正言。猷独进曰:"前岁东征,死伤过半,比虽加抚循,而疮痍未复。近者长星为灾,乃上玄所以垂鉴诫也。诚宜修德以禳天变,岂可穷兵极武而重其谴负哉?今陈氏保境息民,共敦邻好。无容违盟约之重,纳其叛臣,兴无名之师,利其土地。详观前载,非所闻也。"护不从。其后水军果败,而裨将元定等遂没江南。

建德四年,出为同州司会。六年,征拜小司徒,加上开府仪同大将军。隋文帝践极,以猷前代旧齿,授大将军,进爵汲郡公,增邑通前三千户。开皇四年卒,谥曰明。子仲方,字不齐,早知名,机神颖悟,文学优敏。大象末,仪同大将军、司玉下大夫。

裴侠字嵩和,河东解人也。祖思齐,举秀才,拜议郎。父欣,博涉经史,魏昌乐王府司马、西河郡守,赠晋州刺史。侠幼而聪慧,有异常童。年十三,遭父忧,哀毁有若成人。州辟主簿,举秀才。魏正光中,解巾奉朝请。稍迁员外散骑侍郎、义阳郡守。元颢入洛,侠执其使人,焚其赦书。魏孝庄嘉之,授轻车将军、东郡太守,带防城别将。及魏孝武与齐神武有隙,征河南兵以备之,侠率所部赴洛阳。授建威将军,左中郎将。俄而孝武西迁侠将行而妻子犹在东郡。荥阳郑伟谓侠曰:“天下方乱,未知乌之所集。何如东就妻子,徐择木焉。”侠曰:“忠义之道,庸可忽乎! 吾既食人之禄,宁以妻子易图也。”遂从入关。赐爵清河县伯,除丞相府士曹参军。

大统三年,领乡兵从战沙苑,先锋陷陈。侠本名协,至是,太祖嘉其勇决,乃曰“仁者必有勇”,因命改焉。以功进爵为侯,邑八百户,拜行台郎中。王思政镇玉壁,以侠为长史。未几为齐神武所攻。神武以书招思政,思政令侠草报,辞甚壮烈。太祖善之,曰:“虽鲁连无以加也。”除河北郡守,侠躬履俭素,爱民如子,所食唯菽麦盐菜而已。吏民莫不怀之。此郡旧制,有渔猎夫三十人以供郡守。侠曰:“以口腹役人,吾所不为也。”乃悉罢之。又有丁三十人,供郡守役使。侠亦不以入私,并收庸直,为官市马。岁月既积,马遂成群。去职之日,一无所取。民歌之曰:“肥鲜不食,丁庸不取,裴公贞惠,为世规矩。”侠尝与诸牧守俱谒太祖。太祖命侠别立,谓诸牧守曰:“裴侠清慎奉公,为天下之最,今众中有如侠者,可与之俱立。”众皆默然,无敢应者。太祖乃厚赐侠。朝野叹服,号为独立君。

侠又撰九世伯祖贞侯传,以为裴氏清公,自此始也,欲使后生奉而行之,宗室中知名者,咸付一通。从弟伯凤、世彦,时并为丞相府佐,笑曰:“人生仕进,须身名并裕。清苦若此,竟欲何为?”侠曰:“夫清者莅职之本,俭者持身之基。况我太宗,世济其美,故能存见称于朝廷,没流芳于典策。今吾幸以凡庸,滥蒙殊遇,固其穷困,非慕名也。志在自修,惧辱先也。翻被嗤笑,知复何言。”伯凤等惭而退。

九年，入为大行台郎中。居数载，出为郢州刺史，加仪同三司，寻转祐州刺史，征拜雍州别驾。孝闵帝践阼，除司邑下大夫，加骠骑大将军、开府仪同三司，进爵为公，曾邑通前一千六百户。迁民部中大夫。时有奸吏，主守仓储，积年隐没至千万者，及侠在官，励精发摘，数旬之内，奸盗略尽。转工部中大夫。有大司空掌钱物典李贵乃于府中悲泣。或问其故。对曰："所掌官物，多有费用，裴公清严有名，惧遭罪责，所以泣耳。"侠闻之，许其自首。贵言隐费钱五百万。侠之肃遏奸伏，皆此类也。

初，侠尝遇疾沉顿，大司空许国公宇文贵、小司空北海公申徽并来伺候侠。侠所居第屋，不免风霜，贵等还，言之于帝。帝矜其贫苦，乃为起宅，并赐良田十顷，奴隶、耕牛、粮粟，莫不备足。搢绅咸以为荣。武成元年，卒于位。赠太子少师、蒲州刺史，谥曰贞。河北郡前功曹张回及吏民等，感侠遗爱，乃作颂纪其清德焉。子祥，性忠谨，有治剧才。少为成都令，清不及侠，断决过之。后除长安令，为权贵所惮。迁司仓下大夫。侠之终也，遂以毁卒。祥弟肃，贞亮有才艺。天和中，举秀才，拜给事中士。稍迁御正大夫，赐爵胡原县子。

薛端字仁直，河东汾阴人也，本名沙陁。魏雍州刺史、汾阴侯辨之六世孙。代为河东著姓。高祖谨，泰州刺史、内都坐大官、涪陵公。曾祖洪隆，河东太守。以隆兄洪阼尚魏文帝女西河公主，有赐田在冯翊，洪隆子麟驹徙居之，遂家于冯翊之夏阳焉。麟驹举秀才，拜中书博士，兼主客郎中，赠河东太守。父英集，通直散骑常侍。端少有志操。遭父忧，居丧合礼。兴弟裕，励精笃学，不交人事。年十七，司空高乾辟为参军，赐爵汾阴县男。端以天下扰乱，遂弃官归乡里。

魏孝武西迁，太祖令大都督薛崇礼据龙门，引端同行。崇礼寻失守，遂降东魏。东魏遣行台薛循义、都督乙千贵率众数千西度，据杨氏壁。端与宗亲及家童等先在壁中，循义乃令其兵逼端等东度。方欲济河，会日暮，端密与宗室及家童等叛之。循义遣骑追，端且战且驰,遂入石城栅,得免。栅中先有百家,端与并力固守。贵等数来慰喻,知端无降意,遂拔还河东。东魏又遣其将贺兰懿、南汾州刺史薛琰达守杨氏壁。端率其属,并招喻村民等,多设奇以临之。懿等疑有大军,便即东遁,争船滋死者数千人。端收其器械,复还杨氏壁。太祖遣南汾州刺史苏景恕镇之。降书劳问,征端赴阙,以为大丞相府户曹参军。

从擒窦泰,复弘农,战沙苑,并有功。加冠军将军、中散大夫,进爵为伯。转丞相东阁祭酒,加本州大中正,迁兵部郎中,改封文城县伯,加使持节、平东将军、吏部郎中。端性强直,每有奏请,不避权贵。太祖嘉之,故赐名端,欲令名质相副。自居选曹,先尽贤能,虽贵游子弟,才劣行薄者,未尝升擢之。每启太祖云:“设官分职,本康时务,苟非其人,不如旷职。”太祖深然之。大统十六年,大军东讨。柱国李弼为别道元帅,妙简首僚,数日不定,太祖谓弼曰:“为公思得一长史,无过薛端。”弼对曰:“真其才也。”乃遣之。加授车骑大将军、仪同三司。转尚书左丞,仍掌选事。进授吏部尚书,赐姓宇文氏。端久处选曹,雅有人伦之鉴,其所擢用,咸得其才。六官建,拜军司马,加侍中、骠骑大将军、开府仪同三司,进爵为侯。

孝闵帝践祚,除工部中大夫,转民部中大夫,进爵为公,增邑通前一千八百户。晋公护将废帝,召群官议之,端颇有同异。护不悦,出为蔡州刺史。为政宽惠,民吏爱之。寻转基州刺史。基州地接梁、陈,事藉镇抚,总管史宁遣司马梁荣催令赴任,蔡州父老诉荣,请留端者千余人。至基州,未几卒,时年四十三。遗诫薄葬,府州赠遗,勿有所受。赠本官,加大将军,追封文城郡公。谥曰质。子胄,字绍玄,幼聪敏,涉猎群书,雅达政事。起家帅都督。累迁上仪同,历司金中大夫、徐州总管府长史、合州刺史。大象中,位至开府仪同大将军。

端弟裕,字仁友。少以孝悌闻于州里。初为太学生,时黉中多是贵游,好学者少,唯裕驱习不倦。弱冠辟丞相参军事。是时京兆韦瓊志安放逸,不干世务。裕慕其恬静,数载酒肴候之,谈宴终日。

琼遂以从孙女妻之。裕尝谓亲友曰:"大丈夫当圣明之运,而无灼然
文武之用,为世所知,虽复栖栖遑遑,徒为劳苦耳。至如韦居士,退
不丘壑,进不市朝,怡然守道,荣辱不及,何其乐也。"寻遇疾而卒,
时年四十一。文章之士诔之者数人。太祖伤惜之,赠洛州刺史。

薛善字仲良,淮东汾阴人也。祖瑚,魏河东郡守。父和,南青州
刺史。善少为司空府参军事,迁偈城郡守,转盐池都将。魏孝武西
迁,东魏攻河东秦州,以善为别驾。善家素富,童仆数百人。兄元信,
仗气豪侈,每食方丈,坐客恒满,弦歌不绝。而善独供己率素,爱乐
闲静。

大统三年,齐神武败于沙苑,留善族兄崇礼守河东。太祖遣李
弼围之,崇礼固守不下。善密谓崇礼曰:"高氏戎车犯顺,致令主上
播越。与兄忝是衣冠绪余,荷国荣宠。今大军已临,而兄尚欲为高
氏尽力。若城陷之日,送首长安,云逆贼某甲之首,死而有灵,岂不
没有余愧!不如早归诚款,虽未足以表奇节,庶获全首领。"而崇礼
犹持疑不决。会善从弟馥妹夫高子信为防城都督,守城南面。遣馥
来诣善云:"意欲应接西军,但恐力不所制。"善即令弟济将门生数
十人,与信、馥等斩关引弼军入。时预谋者并赏五等爵,善以背逆归
顺,臣子常情,岂容阖门大小,俱叨封邑,遂与弟慎并固辞不受。太
祖嘉之,以善为汾阴令。善干用强明,一郡称最。太守王罴美之,令
善兼督六县事。

寻征为行台郎中。时欲广置屯田以供军费,乃除司农少卿,领
同州夏阳县二十屯监。又于夏阳诸山置铁冶,复令善为冶监,每月
役八千人,营造军器。善亲自督课,兼加慰抚,甲兵精利,而皆忘其
劳苦焉。加通直散骑常侍,迁大丞相府从事中郎。追论屯田功,赐
爵龙门县子,迁黄门侍郎,加车骑大将军、仪同三司。除河东郡守,
进骠骑大将军、开府仪同三司赐姓宇文氏。六官建,拜工部中大夫,
进爵博平县公。寻除御正中大夫,转民部中大夫。

时晋公护执政,仪同齐轨语善云:"兵马万机,须归天子,何因

犹在权门。"善白之。护乃杀轨,以善忠于己,引为中外府司马。迁司会中大夫,副总六府事。加授京兆尹,仍治司会。出为隆州刺史,兼治益州总管府长史。征拜少傅。卒于位,时年六十七。赠蒲虞勋三州刺史。高祖以善告齐轨事,谥曰缪公。子衷嗣。官至高阳守。善弟慎。

慎字佛护,好学,能属文,善草书。少与同郡裴叔逸、裴诹之、柳虬、范阳卢柔、陇西李璨并相友善。起家丞相府墨曹参军。太祖于行台省置学,取丞郎及府佐德行明敏者充生。悉令旦理公务,晚就讲习,先六经,后子史。又于诸生中简德行淳懿者,侍太祖读书。慎与李璨及陇西李伯良、辛韶,武功苏衡,谯郡夏侯裕,安定梁旷、梁礼,河南长孙璋,河东裴举、薛同,荥阳郑朝等十二人,并应其选。又以慎为学师,以知诸生课业。太祖雅好谈论,并简名僧深识玄宗者一百人,于第内讲说。又命慎等十二人兼学佛义,使内外俱通。由是四方竞为大乘之学。

数年,复以慎为宜都公侍读。转丞相府记室。魏东宫建,除太子舍人。迁庶子,仍领舍人。加通直散骑常侍,兼中书舍人,转礼部郎中。六官建,拜膳部下大夫。慎兄善又任工部。并居清显,时人荣之。孝闵帝践祚,除御正下大夫,进车骑大将军、仪同三司,封淮南县子,邑八百户。历师氏、御伯中大夫。

保定初,出为湖州刺史。州界既杂蛮左,恒以劫掠为务。慎乃集诸豪帅,具宣朝旨,仍令首领每月一参,或须言事者,不限时节。慎每引见,必殷勤劝诫,及赐酒食。一年之间,翕然从化。诸蛮乃相谓曰:"今日始知刺史真民父母也。"莫不欣悦。自是襁负而至者,千有余户。蛮俗婚娶之后,父母虽在,即与别居。慎谓守令曰:"牧守令长是化民者也,岂有其子娶妻,便与父母离析。非唯氓俗之失,亦是牧守之罪。"慎乃亲自诱导,示以孝慈,并遣守令各喻所部。有数户蛮,别居数年,遂还侍养,及行得果膳,归奉父母。慎感其从善之速,具以状闻。有诏蠲其赋役。于是风化大行,有同华俗。寻入为蕃部中大夫。以疾去职,卒于家。有文集,颇为世所传。薛善之以河东应李弼也,敬珍、敬祥亦率属县归附。

敬珍字国宝,河东蒲坂人也,汉杨州刺史韶之十世孙。父伯乐,州主簿,安邑令。珍伟容仪,有气侠,学业骑射,俱为当时所称。祥即珍从祖兄也,亦慷慨有大志,唯以交结英豪为务。珍与之深相友爱,每同游处。

及齐神武趋沙苑,珍谓祥曰:"高欢迫逐乘舆,播迁关右,有识之士,孰不欲推刃于其腹中?但力未能制耳。今复称兵内侮,将逞凶逆此诚志士效命之日,当与兄图之。"祥闻其言甚悦,曰:"计将安出?"珍曰:"宇文丞相宽仁大度,有霸王之略,挟天子而令诸侯,已数年矣。观其政刑备举,将士用命,欢虽有众,固非其俦。况逆顺理殊,将不战而自溃矣。我若招集义勇,断其归路,歼殄凶徒,使只轮不反,非直雪朝廷之耻,亦壮士封侯之业。"祥深然之,遂与同郡豪右张小白、樊昭贤、王玄略等举兵,数日之中,众至万余。将袭欢后军,兵未进而齐神武已败。珍与祥邀之,多所克获。及李弼军至河东,珍与小白等率猗氏、南解、北解、安邑、温泉、虞乡等六县户十余万归附。太祖嘉之,即拜珍平阳太守,领永宁防主;祥龙骧将军、行台郎中,领相里防主。并赐鼓吹,以宠异之。太祖仍执珍手曰:"国家有河东之地者,卿兄弟之力。还以此地付卿,我无东顾之忧矣。"久之,迁绛州刺史。以疾免,卒于家。

子元约,性贞正,有识学。位至布宪中大夫。小白等既与珍归阙,太祖嘉其立效,并任用之。后咸至郡守刺史。

史臣曰:郑孝穆抚宁离散,幽岐多襁负之人;崔谦镇御边垂,江汉流载清之咏。崔说居家理治,以严肃见称,莅职当官,以猛毅为政;崔猷立朝赞务,则嘉谋屡陈,出抚宣条,则威恩具举。裴侠忠勤奉上,廉约治身,吏不能欺,民怀其惠。薛端历居显要,以强直知名。薛善任惟繁剧,以弘益流誉。并当时之良将也。而善陷齐诏护以要权宠,易名为缪,斯不谬乎。

周书卷三六
列传第二八

郑伟　杨纂　段永　王士良
崔彦穆　令狐整　司马裔
裴果　子孝仁　附刘志　子明　子陵

郑伟字子直,荥阳开封人也,小名阇提,魏将作大匠浑之十一世孙。祖思明,少勇悍,仕魏至直阁将军,赠济州刺史。父先护,亦以武勇闻。起家员外散骑侍郎。魏孝庄帝在藩,先护早自结托。及即位,历通直散骑常侍、平南将军、广州刺史,赐爵平昌县侯。元颢入洛,以御扞之功,累迁都督二豫郢雍四州诸军、征东将军、豫州刺史,兼尚书右仆射,进爵郡公。寻入为车骑将军、左卫将军。及尔朱荣死,徐州刺史尔朱仲远拥兵将入洛,诏先护以本官假骠骑将军、大都督,率所部与行台杨昱及都督贺拔胜同讨之。胜于阵降仲远,又闻京师不守,众遂溃。先护奔梁。寻自梁归,为仲远所害。魏孝武初,赠使持节、都督、青齐兖豫四州刺史。

伟少倜傥有大志,每以功名自许,善骑射,胆力过人。尔朱氏灭后,自梁归魏。起家通直散骑侍郎。及孝武西迁,伟亦归乡里,不求仕进。大统三年,河内公独孤信既复洛阳,伟乃谓其亲族曰:"今嗣主中兴鼎业,据有崤函。河内公亲董众军,克复瀍、洛,率士之内,孰不延首望风。况吾等世荷朝恩,家传忠义,诚宜以此时效臣子之节,成富贵之资。岂可碌碌为懦夫之事也!"于是与宗人荣业,纠合州里,建义于陈留。信宿间,众有万余人。遂攻拔梁州,擒东魏刺史鹿永吉及镇城令狐德,并获陈留郡守赵季和。乃率众来附。因是梁、陈之间,相次降款。伟驰入朝,太祖与语叹美之。拜龙骧将军、北徐州刺史,封武阳县伯,邑六百户。

从战河桥及解玉壁围,伟常先锋陷阵。侯景归款,太祖命伟率所部应接之。及景后叛,伟亦全军而还。录前后功,除中军将军、荥阳郡守,加散骑常侍、大都督,进爵襄城郡公,邑二千户,加车骑大将军、开府仪同三司。

魏恭帝二年,进位大将军,除江陵防主、都督十五州诸军事。伟性粗犷,不遵法度,睚眦之间,便行杀戮。朝廷以其有立义之效,每优容之。及在江陵,乃专戮副防主杞宾王,坐除名。保定元年,诏复官爵,仍除宜州刺史。天和六年,转华州刺史。伟前后莅职,皆以威猛为治,吏民莫敢犯禁,盗贼亦为之休止。虽无仁政,然颇以此见称。其年卒于州,时年五十七。赠本官,加少傅、都督司豫洛相冀五州诸军事、司州刺史。谥曰肃。伟性吃,少时尝逐鹿于野,失之,遇牧竖而问焉。牧竖答之,其言亦吃。伟怒,谓其效己,遂射杀之。其忍暴如此。子大士嗣。

伟族人顶字宁伯,少有干用。起家员外散骑侍郎,稍迁行台左丞、阳城陈留二郡守。兴伟同谋立义。后随伟入朝,赐爵魏昌县伯,除太府少卿。出为抚风郡守,复为太府少卿,转卫尉少卿。历职内外,并有恪勤之称。寻卒官。赠仪同三司、豫州刺史。

子常,字子元。颇涉学,有当官誉。历抚军将军、通直散骑常侍、司皮下大夫,迁信东徐南兖三州刺史。以立义及累战功,授上开府、仪同大将军,赐爵饶阳侯。卒,赠本官,加郢都陕三州诸军事、郢州刺史。子神符。

杨纂,广宁人也。父安仁,魏北道都督、朔州镇将。纂少习军旅,慷慨有志略,尤工骑射,勇力兼人。年二十,从齐神武起兵于信都,以军功稍迁安西将军、武州刺史。自以功高赏薄,志怀怨愤,每叹曰："大丈夫富贵何必故乡。若以妻子挠怀，岂不沮人雄志！"大统初，乃间行归款。太祖执纂手曰："人所贵者忠义也，所惧者危亡也，其能不惮危亡蹈兹忠义者，今方见之于卿耳。"即授征南将军、大都督，封永兴县侯，邑八百户，加通直散骑常侍。

从太祖解洛阳围，经河桥、邙山之战，纂每先登，军中咸推其敢勇。累迁使持节、车骑大将军、仪同三司、散骑常侍，骠骑大将军、开府仪同三司，加侍中，进爵为公，增邑通前一千户。赐姓莫胡卢氏。俄授岐州刺史。孝闵帝践祚，进爵宋熙郡公。保定元年，进位大将军，改封陇东郡公，除陇州刺史。三年，从随公杨忠东伐，至并州而还。天和六年，进授柱国大将军，转华州刺史。纂性质仆，又不识文字，前后莅职，但推诚信而已。吏以其忠恕，颇亦怀之。寻卒于州，时年六十七。子睿嗣。位至上柱国、渔阳郡公。

段永字永宾，其先辽西石城人，晋幽州刺史匹磾之后也。曾祖恨，仕魏，黄龙镇将，因徙高陆之河阳焉。永幼有志操，闾里称之。魏正光末，六镇扰乱，遂携老幼，避地中山。后赴洛阳。拜殿中将军，稍迁平东将军，封沃阳县伯，邑五百户。青州人崔社客举兵反，永讨平之。进爵为侯，除左光禄大夫。时有贼魁元伯生，率数百骑，西自崤、潼，东至巩、洛，屠陷坞壁，所在为患，魏孝武遣京几大都督匹娄昭讨之，昭请以五千人行。永进曰："此贼既无城栅，唯以寇抄为资，安则蚁聚，穷则鸟散，取之在速，不在众也。若星驰电发，出其不虞，精骑五百，自足平殄。若征兵而后往，彼必远窜，虽有大众，无所用之。"帝然其计，于是命永代昭，以五百骑讨之。永觇知所在，倍道兼进，遂破平之。

帝西迁，永时不及从。大统初，乃结宗人，潜谋归款。密与都督赵业等袭斩西中郎将慕容显和，传首京师。以功别封昌平县子，邑三百户，除北徐州刺史。从擒窦泰，复弘农，破沙苑，并有战功。进爵为公。河桥之役，永力战先登，授南汾州刺史。累迁大都督、车骑大将军、仪同三司、散骑常侍，骠骑大将军、开府仪同三司，赐姓尔绵氏。魏废帝元年，授恒州刺史。于时朝贵多其部人，谒永之日，冠盖盈路。当时荣之。孝闵帝践祚，进爵广城郡公，转文州刺史。入为工部中大夫，迁军司马。保定四年，拜大将军。

永历任内外，所在颇有声称。轻财好士，朝野以此重焉。前后累增凡三千九百户。天和四年，授小司寇。寻为右二军总管，率兵北道讲武。遇疾，卒于贺葛城，年六十八。丧还，高祖亲临。赠使持节、柱国大将军、同华等五州刺史，谥曰基。子岌嗣，官至仪同三司、兵部下大夫。

王士良字君明，其先太原晋阳人也。后因晋乱，避地凉州。魏太武平沮渠氏，曾祖景仁归魏，为敦煌镇将。祖公礼，平城镇司马，因家于代。父延，兰陵郡守。士良少修谨，不妄交游。魏建明初，尔朱仲远启为府参军事，历大行台郎中、谏议大夫，封石门县男，邑二百户。后与纥豆陵步藩交战，军败，为步藩所擒，遂居河右。伪行台纥豆陵伊利钦其才，擢授右丞，妻以孙女。士良既为姻好，便得尽言，遂晓以祸福。伊利等并即归附。朝廷嘉之。太昌初，进爵晋阳县子，邑四百户。寻进爵琅邪县侯，授太中大夫、右将军，出为殷州车骑府司马。

东魏徙邺之后，置京几府，专典兵马。时齐文襄为大都督，以士良为司马，领外兵参军。寻迁长史，加安西将军，徙封符垒县侯，增邑七百户。武定初，除行台左中兵郎中，又转大将军府属、从事中郎，仍摄外兵事。王思政镇颍川，齐文襄率众攻之。授士良大行台右丞，加镇西将军，增邑一千户，进爵为公，令辅其弟演于并州居守。

齐文宣即位，入为给事黄门侍郎，领中书舍人，仍总知并州兵马事，加征西将军，别封新丰县子，邑三百户。俄除骠骑将军、尚书吏部郎中。齐文宣自晋阳赴邺宫，复士良为尚书左丞，统留后事。仍迁御史中丞，转七兵尚书。未几，入为侍中，转殿中尚书。顷之，复为侍中，除吏部尚书。士良顿首固让，文宣不许。久之，还为侍中，又摄度支、五兵二曹尚书。士良少孤,事继母梁氏以孝闻。及卒,居丧合礼。文宣寻起令视事,士良屡表陈诚,再三不许,方应命。文宣见其毁瘠,乃许之。因此卧疾历年,文宣每自临视。疾愈,除沧州刺史。乾明初,征还邺,授仪同三司。孝昭即位,遣三道使搜扬人物。士良与尚书令赵郡王高睿、太常卿崔昂分行郡国,但有一介之善者,无不以闻。齐武成初,除太子少傅、少师,复除侍中。转太常卿,寻加开府仪同三司,出为豫州道行台,豫州刺史。

保定四年,晋公护东伐,权景宣以山南兵围豫州,士良举城降。授大将军、小司徒,赐爵广昌郡公。寻除荆州总管,行荆州刺史。复入为小司徒。俄除鄜州刺史,转金州总管、七州诸军事、金州刺史。建德六年,授并州刺史。士良去乡既久,忽临本州,耆旧故人,犹有存者。远近咸以为荣。加授上大将军。以老病乞骸骨,优诏许之。隋开皇元年卒,时年八十二。子德衡,大象末,仪同大将军。

崔彦穆字彦穆,清河东武城人也,魏司空、安阳侯林之九世孙。曾祖颐,魏平东府咨议。祖蔚,遭从兄司徒浩之难,南奔江左。仕宋为给事黄门侍郎,汝南、义阳二郡守。延兴初,复归于魏,拜颍川郡守,因家焉。后终于郢州刺史。父稚,笃志经史,不以世事婴心。起家秘书郎,稍迁永昌郡守。隋开皇初,以献后外曾祖,追赠上开府仪同三司、新州刺史。彦穆幼明悟,神彩卓然。年十五,与河间邢子才、京兆韦孝宽俱入中书学,偏相友受。伏膺儒业,为时辈所称。魏吏部尚书陇西李神俊有知人之鉴,见而叹曰:“王佐才也。”永安末,除司徒府参军事,转记室,迁大司马从事中郎。

魏孝武西迁,彦穆时不得从。大统三年,乃与兄彦珍于成皋举义,因攻拔荥阳,擒东魏郡守苏淑。仍与乡郡王元洪威攻颍川,斩其刺史李景道。孝武嘉之,拜镇东将军、金紫光禄大夫、荥阳郡守。四年,兼行右民郎中、颍川邑中正,赐爵千乘县侯。十四年,加使持节、车骑大将军、仪同三司、散骑常侍,司农卿。时军国草创,众务殷繁,太祖乃诏彦穆入幕府,兼掌文翰。及于谨伐江陵,彦穆以本官从平之。世宗初,进骠骑大将军、开府仪同三司,俄拜安州总管、十一州诸军事、安州刺史。入为御正中大夫。陈氏请敦邻好,诏彦穆使焉。彦穆风韵闲旷,器度方雅,善玄言,解谈谑,甚为江陵所称。转民部中大夫,进爵为公。天和三年,复为使主,聘于齐。使还,除金州总管、七州诸军事、金州刺史,进位大将军。寻征拜小司徒。

大象二年,宣帝崩,随文帝辅政,三方兵起。以彦穆为行军总管,率兵与襄州总管王谊讨司马消难。军次荆州,彦穆疑荆州总管独孤永业有异志,遂状而戮之。及事平,随文帝征王谊入朝,即以彦穆为襄州总管、六州诸军事、襄州刺史,加授上大将军,进爵东郡公,邑二千户。顷之,永业家自理得雪,彦穆坐除名。寻复官爵。隋开皇元年卒。子君绰嗣。君绰性夷简,博览经史,有父风。大象末,丞相府宾曹参军。君绰弟君肃,解巾为道王侍读。大象末,颍川郡守。

令狐整字延保,敦煌人也,本名延世,为西土冠冕。曾祖嗣.祖诏安,并官至郡守,咸为良二千石。父虬,早以名德著闻,仕历瓜州司马、敦煌郡守、郓州刺史,封长城县子。大统末,卒于家。太祖伤悼之,遣使者监护丧事,又敕乡人为营坟垄。赠龙骧将军、瓜州刺史。整幼聪敏,沉深有识量。学艺骑射,并为河右所推。刺史魏东阳王元荣辟整为主簿,加荡寇将军。整进趋详雅,对扬辩畅,谒见之际,州府倾目。荣器整德望,尝谓僚属曰:"令狐延保西州令望,方城重器,岂州郡之职所可萦维。但一日千里,必基武步,寡人当委以庶务,书诺而已。

顷之,魏孝武西迁,河右扰乱,荣仗整防扞,州境获宁。及邓彦窃瓜州,拒不受代,整与开府张穆等密应使者申徽,执彦送京师。太祖嘉其忠节,表为都督。寻而城民张保又杀刺史成庆,与凉州刺史宇文仲和构逆,规据河西。晋昌人吕兴等复害郡守郭肆,以郡应保。初,保等将图为乱,虑整守义不从,既杀成庆,因欲及整。以整人之望也,复恐其下叛之,遂不敢害。虽外加礼敬,内甚忌整。整亦伪若亲附，而密欲图之。阴令所亲说保曰："君与仲和结为唇齿，今东军渐逼凉州，彼势孤危，恐不能敌。若或摧衄，则祸及此土。宜分遣锐师，星言救援。二州合势，则东军可图。然后保境息人，计之上者。"保然之，而未知所在。整又令说保曰："历观成败，在于任使。所择不善，旋致倾危。令狐延保兼资文武，才堪统御，若使为将，蔑不济矣。"保纳其计，具以整父兄等并在城中，弗之疑也，遂令整行。整至玉门郡，召集豪杰，说保罪逆，驰还袭之。先定晋昌，斩吕兴。进军击保。州人素服整威名，并弃保来附。保遂奔吐谷浑。

众议推整为刺史，整曰："本以张保肆逆，毒害无辜，阖州之人，俱陷不义。今者同心戮力，务在除凶，若其自相推荐，复恐效尤致祸。"于是乃波斯使主张道义行州事。具以状闻。诏以申徽为刺史。征整赴阙，授寿昌郡守，封襄武县男，邑二百户。太祖谓整曰："卿少怀英略，早建殊勋，今者官位，未足酬赏。方当与卿共平天下，同取富贵。"遂立为瓜州义首。仍除持节、抚军将军、通直散骑常侍、大都督。

整以国难未宁，常愿举宗效力。遂率乡亲二千余人入朝，随军征讨。整善于抚驭，躬同丰约，是以人众而忘羁旅，尽其力用。迁使持节、车骑将军、仪同三司、散骑常侍。太祖常从容谓整曰："卿远祖立忠而去，卿今立忠而来，可谓积善余庆，世济其美者也。"整远祖汉建威将军迈，不为王莽屈，其子称避地河右。故太祖称之云。寻除骠骑大将军、开府仪同三司，加侍中。太祖又谓整曰："卿勋同娄、项，义等骨肉，立身敦雅，可以范人。"遂赐姓宇文氏，拜赐名整焉。宗人二百余户，并列属籍。孝闵帝践祚，拜司宪中大夫。处法平允，为当时所称。进爵彭阳县公，增邑一千户。

初，梁兴州刺史席固以州来附，太祖以固为丰州刺史。固莅职既久，犹习梁法，凡所施为，多亏治典。朝议密欲代之，而难其选。遂令整权镇丰州，委以代固之略。整广布威恩，倾身抚接，数月之间，化洽州府。于是除整丰州刺史，以固为湖州。丰州旧治，不居人民，赋役参集，劳逸不均。整请移治武当，诏可其奏。奖励抚道，迁者如归,旬月之间,城府周备。固之迁也,其部曲多愿留为整左右,整谕以朝制,弗之许也,流涕而去。及整秩满代至,民吏恋之,老幼送整,远近毕集,数日停留,方得出界。其得人心如此。拜御正中大夫,出为中华郡守,转同州司会,迁始州刺史。整雅识情伪,尤明政术,恭谨廉慎,常惧盈满,故历居内外,所在见称。天和六年,进位大将军,增通前二千一百户。

晋公护之初执政也,欲委整以腹心。整辞不敢当,颇迕其意,护以此疏之。及护诛,附会者咸伏法,而整独保全。时人称其先觉。建德二年卒,时年六十一。赐本官,加郦宜幽盐四州诸军事、郦州刺史,谥曰襄。子熙嗣。熙字长熙。性方雅,有度量,虽在私室,容止俨然。非一时贤俊,未尝与之游处。善骑射,解音律,涉群书,尤明《三礼》。累迁居职任,并有能名。大象中,位至吏部中大夫、仪同大将军。

整弟休,幼聪敏,有文武材。起家太学生。后与整同起兵逐张保,授都督。累迁大都督、乐安郡守。入为中外府乐曹参军。时诸功臣多为本州刺史,晋公护谓整曰:“以公勋望,应得本州,但朝廷藉公委任,无容远出。然公门之内,须有衣锦之荣。”乃以休为敦煌郡守。在郡十余年,甚有政绩。进位仪同三司,迁合州刺史。寻卒官。

司马裔字遵胤,河内温人也,晋宣帝弟太常馗之后。曾祖楚之,属宋武帝诛晋氏戚属,避难归魏。位至使持节、侍中、镇西大将军、开府仪同三司、朔州刺史,封琅邪王。裔少孤,有志操,州郡辟召,并不应命。志家司徒府参军事。后以军功授中坚将军、员外散骑常侍。及魏孝武西迁,裔时在邺,潜归乡里,起在立功。

大统三年,大军复弘农,乃于温城起义,遣使送款。与东魏将高永洛、王陵等昼夜交战。众寡不敌,义徒死伤过半。及大军东征,裔率所部从战河桥,又别攻怀县,获其将吴辅叔。自此频与东魏交战,每有克获。六年,授河内郡守。寻加持节、平东将军、北徐州刺史。

八年,率其义众入朝。太祖嘉之,特蒙赏劳。顷之,河内有四千余家归附,并裔之乡旧,乃授前将军、太中大夫,领河内郡守,令安集流民。十三年,攻拔东魏平齐、柳泉、蓼坞三城,获其镇将李熙之。加授都督。

十五年,太祖令山东立义诸将等能率众入关者,并加重赏。裔领户千室先至,太祖欲以封裔。裔固辞曰:“立义之士,辞乡里,损亲戚,远归皇化者,皆是诚心内发,岂裔能率之乎。今以封裔,便是卖义士以求荣,非所愿也。”太祖善而从之。授帅都督,拜其妻元为襄城郡公主。十六年,大军东伐,裔请为前锋。遂入建州,破东魏将刘雅兴,拔其五城。

魏废帝元年,征裔,令以本兵镇汉中。除白马城主,带华阳郡守,加授抚军将军、大都督、通直散骑常侍。二年,转镇宋熙郡。寻率所部兵从尉迟迥伐蜀,与叱罗协破叛兵赵雄杰于槐林,平邓朏于梓潼。以功赐爵龙门县子,行蒲州刺史。寻行新城郡事。魏恭帝元年,授使持节、车骑大将军、仪同三司、散骑常侍、本郡中正。

孝闵帝践祚,除巴州刺史,进使持节、骠骑大将军、开府仪同三司,进爵琅邪县伯,邑五百户。保定二年,入为御伯中大夫,增邑通前一千五百户。四年,转御正中大夫,进爵为公。大军东讨,裔率义兵与少师杨㯹守轵关,即授怀州刺史、东道慰劳大使。五年,转始州刺史。

天和初,信州蛮酋舟令贤等反,连结二千余里。裔随上庸公陆腾讨之。裔自开州道入,先遣使宣示祸福。蛮酋冉三公等二十余城皆来降附。进次双城,蛮酋向宝胜等率其种落,据险自固。向天王之徒,为其外援。裔昼夜攻围,腹背受敌。自春至秋,五十余战。宝胜粮仗俱竭,力屈乃降。时尚有笼东一城未下,寻亦拔之。又获贼帅冉西梨、向天王等。出师再基,群蛮率服。拜信州刺史。五年,迁潼州刺史。六年,征拜大将军,除西宁州刺史。未及之部,卒于京师。裔性清约,不事生业,所得俸禄,并散之亲戚,身死之日,家无余财。宅宇卑陋,丧庭无所,有诏为起祠堂焉。赠大将军,加怀邵汾晋四州刺史。谥曰定。子侃嗣。

侃字道迁，少敢勇，未弱冠，便从戎旅。保定四年，随少师杨㯹东征。与齐人交战，㯹为敌所擒，侃力战得免。天和二年，授右侍上士，加都督，进大都督。从大军攻晋州，以功授使持节、车骑将军、仪同三司。又从平并、邺，除乐安郡守。后更论晋州及平齐勋，加骠骑大将军、开府仪同三司。迁兖州刺史。未之部而卒。赠本官，加豫州刺史，谥曰惠。子运嗣。

裴果字戎昭，河东闻喜人也。祖思贤，魏青州刺史。父遵，齐州刺史。果少慷慨有志略。魏太昌初，起家前将军、乾河军主，除阳平郡丞。太祖曾使并州，与果相遇。果知非常人，密托附焉。永安末，盗贼蜂起。果从军征讨，乘黄骢马，衣青袍，每先登陷阵，时人号为“黄骢年少”。永熙中，授河北郡守。

及齐神武败于沙苑，果乃率其宗党归阙。太祖嘉之，赐田宅、奴婢、牛马、衣服、什物等。从战河桥，解玉壁围，并摧锋奋击，所向披靡。大统九年，又从战邙山，于太祖前挺身陷阵，生擒东魏都督贺娄乌兰。勇冠当时，人莫不叹服。以此太祖愈亲待之，补帐内都督，迁平东将军。后从开府杨忠平随郡、安陆，以功加大都督，除正平郡守。正平，果平郡也。以威猛为政，百姓畏之，盗贼亦为之屏息。迁使持节、车骑大将军、仪同三司、散骑常侍、司农卿。又从大将军尉迟迥伐蜀。果率所部为前军，开剑阁，破李庆保，降杨乾运，皆有功。魏废帝三年，授龙州刺史，封冠军县侯，邑五百户。俄而州民张道、李拓驱率百姓，围逼州城。时粮仗皆阙，兵士又寡，果设方略以拒之，贼便退走。于是出兵追击，累战破之。旬月之间，州境清晏。转陵州刺史。

孝闵帝践祚，除隆州刺史。加使持节、骠骑大将军、开府仪同三司，进爵为公，增邑一千户。武成末，转眉州刺史。保定五年，授复州刺史。果性严猛，能断决，每抑挫豪右，申理屈滞，历牧数州，号为称职。天和二年，卒于位。赠本官，加绛晋建三州刺史。谥曰质。子孝仁嗣。孝仁幼聪敏,涉猎经史,有誉于时。起家舍人上士。累迁大都督、仪同三司。出为长宁镇将。扞御齐人,甚有威边之略。建德末,迁建州刺史,转谯州刺史。大象末,又迁亳州刺史。

郑伟之等以梁州归款,时刘志亦以广州来附。

志,弘农华阴人,本名思,汉太尉宽之十世孙也。高祖隆,宋武帝平姚泓,以宗室首望,召拜冯翊郡守。后属赫连氏入寇,避地河洛,因家于汝颍。祖善,魏天安中,举秀才,拜中书博士。后至弘农郡守、北雍州刺史。父瑰,汝南郡守,赠徐州刺史。志少好学,博涉群书,植性方重,兼有武略。魏正光中,以明经征拜国子助教,除行台郎中。永安初,加宣威将军、给事中。二年,转东中郎府司马、征虏将军。永熙二年,除安北将军、银青光禄大夫、广州别驾。三年,齐神武举兵入洛,魏孝武西迁。志据城不从东魏,潜遣间使,奉表长安。魏孝武嘉之,授□□长史、襄城郡守。后齐神武遣兵攻围,志力屈城陷,潜通得免。

大统三年,太祖遣领军将军独孤信复洛阳。志纠合义徒,举广州归国。拜大丞相府墨曹参军,封华阴县男,邑二百户。加大都督、抚军将军,转中外府属,迁国子祭酒。世宗出牧宜州,太祖以志为幕府司录。世宗雅爱儒学,特钦重之,事无大小,咸委于志。志亦忠恕谨慎,甚得匡赞之体。太祖嘉之,尝谓之曰:“卿之所为,每合吾志。”于是遂赐名志焉。仍于宜州赐田宅,令徙居之。世宗迁莅岐州,又令志以本官翊从。及世宗即位,除右金紫光禄大夫、车骑大将军、仪同三司,进爵武乡县公,增邑通前一千户,仍赐姓宇文氏。高祖时为鲁公,诏又以志为其府司马。

高祖嗣位,进授骠骑大将军、开府仪同三司,拜刑部中大夫。志执法平允,甚得时誉。莲芍界内,数有群盗攻劫行旅,郡县不能制。乃以志为延寿郡守以督之。志示以恩信,群盗相率请罪。志表陈其状,诏并免之。自是郡界肃清,寇盗屏息。迁使持节、成州诸军事、成州刺史。政存宽恕,民吏爱之。天和五年卒。赠大将军、扬州刺史,谥曰文。子子明嗣。子明弘雅有父风。历官右侍上士、大都督、绛州别驾。隋文帝践极,除行台郎中、顺阳郡守。子明弟子陵,司右中士、帅都督、凉州别驾。隋开皇初,拜姑臧郡守。寻加仪同三司。历卫州蔚州长史、幽州总管府司马、朔州总管府长史。

史臣曰:昔阳货外叛,庶其窃邑,而《春秋》讥之;韩信背项,陈平归汉,而史迁美之。盖以运属既安,君道已著,则徇利忘德者,罪也;时逢扰攘,臣礼未备,则转祸为福者,可也。郑伟、崔彦穆等之在山东,并以不羁之才,遭回于燕雀,终能翻然豹变,自致龟组,其知机之士欤。王士良之仕于齐,班职上卿,出为牧伯,而临危苟免,失忠与义,其背叛之徒欤。令狐整器干确然,雅望重于河右,处州里则勋著方隅,升朝廷则绩宣中外。而畏避权宠,克保终吉。不如是,亦何以立题名、取高位乎。

周书卷三七
列传第二九

寇俊　韩褒　赵肃　张轨
李彦　郭彦　裴文举 高宾

　　寇俊字祖俊，上谷昌平人也。祖赞，魏南雍州刺史。父臻，安远将军、郢州刺史。俊性宽雅，幼有识量，好学强记。兄祖训、祖礼及俊，并有志行。闺门雍睦，白首同居。父亡虽久，而犹于平生所处堂宇，备设帷帐几杖，以时节列拜，垂涕陈荐，若宗庙焉。吉凶之事，必先启告，远行往返，亦如之。性又廉恕，不以财利为心。家人曾卖物与人，而剩得绢五匹。俊于后知之，乃曰："恶木之阴，不可暂息；盗泉之水，无容误饮。得财失行，吾所不取。"遂访主还之。其雅志如此。

　　以选为魏孝文帝挽郎，除奉朝请。大乘贼起，燕齐扰乱，俊参护军事东讨，以功授员外散骑侍郎，迁尚书左民郎中。以母忧不拜。正光三年，拜轻车将军，迁扬烈将军、司空府功曹参军。转主簿。时灵太后临朝，减食禄官十分之一，造永宁佛寺，令俊典之。资费巨万，主吏不能欺隐。寺成，又极壮丽。灵太后嘉之，除左军将军。孝昌中，朝议以国用不足，乃置盐池都将，秩比上郡。前后居职者，多有侵隐。乃以俊为之。加龙骧将军，仍主簿。

　　永安初，华州民史底与司徒杨椿讼田。长史以下，以椿势贵，皆言椿直，欲以田给椿。俊曰："史底穷民，杨公横夺其地。若欲损不足以给有余，见使雷同，未敢闻命。"遂以地还史底。孝庄帝后知之，嘉俊守正不挠，即拜司马，赐帛百匹。其附椿者，咸谴责焉。

二年，出为左将军、梁州刺史。民俗荒犷，多为盗贼。俊乃令郡县并庠序，劝其耕桑，敦以礼让，数年之中，风俗顿革。梁遣其将曹琰之镇魏兴，继日版筑。琰之屡扰强场，边人患之。俊遣长史杜休道率兵攻克其城，并擒琰之。琰之即梁大将军景宗之季弟也。于是梁人惮焉。属魏室多故，州又僻远，梁人知无外援，遂遣大兵顿魏兴，志图攻取。俊抚励将士，人思效命。梁人知其得众心也，弗之敢逼。俊在州清苦，不治产业。秩满，其子等并徒步而还。吏人送俊，留连于道，久之乃得出界。

大统三年，东魏授俊洛州刺史，俊因此乃谋归阙。五年，将家及亲属四百余口入关，拜秘书监。时军国草创，坟典散逸，俊始选置令史，抄集经籍，四部群书，稍得周备。加镇东将军，封西安县男，邑二百户。十七年，除车骑大将军、仪同三司，加散骑常侍。俊以年老乞骸骨，太祖弗许。遂称疾笃，不复朝觐。魏恭帝三年，赐姓若口引氏。

孝闵帝践阼，进爵为子，增邑五百户。武成元年，进骠骑大将军、开府仪同三司，增邑并前二千户。俊年齿虽迈，而志识永衰，教授子孙，必先礼典。世宗尚儒重德特钦赏之，数加恩锡，思与相见。俊不得已，乃入朝。世宗与同席而坐，因顾访洛阳故事。俊身长八尺，须鬓皓然，容止端详，音韵清郎。帝与之谈论，不觉屡为前膝。及俊辞还，帝亲执其手曰："公年德俱尊，朕所钦尚，乞言之事，所望于公。宜数相见，以慰虚想。"以御舆令于帝前乘出。顾谓左右曰："如此之事，唯积善者可以致之。何止见重于今，亦将传之万古。"时人咸以为荣。保定三年卒，时年八十。高祖叹惜之，赠本官，加冀定瀛三州诸军事、冀州刺史，谥曰元。俊笃于仁义，期功之有孤者，衣食丰约，并与之同。少为司徒崔光所知，光命其子励与俊结友。俊每造光，常清言移日。小宗伯卢辩以俊业行俱崇，待以师友之礼。每有闲暇，辄诣俊燕语弥日。恒谓人曰："不见西安君，烦忧不遣。"其为通人所敬重如此。

子奉，位至仪同三司、大将军、顺阳郡守、洵州刺史、昌国县公。

奉弟顗，少好学，最知名。居丧哀毁。历官仪同大将军，掌朝、布宪、典祀下大夫，小纳言，濩泽郡公。

韩褒字弘业，其先颍川颍阳人也。徙居昌黎。祖瑰，魏镇西将军、平凉郡守，安定郡公。父演，征虏将军、中散大夫、恒州刺史。褒少有志尚，好学而不守章句。其师怪而问之。对曰："文字之间，常奉训诱。至于商较异同，请从所好。"师因此大奇之。及长，涉猎经史，深沉有远略。魏建明中，起家奉朝请。加强弩将军，迁太中大夫。

属魏室丧乱，褒避地于夏州。时太祖为刺史，素闻其名，待以客礼。及贺拔岳为侯莫陈悦所害，诸将遣迎太祖。太祖问以去留之计。褒曰："方今王室凌迟，海内鼎沸。使君天资英武，恩结士心。贺拔公奄及于难，物情危骇。寇洛自知庸懦，委身而托使君。若总兵权，据有关中之地，此天授也，何疑乎！且侯莫陈悦乱常速祸，乃不乘胜进取平凉，反自遁逃，屯营洛水。斯乃井中蛙耳，使君往必擒之。不世勋，在斯一举。时者，难得而易失，诚愿使君图之。"太祖纳焉。

太祖为丞相，引褒为录事参军，赐姓侯吕陵氏。大统初，迁行台左丞，赐爵三水县伯。寻转丞相府属，加中军将军、银青光禄大夫。二年，梁人北寇商洛，东魏复侵樊邓，于是以褒为镇南将军、丞相府从事中郎，出镇淅郦。居二年，征拜丞相府司马，进爵为侯。

出为北雍州刺史，加卫大将军。州带北山，多有盗贼。褒密访之，并豪右所为也，而阳不之知，厚加礼遇。谓之曰："刺史起自书生，安知督盗，所赖卿等共分其忧耳。"乃悉诏桀黠少年素为乡里患者，署为主帅，分其地界。有盗发而不获者，以故纵论。于是诸被署者，莫不惶惧。皆首伏曰："前盗发者，并某等为之。"所有徒侣，皆列其姓名。或亡命隐匿者，亦悉言其所在。褒乃取盗名簿藏之。因大榜州门曰："自知行盗者，可急来首，即除其罪。尽今月不首者，显戮其身，籍没妻子，以赏前首者。"旬日之间，诸盗咸悉首尽。褒取名簿勘之，一无差异。并原其罪，许以自新。由是群盗屏息。入为给事黄门侍郎。九年,迁侍中。

十二年,除都督、西凉州刺史。羌胡之俗,轻贫弱,尚豪富。豪富之家,侵渔小民,同于仆录。故贫者日削,豪者益富。褒乃悉募贫人,以充兵士,优复其家,蠲免摇赋。又调富人财物以振给之。每西域商贷至,又先尽贫者市之。于是贫富渐均,户口殷实。十六年,加大都督、凉州诸军事。魏废帝元年,转会州刺史。二年,进位车骑大将军、仪同三司。寻加骠骑大将军、开府仪同三司,进爵为公。武成三年,征拜御伯中大夫。

保定二年,转司会。三年,出为汾州刺史。州界北接太原,当千里径。先是齐寇数入,民废耕桑,前后刺史,莫能防扞。褒至,适会冠来,褒乃不下属县。人既不及设备,以故多被抄掠。齐人喜相谓曰:"汾州不觉吾至,先未集兵。今者之还,必莫能追蹑我矣。"由是益懈,不为营垒。褒已先勒精锐,伏北山中,分据险阻,邀其归路。乘其众怠,纵伏击之,尽获其众。故事,获生口者,并囚送京师。褒因是奏曰:"所获贼众,不足为多。俘而辱之,但益其忿耳。请一切放还,以德报怨。"有诏许焉。自此抄兵颇息。四年,迁河洮岷三州诸军事、河州总管。天和三年,转凤州刺史。寻以年老请致仕,诏许之。五年,拜少保。褒历事三帝,以忠厚见知。高祖深相敬重,常以师道处之。每入朝见,必有诏令坐,然后始与论政事。七年,卒。赠泾岐燕三州刺史。谥曰贞。子继伯嗣。

赵肃字庆雍,河南洛阳人也。世居河西。及沮渠氏灭,曾祖武始归于魏,赐爵金城侯。祖兴,中书博士。父申侯,举秀才,后军府主簿。肃早有操行,知名于时。魏正光五年,郦元为河南尹,辟肃为主簿。孝昌中,起家殿中侍御史,加威烈将军、奉朝请、员外散骑侍郎。寻除直后,转直寝。永安初,授廷尉,天平二年,转监。后以母忧去职,起为廷尉正。以疾免。久之,授征虏将军、中散大夫,迁左将军、太中大夫。东魏天平初,除新安郡守。秩满,还洛。

大统三年,独孤信东讨,肃率宗人为乡导。授司州治中,转别驾。监督粮储，军用不匮。太祖闻之，谓人曰："赵肃可谓洛阳主人也。"七年，加镇南将军、金紫光禄大夫、都督，仍别驾。领所部义徒，据守大坞。又兼行台左丞，东道尉劳。九年，行华山郡事。

十三年，除廷尉少卿。明年元日，当行朝礼，非有封爵者，不得预焉。肃时未有茅土。左仆射长孙俭白太祖请之。太祖乃召肃谓曰："岁初行礼，岂得使卿不预，然何为不早言也？"于是令肃自选封名。肃曰："河清乃太平之应，窃所愿也。"于是封清河县子，邑三百户。十六年，除廷尉卿，加征东将军。肃久在理官，执心平允。凡所处断，咸得其情。廉慎自居，不营产业。时人以此称之。十七年，进位车骑大将军、仪同三司、散骑常侍，赐姓乙弗氏。

先是，太祖命肃撰定法律。肃积思累年，遂感心疾。去职，卒于家。子正礼，齐王宪府属、大都督、新安郡守。时有高平徐招少好法律。发言措笔，常欲辨析秋毫。历职内外，有当官之誉。从魏孝武入关，为给事黄门侍郎、尚书右丞。时朝廷播迁，典章有阙，至于台阁轨仪，多招所参定。论者称之。寻迁侍中、度支尚书。大统初，卒。

张轨字元轨，济北临邑人也。父崇，高平令。轨少好学，志识开朗。初在洛阳，家贫，与乐安孙树仁为莫逆之友，每易衣而出。以此见称。永安中，随尔朱荣击元颢，除讨寇将军、奉朝请。轨常谓所亲曰："秦雍之间，必有王者。"尔朱氏败后，遂杖荣入关。贺拔岳以轨为记室参军，典机务。寻转仓曹，加镇远将军。时谷籴涌贵，或有请贷官仓者。轨曰："以私害公，非吾宿志。济人之难，讵得相违。"乃卖所服衣物，籴粟以赈其乏。

及岳被害，太祖以轨为都督，从征侯莫陈悦。悦平，使于洛阳。见领军斛斯椿，椿曰："高欢逆谋，已传行路。人情西望，以日为年。未知宇文何如贺拔也？"轨曰："宇文公文足经国，武可定乱。至于高识远度，非愚管所测。"椿曰："诚如卿言，真可恃也。"太祖为行台，援轨郎中。魏孝武西迁，除中书舍人，封寿张县子，邑三百户，加左将军、济州大中正，兼著作佐郎，修起居注。迁给事黄门侍郎，兼吏部郎中。六年,出为河北郡守。在郡三年,声绩甚著。临人治术,有循吏之美。大统间,宰人者多推尚之。入为丞相府从事中郎,行武功郡事。章武公导出镇泰州,以轨为长史。加抚军将军、大都督、通直散骑常侍。魏废帝元年,进车骑大将军、仪同三司、散骑常侍。二年,赐姓宇文氏,行南秦州事。魏恭帝二年,征拜度支尚书,复除陇右府长史。卒于位,时年五十五。谥曰质。轨性清素,临终之日,家无余财,唯有素书数百卷。

子肃,世宗初,为宣纳上士,转中外府记室参军、中山公训侍读。早有才名,性颇轻猾,时人比之魏讽。卒以罪考竟终。

李彦字彦士,梁郡下邑人也。祖先之,魏淮南郡守。父静,南青州刺史。彦少有节操,好学慕古,为乡闾之所敬惮。孝昌中,解褐奉朝请,加轻车将军。从魏孝武入关,兼著作佐朗,修起居注。加宁朔将军,进号冠军将军、中散大夫,迁平东将军、太中大夫。大统初,除通直散骑侍郎。三年,拜安东将军、银青光禄大夫、太保转太傅长史、仪曹郎中、左民郎中。十二年,省三十六曹为十二部,改授民部郎中,封平阳县子,邑三百户。十五年,进号中军将军、兼尚书左丞,领选部。大军东讨,加持节、大都督、通直散骑常侍,掌留台事。魏废帝初,拜尚书右丞,转左丞。

彦在尚书十有五载,属军国草创,庶务殷繁,留心省阅,未尝懈怠。断决如流,略无疑滞。台阁莫不叹其公勤,服其明察。迁给事黄门侍郎,仍左丞。寻进车骑大将军、仪同三司,赐姓宇文氏。出为鄜州刺史。彦以东夏未平,固辞州任,诏许之。拜兵部尚书,加骠骑大将军、开府仪同三司,仍兼著作。六官建,改授军司马,进爵为伯。彦性谦恭,有礼节。虽居显要,于亲党之间,恂恂如也。轻财重义,好施爱士。时论以此称之。然素多疾而勤于莅职,虽沉顿枕席,犹理务不辍,遂至于卒。时年四十六。谥曰敬。

彦临终遗诫其子等曰:"昔人以窃木为楼,葛藟为缄,下不乱泉,上不泄臭。此实吾平生之志也。但事既矫枉,恐为世士所讥。今可钦以时服，葬于硗瘠之地，勿用明器，刍诔及仪卫等。尔其念之。"朝廷嘉焉，不夺其志。子升明嗣。少历显职。大象末，太府中大夫、仪同大将军。

郭彦，太原阳曲人也。其先从宦关右，遂居冯翊。父胤，郡功曹、灵武令。彦少知名，太祖临雍州，辟为西曹书佐。寻除开府仪同主簿，转司空记室、太尉府属，迁虞部郎中。大统十二年，初选当州首望，统领乡兵，除帅都督、持节、平东将军。以居郎官著称，封龙门县子，邑三百户，进大都督，迁车骑大将军、仪同三司、司农卿。是时，岷州羌獠傍乞铁葱与郑五丑等寇扰西服。彦从大将军宇文贵讨平之。魏恭帝元年，除兵部尚书。仍以本兵从柱国于谨南伐江陵。进骠骑大将军、开府仪同三司，增邑五百户，进爵为伯。六官建，拜民部中大夫。

孝闵帝践祚，出为沣州刺史。蛮左生梗，未遵朝宪。至于赋税，违命者多。聚散无恒，不营农业。彦劝以耕稼，禁其游猎，民皆务本，家有余粮。亡命之徒，咸从赋役。先是以沣州粮储乏少，每令荆州递送。自彦莅职，仓庾充实，无复转输之劳。

济南安城主冯显密遣使归降，其众未之知也。柱国宇文贵令彦率兵应接。齐人先令显率所部送粮南下，彦惧其众不从命，乃于路邀之。显因得自拔。其众果拒战，彦纵兵奋击，并虏获之。以南安无备，即引军掩袭。显外兵参军邹绍既为彦所获，因请为乡导。彦遂夜至城下，令绍诈称显归。门者开门待之，彦引兵而入，遂有其城。俘获三千余人。晋公护嘉之，进爵怀德县公，邑一千户。以南安县远，寻令班师。及秩满还朝，民吏号泣送彦二百余里。寻为东道大使，观省风俗。除蒲州总管府长史，入为工部中大夫。

保定四年，护东讨。彦从尉迟迥攻洛阳。迥复令彦与权景宣南出汝颍。及军次豫州，彦请攻之。景宣以城守既严，卒难攻取，将欲南辕，更图经略。彦以奉命出师，须与大军相接。若向江畔并功，更非朝廷本意。固执不从，兼画功取之计。会其刺史王士良妻弟董远秀密遣送款,景宣乃从。于是引军围之,士良遂出降。仍以彦镇豫州,增邑六百户。寻以洛阳班师,亦弃而不守。属纯州刺史樊舍卒,其地既东接陈境,俗兼蛮左,初丧州将,境内骚然。朝议以彦威信著于东南,便令镇抚。彦至,吏人畏而爱之。天和元年,除益州总管府长史,转陇右总管府长史。四年,卒于位。赠小司空、宜鄜丹三州刺史。

裴文举字道裕,河东闻喜人也。祖秀业,魏中散大夫、天水郡守,赠平州刺史。父邃,性方严,为州里所推挹。解褐散骑常侍、奉车都尉,累迁谏议大夫、司空从事中郎。大统三年,东魏来寇,邃乃纠合乡人,分据险要以自固。时东魏以正平为东雍州,遣其将司马恭镇之。每遣间人,扇动百姓。邃密遣都督韩僧明入城,喻其将士,即有五百余人,许为内应。其日未至,恭知之,乃弃城夜走。因是东雍遂内属。及李弼略地东境,邃为之乡导,多所降下。太祖嘉之,特赏衣物,封澄城县子,邑三百户,进安东将军、银青光禄大夫,加散骑常侍、太尉府司马,除正平郡守。寻卒官。赠仪同三司、定州刺史。文举少忠谨,涉猎经史。大统十年,起家奉朝请,迁丞相府墨曹参军。时太祖诸子年幼,盛简宾友。文举以选与诸公子游,雅相钦敬,未尝戏狎。迁威烈将军、著作郎中、外府参军事。魏恭帝二年,赐姓贺兰氏。孝闵帝践祚,袭爵澄城县子。

齐公宪初开幕府,以文举为司录。世宗初,累迁帅都督、宁远将军、大都督。及宪出镇剑南,复以文举为益州总管府中郎。武成二年,就加使持节、车骑大将军、仪同三司。蜀土沃饶,商贩百倍。或有劝文举以利者,文举答之曰:“利之为贵,莫若安身。身安则道隆,非货之谓。是以不为,非恶财也。”宪矜其贫窭,每欲资给之。文举恒自谦逊,辞多受少。

保定三年,迁绛州刺史。邃之往正平也,以廉约自守,每行春省俗,单车而已。及文举临州,一遵其法。百姓美而化之。总管韦孝宽特相钦重,每与谈论,不觉膝前于席。天和初,进骠骑大将军、开府仪同三司。寻为孝宽柱国府司马。六年,入为司宪中大夫,进爵为公,增邑通前一千户。俄转军司马。建德二年,又增邑七百户。

文举少丧父,其兄又在山东,唯与弟玑幼相训养,友爱甚笃。玑又早亡,文举抚视遗孤,逾于己子。时人以此称之。初,文举叔父季和为曲沃令,卒于闻喜川,而叔母韦氏卒于正平县。属东西分隔,韦氏坟垄在齐境。及文举在本州,每加赏募。齐人感其孝义,潜相要结,以韦氏柩西归,竟得合葬。六年,除南青州刺史。宣政元年,卒于位。子胄嗣。官至大都督,早卒。

时有高宾者,历官内外,亦以干用见称。

宾,渤海修人也。其先因官北边,遂没于辽左。祖暠,以魏太和初,自辽东归魏。官至安定郡守、卫尉卿。父季安,抚军将军、兖州刺史。宾少聪颖,有文武干用。仕东魏,历官至龙骧将军、谏议大夫、立义都督。同列有忌其能者,谮之于齐神武。宾惧及于难,大统六年,乃弃家属,间行归阙。太祖嘉之,授安东将军、银青光禄大夫。稍迁通直散骑常侍、抚军将军、大都督。世宗初,除咸阳郡守。政存简惠,甚得民和。世宗闻其能,赐田园于郡境。宾既羁旅归国,亲属在齐,常虑见疑,无以取信。乃于所赐田内,多时竹木,盛构堂宇,并凿池沼以环之,有终焉之志。朝廷以此知无贰焉。加使持节、车骑大将军、仪同三司、散骑常侍,赐姓独孤氏。

武成元年,除御正下大夫,兼小载师,出为益州总管府长史。保定初,征拜计部中大夫,治中外道从事中郎,赐爵武阳县伯。宾敏于从政,果敢决断,案牍虽繁,绰有余裕。转太府中大夫、齐公宪府长史。天和二年,除郇州诸军事、郇州刺史,进位骠骑大将军、开府仪同三司,治襄州总管府司录。六年,卒于州。时年六十八。子颎,为隋文帝佐命。开皇中,赠宾礼部尚书、武阳公。谥曰简。

又有安定寮允,本姓牛氏,亦有器干,知名于时。历官侍中、骠骑大将军、开府仪同三司、工部尚书、临泾县公,赐姓宇文氏。失其事,故不为传。允子弘,博学洽闻。宣政中,内史下大夫、仪同大将军。大象末,复姓牛氏。

史臣曰：寇俊委质两朝，以儒素见重。韩褒奉事三帝，以忠厚知名。赵肃平允当官。张轨循良播美。李彦誉流省阁。郭彦信著蛮陬。历官出内，并当时之选也。文举之在绛州，世载清德。辞多受少，有廉让之风焉。

周书卷三八
列传第三〇

苏亮 弟湛　柳虬　吕思礼
薛憕　　薛寘　李昶　元伟

　　苏亮字景顺,武功人也。祖权,魏中书侍郎、玉门郡守。父佑,泰山郡守。亮少通敏,博学,好属文,善章奏。初举秀才,至洛阳,遇河内常景。景深器之,退而谓人曰:"秦中才学可以抗山东者,将此人乎。"魏齐王萧宝夤引为参军。后宝夤开府,复为其府主簿。从宝夤西征,转记室参军。宝夤迁大将军,仍为之掾。宝夤雅知重亮,凡有文檄谋议,皆以委之。寻行武功郡事,甚著声绩。宝夤作乱,以亮为黄门侍郎。亮善处人间,与物无忤。及宝夤败,从之者遇祸,唯亮获全。及长孙稚、尔朱天光等西讨,并以亮为郎中,专典文翰。累迁镇军将军、光禄大夫、散骑常侍、岐州大中正。贺拔岳为关西行台,引亮为左丞,典机密。

　　魏孝武西迁,除吏部郎中,加卫将军、右光禄大夫。大统二年,拜给事黄门侍郎,领中书舍人。魏文帝子宜都王式为秦州刺史,以亮为司马。帝谓亮曰:"黄门侍郎岂可为秦州司马,直以朕爱子出蕃,故以心腹相委,勿以为恨。"临辞,赐以御马。七年,复为黄门郎,加骠骑将军。八年,迁都官尚书、使持节、行北华州刺史,封临泾县子,邑三百户。除中书监,领著作,修国史。亮有机辩,善谈笑,太祖甚重之。有所筹议,率多会旨。记人之善,忘人之过。荐达后进,常如弗及。故当世敬慕焉。十四年,除秘书监、车骑大将军、仪同三司,寻拜大行台尚书，出为岐州刺史。朝廷以其作牧本州，特给路车、鼓吹，先还其宅，并给骑士三千。列羽仪，游乡党，经过故人，欢饮旬日，然后入州。世以为荣。十七年，征拜侍中。卒于位，赠本官。

亮少与从弟绰俱知名。然绰文章稍不逮亮，至于经画进趣，亮又减之。故世称二苏焉。亮自大统以来，无岁不转官，一年或至三迁。金曰才至，不怪其速也。所著文笔数十篇，颇行于世。子师嗣。以亮名重于时，起家为黄门侍郎。

亮弟湛，字景俊。少有志行，与亮俱著名西土。年二十余，举秀才，除奉朝请，领侍御史，加员外散骑侍郎。萧宝夤西讨，以湛为行台郎中，深见委任。及宝夤将谋叛逆，湛时卧疾于家。宝夤乃令湛从母弟天水姜俭谓湛曰："吾不能坐受死亡，今便为身计，不复作魏臣也。与卿死生荣辱，方当共之，故以相报。"湛闻之，举声大哭。俭遽止之曰："何得便尔？"湛曰："阖门百口，即时屠灭，云何不哭。"哭数十声，徐谓俭曰："为我白齐王，王本以穷而归人，赖朝廷假王羽翼，遂得荣宠至此。既属国步多虞，不能竭诚报德，岂可乘人间隙，便有问鼎之心乎？今魏德虽衰，天命未改。王之恩义，未洽于民，破亡之期，必不旋踵。苏湛终不能以积世忠贞之基，一旦为王族灭也。"宝夤复令俭谓湛曰："此是救命之计，不得不尔。"湛复曰："凡举大事，当得天下奇士。今但共长安博徒小儿辈为此计，岂有办哉。湛不忍见荆棘生王户庭也。愿赐骸骨还旧里，庶归全地下，无愧先人。"宝夤素重之，知必不为已用，遂听还武功。宝夤后果败。

孝庄帝即位，征拜尚书郎。帝尝谓之曰："闻卿答萧宝夤，甚有美辞，可为我说之也。"湛顿首谢曰："臣自惟言辞不如伍被远矣，然始终不易，窃谓过之。但臣与宝夤周旋契阔，言得尽心，而不能令其守节，此臣之罪也。"孝庄大悦，加授散骑侍郎。寻迁中书侍郎。孝武初，以疾还乡里，终于家。赠散骑常侍、镇西将军、雍州刺史。

湛弟让，字景恕。幼聪敏，好学，颇有人伦鉴识。初为本州主簿，稍迁别驾、武都郡守、镇远将军、金紫光禄大夫。及太祖为丞相，引为府属，甚见亲待。出为卫将军、南汾州刺史。治有善政。寻卒官。

赠车骑大将军、仪同三司、泾州刺史。

柳虬字仲蟠，司会庆之兄也。年十三，便专精好学。时贵游子弟就学者，并车服华盛，唯虬不事容饰。遍受《五经》，略通大义，兼博涉子史，雅好属文。孝昌中，扬州刺史李宪举虬秀才，兖州刺史冯俊引虬为府主簿。既而樊子鹄为吏部尚书，其兄义为扬州。治中，加镇远将军，非其好也，遂弃官还洛阳。属天下丧乱，乃退耕于阳城，有终焉之志。

大统三年，冯翊王元季海、领军独孤信镇洛阳。于时旧京荒废，人物罕极，唯有虬在阳城，裴诹取在颍川。信等乃俱征之，以虬为行台郎中，取为都督府属，并掌文翰。时人为之语曰："北府裴诹，南省柳虬。"时军旅务殷，虬励精从事，或通夜不寝。季海尝云："柳郎中判事，我不复重看。"四年，入朝，太祖欲官之，虬辞母老，乞侍医药。太祖许焉。久之，为独孤信开府从事中郎。信出镇陇右，因为秦州刺史，以虬为二府司马。虽处元僚，不综府事，唯在信左右谈论而已。因使见太祖，被留为丞相府记室。追论归朝功，封美阳县男，邑二百户。

虬以史官密书善恶，未足惩劝。乃上疏曰：

古者人君立史官，非但记事而已，盖所以为监诫也。动则左史书之，言则右史书之，彰善瘅恶，以树风声。故南史抗节，表崔杼之罪；董孤书法，明赵盾之愆。是知直笔于朝，其来久矣。而汉魏已还，密为记注，徒闻后世，无益当时，非所谓将顺其美，匡救其恶者也。且著述之人，密书其事，纵能直笔，人莫之知。何止物生横议，亦自异端互起。故班固致受金之名，陈寿有求米之论。著汉魏者，非一氏；造晋史者，至数家。后代纷纭，莫知准的。伏惟陛下则天稽古，劳心庶政。开诽谤之路，纳忠谠之言。诸史官记事者，请皆当朝显言其状，然后付之史阁。庶令是非明著，得失无隐。使闻善者日修，有过者知惧。敢以愚管，轻冒上闻。乞以瞽言，访之众议。

事遂施行。

十四年，除秘书丞。秘书虽领著作，不参史事，自虯为丞，始令监掌焉。十六年，迁中书侍郎，修起居注，仍领丞事。时人论文体者，有今古之异。虯又以为时有今古，非文有今古，乃为《文质论》。文多不载。魏废帝初，迁秘书监，加车骑大将军、仪同三司。虯脱略人间，不事小节，弊衣疏食，未尝改操。人或讥之。虯曰："衣不过适体，食不过充饥。孜孜营求，徒劳思虑耳。"魏恭帝元年冬，卒，时年五十四。赠兖州刺史。谥曰孝。有文章数十篇行于世。子鸿渐嗣。

吕思礼，东平寿张人也。性温润，不杂交游。年十四，受学于徐遵明。长于论难。诸生为之语曰："讲《书》论《易》，其锋难敌。"十九，举秀才，对策高第。除相州功曹参军。葛荣围邺，思礼有守御勋，赐爵平陆县伯，除栾城令。普泰中，仆射司马子如荐为尚书二千石郎中。寻以地寒被出，兼国子博士。乃求为关西大行台贺拔岳所重。专掌机密，甚得时誉。

岳为侯莫陈悦所害，赵贵等议遣赫连达迎太祖，思礼预其谋。及太祖为关西大都督，以思礼为府长史，寻除行台右丞。以迎魏孝武功，封汝阳县子，邑四百户，加冠军将军，拜黄门侍郎。魏文帝即位，领著作郎，除安东将军、都官尚书，兼七兵、殿中二曹事。从擒窦泰，进爵为侯，邑八百户。大统四年，以谤讪朝政，赐死。

思礼好学，有文才。虽务兼军国，而手不释卷。书理政事，夜则读书。令苍头执烛，烛烬夜有数升。沙苑之捷，命为露布，食顿便成。太祖叹其工而且速。所为碑诔表颂，并传于世。七年，追赠车骑大将军、定州刺史。子宣嗣。大象末，位至驾部下大夫。时有博陵崔腾、新蔡董绍并早有名誉，历职清显。腾为丞相府长史，绍为御史丞。俱以投书谤议，赐死。

薛憕字景猷，河东汾阴人也。曾祖弘敞，值赫连之乱，率宗人避地襄阳。憕早丧父，家贫，躬耕以养祖母，有暇则览文籍。时人未之奇也。江表取人,多以世族。登既羁旅,不被擢用。然负才使气,未尝趣世禄之门。左中郎将京兆韦潜度谓憕曰"君门地非下,身材不劣,何不弊裾数参吏部?"憕曰:"世胄蹑高位,英俊沉下僚,古人以为叹息。窃所未能也。"潜度告人曰:"此年少极慷慨,但不遭时耳。"

孝昌中,杖策还洛阳。先是,憕从祖真度与族祖安都拥徐、兖归魏,其子怀俊见憕,甚相亲善。属尔朱荣废立,遂还河东,止怀俊家。不交人物,终日读书,手自抄略,将二百卷。唯郡守元袤,时相要屈,与之抗礼。怀俊每曰:"汝还乡里,不营产业,不肯取妻,岂复欲南乎?"憕亦恬然自处,不改其旧。普泰中,拜给事中,加伏波将军。

及齐神武起兵,憕乃东游陈、梁间,谓族人孝通曰:"高欢阻兵陵上,丧乱方始。关中形胜之地,必有霸王居之。"乃与孝通俱游长安。侯莫陈悦闻之,召为行台郎中,除镇远将军、步兵校尉。及悦害贺拔岳,军人咸相庆慰。憕独谓所亲曰:"悦才略本寡,辄害良将,败亡之事,其则不远。吾属今即为人所虏,何庆慰之有乎!"闻者以憕言为然,乃有忧色。寻而太祖平悦,引憕为记室参军。魏孝武西迁,授征虏将军、中散大夫,封夏阳县男,邑二百户。魏文帝即位,拜中书侍郎,加安东将军,增邑百户,进爵为伯。

大统四年,宣光、清徽殿初成,憕为之颂。魏文帝又造二欹器。一为二仙人共持一钵,同处一盘,钵盖有山,山有香气,一仙人又持金瓶以临器上,以水灌山,则出于瓶而注乎器,烟气通发山中,谓之仙人欹器。一为二荷同处一盘,相去盈尺,中有莲下垂器上,以水注荷,则出于莲而盈乎器,为凫雁蟾蜍以饰之,谓之水芝欹器。二盘各处一床,钵圆而床方,中有人,言三才之象也。皆置清徽殿前。器形似觥而方,满则平,溢则倾。憕各为作颂。

大统初,仪制多阙。太祖令憕与卢辩、檀翥等参定之。自以流离世故,不听音乐。虽幽室独处,常有戚容。后坐事死。子舒嗣,官至礼部下大夫、仪同大将军、聘陈使副。

薛寘,河东汾阴人也。祖遵彦,魏平远将军、河东郡守、安邑侯。

父义，尚书吏部郎、清河广平二郡守。

置幼览篇籍，好属文。年未弱冠，为州主簿、郡功曹。起家奉朝请。稍迁左将军、太中大夫。从魏孝武西迁，封郃阳县子，邑四百户，进号中军将军。魏废帝元年，领著作佐郎，修国史。寻拜中书侍郎，修起居注。迁中书令、车骑大将军、仪同三司。燕公于谨征江陵，以置为司录。军中谋略，置并参之。江陵平，进爵为伯，增邑五百户。朝廷方改物创制，欲行《周礼》，乃令置与小宗伯卢辩斟酌古今，共详定之。六官建，授内史下大夫。

孝闵帝践祚，进爵为侯，增邑五百户，转御正中大夫。时前中书监卢柔，学业优深，文藻华赡，而置与之方驾，故世号曰卢、薛焉。久之，进位骠骑大将军、开府仪同三司，出为浙州刺史。卒于位。吏民哀惜之。赠虞州刺史，谥曰理。所著文笔二十余卷，行于世。又撰《西京记》三卷，引据该洽，世称其博闻焉。置性至孝，虽年齿已衰，职务繁广，至于温清之礼，朝夕无违。当时以此称之。子明嗣。大象末，仪同大将军、清水郡守。

李昶，顿丘临黄人也，小名那。祖彪，名重魏朝，为御史中尉。父游，亦有才行，为当世所称。游兄志，为南荆州刺史，游随从至州。属尔朱之乱，与志俱奔江左。

昶性峻急，不杂交游。幼年已解属文，有声洛下。时洛阳并置明堂，昶年十数岁，为《明堂赋》。虽优洽未足，而才制可观。见者咸曰"有家风矣"。初谒太祖，太祖深奇之，厚加资给，令入太学。太祖每见学生，必问才行于昶。昶神情清悟，应对明辨，太祖每称叹之。缓德公陆通盛选僚采，请以昶为司马，太祖许之。昶虽年少，通特加接待，公私之事，咸取决焉。又兼二千石郎中，典仪注。累迁都官郎中、相州大中正、丞相府东阁祭酒、中军将军、银青光禄大夫。昶虽处郎官，太祖恒欲以书记委之。于是以昶为丞相府记室参军、著作郎，修国史。转大行台郎中、中书侍郎。顷之，转黄门侍郎，封临黄县伯，邑五百户。

太祖尝谓昶曰："卿祖昔在中朝，为御史中尉。卿操尚贞固，理应不坠家风。但孤以中尉弹劾之官，爱憎所在，故未即授卿耳。然此职久旷，无以易卿。"乃奏昶为御史中尉。岁余，加使持节、车骑大将军、仪同三司，赐姓宇文氏。六官建，拜内史下大夫，进爵为侯，增邑五百户，迁内史中大夫。世宗初，行御伯中大夫。武成元年，除中外府司录。保定初，进骠骑大将军、开府仪同三司。二年，转御正中大夫。时以近侍清要，盛选国华，乃以昶及安昌公元则、中都公陆逞、临淄公唐瑾等并为纳言。寻进爵为公，增邑通前一千三百户。五年，出为昌州刺史。在州遇疾，启求入朝，诏许之。还未至京，卒于路。时年五十。赠相瀛二州刺史。

昶于太祖世已当枢要，兵马处分，专以委之，诏册文笔，皆昶所作也。及晋公护执政，委任如旧。昶常曰："文章之事，不足流于后世，经邦致治，庶及古人。"故所作文笔，了无藁草。唯留心政事而已。又以父在江南，身寓关右，自少及终，不饮酒听乐。时论以此称焉。子丹嗣。

时有高平檀翥，字凤翔。好读书，善属文，能鼓琴。早为琅邪王诵所知。年十九，为魏孝明帝挽郎。其后司州牧、城阳王元徽以翥为从事，非其好也。寻谢病，客游三辅。时毛遐为行台，镇北雍州，表翥为行台郎中。会尔朱天光东拒齐神武，翥随赴洛。除西兖州录事参军，历司空田曹参军。加镇远将军，兼殿中侍御史。台中表奏，皆翥为之。寻副毛鸿宾镇潼关，加前将军、太中大夫。魏孝武西迁，赐爵高唐县子，兼中书舍人，修国史，加镇军将军。后坐谈论轻躁，为黄门侍郎徐招所驳，死于廷尉狱。

元伟字猷道，河南洛阳人也。魏昭成之后。曾祖忠，尚书左仆射，城阳王。祖盛，通直散骑常侍，城阳公。父顺，以左卫将军从魏孝武西迁，拜中书监、雍州刺史、开府仪同三司，封濮阳王。伟少好学，有文性。弱冠，授员外散骑侍郎。以侍从之劳，赐爵高阳县伯。大统初，拜伏波将军、度支郎中，领太子舍人。十一年，迁太子庶子，领兵部郎中。寻拜东南道行台右丞。十六年,进位车骑大将军、仪同三司。以魏氏宗室,进爵南安郡王,邑五百户。十七年,除幽州都督府长史。及尉迟迥伐蜀,以伟为司录。书檄文记,皆伟之所为。蜀平,以功增邑五百户。六官建,拜师氏下大夫,爵随例降,改封淮南县公。

孝闵帝践祚,除晋公护府司录。世宗初,拜师氏中大夫。受诏于麟趾殿刊正经籍。寻除陇右总管府长史,加骠骑大将军、开府仪同三司。保定二年,迁成州刺史。伟政尚清静,百姓悦附,流民复业者三千余口。天和元年,入为匠师中大夫,转司宗中大夫。六年,出为随州刺史。伟辞以母老,不拜。还为司宗。寻以母忧去职。建德二年,复为司宗,转司会中大夫,兼民部中大夫,迁小司寇。四年,以伟为使主,报聘于齐。是秋,高祖亲戎东讨,伟遂为齐人所执。六年,齐平,伟方见释。高祖以其久被幽縶,加授上开府。大象二年,除襄州刺史,进位大将军。伟性温柔,好虚静。居家不治生业。笃学爱文,政事之暇,未尝弃书。谨慎小心,与物无忤。时人以此称之。初自邺还也,庾信赠其诗曰:“虢亡垂棘反,齐平宝鼎归。”其为辞人所重如此。后以疾卒。

太祖天纵宽仁,性罕猜忌。元氏戚属,并保全之,内外任使,布于列职。孝闵践祚,无替前绪。明武缵业,亦遵先志。虽天厌魏德,鼎命已迁,枝叶荣茂,足以逾于前代矣。然简牍散亡,事多湮落。今录其名位可知者,附于此云。

柱国大将军、太傅、大司徒、广陵王元欣,

柱国大将军、特进、尚书令、少师、义阳王元子孝,

尚书仆射、冯翊王元季海,

七兵尚书、陈郡王元玄,

大将军、淮安王元育,

大将军、梁王元俭,

大将军、尚书令、少保、小司徒、广平郡公元赞,

大将军、纳言、小司空、荆州总管、安昌郡公元则,

　　侍中、骠骑大将军、开府仪同三司、少师、韩国公元罗，

　　侍中、骠骑大将军、开府仪同三司、吏部尚书、鲁郡公元正，

　　侍中、骠骑大将军、开府仪同三司、中书监、洵州刺史、宜都郡公元颜子，

　　侍中、骠骑大将军、开府仪同三司、鄀州刺史、安乐县公元寿，

　　侍中、骠骑大将军、开府仪同三司、武卫将军、遂州刺史、房陵县公元审。

　　史臣曰：太祖除暴宁乱，创业开基，昃食求贤，共康庶政。既焚林而访阮，亦榜道以求孙，可谓野无遗才，朝多君子。苏亮等并学称该博，文擅雕龙，或挥翰凤池，或著书麟阁，咸居禄位，各逞琳琅。拟彼陈、徐，惭后生之可畏；论其任遇，实当时之良选也。魏文帝有言："古今文人，类不护细行。"其吕思礼、薛登之谓也？

周书卷三九
列传第三一

韦瑱　梁昕　皇甫璠
辛庆之　族子昂　王子直　杜杲

　　韦瑱字世珍,京兆杜陵人也。世为三辅著姓。曾祖惠度,姚泓尚书郎。随刘义真过江,仕宋为镇西府司马、顺阳太守,行南雍州事。后于襄阳归魏,拜中书侍郎,赠安西将军、洛州刺史。祖千雄,略阳郡守。父英,代郡守,赠兖州刺史。瑱幼聪敏,有凤成之量,闾里咸敬异之。笃志好学,兼善骑射。魏孝昌三年,起家太尉府法曹参军。稍迁直后,除明威将军、雍州治中,假镇远将军、防城州将。累迁谏议大夫、冠军将军。

　　太祖为丞相,加前将军、太中大夫,封长安县男,食邑三百户。转行台左丞,加抚军将军、银青光禄大夫,迁使持节、都督、南郢州诸军事、南郢州刺史。复入为行台左丞。瑱明察有干局,再居左辖,时论荣之。从复弘农,战沙苑,加卫大将军、左光禄大夫。又从战河桥,进爵为子,增邑二百户。大统八年,齐神武侵汾、绛,瑱从太祖御之。军还,令瑱以本官镇蒲津关,带中潬城主。寻除蒲州总管府长史。顷之,征拜鸿胪卿。以望族,兼领乡兵,加帅都督。迁大都督、通直散骑常侍,行京兆郡事,进车骑大将军、仪同三司、散骑常侍。

　　魏恭帝二年,赐姓宇文氏。三年,除瓜州诸军事、瓜州刺史。州通西域,蕃夷来,前后刺史,多受赂遗。胡寇犯边,又莫能御。瑱雅性清俭,兼有武略。蕃吏赠遗,一无所受。胡人畏威,不敢为寇。公私安静,夷夏怀之。

孝闵帝践祚,进爵平齐县伯,增邑五百户。秩满还京,吏民恋慕,老幼追送,留连十数日,方得出境。世宗嘉之,进授侍中、骠骑大将军、开府仪同三司。武成三年,卒,时年六十一。赠岐宜二州刺史。谥曰惠。天和二年,又追封为公,增邑通前三千户。仍诏其子峻袭。峻后位至车骑大将军、仪同三司。峻弟师,起家中外府记室,历兵部小府下大夫。建德末,蒲州总管府中郎,行河东郡事。

梁昕字元明,安定乌氏人也。世为关中著姓。其先因官,徙居京兆之盩厔焉。祖重耳,漳县令。父劝儒,州主簿、冠军将军、中散大夫,赠泾州刺史。昕少温恭,见称州里。正光五年,秦陇构乱,萧宝夤为大都督,统兵出讨,以昕为行台参军。孝昌初,拜荡寇将军,稍迁骧威将军、给事中。仍从宝夤征万俟丑奴。相持二年,前后数十战,以功进征西将军。尔朱天光入关,复引为外兵参军。从天光征讨,拜右将军、太中大夫。

太祖迎魏孝武,军次雍州。昕以三辅望族上谒。太祖见昕容貌瑰伟,深赏异之。即授右府长流参军。大统初,加镇南将军、金紫光禄大夫,转丞相府户曹参军。从复弘农,战沙苑,皆有功。除车骑将军、丞相府主簿。出为洛安郡守,征拜大将军行台兵部郎中,加帅都督。十二年,除河南郡守,镇大坞。寻又移镇阎韩。式遏边垒,甚著诚信。迁东荆州刺史。昕抚以仁惠,蛮夷悦之,流民归附者,相继而至。封安定县子,邑三百户。累迁大都督、车骑大将军、散骑常侍、仪同三司。

孝闵帝践祚,进位骠骑大将军、开府仪同三司。世宗初,进爵胡城伯,邑五百户。三年,除九曲城主。保定元年,迁中州刺史,增邑八百户,转邵州刺史。二年,以母丧去职。寻起复本任。天和初,征拜工部中大夫。出为陕州总管府长史。昕性温裕,有干能。历官内外,咸著声称。寻卒于位。赠大将军,谥曰贞。

昕弟荣,历位匠师下大夫,中外府中郎,蕃部、郡伯、司仓、计部下大夫，开府仪同三司，朝那县伯，赠泾宁豳三州刺史，谥曰静。

皇甫璠字景瑜，安定三水人也。世为西州著姓，后徙居京兆焉。父和，本州治中。大统末，追赠散骑常侍、仪同三司、泾州刺史。璠少忠谨，有干略。永安中，辟州都督。太祖为牧，补主簿。以勤事被知，每蒙褒赏。大统四年，引为丞相府行参军。寻转田曹参军、东阁祭酒，加散骑侍郎。稍迁兼太常少卿、都水使者，历蕃部、兵部、虞部、民部、吏部等诸曹郎中。六官建，拜计部下大夫。

孝闵帝践祚，转守庙下大夫。以选为东道大使，抚巡州防。寻加车骑大将军、仪同三司，封长乐县子，邑五百户。出为玉壁总管府长史。保定中，迁鸿州刺史，入为小纳言。俄除陇右总管府司马转陕州总管府长史。征拜蕃部中大夫，进骠骑大将军、开府仪同三司。复出为陇右总管府长史。璠性平和，小心奉法，安贫守志，恒以清白自处。当时号为善人。建德元年，除民部中大夫。三年，授随州刺史。政存简惠，百姓安之。其年，增邑并前二千户。六年，卒于位。赠交渭二州刺史，谥曰恭。子谅，少知名。大象中，位至吏部下大夫。

辛庆之字庆之，陇西狄道人也。世为陇右著姓。父显崇，冯翊郡守，赠雍州刺史。庆之少以文学征诣洛阳，对策第一，除秘书郎。属尔朱氏作乱，魏孝庄帝令司空杨津为北道行台，节度山东诸军以讨之。津启庆之为行台左丞，典参谋议。至邺，闻孝庄帝暴崩，遂出兖、冀间，谋结义徒，以赴国难。寻而节闵帝立，乃还洛阳。普泰二年，迁平北将军、太中大夫。及贺拔岳为行台，复启庆之为行台吏部郎中、开府掾。寻除雍州别驾。

大统初，加车骑将军，俄迁卫大将军、左光禄大夫。后太祖东讨，为行台左丞。时初复河东，以本官兼盐池都将。四年，东魏攻正平郡，陷之，遂欲经略盐池，庆之守御有备，乃引军退。河桥之役，大军不利，河北守令弃城走，庆之独因盐池，抗拒强敌。时论称其仁勇。六年，行河东郡事。九年，入为丞相府右长史，兼给事黄门侍郎，除度支尚书。复行河东郡事。迁通直散骑常侍、南荆州刺史、加仪同三司。庆之位遇虽隆，而率性俭素，车马衣服，亦不尚华侈。志量淹和，有儒者风度。特为当时所重。又以其经明行修，令与卢诞等教授诸王。魏废帝二年，拜秘书监。寻卒于位。子加陵，主寝上士。庆之族子昂。

昂字进君。年数岁，便有成人志行。有善相人者，谓其父仲略曰："公家虽世载冠冕，然名德富贵，莫有及此儿者。"仲略亦重昂志气，深以为然。年十八，侯景辟为行台郎中，加镇远将军。景后来附，昂遂入朝。除丞相府行参军。大统十四年，追论归朝之勋，封襄城县男，邑二百户，转丞相府田曹参军。

及尉迟迥伐蜀，昂召募从军。蜀平，以功授辅国将军、魏都督。迥仍表昂为龙州长史，领龙安郡事。州带山谷，旧俗生梗。昂威惠治著，吏民畏而爱之。成都一方之会，风俗舛杂。迥以昂达于从政，复表昂行成都令。昂到县，便与诸生祭文翁学堂，因共欢宴。谓诸生曰："子孝臣忠，师严友信，立身之要，如斯而已。若不事斯语，何以成名。各宜自勉，克成令誉。"昂言切理至，诸生等并深感悟，归而告其父曰："辛君教诫如此，不可违之。"于是井邑肃然，咸从其化。迁梓潼郡守，进位帅都督，加通直散骑常侍。六官建，入为司隶上士，袭爵繁昌县公。

世宗初，授天官府上士，加大都督。武成二年，授小职方下大夫，治小兵部。保定二年，进车骑大将军、仪同三司，转小吏部。四年，大军东讨，昂与大将军权景宣下豫州，以功赏布帛二百匹。

时益州殷阜，军国所资。经涂难险，每苦劫盗。诏昂使于梁、益，军民之务，皆委决焉。昂抚导荒梗，安置城镇，数年之中，颇得宁静。天和初，陆腾讨信州郡蛮，历时未克。高祖诏昂便于通、渠等诸州运粮馈之。时临、信、楚合等诸州民庶，亦多从逆。昂谕以祸福，赴者如归。乃令老弱负粮，壮夫拒战，咸愿为用，莫有怨者。使还，属巴州万荣郡民反叛，攻围郡城，遏绝山路。昂谓其同侣曰："凶狡狂悖，一至于此！若待上闻，或淹旬月，孤城无援，必沦寇党。欲救近溺，宁暇远求越人。苟利百姓，专之可也。"于是遂募通、开二州，得三千人，倍道兼行，出其不意。又令其众皆作中国歌，直趣贼垒。贼既不以为虞，谓有大军赴救，于是望风瓦解，郡境获宁。朝廷嘉其权以济事，诏梁州总管杞国公亮即于军中赏昂奴婢二十口、缯彩四百匹。亮又以昂威信布于宕渠，遂表为渠州刺史。俄转通州刺史。昂推诚布信，甚得夷獠欢心。秩满还京，首领皆随昂诣阙朝觐。以昂化洽夷华，进位骠骑大将军、开府仪同三司。时晋公护执政，昂稍被护亲待，高祖以是颇衔之。及加之捶楚，因此遂卒。

昂族人仲景，好学，有雅量。其高祖钦，后赵吏部尚书、雍州刺史，子孙因家焉。父欢，魏陇州刺史、宋阳公。仲景年十八，举文学，对策高第。拜司空府主簿，迁员外散骑侍郎。进建德中，位至内史下大夫、开府仪同三司。卒于官。子衡。

王子直字孝正，京兆杜陵人也。世为郡右族。父琳，州主簿、东雍州长史。子直性节俭，有干能。魏正光中，州辟主簿，起家奉朝请。除太尉府水曹行参军，加明威将军。时梁人围寿春，临淮王元彧率军赴援，子直以本官参彧军事。与梁人战，斩其军主夏侯景起。梁人乃退。淮南民庶因兵寇之后，犹聚为盗。彧令子直招抚之，旬日之间，咸来复业，自合肥以北，安堵如旧。永安初，拜员外散骑常侍、鸿胪少卿。普泰初，进后军将军、太中大夫。贺拔岳入关，以子直为开府主簿，迁行台郎中。魏孝武西迁，封山北县男，邑二百户。大统初，汉炽屠各阻兵于南山，与陇东屠各共为唇齿。太祖令子直率泾州步骑二千讨破之，南山平。太祖嘉之，赐书劳问。除尚书左外兵郎中。三年，进车骑将军，兼中书舍人。四年，从太祖解洛阳围，经河桥战，兼尚书左丞，出为秦州总管府司马。时凉州刺史宇文仲和据州逆命，子直从陇右大都督独孤信讨平之。复入为大行台郎中，兼丞相府记室。吐谷浑寇西平，以子直兼尚书兵部郎中，出陇右经略之，大破浑众于长宁川，浑贼遁走。十五年，进车骑将军、左光禄大夫，除太子中庶子，领齐王友。寻行冯翊郡事。十六年，魏齐王廓出牧秦陇，复以子直为秦州别驾，仍领王友。随、陆初平，授安州长史，领别驾，加帅都督。转并州长史。魏废帝元年，拜使持节、大都督，行瓜州事。子直性清静，务以德政化民，西土悦附。魏恭帝初，征拜黄门侍郎。卒于位。子宣礼，柱国府参军事。

　　杜杲字子晖，京兆杜陵人也。祖建，魏辅国将军，赠豫州刺史。父皎，仪同三司、武都郡守。杲学涉经史，有当世干略。其族父瓒，清贞有识鉴，深器重之。常曰："吾家千里驹也。"瓒时仕魏为黄门侍郎，兼度支尚书、卫大将军、西道行台，尚孝武妹新丰公主，因荐之于朝廷。永熙三年，起家奉朝请，累迁辅国将军、成州长史、汉阳郡守。世宗初，转修城郡守。属凤州人仇周贡等构乱，攻逼修城，杲信洽于民，部内遂无叛者。寻而开府赵昶诸军进讨，杲率郡兵与昶合势，遂破平之。入为司命上士。初，陈文帝弟安成王顼为质于梁，及江陵平，顼随例迁长安。陈人请之，太祖许而未遣。至是帝欲归之，命杲使焉。陈文帝大悦，即遣使报聘，并赂黔中数州之地。仍请画野分疆，永敦邻好。以杲奉使称旨，进授都督，治小御伯，更往分界焉。陈人于是以鲁山归我。帝乃拜顼柱国大将军，诏杲送之还国。陈文帝谓杲曰："家弟今蒙礼遣，实是周朝之惠。然不还彼鲁山，亦恐未能及此。"杲答曰："安成之在关中，乃咸阳一布衣耳。然是陈之介弟，其价岂止一城。本朝亲睦九族，恕己及物，上遵太祖遗旨，下思继好之义。所以发德音者，盖为此也。若知止俾鲁山，固当不贪一镇。况鲁山梁之旧地，梁即本朝蕃臣，若以始末言之，鲁山自合归国。云以寻常之土，易己骨肉之亲，使臣犹谓不可，何以闻诸朝廷。"陈文帝惭恧久之，乃曰："前言戏之耳。"自是接遇有加常礼。及杲还，命引升殿，亲降御座，执手以别。朝廷嘉之，授大都督、小载师下大夫、治小纳言，复聘于陈。中山公训为蒲州总管，以杲为府司马、州治中，兼知州府事。加使持节、车骑大将军、仪同三司。及华皎来附，诏令卫公直督元定等援之。与陈人交战，我师不利，元定等并没。自是连兵不息，东南骚动。高祖患之，乃授杲御正中大夫。

　　后四年,迁温州诸军事、温州刺史,赐爵义兴县伯。大象元年,征拜御正中大夫,复使于陈。二年,除申州刺史,加开府仪同大将军,进爵为侯,邑一千三百户。除同州司会。隋开皇元年,以杲为同州总监,进爵为公。俄迁工部尚书。二年,除西南道行台兵部尚书。寻以疾卒。子运,大象末,宣纳上士。杲兄长晖,位至仪同三司。

　　史臣曰:韦、辛、皇甫之徒,并关右之旧族也。或纡组登朝,获当官之誉;或张旃出境,有专对之才。既茂国猷,克隆家业。美矣夫!

周书卷四〇
列传第三二

尉迟运　王轨　宇文神举
宇文孝伯　颜之仪 乐运

　　尉迟运，大司空、吴国公纲之子也。少强济，志在立功。魏大统十六年，以父勋封安喜县侯，邑一千户。孝闵帝践祚，授使持节、车骑大将军、仪同三司。俄而帝废，朝议欲尊立世宗，乃令运奉迎于岐州。以预定策勋进爵周城县公，增邑五百户。保定元年，进骠骑大将军、开府仪同三司。三年，从杨忠攻齐之并州，以功别封第二子端保城县侯，邑一千户。四年，出为陇州刺史。地带汧、渭，民俗难治。运垂情抚纳，甚得时誉。天和五年，入为小右武伯。六年，迁左武伯中大夫。寻加军司马，武伯如故。运既职兼文武，甚见委任。齐将斛律明月寇汾北，运从齐公宪御之，攻拔其伏龙城。进爵广业郡公，增邑八百户。

　　建德元年，授右侍伯，转右司卫。时宣帝在东宫，亲狎谄佞，数有罪失。高祖于朝臣内选忠谅鲠正者以匡弼之。于是以运为右宫正。二年，帝幸云阳宫，又令运以本官兼司武，与长孙览辅皇太子居守。俄而卫刺王直作乱，率其党袭肃章门。览惧，走行在所。运时偶在门中，直兵奄至，不暇命左右，乃手自阖门。直党与运争门，斫伤运手指，仅而得闭。直既不得入，乃纵火烧门。运惧火尽，直党得进，乃取宫中材木及床等以益火，更以膏油灌之，火势转炽。久之，直不得进，乃退。运率留守兵因其退以击之，直大败而走。是日，微运,宫中已不守矣。高祖嘉之,授大将军,赐以直田宅、妓乐、金帛、车马及什物等,不可胜数。四年,出为同州、蒲津、潼关等六防诸军事、同州刺史。高祖将伐齐,召运参议。东夏底定,颇有力焉。五年,拜柱国,进爵卢国公,邑五千户。宣政元年,转司武上大夫,总宿卫军事。高祖崩于云阳宫,秘未发丧,运持侍卫兵还京师。

帝即位,授上柱国。运之为宫正也,数进谏于帝。帝不能纳,反疏忌之。时运又与王轨、宇文孝伯等皆为高祖所亲待,轨屡言帝失于高祖。帝谓运预其事,愈更衔之。及轨被诛,运惧及于祸,问计于宇文孝伯。语在《孝伯传》。寻而得出为秦州总管,秦渭等六州诸军事、秦州刺史。然运至州,犹惧不免。大象元年二月,遂以忧薨于州,时年四十一。赠大后丞、秦渭河鄯成洮文等七州诸军事、秦州刺史。谥曰中。子靖嗣。大象末,仪同大将军。

王轨,太原祁人也,小名沙门,汉司徒允之后。世为州郡冠族。累叶仕魏,赐姓乌丸氏。父光,少雄武,有将帅才略。每从征讨,频有战功。太祖知其勇决,遇之甚厚。位至骠骑大将军、开府仪同三司、平原县公。轨性质直,慷慨有远量。临事强正,人不敢干。起家事辅城公。及高祖即位,授前侍下士。俄转左侍上士,颇被识顾。累迁内史上士、内史下大夫,加授仪同三司,自此亲遇弥重,遂处腹心之任。时晋公护专政,高祖密欲图之。以轨沉毅有识度,堪属以大事,遂问以可不。轨赞成之。

建德初,转内史中大夫,加授开府仪同三司,又拜上开府仪同大将军,封上黄县公,邑一千户。军国之政,皆参预焉。五年,高祖总戎东伐,六军围晋州。刺史崔景嵩守城北面,夜中密遣送款。诏令轨率众应之,未明,士皆登城鼓噪。齐人骇惧,因即退走。遂克晋州,擒其城主特进、海昌王尉相贵,俘甲士八千人。于是遂从平并、邺。以功进位上大将军,进爵郯国公,邑三千户。及陈将吴明彻入寇吕梁,徐州总管梁士彦频与战不利,乃退保州城,不敢复出。明彻遂堰清水以灌之,列船舰于城下,以图攻取。诏以轨为行军总管,率诸军赴救。轨潜于清水入淮口，多竖大木，以铁锁贯车轮，横截水流，以断其船路。方欲密决其堰，以毙之；明彻知之，惧，乃破堰遽退，冀乘决水之势，以得入淮。比至清口，川流已阔，水势亦衰，船舰并碍于车轮，不复得过。轨因率兵围而蹙之。唯有骑将萧摩诃以二千骑先走，得免。明彻及将士三万余人，并器械辎重，并就俘获。陈之锐卒，于是歼焉。高祖嘉之，进位柱国，仍拜徐州总管、七州十五镇诸军事。轨性严重，多谋略，兼有吕梁之捷，威振敌，境陈人甚惮之。

　　宣帝之征吐谷浑也，高祖令轨与宇文孝伯并从，军中进取，皆委轨等，帝仰成而已。时宫尹郑译、王端等并得幸帝。帝在军中，颇有失德，译等皆预焉。军还，轨等言之于高祖。高祖大怒，乃挞帝，除译等名，仍加捶楚。帝因此大衔之。轨又尝与小内史贺若弼言及此事，且言皇太子必不克负荷。弼深以为然，劝轨陈之。轨后因侍坐，乃谓高祖曰："皇太子仁孝无闻，又多凉德，恐不了陛下家事。愚臣短暗，不足以论是非。陛下恒以贺若弼有文武奇才，识度宏远，而弼比每对臣，深以此事为虑。"高祖召弼问之。弼乃诡对曰："皇太子养德春宫，未闻有过。未审陛下，何从得闻此言？"既退，轨诮弼曰："平生言论，无所不道，今者对扬，何得乃尔翻覆？"弼曰："此公之过也。皇太子，国之储副，岂易攸言。事有蹉跌，便至灭门之祸。本谓公密陈臧否，何得遂至昌言。"轨默然久之，乃曰："吾专心国家，遂不存私计。向者对众，良置非宜。"后轨因内宴上寿，又捋高祖须曰："可爱好老公，但恨后嗣弱耳。"高祖深以为然。但汉王次长，又不才，此外诸子并幼，故不能用其说

　　及宣帝即位，追郑译等复为近侍。轨自知及于祸，谓所亲曰："吾昔在先朝，实申社稷至计。今日之事，断可知矣。此州控带淮南，邻接强寇，欲为身计，易同反掌。但忠义之节，不可亏违。况荷先帝厚恩，每思以死自效，岂以获罪于嗣主，便欲背德于先朝。止可于此待死，义不为他计。冀千载之后，知吾此心。"大象元年，帝令内史杜庆信就徐州杀轨。御正中大夫颜之仪切谏，帝不纳，遂诛之。轨立

朝忠恕，兼有大功，忽以无罪被戮，天下知与不知，无不伤惜。

字文神举，太祖之族子也。高祖晋陵、曾祖求男，仕魏，位并显达。祖金殿，魏镇远将军、兖州刺史、安吉县侯。父显和，少而袭爵，性矜严，颇涉经史，膂力绝人，弯弓数百斤，能左右驰射。魏孝武之在藩也，显和早蒙眷遇。时属多难，尝问计于显和。显和具陈宜杜门晦迹，相时而动。孝武深纳焉。及即位，擢授冠军将军、阁内都督，封城阳县公，邑五百户。孝武以显和藩邸之旧，遇之甚厚。时显和所居宅隘陋，乃撤殿省，赐为寝室。其见重如此。及齐神武专政，帝每不自安。谓显和曰："天下汹汹，将若之何？"对曰："当今之计，莫若择善而从之。"因诵诗云："彼美人兮，西方之人兮。"帝曰："是吾心也。"遂定入关之策。帝以显和母老，家累又多，令预为计。对曰："今日之事，忠孝不可并立。然臣不密则失身，安敢预为私计。"帝怆然改容曰："卿即我之王陵也。"迁朱衣直阁、阁内大都督，改封长广县公，邑一千五百户。从帝入关。至滋水，太祖素闻其善射而未之见也。俄而水傍有一小鸟，显和射而中之。太祖笑曰："我知卿工矣。"其后，引为帐内大都督。俄出为持节、卫将军、东夏州刺史。以疾去职，深为吏民所怀。寻进位车骑大将军、仪同三司，加散骑常侍。魏恭帝元年，卒，时年五十七。太祖亲临之，哀动左右。建德二年，追赠使持节、骠骑大将军、开府仪同三司、延丹绥三州诸军事、延州刺史。

神举早岁而孤，有凤成之量。族兄安化公深器异之。及长，神情俶傥，志略英赡，眉目疏朗，仪貌魁梧。有识钦之，莫不许以远大。世宗初，起家中侍上士。世宗留意翰林，而神举雅好篇什。帝每有遊幸，神举恒得侍从。保定元年，袭爵长广县公，邑二千三百户。寻授帅都督，迁大都督、使持节、车骑大将军、仪同三司，拜右大夫。四年，进骠骑大将军、开府仪同三司，治小宫伯。天和元年，迁右宫伯中大夫，进爵清河郡公，增邑一千户。高祖将诛晋公护也，神举得预其谋。建德元年，迁京兆尹。三年，出为熊州刺史。神举威名素重，齐人甚惮之。五年，攻拔齐陆浑等五城。

及高祖东伐，诏神举从军。并州平，即授并州刺史，加上开府仪同大将军。州既齐氏别都，控带要重。平定甫尔，民俗浇讹，豪右之家，多为奸猾。神举励精为治，示以威恩，旬月之间，远迩悦服。寻加上大将军，改封武德郡公，增邑二千户。俄进柱国大将军，改封东平郡公，增邑通前六千九百户。所部东寿阳县土人，相聚为盗，率其党五千人，来袭州城。神举以州兵讨平之。宣政元年，转司武上大夫。高祖亲戎北伐，令神举与原国公如愿等率兵五道俱入。高祖至云阳，疾甚，乃班师。幽州人卢昌期、祖英伯等聚众据范阳反，诏神举率兵擒之。齐黄门侍郎卢思道亦在反中，贼平见获，解衣将伏法。神举素钦其才名，乃释而礼之，即令草露布。其待士礼贤如此。属稽胡反叛，入寇西河。神举又率众与越王盛讨之。时突厥与稽胡连和，遣骑赴救。神举以奇兵击之，突厥败走，稽胡于是款服。即授并潞肆石等四州十二镇诸军、并州总管。

初，神举见待于高祖，遂处心腹之任。王轨、宇文孝伯等屡言皇太子之短，神举亦颇与焉。及宣帝即位，荒淫无度，神举惧及于祸，怀不自安。初定范阳之后，威声甚振。帝亦忌其名望，兼以宿憾，遂使人赍鸩酒赐之，薨于马邑。时年四十八。

神举伟风仪，善辞令，博涉经史，性爱篇章，尤工骑射。临戎对寇，勇而有谋。莅职当官，每著声绩。兼好施爱士，以雄豪自居。故得任兼文武，声彰中外。百僚无不仰其风则，先辈旧齿至于今而称之。子同嗣。位至仪同大将军。

神举弟神庆，少有壮志，武艺绝伦。大象末，位至柱国、汝南郡公。

宇文孝伯字胡三，吏部安化公深之子也。其生与高祖同日，太祖甚爱之，养于第内。及长，又与高祖同学。武成元年，拜宗师上士。时年十六。孝伯性沉正謇谔，好直言。高祖即位，欲引置左右。时政在冢臣，不得专制，乃托言少与孝伯同业受经，思相启发。由是晋公护弗之猜也,得入为右侍上士,恒侍读书。

天和元年,迁小宗师,领右侍仪同。及遭父忧,诏令于服中袭爵。高祖尝从容谓之曰:"公之于我,犹汉高之与卢绾也。"乃赐以十三环金带。自是恒侍左右,出入卧内,朝之机务,皆得预焉。孝伯亦竭心尽力,无所迴避。至于时政得失,及外间细事,皆以奏闻。高祖深委信之,当时莫与为比。及高祖将诛晋公护,密与卫王直图之。唯孝伯及王轨、宇文神举等颇得参预。护诛,授开府仪同三司,历司会中大夫、左右小宫伯、东宫左宫正。

建德之后,皇太子稍长,既无令德,唯昵近小人。孝伯白高祖曰:"皇太子四海所属,而德声未闻。臣忝宫官,实当其责。且春秋尚少,志业未成,请妙选正人,为其师友,调护圣质,犹望日就月将。如或不然,悔无及矣。"帝敛容曰:"卿世载鲠直,竭诚所事。观卿此言,有家风矣。"孝伯拜谢曰:"非言之难,受之难也。深愿陛下思之。"帝曰:"正人岂复过君。"于是以尉迟运为右宫正,孝伯仍为左宫正。寻拜宗师中大夫。及吐谷浑入寇,诏皇太子征之。军中之事,多决于孝伯。俄授京兆尹,入为左宫伯,转右宫伯。尝因侍坐,帝问之曰:"我儿比来渐长进不?"答曰:"皇太子比惧天威,更无罪失。"及王轨因内宴捋帝须,言太子之不善,帝罢酒,责孝伯曰:"公常语我,云太子无过。今轨有此言,公为诳矣。"孝伯再拜曰:"臣闻父子之际,人所难言。臣知陛下不能割情忍爱,遂尔结舌。"帝知其意,默然久之,乃曰:"朕已委公矣,公其勉之。"

五年,大军东讨,拜内史下大夫,令掌留台事。军还,帝曰:"居守之重,无忝战功。"于是加授大将军,进爵广陵郡公,邑三千户,并赐金帛及女妓等。六年,复为宗师。每车驾巡幸,常令居守。其后高祖北讨,至云阳宫,遂寝疾,驿召孝伯赴行在所。帝执其手曰:"吾自量必无济理,以后事付君。"是夜,授司卫上大夫,总宿卫兵马事。又令驰驿入京镇守,以备非常。

宣帝即位,授小冢宰,帝忌齐王宪,意欲除之。谓孝伯曰:"公能为朕图齐王,当以其官位相授。"孝伯叩头曰:"先帝遗诏,不许滥诛骨肉。齐王,陛下之叔父,戚近功高,社稷重臣,栋梁所寄。陛下若妄加刑戮,微臣又顺旨曲从,则臣为不忠之臣,陛下为不孝之子也。"帝不怿,因渐疏之。乃与于智、王端、郑译等密图其事。后令智告宪谋逆,遣孝伯召宪入,遂诛之。

帝之西征也,在军有过行,郑译时亦预焉。军还,孝伯及王轨尽以白,高祖怒,挞帝数十,乃除译名。至是,译又被帝亲昵。帝既追憾被杖,乃问译曰:"我脚上杖痕,谁所为也?"译答曰:"事由宇文孝伯及王轨。"译又因说王轨捋须事。帝乃诛轨。尉迟运惧,私谓孝伯曰:"吾徒必不免祸,为之奈何?"孝伯对曰:"今堂上有老母,地下有武帝,为臣为子,知欲何之。且委质事人,本徇名义,谏而不入,将焉逃死。足下若为身计,宜且远之。"于是各行其志。运寻出为秦州总管。然帝荒淫日甚,诛戮无度,朝章弛紊,无复纲纪。孝伯又频切谏,皆不见从。由是益疏斥之。后稽胡反,令孝伯为行军总管,从越王盛讨平之。及军还,帝将杀之,乃托以齐王之事,诮之曰:"公知齐王谋反,何以不言?"孝伯对曰:"臣知齐王忠于社稷,为群小媒孽,加之以罪。臣以言必不用,所以不言。且先帝付嘱微臣,唯令辅导陛下,今谏而不从,实负顾托。以此为罪,是所甘心。"帝大惭,俯首不语。乃命将出,赐死于家。时年三十六。

及隋文帝践极,以孝伯及王轨忠而获罪,并令收葬,复其官爵。又尝谓高颎曰:"宇文孝伯实有周之良臣,若使此人在朝,我辈无措手处也。"子歆嗣。

颜之仪字子升,琅邪临沂人也,晋侍中含九世孙。祖见远,齐御史治书。正色立朝,有当官之称。及梁武帝执政,及以疾辞。寻而齐和帝暴崩,见远恸哭而绝。梁武帝深恨之,谓朝臣曰:"我自应天从人,何预天下人事,而颜见远乃至于此。"当时嘉其忠烈,咸称叹之。父协,以见远蹈义忤时,遂不仕进。梁元帝为湘东王,引协为其府记室参军。协不得已,乃应命。梁元帝后著《怀旧志》及诗,并称赞其美。之仪幼颖悟,三岁能读《孝经》。及长,博涉群书,好为词赋。

尝献《神州颂》，辞致雅赡。梁元帝手敕报曰："枚乘二叶，俱得游梁，应贞两世，并称文学。我求才子，镌慰良深。"

江陵平，之仪随例迁长安。世宗以为麟趾学士，稍迁司书上士。高祖初建储宫，盛选师傅，以之仪为侍读。太子后征吐谷浑，在军有过行，郑译等并以不能匡弼坐谴，唯之仪以累谏获赏。即拜小宫尹，封平阳县男，邑二百户。宣帝即位，迁上仪同大将军、御正中大夫，进爵为公，增邑一千户。帝后刑政乖辟，昏纵日甚，之仪犯颜骤谏，虽不见纳，终亦不止。深为帝所忌。然以恩旧，每优容之。及帝杀王轨，之仪固谏。帝怒，欲并致之于法。后以其谅直无私，乃舍之。

宣帝崩，刘昉、郑译等矫遣诏，以隋文帝为丞相，辅少主。之仪知非帝旨，拒而弗从。昉等草诏署记，逼之仪连署。之仪厉声谓昉等曰："主上升遐，嗣子冲幼，阿衡之任，宜在宗英。方今贤戚之内，赵王最长，以亲以德，合膺重寄。公等备受朝恩，当思尽忠报国，奈何一旦欲以神器假人！之仪有死而已，不能诬罔先帝。"于是昉等知不可屈，乃代之仪署而行之。隋文帝后索符玺，之仪又正色曰："此天子之物，自有主者，宰相何故索之？"于是隋文帝大怒，命引出，将戮之，然以其民之望也，乃止。出为西疆郡守。

隋文帝践极，诏征还京师，进爵新野郡公。开皇五年，拜集州刺史。在州清静，夷夏悦之。明年代还，遂优游不仕。十年正月，之仪随例入朝。隋文帝望而识之，命引至御坐，谓之曰："见危授命，临大节而不可夺，古人所难，何以加卿。"及赐钱十万、米一百石。十一年冬，卒，年六十九。有文集十卷行于世。

时京兆郡丞乐运亦以直言数谏于帝。

运字承业，南阳淯阳人，晋尚书令广之八世孙。祖文素，齐南郡守。父均，梁义阳郡守。运少好学，涉猎经史，而不持章句。年十五而江陵灭，运随例迁长安。其亲属等多被籍，而运积年为人佣保，皆赎免之。又事母及寡嫂甚谨。由是以孝义闻。梁故都官郎琅邪王澄美之，为次其行事，为《孝义传》。性方直，未尝求媚于人。

天和初，起家夏州总管府仓曹参军。转柱国府记室参军。寻而临淄公唐瑾荐为露门学士。前后犯颜屡谏高祖，多被纳用。建德二年，除万年县丞。抑挫豪右，号称强直。高祖嘉之，特许通籍，事有不便于时者，令巨细奏闻。高祖尝幸同州，召运赴行在所。即至，高祖谓运曰："卿来日见太子不？"运曰："臣来日奉辞。"高祖曰："卿言太子何如人？"运曰："中人也。"时齐王宪以下，并在帝侧。高祖顾谓宪等曰："百官佞我，皆云太子聪明睿知，唯运独云中人，方验运之忠直耳。"于是因问运中人之状。运对曰："班固以齐桓公为中人，管仲相之则霸，竖貂辅之则乱。谓可与为善，亦可与为恶也。"高祖曰："我知之矣。"遂妙选宫官，以匡弼之。仍超拜运京兆郡丞。太子闻之，意甚不悦。

及高祖崩，宣帝嗣位。葬讫，诏天下公除。帝及六宫，便议即吉。运上疏曰："三年之丧，自天子达于庶人。先王制礼，安可诬之。礼天子七月而葬，以俟天下毕至。今葬期既促，事讫便除，文轨之内，奔赴未尽；邻境远闻，使犹未至。若以丧服受吊，不可既吉更凶；如以玄冠对使，未知此出何礼。进退无据，愚臣窃所未安。"书奏，帝不纳。

自是德政不修，数行赦宥。运又上疏曰："臣谨案《周官》曰：'国君之过市，刑人赦。'此谓市者交利之所，君子无故不游观焉。若游观，则施惠以悦之也。《尚书》曰：'眚灾肆赦。'此谓过误为害，罪虽大，当缓赦之。《吕刑》云：'五刑之疑，有赦。'此谓赦疑从罚，罚疑从免。《论语》曰：'赦小过，举贤才。'谨寻经典，未有罪无轻重，溥天大赦之文。逮兹末叶，不师古始，无益于治，未可则之。故管仲曰：'有赦者，奔马之委辔。不赦者，痤疽之砭石。'又曰：'惠者，民之仇仇。法者，民之父母。'吴汉遗言，犹云'唯愿无赦'。王符著论，亦云'赦者非明世之所宜'。岂可数施非常之惠，以肆奸宄之恶乎。"帝亦不纳，而昏暴滋甚。

运乃与樛诣朝堂，陈帝八失。

一曰：内史御正，职在弼谐，皆须参议，共治天下。大尊比来小大之事，多独断之。尧舜至圣，尚资辅弼，比大尊未为圣主，而可专恣己心？凡诸刑罚爵赏，爰及军国大事，请参诸宰辅，与众共之。

二曰：内作色荒，古人重诫。大尊初临四海，德惠未洽，先搜天下美女，用实后宫；又诏仪同以上女，不许辄嫁。贵贱同怨，声溢朝野。请姬媵非幸御者，放还本族。欲嫁之女，勿更禁之。

三曰：天子未明求衣，日旰忘食，犹恐万机不理，天下拥滞。大尊比来一入后宫，数日不出。所须闻奏，多附内竖。传言失实，是非可惧。事由宦者，亡国之征。请准高祖，居外听政。

四曰：变故易常，乃为政之大忌，严刑酷罚，非致治之弘规。若罚无定刑，则天下皆惧；政无常法，则民无适从，岂有削严刑之诏未及半杷，便即追改，更严前制？政令不定，乃至于是。今宿卫之官，有一人夜不直者，罪至削除；因而逃亡者，遂便籍没。此则大逆之罪，与十杖同科。虽为法愈严，恐人情愈散。一人心散，尚或可止，若天下皆散，将如之何。秦纲密而国亡，汉章疏而祚永。请遵轻典，并依大律。则亿兆之民，手足有所措矣。

五曰：高祖斫雕为朴，本欲传之万世。大尊朝夕趋庭，亲承圣旨。岂有崩未逾年，而遽穷奢丽，成父之志，义岂然乎。请兴造之制，务从卑俭。雕文刻镂，一切勿营。

六曰：都下之民，徭赋稍重。必是军国之要，不敢惮劳。岂容朝夕征求，唯供鱼龙烂漫，士民从役，只为俳优角抵。纷纷不已，财力俱竭，业业相顾，无复聊生。凡此无益之事，请并停罢。

七曰：近见有诏，上书字误者，即治其罪。假有忠谠之人，欲陈时事，尺有所短，文字非工，不密失身，义无假手，脱有舛谬，便陷严科。婴径尺之鳞，其事非易，下不讳之诏，犹惧未来，更加刑戮，能无钳口！大尊纵不能采诽谤之言，无宜杜献书之路。请停此诏，则天下幸甚。

八曰：昔桑谷生朝，殷王因之获福。今玄象垂诫，此亦兴周之祥。大尊虽减膳撤悬，未尽销谴之理。诚愿咨诹善道，修布德政，解兆民之愠，引万方之罪，则天变可除，鼎业方固。大尊若不革兹八事，臣见周朝不血食矣。

帝大怒，将戮之。内史元岩绐帝曰："乐运知书奏必死，所以不顾身命者，欲取后世之名。陛下若杀之，乃成其名也。"帝然之，因而获免。翌日，帝颇感悟。召运谓之曰："朕昨夜思卿所奏，实忠臣。先皇明圣，卿数有规谏。朕既昏暗，卿复能如此。"乃赐御食以赏之。朝之公卿，初见帝盛怒，莫不为运寒心。后见获宥，皆相贺以为幸免兽口。

内史郑译尝以私事请托运而弗之许，因此衔之。及隋文帝为丞相，译为长史，遂左迁运为广州滠阳令。开皇五年，转毛州高唐令。频历二县，并有声绩。运常愿处一谏官，从容讽议。而性许直，为人所排抵，遂不被任用。乃发愤，录夏殷以来谏诤事，集而部之，凡六百三十九条，合四十一卷，名曰《谏苑》。奏上之。隋文帝览而嘉焉。

史臣曰：士有不因学艺而重，不待爵禄而贵者何？亦云忠孝而已。若乃竭力以奉其亲者，人子之行也；致身以事其君者，人臣之节也。斯固弥纶三极，囊括百代。当宣帝之在东朝，凶德方兆，王轨、宇文孝伯、神举志惟无隐，尽言于父子之间。淫刑既逞，相继夷灭。隋文之将登庸，人怀去就。颜之仪风烈懔然，正辞以明节，崎岖雷电之下，仅而获济。斯数子者，岂非社稷之臣欤？或人以为不忠，则天下莫之信也。自古以外戚而居重任，多藉一时之恩，至若尉迟运者，可谓位以才升，爵由功进。美矣哉。

周书卷四一
列传第三三

王褒　庾信

　　王褒字子渊，琅邪临沂人也。曾祖俭，齐侍中、太尉、南昌文宪公。祖骞，梁侍中、金紫光禄大夫、南昌安侯。父规，梁侍中、左民尚书、南昌章侯。并有重名于江左。褒识量淹通，志怀沉静。美风仪，善谈笑，博览史传，尤工属文。梁国子祭酒萧子云，褒之姑夫也，特善草隶。褒少以姻戚，去来其家，遂相模范。俄而名亚子云，并见重于世。梁武帝喜其才艺，遂以弟鄱阳王恢之女妻之。起家秘书郎，转太子舍人，袭爵南昌县侯。稍迁秘书丞。宣成王大器，简文帝之冢嫡，即褒之姑子也。于时盛选僚佐，乃以褒为文学。寻迁安成郡守。及侯景渡江，建业扰乱，褒辑宁所部，见称于时。梁元帝承制，转智武将军、南平内史。及嗣位于江陵，欲待褒以不次之位。褒时犹在郡，敕王僧辩以礼发遣。褒乃将家西上。元帝与褒有旧，相得甚欢。拜侍中，累迁吏部尚书、左仆射。褒既世胄名家，文学优赡，当时咸相推挹，故旬月之间，位升端右。宠遇日隆，而褒愈自谦虚，不以位地矜人，时论称之。

　　初，元帝平侯景及擒武陵王纪之后，以建业雕残，方须修复；江陵殷盛，便欲安之。又其故府臣寮，皆楚人也，并愿即都荆郢。尝召群臣议之。领军将军胡僧佑、吏部尚书宗懔、太府卿黄罗汉、御史中丞刘毅等曰：“建业虽是旧都，王气已尽。且与北寇邻接，止隔一江。若有不虞，悔无及矣。臣等又尝闻之，荆南之地，有天子气。今陛下龙飞缵业,其应斯乎。天时人事,征祥如此。臣等所见,迁徙非宜。”
元帝深以为然。时褒及尚书周弘正咸侍座。乃顾谓褒等曰:“卿意
以为何如?”褒性谨慎,知元帝多猜忌,弗敢公言其非。当时唯唯而
已。后因清闲密谏,言辞甚切。元帝颇纳之。然其意好荆、楚,已从
僧佑等策。明日,乃于众中谓褒曰:“卿昨日劝还建业,不为无理。”
褒以宣室之言,岂宜显之于众。知其计之不用也,于是止不复言。

及大军征江陵,元帝授褒都督城西诸军事。褒本以文雅见知,
一旦委以总戎,深自勉励,尽忠勤之节。被围之后,上下猜惧,元帝
唯于褒深相委信。朱买臣率众出宣阳之西门与王师战,买臣大败。
褒督进不能禁,乃贬为护军将军。王师攻其外栅,城陷,褒从元帝入
子城,犹欲固守。俄而元帝出降,褒遂与众俱出。见柱国于谨,谨甚
礼之。褒曾作《燕歌行》,妙尽关塞寒苦之状,元帝及诸文士并和之,
而竞为凄切之词。至此方验焉。

褒与王克、刘谷、宗懔、殷不害等数十人,俱至长安。太祖喜曰:
“昔平吴之利,二陆而已。今定楚之功,群贤毕至。可谓过之矣。”又
谓褒及王克曰:“吾即王氏甥也,卿等并吾之舅氏。当以亲戚为情,
勿以去乡介意。”于是授褒及克、殷不害等车骑大将军、仪同三司。
常从容上席,资饩甚厚。褒等亦并荷恩眄,忘其羁旅焉。

孝闵帝践祚,封石泉县子,邑三百户。世宗即位,笃好文学。时
褒与庾信才名最高,特加亲待。帝每游宴,命褒等赋诗谈论,常在左
右。寻加开府仪同三司。保定中,除内史中大夫。高祖作《象经》,
令褒注之。引据该洽,甚见称赏。褒有器局,雅识治体。既累世在
江东为宰辅,高祖亦以此重之。建德以后,颇参朝议。凡大诏册,皆
令褒具草。东宫既建,授太子少保,迁小司空,仍掌纶诰。乘舆行幸,
褒常侍从。

初,褒与梁处士汝南周弘让相善。及弘让兄弘正自陈来聘,高
祖许褒等通亲知音问。褒赠弘让诗,并致书曰:

　　嗣宗穷途,杨朱歧路。征蓬长逝,流水不归。舒惨殊方,炎
凉异节,木皮春厚,桂树冬荣。想摄卫惟宜,动静多豫。贤兄入

关,敬承款曲。犹依杜陵之水,尚保池阳之田,铲迹幽蹊,销声穹谷。何期愉乐,幸甚!幸甚!

弟昔因多疾,亟览九仙之方;晚涉世途,常怀五岳之举。同夫关令,物色异人;譬彼客卿,服膺高士。上经说道,屡听玄牝之谈;中药养神,每禀丹沙之说。顷年事道尽,容发衰谢,芸其黄矣,零落无时。还念生涯,繁忧总集。视阴愒日,犹赵孟之徂年;负杖行吟,同刘琨之积惨。河阳北临,空思巩县;霸陵南望,还见长安。所冀书生之魂,来依旧壤;射声之鬼,无恨他乡。白云在天,长离别矣,会见之期,邈无日矣。援笔揽纸,龙锺横集。"

弘让复书曰:甚矣悲哉!此之为别也。云飞泥沉,金铄兰灭,玉音不嗣,瑶华莫因。家兄至自镐京,致书于穹谷。故人之迹,有如对面,开题申纸,流脸沾膝。江南燠热,桔柚冬青;渭北沍寒,杨榆晚叶。土风气候,各集所安,餐卫适时,寝兴多福。甚善!甚善!

与弟分袂西陕,言反东区,虽保周陵,还依蒋径,三姜离析,二仲不归。麋鹿为曹,更多悲绪。丹经在握,贫病莫谐;芝术可求,恒为采掇。昔吾壮日,及弟富年,俱值邕熙,并叹衡泌。南风雅操,清商妙曲,弦琴促坐,无乏名晨。玉沥金华,冀获难老。不虞一旦,翻覆波澜。吾已曷阴,弟非茂齿。禽、尚之契,各在天涯,永念生平,难为胸臆。且当视阴数箭,排愁破涕。人生乐耳,忧戚何为。岂能遽悲次房,游魂不反。远□□产,骸柩无托。但愿爱玉体,珍金箱,保期颐,享黄发。犹冀苍鹰颒鲤,时传尺素,清风朗月,俱寄相思。子渊,子渊,长为别矣!握管操觚,声泪俱咽。

寻出为宜州刺史。卒于位,时年六十四。子萧嗣。

庾信字子山,南阳新野人也。祖易,齐征士。父肩吾,梁散骑常侍、中书令。信幼而俊迈,聪敏绝伦。博览群书,尤善《春秋左氏传》。身长八尺,腰带十围,容止颓然,不过人者。起家湘东国常侍,转安南府参军。时肩吾为梁太子中庶子,掌管记。东海徐摛为左卫率。摛子陵及信,并为抄撰学士。父子在东宫,出入禁闼,恩礼莫与比隆。既有盛才,文并绮艳,故世号为徐、庾体焉。当时后进,竞相模范。每有一文,京都莫不传诵。累迁尚书度支郎中、通直正员郎。出为郢州别驾。寻兼通直散骑常侍,聘于东魏。文章辞令,盛为邺下所称。还为东宫学士,领建康令。

侯景作乱,梁简文帝命信率宫中文武千余人,营于朱雀航。及景至,信以众先退。台城陷后,信奔于江陵。梁元帝承制,除御史中丞。及即位,转右卫将军,封武康县侯,加散骑常侍,来聘于我。属大军南讨,遂留长安。江陵平,拜使持节、抚军将军、右金紫光禄大夫、大都督,寻进车骑大将军、仪同三司。

孝闵帝践祚,封临清县子,邑五百户,除司水下大夫。出为弘农郡守,迁骠骑大将军、开府仪同三司、司宪中大夫,进爵义城县侯。俄拜洛州刺史。信多识旧章,为政简静,吏民安之。时陈氏与朝廷通好,南北流寓之士,各许还其旧国。陈氏乃请王褒及信等十数人。高祖唯放王克、殷不害等,信及褒并留而不遣。寻征为司宗中大夫。

世宗、高祖并雅好文学,信特蒙恩礼。至于赵滕诸王,周旋款至,有若布衣之交。群公碑志,多相请托。唯王褒颇与信相埒,自余文人,莫有逮者。

信虽位望通显,常有乡关之思。乃作《哀江南赋》以致其意云。其辞曰:

粤以戊辰之年,建亥之月,大盗移国,金陵瓦解。余乃窜身荒谷,公私涂炭。华阳奔命,有去无归,中兴道消,穷于甲戌。三日哭于都亭,三年囚于别馆。天道周星,物极不反。傅燮之但悲身世,无所求生;袁安之每念王室,自然流涕。昔桓君山之志事,杜元凯之生平,并有著书,咸能自序。潘岳之文彩,始述家风;陆机之词赋,多陈世德。信年始二毛,即逢丧乱,藐是流离,至于暮齿。《燕歌》远别,悲不自胜;楚老相逢,泣将何及。畏南山之雨,忽践秦庭,让东海之滨,遂食周粟。下亭漂泊,皋桥羁旅,楚歌非取乐之方,鲁酒无忘忧之用。追为此赋,聊以记言,不无危苦之辞,唯以悲哀为主。

日暮途远,人间何世。将军一去,大树飘零;壮士不还,寒风萧瑟。荆璧睨柱,受连城而见欺,载书横阶,捧珠盘而不定。锺仪君子,入就南冠之囚;季孙行人,留守西河之馆。申包胥之顿地,碎之以首;蔡威公之泪尽,加之以血。钧台移柳,非玉关之可望;华亭唳鹤,岂河桥之可闻。

孙策以天下为三分,众裁一旅;项羽用江东之子弟,人唯八千。遂乃分裂山河,宰割天下。岂有百万义师,一朝卷甲,芟夷斩伐,如草木焉。江、淮无涯岸之阻,亭壁无藩篱之固。头会箕敛者,合从缔交;锄耰棘矜者,因利乘便。将非江表王气,应终三百年乎?是知并吞六合,不免轵道之灾,混一车书,无救平阳之祸。呜呼!山岳崩颓,既履危亡之运;春秋迭代,必有去故之悲。天意人事,可以凄怆伤心者矣。况复舟楫路穷,星汉非乘槎可上;风飚道阻,蓬莱无可到之期。穷者欲达其言,劳者须歌其事。陆士衡闻而抚掌,是所甘心;张平子见而陋之,固其宜矣。

我之掌庾承周,以世功而为族;经邦佐汉,用论道而当官。禀嵩、华之玉石,润河、洛之波澜。居负洛而重世,邑临河而晏安。逮永嘉之艰虞,始中原之乏主。民枕倚于墙壁,路交横于豺虎。值五马之南奔,逢三星之东聚。被江汉而建国,此播迁于吾祖。分南阳而赐田,裂东岳而胙土。诛茅宋玉之宅,穿径临江之府。水木交运,山川崩竭。家有直道,人多全节。训子见于纯深,事君彰于义烈。新野有生祠之庙,河南有胡书之碣。况乃少微真人,天山逸民。阶庭空谷,门巷蒲轮。移谈讲树,就简书筠。降生世德,载诞贞臣。文词高于甲观,模楷盛于漳滨。嗟有道而无凤,叹非时而有麟。既奸回之贝匿,终不悦于仁人。

王子洛滨之岁,兰成射策之年,始含香于建礼,仍矫翼于崇贤。游游沸雷之讲肆，齿明离之胄筵。既倾蠡而酌海，遂侧管以窥天。方塘水白，钓渚池圆。侍戎韬于武帐，听雅曲于文弦。乃解悬而通籍，遂崇文而会武。居笠毂而掌兵，出兰池而典午。论兵于江汉之君，拭圭于西河之主。

于时朝野欢娱，池台钟鼓。里为冠盖，门成邹鲁。连茂苑于海陵，跨横塘于江浦。东门则鞭石成桥，南极则铸铜为柱。树则园植万株，竹则家封千户。西赆浮玉，南深没羽。吴歈越吟，荆艳楚舞。草木之得春阳，鱼龙之得风雨。五十年中，江表无事。王歙为和亲之侯，班超为定远之使。马武无预于兵甲，冯唐不论于将帅。岂知山岳暗然，江湖潜沸。渔阳有闾左戍卒，离石有将兵都尉。

天子方删诗书，定礼乐。设重云之讲，开士林之学。谈劫烬之灰飞，辩常星之夜落。地平鱼齿，城危兽角。卧刁斗于荥阳，绊龙媒之平乐。宰衡以干戈为儿戏，缙绅以清谈为庙略。乘渍水而胶船，驭奔驹以朽索。小人则将及水火，君子则方成猿鹤。弊箪不能救盐池之咸，阿胶不能止黄河之浊。既而鲂鱼颒尾，四郊多垒。殿狎江鸥，宫鸣野雉。湛卢去国，艅艎失水。见被发于伊川，知其时为戎矣。

彼奸逆之炽盛，久游魂而放命。大则有鲸有鲵，小则为枭为獍。负其牛羊之力，凶其水草之性。非玉烛之能调，岂睿玑之可正。值天下之无为，尚有欲于羁縻。饮其琉璃之酒，赏其虎豹之皮。见胡桐于大夏，识鸟卵于条支。豺牙密厉，虺毒潜吹。轻九鼎而欲问，闻三山而遂窥。

始则王子召戎，奸臣介胄。既官政而离逖，遂师言而泄漏。望廷尉之逋囚，反淮南之穷寇。飞狄泉之苍鸟，起横江之困兽。地则石鼓鸣山，天则金精动宿。北阙龙吟，东陵麟斗。尔乃桀黠构扇，凭陵几甸。拥狼望于黄图，填卢山于赤县。青袍如草，白马如练。天子履端废朝，单于长围高宴。两观当戟，千门受箭。白虹贯苍日，鹰击殿。竞遭夏台之祸，遂视尧城之变。官

守无奔问之人,干戚非平戎之战。陶侃则空装米船,顾荣则虚
摇羽扇。将军死绥,路绝重围。烽随群落,书逐鸢飞。遂乃韩
分赵裂,鼓卧旗折。失群班马,迷轮乱辙。猛士婴城,谋臣卷舌。
昆阳之战象走林,常山之阵蛇奔穴。五郡则兄弟相悲,三州则
父子离别。

护军慷慨,忠能死节。三世为将,终于此灭。济阳忠壮,身
参末将。兄弟三人,义声俱唱。主辱臣死,名存身丧。狄人归
元,三军悽怆。尚书多方,守备是长。云梯可拒,地道能防。有
齐将之闭壁,无燕师之卧墙。大事去矣,人之云亡。申子奋发,
勇气咆勃,实总元戎,身先士卒。胄落鱼门,兵填马窟。屡犯通
中,频遭刮骨。功业夭枉,身名埋没。或以准翼鹓披,虎威狐假。
落渍锋镝,脂膏原野。兵弱虏强,城孤气寡。闻鹤唳而虚惊,听
胡笳而泪下。据神亭而亡戟,临横江而弃马。崩于钜鹿之沙,
碎于长平之瓦。于是桂林颠覆,长洲麋鹿。溃溃沸腾,茫茫惨
黩。天地离阻,人神怨酷。晋郑靡依,鲁卫不睦。竞动天关,争
回地轴。探雀惊而未饱,待熊蹯而讵熟。乃有车侧郭门,筋悬
庙屋。鬼同曹社之谋,人有秦庭之哭。

余乃假刻玺于关塞,称使者之州对。逢鄂坂之讥嫌,值钘
门之征税。乘白马而不前,策青骡而转碍。吹落叶之扁舟,飘
长风于上游。彼锯牙而向爪,又巡江而习流。排青龙之战舰,
斗飞燕之船楼。张辽临于赤壁,王濬下于巴丘。乍风惊而射火,
或箭重而回舟。未辨声于黄盖,已先沈于杜侯。落帆黄鹤之浦,
藏船鹦鹉之洲。路已分于湘汉,星犹看于斗牛。若乃阴陵失路,
钓台斜趣。望赤岸而沾衣,舣乌江而不度。雷池栅浦,鹊陵焚
戍。旅舍无烟,巢禽失树。谓荆、衡之杞梓,庶江、汉之可恃。淮
海维扬,三千余里。过漂渚而寄食,托芦中而度水。届于七泽,
滨于十死。嗟夫天保之未定,见殷忧之方始。本不达于危行,
又无情于禄仕。谬掌卫于中军,滥尸丞于御史。

信生世等于龙门,辞亲同于河洛。奉立身之遗训,受成书

之顾托。昔三世而无惭，今七叶而始落。泣风雨于《梁山》，惟
枯鱼之衔索。入欹斜之小径，掩蓬藋之荒扉。就汀洲之杜若，
待芦苇之单衣。

于时西楚霸王，剑及繁阳。麾兵金匮，校战玉堂。苍鹰赤
雀，铁舳牙樯。沈白马而誓众，负黄龙而度湘。海潮迎舰，江萍
送王。戎车屯于石城，戈船掩乎淮、泗。诸侯则郑伯前驱，盟主
则荀罃暮至。剖巢熏穴，奔离走魅。埋长狄于驹门，斩蚩尤于
中冀。然腹为灯，饮头为器。直虹贯垒，长星属地。昔之虎据
龙盘，加以黄旗紫气，莫不随孤兔而窟穴，与风尘而殄瘁。

西瞻博望，北临玄圃。月榭风台，池平树古。倚弓于玉女
窗扉，系马于凤凰楼柱。仁寿之镜徒悬，茂陵之书空聚。若夫
立德立言，谟明寅亮。声超于系表，道高于河上。既不遇于浮
丘，遂无言于师旷。指爱子而托人，知西陵而谁望。非无北阙
之兵，犹有云台不仗。司徒之表裹经纶，勤王实勤。横周戈而
对霸主，执金鼓而问贼臣。平吴之功，壮于杜元凯；王室是赖，
深于温太真。始则地名全节，终以山称枉人。南阳校书，去之
已远。上蔡逐猎，知之何晚。镇北之负誉矜前，风飚慓然。水
神遭箭，山灵见鞭。是以蛰熊伤马，浮蛟没船。才子并命，俱非
百年。

中宗之夷凶静乱，大雪冤耻。去代邸而承基，迁唐郊为纂
祀。反旧章于司隶，归余风于正始。沉猜则方逞其欲，藏疾则
自矜于己。天下之事没焉，诸侯之心摇矣。既而齐交北绝，秦
患西起。况背关而怀楚，异端委而开吴。驱绿林之散卒，拒骊
山之叛徒。营军梁溠，蒐乘巴渝。问诸淫昏之鬼，求诸厌劾之
巫。荆门遭廪延之戮，夏首滥逵泉之诛。薳因亲于教爱，忍和
乐于弯弧。慨无谋于肉食，非所望于《论都》。未深思于五难，
先自擅于二端。登阳城而避险，卧底柱而求安。既言多于忌刻，
实志勇于刑残。但坐观于时变，本无情于急难。地为黑子，城
犹弹丸。其怨则黩，其盟则寒。岂冤禽之能塞海，非愚叟之可

移山。况以沴气霄浮,妖精夜殒。赤鸟则三朝夹日,苍云则七重围轸。亡吴之岁既穷,入郢之年斯尽。

周含郑怒,楚结秦冤。有南风之不竞,值西陵之责言。俄而梯冲乱舞,冀马云屯。栈秦车于畅毂,沓汉鼓于雷门。下陈仓而连弩,度临晋而横船。虽复楚有七泽,人称三户。箭不丽于六麋,雷无惊于九虎。辞洞庭兮落木,去涔阳兮极浦。炽火兮焚旗,贝风兮害蛊。乃使玉轴扬灰,龙文斫柱。下江余城,长林故营。徒思箝马之秣,未见烧牛之兵。章曼之以毂走,宫之奇以族行。河无冰而马度,关未晓而鸡鸣。忠臣解骨,君子吞声。章华望祭之所,云梦伪游之地。荒谷缢于莫敖,冶浦囚乎群帅。州阽折拉,鹰鸟批费。冤霜夏零,愤泉秋沸。城崩杞妇之哭,竹染湘妃之泪。

水毒秦泾,山高赵陉。十里五里,长亭短亭。饥随蛰燕,暗逐流萤。秦中水黑,关上泥青。于时瓦解冰泮,风飞电激。浑然千里,淄、渑一乱。雪暗如沙,冰横似岸。逢赴洛之陆机,见离家之王粲。莫不闻陇水而掩泣,向关山而长叹。况复君在交河,妾在清波。石望夫而逾远,山望子而逾多。才人之忆代郡,公主之去清河。棚阳亭有离别之赋,临江王有愁思之歌。别有飘风武威,羁旅金微。班超生而望反,温序死而思归。李陵之仇殳永去,苏武之一雁空飞。

昔江陵之中否,乃金陵之祸始。虽借人之外力,实萧墙之内起。拨乱之主忽焉,中兴之宗不祀。伯兮叔兮,同见戮于犹子。荆山鹊飞而玉碎,随岸蛇生而珠死。鬼火乱于平林,殇魂惊于新市。梁故丰徙,楚实秦亡。不有所废,其何以昌。有妫之后,遂育于姜。输我神器,居为让王。天地之大德曰生,圣人之大宝曰位。用无赖之子孙,举江东而全弃。惜天下之一家,遭东南之反气。以鹑首而赐秦,天何为而此醉!

且夫天道回旋,民生赖焉。余烈祖于西晋,始流播于东川。洎余身而七叶,又遭时而北迁。提挈老幼,关河累年。死生契阙,不可问天。况复零落将尽,灵光岿然。日穷于纪,岁将复始。
逼切危虑,端忧暮齿。践长乐之神皋,望宣平之贵里。渭水贯
于天文,骊山回于地市。幕府大将军之爱客,丞相平津侯之待
士。见钟鼎于金、张,闻弦歌于许、史。岂知霸陵夜猎,犹是故
时将军;咸阳布衣,非独思归王子。

大象初,以疾去职,卒。隋文帝深悼之,赠本官,加荆淮二州刺
史。子立嗣。

史臣曰:两仪定位,日月扬晖,天文彰矣;八卦以陈,书契以作,
人文详矣。若乃坟索所纪,莫得而云,《典暮》以降,遗风可述。是以
曲阜多才多艺,鉴二代以正其本;阙里性与天道,修《六经》以维其
末。故能范围天地,纲纪人伦。穷神知化,称首于千古;经邦纬俗,
藏用于百代。至矣哉! 斯固圣人之述作也。

逮乎两周道丧,七十义乖。淹中、稷下,八儒三墨,辩博之论蜂
起;漆园、黍谷,名法兵农,宏放之词雾集。虽雅诰奥义,或未尽善,
考其所长,盖贤达之源流也。

其后逐臣屈平,作《离骚》以叙志,宏才艳发,有恻隐之美。宋
王,南国词人,追逸辔而亚其迹。大儒荀况,赋礼智以陈其情,含章
郁起,有讽论之义。贾生,洛阳才子,继清景而奋其晖。并陶铸性灵,
组织风雅,词赋之作,实为其冠。

自是著述滋繁,体制匪一。孝武之后,雅尚斯文,扬葩振藻者如
林,而二马、王、杨为之杰;东京之朝,兹道逾扇,咀征含商者成市,
而班、傅、张、蔡为之雄。当涂受命,尤好虫篆,金行勃兴,无替前烈。
曹、王、陈、阮,负宏衍之思,挺栋干于邓林;潘、陆、张、左,擅侈哆之
才,饰羽仪于凤穴。斯并高视当世,连衡孔门。虽时运推移,质文屡
变,譬犹六代并凑,易俗之用无爽;九流竞逐,一致之理同归。历选
前英,于兹为盛。

既而中州版荡,戎狄于交侵,僭伪相属,士民涂炭,故文章黜
焉。其潜思于战争之间,挥翰于锋镝之下,亦往往而间出矣。若乃

鲁徽、杜广、徐光、尹弼之畴,知名于二赵;宋谚、封奕、朱彤、梁谠之属,见重于燕、秦。然皆迫于仓卒,牵于战争。竞奏符檄,则粲然可观;体物缘情,则寂寥于世。非其才有优劣,时运然也。至朔漠之地,蕞尔夷俗,胡义周之颂国都,足称宏丽;区区河右,而学者埒于中原,刘延明之铭酒泉,可谓清典。子曰"十室之邑,必有忠信",岂徒言哉。

洎乎有魏,定鼎沙朔,南包河、淮,西吞关、陇。当时之士,有许谦、崔宏、崔浩、高允、高闾、游雅等,先后之间,声实俱茂,词义典正,有永嘉之遗烈焉。及太和之辰,虽复崇尚文雅,方骖并路,多乖往辙,涉海登山,罕值良宝。其后袁翻才称澹雅,常景思摽沉郁,彬彬焉,盖一时之俊秀也。

周氏创业,运属陵夷。纂遗文于既丧,聘奇士如弗及。是以苏亮、苏绰、卢柔、唐瑾、元伟、李昶之徒,咸奋鳞翼,自致青紫。然绰建言务存质朴,遂糠秕魏、晋,宪章虞、夏。虽属词有师古之美,矫枉非适时之用,故莫能常行焉。

既而革车电迈,渚宫云撤。尔其荆、衡杞梓,东南竹箭,备器用于庙堂者众矣。唯王褒、庾信奇才秀出,牢笼于一代。是时,世宗雅词云委,滕、赵二王雕章间发。咸筑宫虚馆,有如布衣之交。由是朝廷之人,闾阎之士,莫不忘味于遗韵,眩精于末光。犹丘陵之仰嵩、岱,川流之宗溟、渤也。

然则子山之文,发源于宋末,盛行于梁季。其体以淫放为本,其词以轻险为宗。故能夸目侈于红紫,荡心逾于郑、卫。昔杨子云有言:"诗人之赋,丽以则;词人之赋,丽以淫。"若以庾氏方之,斯又词赋之罪人也。

原夫文章之作,本乎情性。贾思则变化无方,形言则条流遂广。虽诗赋与奏议异轸,铭诔与书论殊涂,而撮其指要,举其大抵,莫若以气为主,以文传意。考其殿最,定其区域,摭《六经》百氏之英华,探屈、宋、卿、云之秘奥。其调也尚远,其旨也在深,其理也贵当,其辞也欲巧。然后莹金璧,播芝兰,文质因其宜,繁约适其变,权衡轻重,斟酌古今,和而能壮,郦而能典,焕乎若五色之成章,纷乎犹八音之繁会。夫然,则魏文所谓通才足以备体矣,士衡所谓难能足以逮意矣。

周书卷四二
列传第三四

萧𢁉　萧世怡　萧圆肃
萧大圜　宗懔　刘璠　柳霞

　　萧𢁉字智遐,兰陵人也。梁武帝弟安成王委之子也。性温裕,有仪表。年十二,入国学,博观经史,雅好属文。在梁,封永丰县侯,邑一千户。初为给事中,历太子洗马、中舍人。东魏遣李谐、卢元明使于梁,梁武帝以𢁉辞令可观,令兼中书侍郎,受币于宾馆。寻迁黄门侍郎。出为宁远将军、宋宁兴二郡宁,转轻车将军、巴西梓潼二郡守。及侯景作乱,武陵王纪承制授𢁉使持节、忠武将军。又迁平北将军、散骑常侍,领益州刺史军防事。纪称尊号于成都,除侍中、中书令,封秦郡王,邑三千户,给鼓吹一部。纪率众东下,以𢁉为尚书令、征西大将军、都督益梁秦潼安泸青戎宁华信渠万江新邑楚义十八州诸军事、益州刺史,守成都。又令梁州刺史杨乾运守潼州。

　　太祖知蜀兵寡弱,遣大将军尉迟迥总众讨之。及迥入剑阁,乾运以州降。蜀中因是大骇,无复抗拒之志。迥长驱至成都,𢁉见兵不满万人,而仓库空竭,军无所资,遂为城守之计。迥围之五旬,𢁉屡遣其将出城挑战,多被杀伤。外援虽至,又为迥所破。语在《迥传》。𢁉遂请降,迥许之。𢁉于是率文武于益州城北,共迥升坛,歃血立盟,以城归国。

　　魏恭帝元年,授侍中、骠骑大将军、开府仪同三司,封归善县公,邑一千户。孝闵帝践祚,进爵黄台郡公,增邑一千户。武成中,世宗令诸文儒于麟趾殿校定经史,仍撰《世谱》,挚亦预焉。寻以母老,兼有疾疹,五日番上,便隔晨昏,请在外著书。有诏许焉。保定元年,授礼部中大夫。又以挚有归款之功,别赐食多陵县五百户,收其租赋。

三年,出为上州刺史。为政仁恕,以礼让为本。尝至元日,狱中所有囚系,悉放归家,听三日,然后赴狱。主者固执不可。挚曰:"昔王长、虞延见称前史,吾虽寡德,窃怀景行。道民以信,方自此始。以之获罪,弥所甘心,幸勿虑也。"诸囚荷恩,并依限而至。吏民称其惠化。秩满当还,部民李漆等三百余人上表,乞更留两载。诏虽弗许,甚嘉美之。

及挚入朝,属置露门学。高祖以为与唐瑾、元伟、王褒等四人俱为文学博士。挚以母老,表请归养私门,曰:"臣闻出忠入孝,理深人纪;昏定晨省,事切天经。伏惟陛下握镇临朝,垂衣御宇,孝治天下,仁覃草木。是以微臣冒陈至愿。臣母妾褚年过养礼,乞解今职,侍奉私庭。伏愿天慈,特垂矜许。臣披款归朝,十有六载,恩深海岳,报浅涓尘。肆师掌礼,竟无称职;渐厉督察,空妨能官。方辞违阙庭,屏迹闾里,低徊系慕,恋悚兼深。"高祖未许,诏曰:"开府梁之宗英,今则任等三事。所谓楚虽有材,周实用之。方藉谋猷,匡朕不逮。然进思尽忠,退安侍养者,义在公私兼济。岂容全欲徇己,亏此至公,乖所望也。"寻以母忧去职。

天和六年,授少保。建德元年,转少傅。后改封蔡阳郡公,增邑通前三千四百户。二年卒,时年五十九。高祖举哀于正武殿,赐谷麦三百石、布帛三百匹,赠使持节、大将军、大都督、少传、益新始信四州诸军事、益州刺史,谥曰襄。

挚善草隶,名亚于王褒。算数医方,咸亦留意。所著诗赋杂文数万言,颇行于世。子济嗣。济字德成,少仁厚,颇好属文。萧纪承制,授贞威将军、蜀郡太守,迁东中郎将。从纪东下。至巴东,闻迥围成都,纪命济率所部赴援。比至,挚已降。仍从为入朝。孝闵帝践祚,除中外府记室参军。后至蒲阳郡守、车骑大将军、仪同三司。

萧世怡，梁武帝弟鄱阳王恢之子也。以名犯太祖讳，故称字焉。幼而职慧，颇涉经史。梁大同元年，封丰城县侯，邑五百户。除给事中，转太子洗马。寻入直殿省，转太子中舍人。出为持节、仁威将军、谯州刺史。及侯景为乱，路由城下，袭而陷之，世怡遂被执。寻遁逃得免，至于江陵。

梁元帝承制授侍中。及平侯景，以世怡为兼太宰、太常卿，与中卫长史乐子云拜谒山陵。承圣二年，授使持节、平西将军、临川内史。既以陆纳据湘川，道路拥塞，改授平南将军、桂阳内史。未至郡，属于谨平江陵，遂随兄修在郢州。及修卒，即以世怡为刺史。湘州刺史王琳率舟师袭世怡，世怡以州输琳。时陈武帝执政，征为侍中。世怡疑而不就，乃奔于齐。除车骑大将军、散骑常侍。寻出为永州刺史。

保定四年，晋公护东伐，大将军权景宣略地河南。世怡闻豫州刺史王士良已降，遂来归款。五年，拜使持节、骠骑大将军、开府仪同三司，封义兴郡公，邑一千三百户。天和二年，授蔡州刺史。政存简惠，不尚苛察，深为吏民所安。三年，卒于州。赠本官、加并洛永三州刺史。子子宝嗣。

子宝美风仪，善谈笑，年未弱冠，名重一时。隋文帝辅政，引为丞相府典签，深被识遇。开皇中，官至吏部侍郎。后坐事被诛。

萧圆肃字明恭，梁武帝之孙，武陵王纪之子也。风度淹雅，敏而好学。纪称尊号，封宜都郡王，邑二千户，除侍中、宁远将军。纪率兵下峡，令萧伪守成都，以圆肃为之副。及尉迟迥至，圆肃与伪俱降。授骠骑大将军、开府仪同三司、侍中，封安化县公，邑一千户。世宗初，进封棘城郡公，增邑一千户。以圆肃有归款之勋，别赐食思君县五百户，收其租赋。保定三年，除畿伯中大夫。五年，拜咸阳郡守。圆肃宽猛相济，甚有政绩。天和四年，迁陵州刺史，寻诏令随卫国公直镇襄阳，遂不之部。

建德三年,授太子少傅,增邑九百户。圆肃以任当师傅、调护是职。乃作《少傅箴》曰:

惟王建国,辨方正位。左史记言,右史书事。莫不援立太子,为皇之贰。是以《易》称明两,《礼》云上嗣。东序养德,震方主器。束发就学,《宵雅》更肆。朝读百篇,乙夜乃寐。爱日惜力,寸阴无弃。视膳再饭,寝门三至。小心翼翼,大孝蒸蒸。谋谟计虑,问对疑丞。安乐必敬,无忘战竞。夫天道益谦,人道恶盈。汉嗣不绝乎驰道,魏储回环于邺城。前史攸载,后世扬名。三善既备,万国以贞。姬周长久,实赖元良。嬴秦短祚,诚由少阳。虽卜年七百,有德过历而昌;数世万一,无德不及而亡。敬之敬之,天惟显思。光副皇极,永固洪基。观德审谕,授告职司。

太子见而悦之,致书劳问。

六年,授丰州刺史,增邑通前三千七百户。寻进位上开府仪同大将军。宣政元年,入为司宗中大夫,俄授洛州刺史。大象末,进位大将军。隋开皇初,授贝州刺史。以母老请归就养,隋文帝许之。四年,卒,时年四十六。有文集十卷,又撰时人诗笔为《文海》四十卷,《广堪》十卷,《淮海乱离志》四卷,行于世。

萧大圜字仁显,梁简文帝之子也。幼而聪敏,神情俊悟。年四岁,能诵《三都赋》及《孝经》、《论语》。七岁居母丧,便有成人之性。梁大宝元年,封乐梁郡王,邑二千户,除宣惠将军、丹阳尹。属侯景肆虐,简文见弒,大圜潜遁获免。明年,景平,大圜归建康。时既丧乱之后,无所依托,乃寓居善觉佛寺。人有以告王僧辩者。僧辩乃给船饩,得往江陵。梁元帝见之甚悦,赐以越衫胡带等。改封晋熙郡王,邑二千户,除宁远将军、琅邪彭城二郡太守。

时梁元帝既有克复之功,而大圜兄汝南王大封等犹未通谒。梁元帝性既忌刻,甚恨望之。乃谓大圜曰:“汝两兄久不出,汝可以意召之。”大圜即日晓谕两兄,相继出谒,元帝乃安之。大圜以世多故,恐谗朔生焉,乃屏绝人事。门客左右不过三两人,不妄游狎。兄姊之间,止笺疏而已。恒以读《诗》、《礼》、《书》、《易》为事。元帝尝自问《五经》要事数十条,大圜辞约指明,应答无滞。元帝甚叹美之。因曰:"昔河间好学,尔既有之,临淄好文,尔亦兼之。然有东平为善,弥高前载,吾重之爱之,尔当效焉。"及于谨军至,元帝乃令大封充使请和,大圜副焉,其实质也。出至军所,信宿元帝降。

魏恭帝二年,客长安,太祖以客礼待之。保定二年,诏曰:"梁汝南王萧大封、晋熙王萧大圜等,梁国子孙,宜存优礼,式遗茅土,实允旧章。大封可封晋陵县公,大圜封始宁县公,邑各一千户。"寻加大圜车骑大将军、仪同三司。并赐田宅、奴婢、牛马、粟帛等。俄而开麟趾殿,招集学士。大圜预焉。《梁武帝集》四十卷,《简文集》九十卷,各止一本,江陵平后,并藏秘阁。大圜既入麟趾,方得见之。乃手写二集,一年并毕。识者称叹之。

大圜深信因果,心安闲放。尝言之曰:

拂衣褰裳,无吞舟之漏网;挂冠悬节,虑我志之未从。傥获展禽之免,有美慈明之进。如蒙北叟之放,实胜济南之征。其故何哉?夫闾阎者有优游之美,朝廷者有簪佩之累,盖由来久矣。留侯追踪于松子,陶朱成术于辛文,良有以焉。况乎智不逸群,行不高物,而欲辛苦一生,何其僻也。岂如知足知止,萧然无累。北山之北,弃绝人间,南山之南,超逾世网。面修原而带流水,倚郊甸而枕平皋,筑蜗舍于丛林,构环堵于幽薄。近詹烟雾,远睇风云。藉纤草以阴长松,结幽兰而援芳桂。仰翔禽于百仞,俯泳鳞于千寻。果园在后,开窗以临花卉;蔬圃居前,坐槛而看灌畦。二顷以供饘粥,十亩以给丝麻。侍儿五三,可充紃织;家僮数四,足代耕耘。沽酪牧羊,协潘生之志;畜鸡种黍,应庄叟之言。获菽寻氾氏之书,露葵征尹君之录。烹羔豚而介春酒,迎伏腊而候岁时。披良书,探至赜,歌纂纂,唱乌乌,可以娱神,可以散虑。有朋自远,扬搉古今。田畯相过,剧谈稼穑。斯亦足矣,乐不可支。永保性命,何畏忧责。岂若牵足入绊,申胫就羁,游帝王之门,趋宰衡之势。不知飘尘之少选,宁觉年祀之斯须。万物营营,靡存其意,天道昧昧,安可问哉。嗟乎!人生若浮云朝露,宁俟长绳系景,实不愿之。执烛夜游,惊其迅迈。百年何几,擎跽曲拳,四时如流,俯眉蹙足。出处无成,语默奚当。非直丘明所耻,抑亦宣尼耻之。

建德四年,除滕王逌友。逌尝问大圜曰:"吾闻湘东王作《梁史》,有之乎? 余传乃可抑扬,帝纪奚若? 隐则非实,记则攘羊。"对曰:"言者之妄也。如使有之,亦不足怪。昔汉明为《世祖纪》,章帝为《显宗纪》,殷鉴不远,足为成例。且君子之过,如日月之蚀,彰于四海,安得而隐之? 如有不彰,亦安得而不隐? 盖子为父隐,直在其中;讳国之恶,抑又礼也。"逌乃大笑。

其后大军东讨,攻拔晋州。或问大圜曰:"齐遂克不?"对曰:"高欢昔以晋州肇基伪迹,今本既拔矣,能无亡乎。所谓以此始者必以此终也。"居数日,齐氏果灭。闻者以为知言。宣政元年,增邑通前二千二百户。隋开皇初,拜内史侍郎,出为西河郡守。寻卒。

大圜性好学,务于著述。撰《梁旧事》三十卷、《寓记》三卷、《士丧仪注》五卷、《要决》两卷,并文集二十卷。大封位至开府仪同三司。大象末,为陈州刺史。

宗懔字元懔,南阳涅阳人也。八世祖承,昶嘉之乱,讨陈敏有功,封柴桑县侯,除宜都郡守。卒于官,子孙因居江陵。父高之,梁山阴令。懔少聪,令好读书,昼夜不倦。语辄引古事,乡里呼为小儿学士。梁普通六年,举秀才,以不及二宫元会,例不对策。及梁元帝镇荆州,谓长史刘之遴曰:"贵乡多士,为举一有意少年。"之遴以懔应命。即日引见,令兼记室。尝夕被召宿省,使制《龙川庙碑》,一夜便就,诘朝呈上。梁元帝叹美之。及移镇江州,以懔为刑狱参军,兼掌书记。历临汝、建成,广晋三县令。遭母忧去职。哭辄呕血,两旬之内,绝而复苏者三。每有群乌数千,集于庐舍,候哭而来,哭止而去。时时论称之,以为孝感所致。

梁元帝重牧荆州,以懔为别驾、江陵令。及帝即位,擢为尚书侍郎。又手诏曰："昔扶柳开国，止曰故人，西乡胙土，本由宾客。况事涉勋庸，而无爵赏？尚书侍郎宗懍，亟有帷幄之谋，诚深股肱之寄。从我于迈，多历岁时。可封信安县侯，邑一千户。"累还吏部郎中、五兵尚书、吏部尚书。初侯景平后，梁元帝议迁建业，唯懍劝都渚宫，以其乡里在荆州故也。

及江陵平，与王褒等入关。太祖以懍名重南土，甚礼之。孝闵帝践祚，拜车骑大将军、仪同三司。世宗即位，又与王褒等在麟趾殿刊定群书。数蒙宴赐。保定中卒，年六十四。有集二十卷，行于世。

刘璠字宝义，沛国沛人也。六世祖敏，以永嘉丧乱，徙居广陵。父臧，性方正，笃志好学，居家以孝闻。梁天监初，为著作郎。

璠九岁而孤，居丧合礼。少好读书，兼善文笔。年十七，为上黄侯萧晔所器重。范阳张绾，梁之外戚，才高口辩，见推于世。以晔之懿贵，亦假借之。璠年少未仕，而负才使气，不为之屈。绾尝于新渝侯坐，因酒后诟京兆杜骞曰："寒士不逊。"璠厉色曰："此坐谁非寒士？"璠本意在绾，而晔以为属己，辞色不平。璠曰："何王之门不可曳长裾也！"遂拂衣而去。晔辞谢之，乃止。后随晔在淮南，璠母在建康遭疾，璠弗之知。尝忽一日举身楚痛，寻而家信至，云其母病。璠即号泣戒道，绝而又苏。当身痛之辰，即母死之日也。居丧毁瘠，遂感风气。服阕后一年，犹杖而后起，及晔终于毗陵，故吏多分散，璠独奉晔丧还都，坟成乃退。梁简文时在东宫，遇晔素重，诸不送者皆被劾责，唯璠独被优赏。解褐王国常侍，非其好也。

璠少慷慨，好功名，志欲立事边城，不乐随牒平进。会宜丰侯萧循出为北徐州刺史，即请为其轻车府主簿，兼记室参军，又领刑狱。循为梁州，除信武府记室参军，领南郑令。又板为中记室，补华阳太守。属侯景度江，梁室大乱，循以璠有才略，甚亲委之。时寇难繁兴，未有所定。璠乃喟然赋诗以见志。其末章曰："随会平王室，夷吾匡霸功。虚薄无时用，徒然慕昔风。"循开府，置佐史，以璠为咨议参军，仍领记室。梁元帝承制，授树功将军、镇西府咨议参军。赐书曰：

"邓禹文学,尚或执戈;葛洪书生,且云破贼。前修无远,属望良深。"
梁元帝寻又以循绍鄱阳之封,且为雍州刺史,复以璠为循平北府司
马。

及武陵王纪称制于蜀,以璠为中书侍郎,屡遣召璠,使者八返,
乃至蜀。又以为黄门侍郎,令长史刘孝胜深布腹心。使工画《陈平
度河归汉图》以遗之。璠苦求还。中记室韦登私曰:"殿下忍而蓄憾,
足下不留,将致大祸。脱使盗遮于葭萌,则卿殆矣。孰若共构大厦,
使身名俱美哉。"璠正色曰:"卿欲缓颊于我耶? 我与府侯,分义已
定。岂以宠辱夷险,易其心乎? 丈夫立志,当死生以之耳。殿下方
布大义于天下,终不遏志于一人。"纪知必不为己用,乃厚其赠而遣
之。临别,纪又解其佩刀赠璠曰:"想见物思人。"璠对曰:"敢不奉扬
威灵,克翦奸宄。"纪于是遣使就拜循为益州刺史,封随郡王,以璠
为循府长史,加蜀郡太守。

还至白马西,属达奚武军已至南郑,璠不得入成,遂降于武。太
祖素闻其名,先诫武曰:"勿使刘璠死也。"故武先令璠赴阙,璠至,
太祖见之如旧。谓仆射申徽曰:"刘璠佳士,古人何以过之。"徽曰:
"昔晋主灭吴,利在二陆。明公今平梁汉,得一刘璠也。"时南郑尚拒
守未下,达奚武请屠之,太祖将许焉,唯令全璠一家而已。璠乃请之
于朝,太祖怒而不许。璠泣而固请,移时不退。柳仲礼侍侧曰:"此
烈士。"太祖曰:"事人当如此。"遂许之。城竟获全,璠之力也。

太祖既纳萧循之降,又许其反国。循至长安累月,未之遣也。璠
因侍宴,太祖曰:"我于古谁比?"对曰:"常以公命世英主,汤武莫
逮;今日所见,曾齐桓、晋文之不若。"太祖曰:"我不得比汤、武,望
与伊、周为匹,何桓、文之不若乎?"对曰:"齐桓存三亡国,晋文不失
信于伐原。"语未终,太祖抚掌曰:"我解尔意,欲激我耳。"于是即命
遣循。循请与璠俱还,太祖不许。以璠为中外府记室,寻迁黄门侍
郎、仪同三司。

尝卧疾居家,对雪兴感,乃作《雪赋》以遂志云。其词曰:

　　天地否闭,凝而成雪。应乎玄冬之辰,在于沍寒之节。苍

云暮同，严风晓别。散乱徘徊，雾霏皎洁。违朝阳之暄煦，就陵
阴之惨烈。若乃雪山崎于流沙之右，雪宫建于碣石之东。混二
仪而并色，覆万有而皆空。埋没河山之上，笼罩寰宇之中。日
驭潜于濛汜，地险失于华、嵩。既夺朱而成素，实矫异而为同。
始飘摇而稍落，遂纷糅而无穷。蒙回兮琐散，嵩皓兮溟蒙。绥
绥兮飒飒，漉漉兮汎汎。因高兮累仞，藉少兮成丰。晓分光而
映净，夜合影而通胧。似北荒之明月，若西昆之阆风。尔乃冯
集异区，遭随所适。遇物沦形，触途湮迹。何净秽之可分，岂高
卑之能择。体不常消，质无定白。深谷夏凝，小山春积。偶仙
宫而为绛，值河滨而成赤。广则弥纶而交四海，小则淅沥而缘
间隙。浅则不过二寸，大则平地一尺。乃为五谷之精，寔长众
川之魄。大壑所以朝宗，洪波资其消释。家有赵王之璧，人聚
汉帝之金。既藏牛而没马，又冰木而凋林。已堕白登之指，实
怆黄竹之心。楚客埋魂于树裹，汉命迁饥于海阴。毙云中之狡
兽，落海上之惊禽。庚辰有七尺之厚，甲子有一丈之深。无复
垂箕与云合，唯有变白作泥沉。本为白雪唱，翻作《白头吟》。吟
曰：昔从天山来，忽与狂风阋。逆河阴而散漫，望衡阳而委绝。
朝朝自消尽，夜夜空凝结。徒云雪之可赋，竟何赋之能雪。

　　初，萧循在汉中与萧纪牋及答国家书、移襄阳文，皆璠之辞也。
世宗初，授内史中大夫，掌纶诰。寻封平阳县子，邑九百户。在
职清白简亮，不合于时，左迁周和郡守。璠善于抚御，莅职未期，生
羌降附者五百余家。前后郡守多经营以致资产，唯璠秋毫无所取，
妻子并随羌俗，食麦衣皮，始终不改。洮阳、洪和二郡羌民，常越境
诣璠讼理焉。其德化为他界所归仰如此。蔡公广时镇陇右，嘉璠善
政。及迁镇陕州，欲取璠自随，羌人乐从者七百人。闻者莫不叹异。
陈公纯作镇陇右，引为总管府司录，甚礼敬之。天和三年卒，时年五
十九。著《梁典》三十卷，有集二十卷，行于世。子祥嗣。

　　祥字休征。幼而聪慧，占对俊辩，宾客见者，皆号神童。事嫡母
以至孝闻。其伯父黄门郎璿有名江左，在岭南，闻而奇之，乃令名祥

字休征。后以字行于世。年十岁能属文,十二通《五经》。解褐梁宜
丰侯主簿,迁记室参军。

江陵平,随例入国。齐公宪以其善于词令,召为记室。府中书
记,皆令掌之。寻授都督,封汉安县子,食邑七百户,转从事中郎。宪
进爵为王,以休征为王友。俄除内史上士。高祖东征,休征陪侍帷
幄。平齐露布,即休征之文也。累迁车骑大将军、仪同大将军。寻
以去官,领万年令,未期月,转长安令。频宰二县,颇获时誉。大象
二年,卒于官,时年四十七。

初,璠所撰《梁典》始就,未启刊定而卒。临终谓休征曰:"能成
我志,其在此书乎。"休征治定缮写,勒成一家,行于世。

柳霞字子升,河东解人也。曾祖卓,晋汝南太守,始自本郡徙居
襄阳。祖叔珍,宋员外散骑常侍、义阳内史。父季远,梁临川王谘议
参军、宜都太守。霞幼而爽迈,神彩疑然,髫岁便有成人之量。笃好
文学,动合规矩。其世父庆远特器异之。谓霞曰:"吾昔逮事伯父太
尉公,尝语吾云:'我昨梦汝登一楼,楼甚峻丽,吾以坐席与汝。汝后
名宦必达,恨吾不及见耳。'吾向聊复昼寝,又梦将昔时座席还以赐
汝。汝之官位,当复及吾。特宜勉励,以应嘉祥也。"梁西昌侯深藻
镇雍州,霞时年十二,以民礼修谒,风仪端肃,进止详雅。深藻美之,
试遣左右践霞衣裾,欲观其举措。霞徐步稍前,曾不顾盼。庐陵王
续为雍州刺史,辟霞为主簿。起家平西邵陵王纶府法曹参军,仍转
外兵,除尚书工部郎。谢举时为仆射,引霞与语,甚嘉之。顾谓人曰:
"江汉英灵,见于此矣。"

岳阳王萧督莅雍州,选为治中,寻迁别驾。及督于襄阳承制,授
霞吏部郎、员外散骑常侍。俄迁车骑大将军、仪同三司、大都督,赐
爵闻喜县公。寻进位持节、侍中、骠骑大将军、开府仪同三司。及萧
督践帝位于江陵,以襄阳归于我。霞乃辞督曰:"陛下中兴鼎运,龙
飞旧楚。臣昔因幸会,早奉名节,理当以身许国期之始终。自晋氏
南迁,臣宗族盖寡。从祖太尉,世父仪同、从父司空,并以位望隆重,

遂家于金陵。唯留先臣，独守坟柏。常诫臣等，使不违此志。今襄
阳既入北朝，臣若陪随变辂，进则无益尘露，退则有亏先旨。伏愿曲
垂鉴照，亮臣此心。"督重违其志，遂许之。因留卿里，以经籍自娱。

太祖、世宗频有征命，霞固辞以疾。及督殂，霞举哀，行旧君之
服。保定中又征之，霞始入朝。授使持节、骠骑大将军、开府仪同三
司、霍州诸军事、霍州刺史。霞导民务先以德，再三不用命者，乃微
加贬异，示之耻而已。其下感而化之，不复为过。咸曰："我君仁惠
如此，其可欺乎!"天和中，卒，时七十二。宣政初，赠崟、安二州刺
史。

霞有志行。初为州主簿，其父卒于扬州，霞自襄阳奔赴，六日而
至。哀感行路，毁瘁殆不可识。后奉丧溯江西归，中流风起，舟中之
人，相顾失色。霞抱棺号恸，朔天求哀，俄顷之间，风止浪息。其母
尝乳间发疽，医云："此病无可救之理，唯得人吮脓，或望微止其
痛。"霞应声即吮，旬日遂瘳。咸以为孝感所致。性又温裕，略无喜
温之容。弘奖名教，未尝论人之短。尤好施与，家无余财。临终遗
诫薄葬，其子等并奉行之。有十子，靖、庄最知名。

靖字思休。少方雅，博览坟籍。梁大同末，释褐武陵王国左常
侍，转法曹行参军。大定初，除尚书度支郎，迁正员郎。随霞入朝，
授大都督，历河南、德广二郡守。靖雅达政事，所居皆有治术，吏民
畏而爱之。然性爱闲素，其于名利澹如也。及秩满还，便有终焉之
志。隋文帝践极，特诏征之，靖唯遂以疾固辞。优游不仕，闭门自守，
所对唯琴书而已。足不历园庭，殆将十载。子弟等奉之，若严君焉。
其有过者，靖必下帷自责，于是长幼相率拜谢于庭，靖然后见之，勖
以礼法。乡里亦慕而化之。或有不善者，皆曰："唯恐柳德广知也。"
时论方之王烈。前后总管到官，皆亲至靖家问疾，遂以为故事。秦
王俊临州，赍以几杖，并致衣物。靖受几杖，余并固辞。其为当时所
重如此。开皇中，以寿终。

庄字思敬。器量贞固，有经世之才。初仕梁，历中书舍人、尚书
右丞、给事黄门侍郎、尚书吏部郎中、鸿胪太府卿。入隋，位至开府

仪同三司、给事黄门侍郎、饶州刺史。

史臣曰：肖伪、世怡、圆肃、大圜并有梁之令望也。虽羁旅异国，而终享荣名。非有兹基，夙怀文质，亦何能至于此乎。方武陵拥众东下，任伪以萧何之事，君臣之道既笃，家国之情亦隆。金石不足比其心，河山不足盟其誓。及魏安之至城下，旬日而智力俱竭。委金汤而不守，举庸蜀而来王。若乃见机而作，诚有之矣。守节没齿，则未可焉。

宗懔干局才辞见称于梁元之世。逮乎俘囚楚甸，播越秦中，属太祖思治之辰，遇世宗好士之日，在朝不预政事，就列才忝戎章。岂怀道图全，优游卒岁，将用与不用，留滞当年乎？

梁氏据有江东，五十余载。挟策纪事，勒成不朽者，非一家焉。刘璠学思通博，有著述之誉，虽传疑传信，颇有详略，而属辞比事，足为清典。盖近代之佳史欤。

柳霞立身之道，进退有节。观其眷恋坟陇，其孝可移于朝廷；尽礼旧主，其忠可事于新君。夫能推此类以求贤，则知人几于易矣。

周书卷四三
列传第三五

李延孙　韦佑　韩雄　陈忻
魏玄

　　李延孙,伊川人也。祖伯扶,魏太和末,从征悬瓠有功,为汝南郡守。父长寿,性雄豪,有武艺。少与蛮酋结托,屡相招引,侵灭关南。孝昌中,朝议恐其为乱,乃以长寿为防蛮都督,给其鼓节,以慰其意。长寿冀因此遂得任用,亦尽其智力,防遏群蛮。伊川左右,寇盗为之稍息。永安之后,盗贼蜂起,长寿乃招集叛亡,徒侣日盛。魏帝藉其力用,因而抚之。乃授持节、大都督,转镇张白坞。后为河北郡守,转河内郡守。所历之处,咸以猛烈闻。讨捕诸贼,频有功。授卫大将军、北华州刺史,赐爵清河郡公。及魏孝武西迁,长寿率励义士拒东魏。孝武嘉之,复授颍川郡守,迁广州刺史。东魏遣行台侯景率兵攻之,长寿众少,城陷,遂遇害。大统元年,追赠太尉、使持节、侍中、骠骑大将军、冀定等十二州诸军事、定州刺史。延孙亦雄武,有将帅才略。少从长寿征讨,以勇敢闻。初为直阁将军。贺拔胜为荆州刺史,表延孙为都督。肃清鸦路颇有功力焉。及长寿被害,延孙乃还,收集其父之众。

　　自魏孝武西迁之后,朝士流亡。广陵王忻、录尚书长孙稚、颍川王斌之、安昌王子均及建宁、江夏、陇东诸王并百官等携持妻子来投延孙者,延孙即率众卫送,并赠以珍玩,咸达关中。齐神武深患之,遣行台慕容绍宗等数道攻之。延孙奖励所部出战,遂大破之,临阵斩其扬州刺史薛喜。于是义军更振。乃授延孙京南行台、节度河南诸军事、广州刺史。寻进车骑大将军、仪同三司、大都督,赐爵华山郡公。延孙既荷重委,每以克清伊、洛为己任。频以少击众,威振敌境。

大统四年,为其长史杨伯兰所害。后赠司空、翼定等六州刺史。子人杰,有祖、父风。官至开府仪同三司、和州刺史,改封颍川郡公。延孙弟义孙,亦官至开府仪同三司。

韦佑字法保,京兆山北人也。少以字行于世。世为州郡著姓。祖骈,雍州主簿。举秀才,拜中书博士。父义,前将军、上洛郡守。魏大统时,以法保著勋,追赠秦州刺史。法保少好游侠,而质直少言。所与交游,皆轻猾亡命。人有急难投之者,多保存之。虽屡避追捕,终不改其操。父没,事母兄以孝敬闻。慕李长寿之为人,遂娶长寿女,因寓居关南。正光末,四方云扰。王公避难者或依之,多得全济,以此为贵游所德。乃拜员外散骑侍郎,加轻车将军。及魏孝武西迁,法保从山南赴行在所。除右将军、太中大夫,封固安县男,邑二百户。

及长寿被害,其子延孙收长寿余众,守御东境。朝廷恐延孙兵少不能自固,乃除法保东洛州刺史,配兵数百人,以援延孙。法保至潼关,弘农郡守韦孝宽谓法保曰:“恐子此役,难以吉还也。”法保曰:“古人称不入兽穴,不得兽子。安危之事,未可预量。纵为国殒身,亦非所恨。”遂倍道兼行。东魏陕州刺史刘贵以步骑千余邀之。法保命所部为圆阵,且战且前。数日,得与延孙兵接,乃并势置栅于伏流。未几,太祖追法保与延孙率众还朝,赏劳甚厚。乃授法保大都督。四年,除河南尹。及延孙被害,法保乃率所部,据延孙旧栅。频与敌人交兵,每身先士卒,单马陷阵,是以战必被伤。尝至关南,与东魏人战,流矢中颈,从口中出,当时气绝。舆至营,久之乃苏。九年,拜车骑大将军、仪同三司,镇九曲城。

及侯景以豫州来附,法保率兵赴景。景欲留之,法保疑其有贰心,乃固辞还所镇。十五年,加骠骑大将军、开府仪同三司,寻进爵为公。会东魏遣军送粮馈宜阳,法保潜邀之。转战数十里,兵少不敌,为流矢所中,卒于阵。谥曰庄。子初嗣。建德末,位至开府仪同大将军、阎韩防主。

韩雄字木兰,河南东垣人也。祖景,魏孝文时为赭阳郡守。雄少敢勇,膂力绝人,工骑射,有将率材略。及魏孝武西迁,雄便慷慨有立功之志。大统初,遂与其属六十余人于洛西举兵,数日间,众至千人。与河南行台杨琚共为掎角。每抄掠东魏,所向克获。徒众日盛,州县不能御之。东魏洛州刺史韩贤以状闻,邺乃遣其军司慕容绍宗率兵与贤合势讨雄。战数十合,雄兵略尽,兄及妻子皆为贤所获,将以为戮。乃遣人告雄曰:"若雄至,皆免之。"雄与其所亲谋曰:"奋不顾身以立功名者,本望上申忠义,下荣亲戚。今若忍而不赴,人谓我何。既免之后,更思其计,未为晚也。"于是,遂诣贤军,即随贤还洛。乃潜引贤党,谋欲袭之。事泄遁免。

时太祖在弘农,雄至上谒。太祖嘉之,封武阳县侯,邑八百户。遣雄还乡里,更图进取。雄乃招集义众,进逼洛州。东魏洛州刺史元湛委州奔河阳,其长史孟彦举城款附。俄而领军独孤信大军继至,雄遂从信入洛阳。时东魏将侯景等围蓼坞,雄击走之。又从太祖战于河桥。军还,仍镇洛西。拜假平东将军、东郡守,迁北中郎将。邙山之役,太祖命雄率众邀齐神武于隘道。神武怒,命三军并力取雄。雄突围得免。除东徐州刺史。太祖以雄勤劳积年,乃征入朝,屡加赏劳。复遣还州。

东魏东雍州刺史郭叔略与雄接境,颇为边患。雄密图之,乃轻将十骑,夜入其境,伏于道侧。遣都督韩仕于略城东,服东魏人衣服,诈若自河阳叛投关西者。略出驰之,雄自后射之,再发咸中,遂斩略首。除河南尹,进爵为公,加车骑大将军、仪同三司、大都督、散骑常侍。寻进骠骑大将军、开府仪同三司、侍中、河南邑中正。孝闵帝践祚,进爵新义郡公,增邑通前三千八百户,赐姓宇文氏。世宗二年,除使持节、都督、中徐虞洛四州诸军事、中州刺史。

雄久在边,具知敌人虚实。每率众探入,不避艰难。前后经四十五战,虽时有胜负,而雄志气益壮。东魏深惮之。天和三年,卒于镇。赠大将军、中华宜义和五州诸军事、中州刺史。谥曰威。子禽嗣。

陈忻字永怡,宜阳人也。少骁勇,有气侠,姿貌魁岸,同类咸敬惮之。魏孝武西迁之后,忻乃于辟恶山招集勇敢少年数十人,寇掠东魏,仍密遣使归附。大统元年,授持节、伏波将军、羽林监、立义大都督,赐爵霸城县男。三年,太祖复弘农,东魏扬州刺史探拔城遁走。忻率义徒于九曲道邀之,杀伤甚众,擒其新安令张祗。太祖嘉其忠款,使行新安县事。及独孤信入洛,忻举李延孙为前锋,仍从信守金墉城。及河桥战不利,随军西还,复行新安县事。东魏遣土人牛道恒为扬州刺史,忻率兵击破之,进爵为子。常随崤东诸将镇遏伊、洛间,每有功效。九直,与李远迎高仲密,仍从战邙山。及大军西还,复与韩雄等依山合势,破东魏三城,斩其金门郡守方台洛。增邑六百户。寻行宜阳郡事。东魏复遣刘盆生为金门郡守,忻又斩之。除镇远将军、魏郡守。俄授使持节、平东将军、显州刺史。太祖以忻威著敌境,仍留静边,弗令之任。十年,侯景筑九曲城,忻率从邀之,擒其宜阳郡守赵嵩、金门郡守乐敬宾。十三年,从李远平九曲城,授帅都督。东魏将尔朱浑愿率精骑三千来向宜阳。忻与诸将轻兵邀之,愿遂退走。十五年,除宜阳郡守,加大都督、抚军将军。十六年,进车骑大将军、仪同三司、散骑常侍。与齐将东方老战于石泉,破之,俘获甚众。时东魏每岁遣兵送米馈宜阳,忻辄与诸军邀击之,每多克获。

魏恭帝元年,又与开府斛斯琏等,共齐将段孝先战于九曲,大破之。二年,进位骠骑大将军、开府仪同三司,加侍中。其年,授宜阳邑大中正,赐姓尉迟氏。太祖以忻著绩累载,赠其祖昆及父兴孙俱为仪同三司,昆齐州刺史,兴孙徐州刺史。东魏洛州刺史独孤永业号有智谋,往来境上,倚伏难测。忻与韩雄等恒令间谍觇其动静,齐兵每至,辄击破之。故永业深惮忻等,不敢为寇。孝闵帝践祚,征忻入朝,进爵为伯,寻又进爵许昌县公,增邑一千户。武成元年,除熊州刺史,增邑通前二千六百户。又与开府敕勒庆破齐将王鸾嵩。仍从柱国陆通复石泉城。天和元年,卒于位。

忻与韩雄里用姻娅,少相亲昵。俱总兵境上三十余载,每有御扞,二人相赴,常若影响。故得数对勍敌,而常保功名。虽并有武力,至于挽强射中,忻不如雄、散财施惠。得士众心,则雄不如忻。身死之日,将吏荷其恩德,莫不感恸焉。子万敌嗣。朝廷以忻雅得士心,还令万敌领其部曲。

魏玄字僧智,任城人也。六世祖休,仕晋为鲁郡守。永嘉南迁,遂居江左。父承祖,魏景明中,自梁归魏,家于新安。玄少慷慨,有胆略。普泰中,除奉朝请。频从军与梁人交战。永安初,以功授征虏将军、中散大夫。及魏孝武西迁,东魏北徙,人情骚动,各怀去就。玄遂率募乡曲,立义于关南,即从韦法保与东魏司徒高敖曹战于关口。及独孤信入洛阳,隶行台杨琚防马渚。复与高敖曹接战。自是每率乡兵,抗拒东魏。前后十余战,皆有功。

邙山之役,大军不利,宜阳、洛州皆为东魏守。崤东并义者,咸怀异望。而玄母及弟并在宜阳。玄以为忠孝不两立,乃率义徒还关南镇抚。太祖手书劳之,除洛阳令,封广宗县子,邑四百户。十三年,与开府李义孙攻拔伏流城,又克孔城,即与义孙镇之。寻移镇伏流。十四年,授帅都督、东平郡守,转河南郡守,加大都督。十六年,洛安民雍方隽据郡外叛,率步骑一千,自号行台,攻破郡县,囚执守令。玄率弘农、九曲、孔城、伏流四城士马讨平之。魏恭帝二年,拜车骑大将军、仪同三司。

孝闵帝践祚,进爵为伯,增邑通前九百户。保定元年,移镇蛮谷。四年,进位骠骑大将军、开府仪同三司,徙镇阎韩。仍从尉迟回围洛阳。天和元年,陕州总管尉迟纲遣玄率仪同宇文能、赵乾等步骑五百于鹿卢交南，邀击东魏洛州刺史独孤永业。永业有众二万余人，玄轻将五骑行前觇之，卒与之遇，便即交战，杀伤数十人，获马并甲弰等，永业遂退。二年，进爵为侯。除白超防主。三年，迁熊州刺史。政存简惠，百姓悦之。四年，转和州刺史、伏流防主，进爵为侯。五年，齐将斛律明月率众向宜阳，兵威甚盛，玄率兵御之，每战辄克。后以疾卒于位。

史臣曰：二国争强，四郊多垒，镇守要害，义属武臣。李延孙等以勇略之姿，受干城之寄。灌瓜赠药，虽有愧于昔贤；御侮折冲，足方驾于前烈。用能观兵伊、洛，保据崤、函，齐人沮西略之谋，周朝缓东顾之虑，皆数将之力也。

周书卷四四
列传第三六

泉企 李迁哲 杨乾运
扶猛 阳雄 席固 任果

泉企字思道,上洛丰阳人也。世雄商洛。曾祖景言,魏建节将军,假宜阳郡守,世袭本县令,封丹水侯。父安志,复为建节将军、宜阳郡守,领本县令,降爵为伯。企九岁丧父,哀毁类于成人。服阕袭爵。年十二,乡人皇平、陈合等三百余人诣州请企为县令。州为申上,时吏部尚书郭祚以企年少,未堪宰民,请别选遣,终此一限。令企代之。魏宣武帝诏曰:"企向成立,且为本乡所乐,何为舍此世袭,更求一限。"遂依所请。企虽童幼,而好学恬静,百姓安之。寻以母忧去职。县中父老复表请殷勤,诏许之。起复本任,加讨寇将军。

孝昌初,又加龙骧将军、假节、防洛州别将,寻除上洛郡守。及萧宝夤反,遣其党郭子恢袭据潼关。企率乡兵三千人拒之,连战数日,子弟死者二十许人,遂大破子恢。以功拜征虏将军。宝夤又遣兵万人趣青泥,诱动巴人,图取上洛。上洛豪族泉、杜二姓密应之。企与刺史董绍宗潜兵掩袭,二姓散走,宝夤军亦退。迁左将军、浙州刺史,别封泾阳县伯,邑五百户。

永安中,梁将王玄真入寇荆州。加企持节、都督,率众援之。遇玄真于顺阳,与战,大破之。除抚军将军、使持节,假镇南将军、东雍州刺史,进爵为侯。部民杨羊皮,太保椿之从弟,恃托椿势,侵害百姓。守宰多被其凌侮,皆畏而不敢言。企收而治之,将加极法,于是杨氏惭惧，宗族诣阁请恩。自此豪右屏迹，无敢犯者。性又清约，纤毫不扰于民。在州五年，每于乡里运米以自给。梁魏兴郡与洛州接壤，表请与属。诏企为行台尚书以抚纳之。大行台贺拔岳以企昔莅东雍，为吏民所怀，乃表企复为刺史，诏许之。蜀民张国隽聚党剽劫，州郡不能制，企命收而戮之，阖境清肃。魏孝武初，加车骑大将军、左光禄大夫。

及齐神武专政，魏帝有西顾之心，欲委企以山南之事，乃除洛州刺史、当州都督。未几，帝西迁，齐神武率众至潼关，企遣其子元礼督乡里五千人，北出大谷以御之。齐神武不敢进。上洛人都督泉岳、其弟猛略与顺拒阳人杜窋等谋翻洛州，以应东军。企知之，杀岳及猛略等，传首诣阙，而窋亡投东魏。录前后勋，授车骑大将军、仪同三司。大统初，加开府仪同三司，兼尚书右仆射，进爵上洛郡公，增邑通前千户。企志尚廉慎，每除一官，忧见颜色。至是频让，魏帝手诏不许。

三年，高敖曹率众围逼州城，杜窋为其乡导。企拒守旬余，矢尽援绝，城乃陷焉。企谓敖曹曰："泉企力屈，志不服也。"及窦泰被擒，敖曹退走，遂执企而东，以窋为刺史。企临发，密诫子元礼、仲遵曰："吾生平志愿，不过令长耳。幸逢圣运，位亚台司。今爵禄既隆，年齿又暮，前途夷险，抑亦可知。汝等志业方强，堪立功效。且忠孝之道，不可两全，宜各为身计，勿相随寇手。但得汝等致力本朝，吾无余恨。不得以我在东，遂亏臣节也。尔其勉之！"乃挥涕而诀，余无所言，闻者莫不愤叹。寻卒于邺。

元礼少有志气，好弓马，颇闲草隶，有士君之风。释褐奉朝请，本州别驾。累迁员外散骑侍郎、洛州大中正、员外散骑常侍、安东将军、持节、都督，赐爵临洮县伯，进征东将军、金紫光禄大夫。加散骑常侍。及洛州陷，与企俱被执而东。元礼于路逃归。时杜窋虽为刺史，然巴人素轻杜而重泉。及元礼至，与仲遵相见，感父临别之言，潜与豪右结托。信宿之间，遂率乡人袭州城，斩窋，传首长安。朝廷嘉之，拜卫将军，车骑大将军，世袭洛州刺史。从太祖战于沙苑，为流矢所中,遂卒。子贞嗣,官至仪同三司。

仲遵少谨实,涉猎经史。年十三,州辟主簿。十四,为本县令。及长,有武艺。遭世离乱,每从父兄征讨,以勇决闻。高敖曹攻洛州,企令仲遵率五百人出战。时以众寡不敌,乃退入城,复与企力战拒守,矢尽以杖棒扞之,遂为流矢中目,不堪复战。及城陷,士卒叹曰:"若二郎不伤,岂至于此。"企之东也,仲遵以被伤不行。后与元礼斩窟,以功封丰阳县伯,邑五百户。加授征东将军、豫州刺史。及元礼于沙苑战没,复以仲遵为洛州刺史。仲遵宿称干略,为乡里所归。及为本州,颇得嘉誉。东魏北豫州刺史高仲密举成皋入附,太祖率军应之,别遣仲遵随于谨攻柏谷坞。仲遵力战先登,擒其将王显明。百谷既拔,复会大军战于邙山。十三年,王思政改镇颍川,以仲遵行荆州刺史事。十五年,加授大都督,俄进车骑大将军、仪同三司。

梁司州刺史柳仲礼每为边寇,太祖令仲遵率乡兵从开府杨忠讨之。梁随郡守桓和拒守不降。忠谓诸将曰:"本图仲礼,不在随郡。如即攻守,恐引日劳师。今若先取仲礼,则桓和可不攻自服。诸君以为何如?"仲遵对曰:"蜂虿有毒,何可轻也。若弃和深入,遂擒仲礼,和之降不,尚未可知。如仲礼未获,和为之援,首尾受敌,此危道也。若先攻和,指麾可克。克而进,更无反顾之忧。"忠从之。仲遵以计由己出,乃率先登城,遂擒和。仍从忠击仲礼,又获之。进骠骑大将军、开府仪同三司,领本州大中正,复为三荆二广南雍平信江随二郢淅等十三州诸军事,行荆州刺史。寻遭母忧,请终丧制,不许。

大将军王雄南征上津、魏兴,仲遵率所部兵从雄讨平之。遂于上津置南洛州,以仲遵为刺史。仲遵留情抚接,百姓安之,流民归附者,相继而至。初,蛮帅杜清和自称巴州刺史,以州入附。朝廷因其所据授之,仍隶东梁州都督。清和以仲遵善于抚御,请录仲遵。朝议以山川非便,弗之许也。清和遂结安康酋帅黄众宝等,举兵共围东梁州。复遣王雄讨平之。改巴州为洵州,隶于仲遵。先是,东梁州刺史刘孟良在职贪婪,民多背叛。仲遵以廉简处之,群蛮率服。

仲遵虽出自巴夷，而有方雅之操，历官之处，皆以清白见称。朝廷又以其父临危抗节，乃令袭爵上洛郡公，旧封听回授一子。魏恭帝初，征拜左卫将军。寻出为都督金兴等六州诸军事、金州刺史。武成初，卒官，时年四十五。赠大将军、华洛等三州刺史。谥曰庄。子昭嗣。起家本县令，入为左侍上士。保定中，授帅都督，累迁仪同三司，出为纯州防主。建德末，位至开府仪同大将军。

李迁哲字孝彦，安康人也。世为山南豪族，仕于江左。祖方达，齐末为本州治中。父元真，仕梁，历东宫左卫率、东梁衡二州刺史、散骑常侍沌阳侯。迁哲少修立，有识度，慷慨善谋画。起家文德主帅，转直阁将军、武贲中郎将。及其父为衡州，留迁哲本乡，监统部曲事。时年二十，抚驭群下，甚得其情。大同二年，除安康郡守。三年，加超武将军。太清二年，移镇魏兴郡，都督魏兴、上庸等八郡诸军事，袭爵沌阳侯，邑一千五百户。四年，迁持节、信武将军、散骑常侍、都督东梁洵兴等七州诸军事、东梁州刺史。及侯景篡逆，诸王争帝，迁哲外御边寇，自守而已。

大统十七年，太祖遣达奚武、王雄等略地山南，迁哲率其所部拒战，军败，遂降于武。然犹意气自若。武乃执送京师。太祖谓之曰："何不早归国家，乃劳师旅。今为俘虏，不亦愧乎？"答曰："世荷梁恩，未有报效，又不能死节，实以此为愧耳。"太祖深嘉之，即拜使持节、车骑大将军、散骑常侍，封沌阳县伯，邑千户。

魏恭帝初，直州人乐炽、洋州人田越、金州人黄国等连结为乱。太祖遣雁门公田弘出梁汉，开府贺若敦趣直谷。炽闻官军至，乃烧绝栈道，据守直谷，敦众不得前。太祖以迁哲信著山南，乃令与敦同往经略。炽等或降或获，寻并平荡。仍与贺若敦南出徇地。迁哲先至巴州，入其郛郭。梁巴州刺史牟安民惶惧，开门请降。安民子宗彻等犹据琵琶城，招谕不下。迁哲攻而克之，斩获九百余人。军次鹿城，城主遣使请降。迁哲谓其众曰："纳降如受敌，吾观其使视瞻犹高，得无诈也？"遂不许之。梁人果于道左设伏以邀迁哲，迁哲进击,破之,遂屠其城,虏获千余口。自此巴、濮之民,降款相继。军还,太祖嘉之,以所服紫袍玉带及所乘马以赐之,并赐奴婢三十口。加授侍中、骠骑大将军、开府仪同三司,除直州刺史,即本州也。仍给军仪鼓节。令与田弘同讨信州。

魏恭帝三年正月,军次并州。梁并州刺史杜满各望风送款。进围叠州,克之,获刺史冉助国等。迁哲每率骁勇为前锋,所在攻战,无不身先士卒,凡下十八州,拓地三千余里。时信州为蛮首向五子王等所围,弘又遣迁哲赴援。比至,信州已陷。五子王等闻迁哲至,狼狈遁走。迁哲入据白帝。贺若敦等复至,遂共追击五子王等,破之。及田弘旋军,太祖令迁哲留镇白帝,更配兵千人、马三百匹。信州先无仓储,军粮匮乏。迁哲乃收葛根造粉,兼米以给之。迁哲亦自取供食。时有异膳,即分赐兵士。有疾患者,又亲加医药。以此军中感之,人思效命。黔阳蛮田乌度、田都唐等每抄掠江中,为百姓患。迁哲随机出讨,杀获甚多。由是诸蛮畏威,各送粮饩。又遣子弟入质者,千有余家。迁哲乃于白帝城外筑城以处之。并置四镇,以静峡路。自此寇抄颇息,军粮赡给焉。

世宗初,授都督信临等七州诸军事、信州刺史。时蛮首蒲微为邻州刺史,举兵反。迁哲将讨之,诸将以途路阻远,并不欲行。迁哲怒曰:"蒲微蕞尔之贼,势何能为。擒获之略已在吾度中矣。诸君见此小寇,便有惮心,后遇大敌,将何以战!"遂率兵七千人进击之,拔其五城,虏获二千余口。二年,进爵西成县公,增邑通前二千五百户。武成元年,朝于京师。世宗甚礼之,赐甲第一区及庄田等。保定中,授平州刺史。天和三年,进位大将军。四年,诏迁哲率金、上等诸州兵镇襄阳。五年,陈将章昭达攻逼江陵。梁主萧岿告急于襄州,卫公直令迁哲往救焉。迁哲率其所部守江陵外城,与陈将程文季交战,兵稍却,迁哲乃亲自陷陈,手杀数人。会江陵总管陆腾出助之,陈人乃退。陈人又因水汛长,坏龙川宁朔堤,引水灌城。城中惊扰。迁哲乃先塞北堤以止水,又募骁勇出击之,频有斩获,众心稍定。俄而敌入郭内,焚烧民家。迁哲自率骑出南门,又令步兵自北门出,两军合势,首尾邀之,陈人复败,多投水而死。是夜陈人又窃于城西堞以梯,登者已数百人。迁哲又率骁悍扞之,陈人复溃。俄而大风暴起,迁哲乘暗出兵击其营,陈人大乱,杀伤甚众。陆腾复破之于西堤,陈人乃遁。建德二年,进爵安康郡公。三年,卒于襄州,时年六十四。赠金州总管。谥曰壮武。

迁哲累世雄豪,为乡里所率服。性复华侈,能厚自奉养。妾媵至有百数,男女六十九人。缘汉千余里间,第宅相次。姬人之有子者,分处其中,各有僮仆、侍婢、奄阍守之。迁哲每鸣笳导道从,往来其间。纵酒欢燕,尽生平之乐。子孙参见,或忘其年名者,披簿以审之。

长子敬仁,先迁哲卒。第六子敬猷嗣,还统父兵,起家大都督。建德六年,从谯王讨稽胡有功,进爵仪同大将军。迁哲弟显,位至上仪同大将军。

杨乾运字玄邈,侅城兴势人也。为方隅豪族。父天兴,齐安康郡守。乾运少雄武,为乡间所信服。弱冠,州辟主簿。孝昌初,除宣威将军、奉朝请,寻为本州治中,转别驾,除安康郡守。大统初,梁州民皇甫圆、姜晏聚众南叛,梁将兰钦率兵应接之。以是汉中遂陷,乾运亦入梁。梁大同元年,除飘武将军、西益潼刺史,寻转信武将军、黎州刺史。太清末,迁潼南梁三州刺史,加鼓吹一部。

及达奚武围南郑,武陵王肖纪遣乾运率兵援之,为武所败。纪时已称尊号,以乾运威服巴、渝,欲委方面之任,乃拜车骑将军、十三州诸军事、梁州刺史,镇潼州,封万春县公,邑四千户。

时纪与其兄湘东王绎争帝,遂连兵不息。乾运兄子略说乾运曰:"自侯景逆乱,江左沸腾。今大贼初平,生民离散,理宜同心勠力,保国宁民。今乃兄弟亲寻。取败之道也。可谓朽木不雕,世衰难佐。古人有言'危邦不入,乱邦不居',又云'见机而作,不俟终日',今若适彼乐土,送款关中,必当功名两全,贻庆于后。"乾运深然之,乃令略将二千人镇剑阁。又遣其婿乐广镇安州。仍诫略等曰:

"吾欲归附关中,但未有由耳。若有使来,即宜尽礼迎接。"会太祖令乾运孙法洛及使人牛伯友等至,略即夜送。乾运乃令使人李若等入关送款。太祖乃密赐乾运铁券,授使持节、骠骑大将军、开府仪同三司、侍中、梁州刺史、安康郡公。及尉迟略令开府侯吕陵始为前军,至剑南,略即退就乐广,谋欲翻城。恐其军将任电等不同,先执之,然后出城见始。始乃入据安州,令广、略等往报乾运。乾运遂降迥。迥因此进军成都,数旬克之。魏废帝三年,乾运至京师。太祖嘉其忠款,礼遇隆渥。寻卒于长安,赠本官,加直巴集三州刺史、尚书右仆射。

子端嗣。朝廷以乾运归附之功,即拜端梁州刺史、车骑大将军、仪同三司。

略亦以归附功,拜车骑大将军、仪同三司。频从征讨。建德末,位至开府仪同大将军,封上庸县伯。乐广亦授车骑大将军、仪同三司、安州刺史,封安康县公,邑一千户。

扶猛字宗略,上甲黄土人也。其种落号兽蛮,世为渠帅。猛,梁大同中以直后出为持节、厉锋将军、青州刺史,转上庸新城二郡守、南洛北司二州刺史,封宕渠县男。及侯景作乱,猛乃拥众自守,未有所从。

魏大统十七年,大将军王雄拓定魏兴,猛率其众据险为堡,时遣使微通饷馈而已。魏废帝元年,魏兴叛,雄击破之,猛遂以众降。太祖以其世据本乡,乃厚加抚纳,授车骑大将军、仪同三司,加散骑常侍,复爵宕渠县男。割二郡为罗州,以猛为刺史。令率所部千人,从开府贺若敦南讨信州。敦令猛别道直趣白帝。所由之路,人迹不通。猛乃梯山扪葛,备历艰阻。雪深七尺,粮运不继,猛奖励士卒,兼夜而行,遂至白帝城。刺史向镇侯列阵拒猛。猛与战,破之,乘胜而进,遂入白帝城。抚慰民夷,莫不悦附。谯淹与官军战败,率舟师浮江东下,欲归于梁。猛与敦等邀击,破之。语在《敦传》。师还,以功进开府仪同三司。俄而信州蛮反,猛复从贺若敦讨平之。又率水军破蛮帅文子荣于汶阳。进爵临江县公,增邑一千户。

武成中,陈将侯瑱等逼湘州,又从贺若敦赴救,除武州刺史。后
随敦自拔还,复为罗州刺史。保定三年,转绥州刺史,从卫公直援陈
将华皎。时大军不利,唯猛所部独全。又从田弘破汉南诸蛮,前后
十余战,每有功。进位大将军。后以疾卒。

阳雄字元略,上洛邑阳人也。世为豪族。祖斌,上庸太守。父
猛,魏正光中,万俟丑奴作乱关右,朝廷以猛商洛首望,乃擢为襄威
将军、大谷镇将,带胡城令,以御丑奴。及元显入洛,魏孝庄帝度河,
范阳王诲脱身投猛,猛保藏之。及孝庄反正,由是知名。俄而广陵
王恭伪暗疾,复来归猛,猛亦深相保护。魏孝武即位,甚嘉之,授征
虏将军,行河北郡守,寻转安西将军、华山郡守。频典二郡,颇有声
绩。及孝武西迁,猛率所领,移镇潼关。封郃阳县伯,邑七百户。俄
而潼关不守,猛于善渚谷并栅,收集义徒。授征东将军、扬州刺史、
大都督、武卫将军,仍镇善渚。大统三年,为窦泰所袭,猛脱身得免。
太祖以众寡不敌,弗之责也。仍配兵千人,守牛尾堡。寻而太祖擒
窦泰,猛亦别获东魏弘农郡守淳于业。后以疾卒。赠华、洛、扬三州
刺史。

雄起家奉朝请,累迁至都督、直后、明威将军、积射将军。从于
谨攻盘豆栅,复从李远经沙苑阵,并力战有功。封安平县侯,邑八百
户,加冠军将军、中散大夫,赏赐甚厚。后入洛阳,战河桥,解玉壁
围,迎高仲密,援侯景,并预有战功。前后增邑四百五十户,世袭邑
阳郡守。从大将军宇文虬攻克上津,迁通直散骑常侍、大都督,进仪
同三司。陈将侯方儿、潘纯陁寇江陵,雄从豆卢宁击走之。除洄州
刺史。俗杂賨、渝,民多轻猾。雄威惠相济,夷夏安之。蛮帅文子荣
窃据荆州之汶阳郡,又侵陷南郡之当阳、临沮等数县。诏遣开府贺
若敦、潘招等讨平之。即以其地置平州,以雄为刺史。进爵玉城县
公,增邑通前一千六百户,加骠骑大将军、开府仪同三司。时寇乱之
后,户多逃散,雄在所慰抚,民并安辑。征为载师中大夫,迁西宁州

总管，以疾不拜。除通洛防主。

雄处疆场，务在保境息民，接待敌人，必推诚仗信。齐洛州刺史独孤永业深相钦尚，移书称美之。入为京兆尹，寻拜民部中大夫，进位大将军，俄转中外府长史。迁江陵总管、四州五防诸军事，改封鲁阳县公。宣政元年，卒于镇。大象初，追封鲁阳郡公，邑三千五百户，赠陈曹莒汴四州刺史。谥曰怀。雄善附会，能自谋身，故得任兼出内，保全爵禄。子长宽嗣。官至仪同大将军。

席固字子坚，其先安定人也。高祖衡，因后秦之乱，寓居于襄阳。仕晋，为建威将军，遂为襄阳著姓。固少有远志，内明敏而外质朴。梁大同中，为齐兴郡守。属侯景渡江，梁室大乱，固久居郡职，士多附之，遂有亲兵千余人。梁元帝嗣位江陵，迁兴州刺史。于是军民慕从者，至五千余人。固遂欲自据一州，以观时变。后惧王师进讨，方图内属。密谓其腹心曰："今梁氏失政，扬都覆没，湘东不能复仇雪耻，而骨肉相残。宇文丞相并启霸基，招携以礼。吾欲决意归之，与卿等共图富贵。"左右闻固言，未有应者。固更谕以祸福，诸人然后同之。

魏大统十五年，以地来附。是时太祖方欲南取江陵，西定蜀、汉，闻固之至，甚礼遇之。乃遣使就拜使持节、骠骑大将军、开府仪同三司、大都督、侍中、丰州刺史，封新丰县公，邑二千户。后转湖州刺史。固以未经朝谒，遂蒙荣授，心不自安，启求入觐。太祖许之。及固至，太祖与之欢宴，赏赐甚厚。进爵静安郡公，增邑并前三千三百户。寻拜昌归宪三州诸军事、昌州刺史。固居家孝友，为州里所称，莅官之处，颇有声绩。保定四年，卒于州，时年六十一。赠大将军、襄丰唐郢复五州刺史，谥曰肃。仍敕襄州赐其墓田。子世雅嗣。

世雅字彦文。性方正，少以孝闻。初以固功，授车骑大将军、仪同三司，除赞城郡守。累迁开府仪同三司、顺直二州刺史。大象末，位至大将军。世雅弟世英，亦以固功授仪同三司。后至上开府仪同大将军。

任果字静鸾,南安人也。世为方隅豪族,仕于江左。祖安东,梁益州别驾、新巴郡守、阆中伯。父褒,龙骧将军、新巴南安广汉三郡守、沙州刺史、新巴县公。果性勇决,志在立功。魏废帝元年,率所部来附。太祖嘉其远至,待以优礼。果因面陈取蜀之策,太祖深纳之。乃授使持节、车骑大将军、仪同三司、大都督、散骑常侍、沙州刺史、南安县公,邑一千户。

及尉迟迥伐蜀,果时在京师,乃遣其弟岱及子悛从军。太祖以益州未下,复令果乘传归南安,率乡兵二千人,从迥征蜀。寻进授骠骑大将军、开府仪同三司。肖纪遣赵拔扈等率众三万来援成都,果从大军击破之。及成都平,除始州刺史。在任未久,果请入朝,太祖许之。以其方隅首望,早立忠节,乃进爵安乐郡公。赐以铁券,听世相传袭。并赐路车,四马及仪卫等以光宠之。寻为刺客空所害,时年五十六。

史臣曰:古人称仁义岂有常,蹈之则为君子,背之则为小人,信矣。泉企长自山谷,素无月旦之誉,而临难慷慨,有人臣之节,岂非蹈仁义欤。元礼、仲遵聿遵其志,卒成功业,庶乎克负荷矣。李迁哲、杨乾运、席固之徒,属方隅扰攘,咸翻然而委质,遂享爵位,以保终始。观迁哲之对太祖,有尚义之辞;乾运受任武陵,乖事人之道。若乃校长短,比优劣,故不可同年而语矣。阳雄任兼文武,声著中外,抑亦志能之士乎。

周书卷四五
列传第三七

儒　林

卢诞　卢光　沈重　樊深　熊安生
乐逊

　　自书契之兴，先哲可得而纪者，莫不备乎经传。若乃选君德于列辟，观遗烈于风声，帝莫高于尧、舜，王莫显于文、武。是以圣人祖述其道，垂文于六学；宪章其教，作范于百王。自兹以降，三微骤迁，五纪递袭，损益异术，治乱殊涂。秦承累世之基，任刑法而殄灭；汉无尺土之业，崇经术而长久。雕虫是贵，魏道所以陵夷；玄风既兴，晋纲于焉大坏。考九流之殿最，校四代之兴衰，正君臣，明贵贱，美教化，移风俗，莫尚于儒。故皇王以之致刑措而反淳朴，贤达以之镂金石而雕竹素。儒之时义大矣哉！自有魏道消，海内版荡，彝伦攸泽，戎马生郊。先王之旧章，往圣之遗训，扫地尽矣。

　　及太祖受命，雅好经术。求阙文于三古，得至理于千载，黜魏、晋之制度，复姬旦之茂典。卢景宣学通群艺，修五礼之缺；长孙绍远才称洽闻，正六乐之坏。由是朝章渐备，学者向风。世宗纂历，敦尚学艺。内有崇文之观，外重成均之职。握素怀铅重席解颐之士，间出于朝廷；圆冠方领执经负笈之生，著录于京邑。济济焉足以逾于向时矣。洎高祖保定三年，乃下诏尊太傅燕公为三老。帝于是服衮冕，乘碧辂，陈文物，备礼容，清跸而临太学。祖割以食之，奉觞以酳之。斯固一世之盛事也。其后命轺轩而致玉帛，征沈重于南荆。及定山东，降至尊而劳万乘，待熊生以殊礼。是以天下慕响，文教远覃。衣儒者之服，挟先王之道，开黉舍延学徒者比肩；励从师之志，守专门之业，辞亲戚甘勤苦者成市。虽遗风盛业，不逮魏、晋之辰，而风移俗变，抑亦近代之美也。

其儒者自有别传及终于隋之中年者，则不兼录。自余撰于此篇云。

卢诞，范阳涿人也，本名恭祖。曾祖晏，博学善隶书，有名于世。仕燕为给事黄门侍郎、营丘成周二郡守。祖寿，太子洗马。燕灭入魏，为鲁郡守。父叔仁，年十八，州辟主薄。举秀才，除员外郎。以亲老，乃辞归就养。父母既殁，哀毁六年，躬营坟垄，遂有终焉之志。魏景明中，被征入洛，授威远将军、武贲中郎将，非其好也。寻除镇远将军、通直散骑常侍，并称疾不朝。乃出为幽州司马，又辞归乡里。当时咸称其高尚焉。

诞幼而通亮，博学有词彩。郡辟功曹，州举秀才，不行。起家侍御史，累迁辅国将军、太中大夫、幽州别驾、北豫州都督府长史。时刺史高仲密以州归朝，朝迁遣大将军李远率军赴援，诞与文武二千余人奉候大军。以功授镇东将军、金紫光禄大夫，封固安县伯，邑五百户。寻加散骑侍郎，拜给事黄门侍郎。魏帝诏曰："经师易求，人师难得。朕诸儿稍长，欲令卿为师。"于是亲幸晋王第，敕晋王以下，皆拜之于帝前。因赐名曰诞。加征东将军、散骑常侍。太祖又以诞儒宗学府，为当世所推，乃拜国子祭酒。进车骑大将军，仪同三司。魏恭帝二年，除秘书监。后以疾卒。

卢光字景仁，小字伯，范阳公辩之弟也。性温谨，博览群书，精于《三礼》，善阴阳，解钟律，又好玄言。孝昌初，释褐司空府参军事，稍迁明威将军、员外侍郎。及魏孝武西迁，光于山东立义，遥授大都督、晋州刺史、安西将军、银青光禄大夫。

大统六年，携家西入。太祖深礼之，除丞相府记室参军，赐爵范阳县伯。俄拜行台郎中，专掌书记。十年，改封安息县伯，邑五百户。迁行台右丞，出为华州长史，寻征拜将作大匠。魏废帝元年，加车骑大将军、仪同三司，除京兆郡守，迁侍中。六官建，授小匠师下大夫，进授开府仪同三司、匠师中大夫，进爵为侯，增邑五百户，转工部中大夫。大司马贺兰祥讨吐谷浑，以光为长史，进爵燕郡公。武成二年，诏光监营宗朝，既成，增邑四百户。出为虞州刺史，寻治陕州总管府长史。重论讨浑之功，增邑并前一千九百户。天和二年卒，时年六十二。高祖少时，尝受业于光，故赠赙有加恒典。赠少傅。谥曰简。

光性崇佛道，至诚信敬。尝从太祖狩于檀台山。时猎围既合，太祖遥指山上谓群公等曰："公等有所见不？"咸曰："无所见。"光独曰："见一桑门。"太祖曰："是也。"既解围而还。令光于桑门立处造浮图，掘基一丈，得瓦钵、锡杖各一。太祖称叹，因立寺焉。及为京兆，而郡舍先是数有妖怪，前后郡将无敢居者。光曰："吉凶由人，妖不妄作。"遂入居之。未几，光所乘马忽升厅事，登床南首而立；又食器无故自破。光并不以介怀。其精诚守正如此。撰《道德经章句》，行于世。子贲嗣。大象中，开府仪同大将军。

沈重字德厚，吴兴武康人也。性聪悟，有异常童。弱岁而孤，居丧合礼。及长，专心儒学，从师不远千里，遂博览群书，尤明《诗》、《礼》及《左氏春秋》。梁大通三年，起家王国常侍。梁武帝欲高置学官，以崇儒教。中大通四年，乃革选，以重补国子助教。大同二年，除《五经》博士。梁元帝之在藩也，甚叹异之。及即位，乃遣主书何武迎重西上。及江陵平，重乃留事梁主萧詧，除中书侍郎，兼中书舍人累迁员外散骑侍郎、廷尉卿，领江陵令。还拜通直散骑常侍、都官尚书，领羽林监。詧又令重于合欢殿讲《周礼》。

高祖以重经明行修，乃遣宣纳上士柳裘至梁征之。仍致书曰："皇帝问梁都官尚书沈重。观夫八圣六君，七情十义，殊方所以会轨，异代于是率由。莫不趣大顺之遥涂，履中和之盛致。及青缃起焰，素篆从风，文逐世疏，义随运舛，大礼存于玉帛之间，至乐形于钟鼓之外。虽分蛇、聚纬，郁郁之辞盖阙；当涂、典午，抑抑之旨无闻。有周开基，爰踪圣哲，拯苍生之已沦，补文物之将坠。天爵具修，人纪咸理。朕寅奉神器，恭惟宝阙。常思复礼殷周之年，迁化唐虞之世。惧三千尚乖于治俗，九变未叶于移风。欲定画一文，思杜二家之说。知卿学冠儒宗，行标士则。卞宝复润于荆阴，随照更明于汉浦。是用瘴瘵增劳，瞻望轸念。爰致束帛之聘，命翅车之招。所望凤举鸿翻，俄而萃止。明斯隐滞，合彼异同。上庠弗坠于微言，中经罔阙于逸义。近取无独善之讥，远应有兼济之美。可不盛欤。昔申涪鲐背，方辞东国、公孙黄发，始造西京。遂使道为艺基，功参治本。今者一征，谅兼其二。若居形声而去影响，尚迷邦而忘观国，非所谓也。”

又敕襄州总管、卫公直敦喻遣之，在途供给，务从优厚。保定末，重至于京师。诏令讨论“五经”，并校定钟律。天和中，复于紫极殿讲三教义。朝士、儒生、桑门、道士至者二千余人。重辞义优洽，枢机明辩，凡所解释，咸为诸儒所推。六年，授骠骑大将军、开府仪同三司、露门博士。仍于露门馆为皇太子讲论。

建德末，重自以入朝既久，且年过时制，表请还梁。高祖优诏答之曰：“开府汉南杞梓，每轸虚衿；江东竹箭，亟疲延首。故束帛聘申，蒲轮征伏。加以梁朝旧齿，结绶三世，沐浴荣光，祗承宠渥，不忘恋本，深足嘉尚。而楚材晋用，岂无先哲。方事求贤，义乖来肃。”重固请，乃许焉。遣小司门上士杨注送之。梁主肖岿拜重散骑常侍、太常卿。大象二年，来朝京师。开皇三年，卒，年八十四。隋文帝遣舍人肖子宝祭以少牢，赠使持节、上开府仪同三司、许州刺史。

重学业该博，为当世儒宗。至于阴阳图纬，道经释典靡不毕综。又多所撰述，咸得其指要。其行于世者，《周礼义》三十一卷、《仪礼义》三十五卷、《礼记义》三十卷、《毛诗义》二十八卷、《丧服经义》五卷、《周礼音》一卷、《仪礼音》一卷、《礼记音》二卷、《毛诗音》二卷。

樊深字文深,河东猗氏人也。早丧母,事继母甚谨。弱冠好学,负书从师于三河,讲习《五经》,昼夜不倦。魏永安中,随军征讨,以功除荡寇将军,累迁伏波、征虏将军,中散大夫。尝读书见吾丘子,遂归侍养。

魏孝武西迁,樊、王二姓举义,为东魏所诛。深父保周、叔父欢周并被害。深因避难,坠崖伤足,绝食再宿。于后遇得一单饼,欲食之;然念继母年老患痹,或免虏掠,乃弗食。夜中匍匐寻母,偶得相见,因以馈母。还复遁去,改易姓名,游学于汾、晋之间,习天文及算历之术。后为人所告,囚送河东。属魏将韩轨长史张曜重其儒学,延深至家,因是更得逃隐。太祖平河东,赠保周南郢州刺史,欢周仪同三司。深归葬其父,负土成坟。寻而于谨引为其府参军,令在馆教授子孙。除抚军将军、银青光禄大夫,迁开府属,转从事中郎。谨拜司空,以深为咨议。大统十五年,行下邽县事。

太祖置学东馆,教诸将子弟,以深为博士。深经学通赡,每解书,尝多引汉、魏以来诸家义而说之。故后生听其言者,不能晓悟。皆背而讥之曰:“樊生讲书多门户,不可解。”然儒者推其博物。性好学,老而不息。朝暮还往,常据鞍读书,至马惊坠地,损折支体,终亦不改。后除国子博士,赐姓万纽于氏。六官建,拜太学助教,迁博士,加车骑大将军、仪同三司。天和二年,迁县伯中大夫,加开府仪同三司。建德元年,表乞骸骨,诏许之。朝廷有疑议,常召问焉。行以疾卒。

深既专经,又读诸史及《苍雅》、篆籀、阴阳、卜筮之书。学虽博赡,讷于辞辩,故不为当时所称。撰《孝经》、《丧服问疑》各一卷,撰《七经异同说》三卷、《义经略论》并《月录》三十一卷,并行于世。

熊安生字植之,长乐阜城人也。少好学,励精不倦。初从陈达受《三传》,又从房虬受《周礼》,并通大义。后事徐遵明,服膺历年。东魏天平中,受《礼》于李宝鼎。遂博通《五经》。然专以《三礼》教授。

弟子自远方至者，千余人，乃讨论图纬、捃摭异闻先儒所未悟者，皆发明之。齐河清中，阳休之特奏为国子博士。时朝廷既行《周礼》，公卿以下多习其业，有宿疑质滞者数十条，皆莫能详辨。天和三年，齐请通好，兵部尹公正使焉。与齐人语及《周礼》，齐人不能对。乃令安生至宾馆与公正言。公正有口辩，安生语所未至者，便撮机要而骤问之。安生曰："礼义弘深，自有条贯。必欲升堂睹奥，宁可汩其先后。但能留意，当为次第陈之。"公正于是具问所疑，安生皆为一一演说，咸究其根本。公正深所嗟服，还具言之于高祖。高祖大钦迟之。

及高祖入邺，安生遽令扫门。家人怪而问之，安生曰："周帝重道尊儒，必将见我矣。"俄而高祖幸其第，诏不听拜，亲执其手，引与同坐。谓之曰："朕未能去兵，以此为愧"。安生曰："黄帝尚有阪泉之战，况陛下袭行天罚乎。"高祖又曰："齐氏赋役繁兴，竭民财力。朕救焚拯溺，思革其弊。欲以府库及三台杂物散之百姓，公以为何如？"安生曰："昔武王克商，散鹿台之财，发钜桥之粟。陛下此诏，异代同美。"高祖又曰："朕何如武王？"安生曰："武王伐纣，县首白旗；陛下平齐，兵不血刃。愚谓圣略为优。"高祖大悦，赐帛三百匹、米三百石、宅一区，并赐象笏及九环金带，自余什物称是。又诏所司给安车驷马，随驾入朝，并敕所在供给。至京，敕令于大乘佛寺参议五礼。宣政元年，拜路门学博士、下大夫，其时年已八十余。寻致仕，卒于家。

安生既学为儒宗，当时受其业擅名于后者，有马荣伯、张黑奴、窦士荣、孔龙、刘焯、刘炫等，皆其门人焉。所撰《周礼义疏》二十卷、《礼记义疏》四十卷、《孝经义疏》一卷，并行于世。

乐逊字遵贤，河东猗氏人也。年在幼童，便有成人之操。弱冠，为郡主簿。魏正光中，闻硕儒徐遵明领徒赵、魏，乃就学《孝经》、《丧服》、《论语》、《诗》、《书》、《礼》、《易》、《左氏春秋》大义。寻而山东寇乱，学者散逸，逊于扰攘之中，犹志道不倦。

永安中，释褐安西府长流参军。大统七年，除子都督。九年，太尉李弼请逊教授诸子。即而太祖盛选贤良，授以守令。相府户曹柳敏，行台郎中卢光、河东郡丞辛粲相继举逊，称有牧民之才。弼请留不遣。十六年，加授建忠将军、左中郎将，迁辅国将军、中散大夫、都督，历弼府西阁祭酒、功曹咨议参军。魏废帝二年，太祖召逊教授诸子。在馆六年，与诸儒分授经业。逊讲《孝经》《论语》《毛诗》及服虔所注《春秋左氏传》。魏恭帝二年，授太学助教。孝闵帝践祚，以逊有理务材，除秋官府上士。其年，治太学博士，转治小师氏下大夫。自谯王俭以下，并束修行弟子之礼。逊以经术教授，甚有训导之方。及卫公直镇蒲州，以逊为直府主簿，加车骑将军、左光禄大夫。

武成元年六月，以霖雨经时，诏百官上封事。逊陈时宜一十四条，其五条切于政要。

其一，崇治方曰："窃惟今之在官者，多求清身克济，不至惠民爱物。何者？比来守令年期既促，岁责有成。盖谓猛济为贤，未甚优养。此政既代，后者复然。夫政之于民，过急则刻薄，伤缓则弛慢。是以周失舒缓，秦败急酷。民非赤子，当以赤子遇之。宜在舒疾得衷，不使劳扰。顷承魏之衰政，人习遁违。先王朝宪备行，民咸识法。但可宣风正俗，纳民轨训而已。自非军旅之中，何用过为迫切。至于兴邦致治，事由德教，渐以成之，非在仓卒。窃谓姬周盛德，治兴文、武，政穆成、康。自斯厥后，不能无事。昔申侯将奔，楚子诲之曰'无适小国'。言以政狭法峻，将不汝容。敬仲入齐，称曰'幸若获宥，及于宽政'。然关东诸州，沦陷日久，人在涂炭，当慕息肩。若不布政优优，闻诸境外，将何以使彼劳民，归就乐土。"

其二。省造作，曰："顷者魏都洛阳，一时殷盛，贵势之家，各营第宅，车服器玩，皆尚奢靡。世逐浮竞，人习浇薄，终使祸乱交兴，天下丧败。比来朝贡，器服稍华，百工造作，务尽奇巧。臣诚恐物逐好移，有损政俗。如此等事，颇宜禁省。《记》言'无作淫巧，以荡上心'。《传》称'宫室崇侈，民力雕弊'。汉景有云：'黄金珠玉，饥不可食，寒不可衣。雕文刻镂，伤农事者也。锦绣纂组，害女功者也。'以二者为饥寒之本源矣。然国家非为军戎器用、时事要须而造者，皆徒费功力，损国害民。未如广劝农桑，以衣食为务，使国储丰积，大功易举。"

其三，明选举，曰："选曹赏录勋贤，补拟官爵，必宜与众共之，有明扬之授。使人得尽心，如睹白日。其材有升降，其功有厚薄，禄秩所加，无容不审。即如州郡选置，犹集乡闾，况天下选曹，不取物□□□□州郡，自可内除。此外付曹铨者，既非机事，何足可密。人生处世，以荣禄为重，修身履行，以纂身为名。然逢时既难，失时为易。其选置之日，宜令众心明白，然后呈奏。使功勤见知，品物称悦。"

其四，重战伐，曰："魏祚告终，天眷在德。而高洋称僭，先迷未败，拥逼山东，事切肘腋。譬犹棊劫相持，争行先后。若一行非当，或成彼利。诚应舍小营大，先保封域，不宜贪利在边，轻为兴动。捷则劳兵分守，败则所损已多。国家虽强，洋不受弱。《诗》云：'德则不竞，何惮于病！'唯德可以庇民，非恃强也。夫力均势敌，则进德者胜。君子道长，则小人道。消故昔之善战者，先为不可胜，以待敌之可胜。彼行暴戾，我则宽仁。彼为刻薄，我必惠化。使。德泽滂流，人思有道。然后观衅而作，可以集事。"

其五，禁奢侈，曰："按礼，人有贵贱，物有等差，使用之有节。品类之有度。马后为天下母，而身服大练，所以率下也。季孙相三君矣，家无衣帛之妾，所以励俗也。比来富室之家，为意稍广，无不资装婢隶，作车后容仪，服饰华美，玄曜街衢。仍使行者辍足，路人倾盖。论其输力公家，未若介胄之士；然其坐受优赏，自逾攻战之人。纵令不惜功费，岂不有亏厥德。必有储蓄之余，孰与务恤军士。鲁庄公有云：'衣食所安，不敢爱也，必以分人。'《诗》言：'岂曰无衣，与子同袍。'皆所以取人力也。又陈事上议之徒，亦应不少，当有上彻天听者。未闻是非。陛下虽念存物议，欲尽天下之情，而天下之情犹为未尽。何者？取人受言，贵在显用。若纳而不显，是而不用，则言之者或寡矣。"

保定二年，以训导有方，频加赏赐。迁遂伯中大夫，授骠骑将军、大都督。四年，进车骑大将军、仪同三司。五年，诏鲁公、与毕公贤等，俱以束修之礼，同受业焉。天和元年，岐州刺史、陈公纯举逊为贤良。五年，逊以年在悬车，上表致仕，优诏不许。于是赐以粟帛及钱等，授湖州刺史，封安邑县子，邑四百户。民多蛮左，未习儒风。逊劝励生徒，加以课试，数年之间，化洽州境。蛮俗生子，长大多与父母别居。逊每加劝导，多革前弊。在任数载，频被褒锡。秩满还朝，拜皇太子谏议，复在露门教授皇子，增邑一百户。宣政元年，进位上仪同大将军。大象初，进爵崇业郡公，增邑通前二千户，又为露门博士。二年，进位开府仪同三司大将军，出为汾阴郡守。逊以老病固辞，诏许之。乃改授东扬州刺史，仍赐安车、衣服及奴婢等。又于本郡赐田十顷。儒者以为荣。隋开皇元年，卒于家，年八十二。赠本官，加蒲、陕二州刺史。

逊性柔谨，寡于交游。立身以忠信为本，不自矜尚。每在众中，言论未尝为人之先。学者以此称之。所著《孝经》、《论语》、《毛诗》、《左氏春秋序论》十余篇。又著《春秋序义》，通贾、服说，发杜氏违，辞理并可观。

史臣曰：前世通六艺之士，莫不兼达政术，故云拾青紫如地芥。近代守一经之儒，多暗于时务，故有贫且贱之耻。虽通塞有命，而大抵皆然。

尝论之曰：夫金之质也至刚，铸之可以成器；水之性也柔弱，壅之可以坏山。况乎肖天地之貌，含五常之德，朱蓝易染，薰莸可变，固以随邹俗而好长缨，化齐风而贵紫服。若乃进趣矜尚，中庸之常情；高秩厚礼，上智之所欲。是以两汉之朝，重经术而轻法令。其聪明特达者，咸励精于专门。以通贤之质，挟黼藻之美，大则必至公卿，小则不失守令。近代之政，先法令而后经术。其沉默孤微者，亦笃志于章句，以先王之道，饰腐儒之姿，达则不过侍讲训胄，穷则终于弊衣箪食。由斯言之，非两汉栋梁之所育，近代薪樗之所产哉，盖好尚之道殊，遭遇之时异也。

　　史臣每闻故老，称沈重所学，非止"六经"而已。至于天官、律历、阴阳、纬候，流略所载，释老之典，靡不博综，穷其幽赜。故能驰声海内，为一代儒宗。虽前世徐广、何承天之俦，不足过也。

周书卷四六
列传第三八

孝 义

李棠　柳桧　杜叔毗　荆可　秦族
皇甫遐　张元

夫塞天地而横四海者，其唯孝乎；奉大功而立显名者，其唯义乎。何则？孝始事亲，惟后资于致治；义在合宜，惟人赖以成德。上智禀自然之性，中庸有企及之美。其大也，则隆家光国，盛烈与河海争流；授命灭亲，峻节与竹柏俱茂。其小也，则温枕扇席，无替于晨昏；损己利物，有助于名教。是以尧舜汤武居帝王之位，垂至德以敦其风；孔墨荀孟禀圣贤之资，弘正道以励其俗。观其所由，在此而已矣。

然而淳源既往，浇风愈扇。礼义不树，廉让莫修。若乃绾银黄，列钟鼎，立于朝廷之间，非一族也，其出忠入孝，轻生蹈节者，则盖寡焉。积龟贝，实仓廪，居于闾巷之内，非一家也，其悦礼敦诗，守死善道者，则又鲜焉。斯固仁人君子所以兴叹，哲后贤宰所宜属心。如令明教化以救其弊，优爵赏以劝其善，布恳诚以诱其进，积岁月以求其终，则今之所谓少者可以为多矣，古之所谓为难者可以为易矣。故博采异闻，网罗遗逸，录其可以垂范方来者，为孝义篇云。

李棠字长卿，勃海蓨人也。祖伯贵，魏宣武时官至鲁郡守。有孝行，居父丧，哀戚过礼，遂以毁卒。宣武嘉之，赠勃海相。父元胄，员外散骑侍郎。棠幼孤，好学，有志操。年十七，属尔朱之乱，与司空高乾兄弟，举兵信都。魏中兴初，辟卫军府功曹参军。太昌中，以军功除征虏将军，行东莱郡事。魏孝武西迁，棠时在凹北，遂仕东魏。

及高仲密为北豫州刺史，请棠为掾。先是，仲密与吏部郎中崔暹有隙。暹时被齐文襄委任，仲密恐其构己，每不自安，将图来附。时东魏又遣镇城奚寿兴典兵事，仲密但知民务而已。既至州，遂与棠谋执寿兴以成其计。仲密乃置酒延寿兴，阴伏壮士，欲因此执之。寿兴辞而不赴。棠遂往见之曰："君与高公，义符昆季。今日之席，以公为首。岂有宾客总萃，而公无事不行？将恐远近闻之，穷有疑怪。"寿兴遂与俱赴，便发伏执之。乃帅其士众据城，遣棠诣阙归款。太祖嘉之，拜棠卫将军、右光禄大夫，封广宗县公，邑一千户。棠固辞曰："臣世荷朝恩，义当奉国。而往者见拘逆命，不获陪驾西巡。今日之来，免罪为幸，何敢以此微庸，冒受天爵。"如此者再三，优诏不许。俄迁给事黄门侍郎，加车骑大将军、仪同三司、散骑常侍。魏废帝二年，从魏安公尉迟迥伐蜀。蜀人未即降，棠乃应募，先使谕之。既入成都，萧伪问迥军中委曲，棠不对。伪乃苦笞辱之，冀获其实。棠曰："尔亡国余烬，不识安危。奉命谕尔，反见踬顿。我王者忠臣，有死而已，义不为尔移志也。"伪不能得其要指，遂害之。子敞嗣。

柳桧字季华，秘书监虬之次弟也。性刚简任气，少文，善骑射，果于断决。年十八，起家奉朝请。居父丧，毁脊骨立。服阕，除阳城郡丞、防城都督。大统四年，从太祖战于河桥，先登有功。授都督，镇鄯州。八年，拜湟河郡守，仍典军事。寻加平东将军、太中大夫。吐谷浑入寇郡境，时桧兵少，人怀忧惧。桧抚而勉之，众心乃安。因率数十人先击之，溃乱，余众乘之，遂大败而走。以功封万年县子，邑三百户。时吐谷浑强盛，数侵疆埸。自桧镇鄯州，屡战必破之。数年之后，不敢为寇。十四年，迁河州别驾，转帅都督。俄拜使持节、抚军将军、大都督。居三载，征还京师。

时桧兄虬为秘书丞,弟庆为尚书左丞。桧尝谓兄弟曰:"兄则职典简牍,褒贬人伦;弟则管辖群司,股肱朝廷。可谓荣宠矣。然而四方未静,车书不一,桧唯当蒙矢石,履危难,以报国恩耳。"顷之,太祖谓桧曰:"卿昔在善州,忠勇显著。今西境肃清,无劳经略。九曲,国之东鄙,当劳君守之。"遂令桧镇九曲。

寻从大将军王雄讨上津、魏兴,平之,即除魏兴、华阳二郡守。安康人黄众宝谋反,连结党与,府围州城。乃相谓曰:"常闻柳府君勇悍,其锋不可当。今既在外,方为吾徒腹心之疾也,不如先击之。"遂围桧郡。郡城卑下,士众寡弱,又无守御之备。连战积十余日,士卒仅有存者,于是力屈城陷,身被十数创,遂为贼所获。即而众宝等进围东梁州,乃缚桧置城下,欲令桧诱说城中。桧乃大呼曰:"群贼乌合,粮食已罄,行即退散,各宜勉之!"众宝大怒,乃临桧以兵曰:"速更汝辞!不尔,便就戮矣。"桧守节不变。遂害之,弃尸水中。城中人皆为之流涕。众宝解围之后,桧兄子止戈方收桧尸还长安。赠东梁州刺史。子斌嗣。

斌字伯达。年十七,齐公宪召为记室。早卒。斌弟雄亮,字信诚。幼有志节,好学不倦。年十二,遭父艰,几至灭性。终丧之后,志在复仇。柱国、蔡国公广钦其名行,引为记室参军。年始弱冠,府史文笔,颇亦委之。后竟手刃众宝于京城。朝野咸重其志节,高祖特恕之。由是知名。大象末,位至宾部下大夫。

杜叔毗字子弼。其先,京兆杜陵人也,徙居襄阳。祖乾光,齐司徒右长史。父渐,梁边城太守。叔毗早岁而孤,事母以孝闻。性慷慨有志节。励精好学,尤善《左氏春秋》。仕梁,为宜丰侯萧循府中直兵参军。大统十七年,太祖令大将军达奚武经略汉州。明年,武围循于南郑。循令叔毗诣阙请和。太祖见而礼之。使未反,而循中直兵参军曹策、参军刘晓谋以城降武。时叔毗兄君锡为循中记室参军,从子映录事参军,映弟晰中直兵参军,并有文武材略,各领部曲数百人。策等忌之,惧不同己,遂诬以谋叛,擅加害焉。循寻讨策等,擒之，斩晓而免策。及循降，策至长安。叔毗朝夕号泣，具申冤状。朝议以事在归附之前，不可追罪。叔毗内怀愤惋，志在复仇。然恐违朝宪，坐及其母遂沉吟积时。母知其意，谓叔毗曰："汝兄横罹祸酷，痛切骨髓。若曹策朝死，吾以夕殁，亦所甘心。汝何疑焉。"叔毗拜受母言，愈更感励。后遂白日手刃策于京城，断首刳腹，解其肢体。然后面缚，请就戮焉。太祖嘉其志气，特命赦之。

寻拜都督、辅国将军、中散大夫。遭母忧，哀毁骨立，殆不胜丧。服阕，晋公护辟为中外府乐曹参军，加授大都督，迁使持节、车骑大将军、仪同三司，行义归郡守。自君锡及宗室等为曹策所害，犹殡梁州，至是表请迎丧归葬。高祖许之，葬事所须，诏令官给。在梁旧田宅经外配者，并追还之，仍赐田二百顷。寻除硖州刺史。天和二年，从卫国公直南讨，军败为陈人所擒。陈人将降之，叔毗辞色不挠，遂被害。子廉卿。

荆可，河东猗氏人也。性质朴，容止有异于人。能苦身勤力，供养其母，随时甘旨，终无匮乏。及母丧，水浆不入口三日。悲号擗踊，绝而复苏者数载。葬母之后，遂庐于墓侧。昼夜悲哭，负土成坟。蓬发不栉沐，菜食饮水而已。然可家旧墓，茔域极大，榛芜至深，去家十余里。而可独宿其中，与禽兽杂处。哀感远近，邑里称之。

大统中，乡人以可孝行之至，足以劝励风俗，乃上言焉。太祖令州县表异之。及服终之后，犹若居丧。大冢宰、晋公护闻可孝行，特引见焉。与可言论，时有会于护意。而护亦至孝，其母阎氏没于敌境，不测存亡。每见可，自伤久乖膝下。重可至性。及可卒之后，护犹思其纯孝，收可妻子于京城，恒给其衣食。

秦族，上郡洛川人也。祖白、父董，并有至性，闻于闾里。魏太和中，板白颍州刺史。大统中，板董鄜守。族性至孝，事亲竭力，为乡里所称。及其父丧，哀毁过礼，每一痛哭，酸感行路。既以母在，恒抑割哀情，以慰其母意。四时珍羞，未尝匮乏。与弟荣先，复相友爱,闺门之中,怡怡如也。寻而其母又没,哭泣无时,唯饮水食菜而已。终丧之后,犹蔬食,不入房室二十许年。乡里咸叹异之。其邑人王元达等七十余人上其状,有诏表其门闾。

荣先亦至孝。遭母丧,哀慕不已,遂以毁卒。邑里化其孝行,世宗嘉之,乃下诏曰:"孝为政本,德乃化先,既表天经,又明地义。荣先居丧致疾,至感过人,穷号不反,迄乎灭性。行标当世,理镜幽明。此而不显,道将何述。可赠沧州刺史,以旌厥异。"

皇甫遐字永览,河东汾阴人也。累世寒微,而乡里称其和睦。遐性纯至,少丧父,事母以孝闻。保定末,又遭母丧,乃庐于墓侧,负土为坟。后于墓南作一禅窟,阴雨则穿窟,晴霁则营墓,晓夕勤力,未尝暂停。积以岁年,坟高数丈,周回五十余步。禅窟重台两匝,总成十有二室,中间行道,可容百人。退食粥枕块,栉风沐雨,形容枯顇,家人不识。当其营墓之初,乃有鸱乌各一,徘徊悲鸣,不离墓侧,若助遐者,经月余日乃去。远近闻其至孝,竞以米面遗之。遐皆受而不食,悉以营佛斋焉。郡县表上其状,有诏旌异之。

张元字孝始,河北芮城人也。祖成,假平阳郡守。父延俊,仕州郡,累为功曹、主簿。并以纯至,为乡里所推。元性谦谨,有孝行。微涉经史,然精修释典。年六岁,其祖以夏中热甚,欲将元就井浴。元固不肯从。祖谓其贪戏,乃以杖击其头曰:"汝何为不肯洗浴?"元对曰:"衣以盖形,为覆其亵。元不能亵露其体于白日之下。"祖异而舍之。南邻有二杏树,杏熟,多落元园中。诸小儿竞取而食之;元所得者,送还其主。村陌有狗子为人所弃者,元见,即收而养之。其叔怒曰:"何用此为?"将欲更弃之。元对曰:"有生之类,莫不重其性命。若天生天杀,自然之理。今为人所弃而死,非其道也。若见而不收养,无仁心也。是以收而养之。"叔父感其言,遂许焉。未几,乃有狗母衔一死兔,置元前而去。

及元年十六,其祖丧明三年,元恒忧泣,昼夜读佛经,礼拜以祈福佑。后读《药师经》，见盲者得视之言，遂请七僧，然七灯，七日七夜，转《药师经》行道。每言："天人师乎！元为孙不孝，命祖丧明。今以灯光普施法界，愿祖目见明，元求代暗。"如此经七日。其夜，梦见一老公，以金钑治其祖目。谓元曰："勿忧悲也，三日之后，汝祖目必差。"元于梦中喜跃，遂即惊觉，乃遍告家人。居三日，祖果目明。

其后祖卧疾再周，元恒随祖所食多少，衣冠不解，旦夕扶侍。及祖殁，号踊，绝而复苏。复丧其父，水浆不入口三日。乡里咸叹异之。县博士杨轨等二百余人上其状，有诏表其门闾。

史臣曰：李棠、柳桧并临危不挠，视死如归，其壮志贞情可与青松白玉比质也。然桧恩隆加等，棠礼阙饰终，有周之政，于是乎偏矣。雄亮衔戴天之痛。叔毗切同气之悲，援白刃而不顾，雪家冤于辇毂。观其志节，处死固为易也。荆可、秦族之徒，生自陇亩，曾无师资之训，因心而成孝友，乘理而蹈礼节。如使举世若兹，则义、农何远之有。若乃诚感天地，孝通神明，见之于张元矣。

周书卷四七
列传第三九

艺 术

冀俊 蒋升 姚僧垣 子最
黎景熙 赵文深 褚该

太祖受命之始，属天下分崩，于时戎马交驰，而学术之士盖寡，故曲艺末技，咸见引纳。至若冀俊、蒋升、赵文深之徒，虽才愧昔人，而名著当世。及克定鄢、郢，俊异毕集。乐茂雅、萧吉以阴阳显，庾季才以天官称，史元华相术擅奇，许奭、姚僧垣方药特妙，斯皆一时之美也。茂雅、元华、许奭，史失其传。季才、肖吉，官成于隋。自余纪于此篇，以备遣阙云尔。

冀俊字僧俊，太原阳邑人也。性沉谨，善录书，特工模写。魏太昌初，为贺拔岳墨曹参军。及岳被害，太祖引为记室。时侯莫陈悦阻兵陇右，太祖志在平之。乃令俊伪为魏帝敕书与费也头，令将兵助太祖讨悦。俊依旧敕模写，及代舍人、主书等署，与真无异。太祖大悦。费也头己曾得魏帝敕书，及见此敕，不以为疑。遂遣步骑一千，受太祖节度。

大统初，除丞相府城局参军，封长安县男，邑二百户。从复弘农，战沙苑，进爵为子，出为华州中正。十三年，迁襄乐郡守。寻征教世宗及宋献公等隶书。时俗入书学者，亦行束脩之礼，谓之谢章。

俊以书字所兴，起自苍颉，若同常俗，未为合礼。遂启太祖，释奠苍
颉及先圣、先师。除黄门侍郎、本州大中正。累迁抚军将军、右金紫
光禄大夫、都督、通直散骑常侍、车骑大将军、仪同三司。世宗二年，
以本官为大使，巡历州郡，察风俗，理冤滞。还，拜小御正。寻出为
湖州刺史。性静退，每以清约自处，前后所历，颇有声称。寻加骠骑
大将军、开府仪同三司，改封昌乐县伯。又进爵为侯，增邑并前一千
六百户。后以疾卒。

　　蒋升字凤起，楚国平河人也。父俊，魏南平王府从事中郎、赵兴
郡守。升性恬静，少好天文玄象之学。太祖雅信待之，常侍左右，以
备顾问。大统三年，东魏将窦泰入寇，济自风陵，顿军潼关。太祖出
师马牧泽。时西南有黄紫气抱日，从未西。太祖谓升曰："此何祥
也？"升曰："西南未地，主土。土王四季，秦之分也。今大军既出，喜
气下临，必有大庆。"于是进军与窦泰战，擒之。自后遂降河东，克弘
农，破沙苑。由此愈被亲礼。

　　九年，高仲密以北豫州来附。太祖欲遣兵援之，又以问升。升
对曰："春王在东，荧惑又在井、鬼之分，行军非便。"太祖不从，军遂
东行。至邙山，不利而还。太师贺拔胜怒，白太祖曰："蒋升罪合万
死。"太祖曰："蒋升固谏，云出师不利。此败也，孤自取之，非升过
也。"魏恭帝元年，以前后功，授车骑大将军、仪同三司，封高城县
子，邑五百户。保定二年，增邑三百户，除河东郡守。寻入为太史中
大夫。以老请致仕，诏许之。加定州刺史。卒于家。

　　姚僧垣字法卫，吴兴武康人，吴太常信之八世孙也。曾祖郢，宋
员外散骑常侍、五城候。父菩提，梁高平令。尝婴疾历年，乃留心医
药。梁武帝性又好之，每召菩提讨论方术，言多会意，由是颇礼之。
僧垣幼通洽，居丧尽礼。年二十四，即传家业。梁武帝召入禁中，面
加讨试。僧垣酬对无滞。梁武帝甚奇之。大通六年，解褐临川嗣王
国左常侍。大同五年，除骠骑庐陵王府田曹参军。九年，还领殿中

医师。时武陵王所生葛修华，宿患积时，方术莫效。梁武帝乃令僧垣礼之。还，具说其状，并记增损时候。梁武帝叹曰："卿用意绵密，乃至于此，以此候疾，何疾可逃。朕常以前代名人，多好此术，是以每恒留情，颇识治体。今闻卿说，益开人意。"十一年，转领大医正，加文德主帅、直阁将军。梁武帝尝因发热，欲服大黄。僧垣曰："大黄乃是快药。然至尊年高，不宜轻用。"帝弗从，遂至危笃。梁简文帝在东宫，甚礼之。四时伏腊，每有赏赐。太清元年，转镇西湘东王府中记室参军。僧垣少好文史，不留意于章句。时商略今古，则为学者所称。

及侯景围建业，僧垣乃弃妻子赴难。梁武帝嘉之，授戎昭将军、湘东王府记室参军。及宫城陷，百官逃散。僧垣假道归，至吴兴谒郡守张嵊。嵊见僧垣流涕曰："吾过荷朝恩，今报之以死。君是此邦大族，又朝廷旧臣。今日得君，吾事辨矣。"俄而景兵大至，攻战累日，郡城遂陷。僧垣窜避久之，乃被拘执。景将侯子鉴素闻其名，深相器遇，因此获免。及梁简文嗣位，僧垣还建业，以本官兼中书舍人。子鉴寻镇广陵，僧垣又随至江北。

梁元帝平侯景，召僧垣赴荆州，改授晋安王府咨议。其时虽克平大乱，而任用非才，朝政混淆，无复纲纪。僧垣每深忧之。谓故人曰："吾观此形势，祸败不久。今时上策，莫若近关。"闻者皆掩口窃笑。梁元帝尝有心腹疾，乃召诸医议治疗之方。咸谓至尊至贵，不可轻脱，宜用平药，可渐宣通。僧垣曰："脉洪而实，此有宿食。非用大黄，必无差理。"梁元帝从之，进汤讫，果下宿食，因而疾愈。梁元帝大喜。时初铸钱，一当十，乃赐钱十万，实百万也。

及大军克荆州，僧垣犹侍梁元帝，不离左右。为军人所止，方泣涕而去。寻而中山公护使人求僧垣。僧垣至其营。复为燕公于谨所召，大相礼接。太祖又遣使驰驿征僧垣，谨故留不遣。谓使人曰："吾年时衰暮，疹疾婴沉。今得此人，望与之偕老。"太祖以谨勋德隆重，乃止焉。明年，随谨至长安。武成元年，授小畿伯下大夫。

金州刺史伊娄穆以疾还京，请僧垣省疾。乃云："自腰至脐，似有三缚,两脚缓纵,不复自持。"僧垣为诊脉,处汤三剂。穆初服一剂,上缚即解;次服一剂,中缚复解;又服一剂,三缚悉除。而两脚疼痹,犹自挛弱。更为合散一剂,稍得屈申。僧垣曰:"终待霜降,此患当愈。"及至九月,遂能起行。大将军、襄乐公贺兰隆先有气疾,加以水肿,喘息奔急,坐卧不安。或有劝其服决命大散者,其家疑未能决,乃问僧垣。僧垣曰:"意谓此患不与大散相当。若欲自服,不烦赐问。"因而委去。其子殷勤拜请曰:"多时抑屈,今日始来。竟不可治,意实未尽。"僧垣知其可差,即为处方,劝使急服。便即气通,更服一剂,诸患悉愈。

天和元年,加授车骑大将军、仪同三司。大将军、乐平公窦集暴感风疾,精神瞀乱,无所觉知。诸医先视者,皆云已不可救。僧垣后至,曰:"困则困矣,终当不死。若专以见付,相为治之。"其家忻然,请受方术。僧垣为合汤散,所患即瘳。大将军、永世公叱伏列椿苦利积时,而不废朝谒。燕公谨尝问僧垣曰:"乐平、永世俱有痼疾,若如仆意,永世差轻。"对曰:"夫患有深浅,时有克杀。乐平虽困,终当保全。永世虽轻,必不免死。"谨曰:"君言必死,当在何时?"对曰:"不出四月。"果如其言。谨叹异之。六年,迁遂伯中大夫。

建德三年,文宣太后寝疾,医巫杂说,各有异同。高祖御内殿,引僧垣同坐,曰:"太后患势不轻,诸医并云无虑。朕人子之情,可以意得。君臣之义,言在无隐。公为何如?"对曰:"臣无听声视色之妙,特以经事已多,准之常人,窃以忧惧。"帝泣曰:"公既决之矣,知复何言!"寻而太后崩。其后复因召见,帝问僧垣曰:"姚公为仪同几年?"对曰:"臣忝荷朝恩,于兹九载。"帝曰:"勤劳有日,朝命宜隆。"乃授骠骑大将军、开府仪同三司。又敕曰:"公年过县车,可停朝谒。若非别敕,不劳入见。"

四年,高祖亲戎东讨,至河阴遇疾。口不能言;脸垂覆目,不复瞻视;一足短缩,又不得行。僧垣以为诸藏俱病,不可并治。军中之要,莫先于语。乃处方进药,帝遂得言。次又治目,目疾便愈。未乃治足,足疾亦瘳。比至华州,帝已痊复。即除华州刺史,仍诏随入京,不令在镇。宣政元年,表请致仕,优诏许之。是岁,高祖行幸云阳,遂寝疾。乃诏僧垣赴行在所。内史柳升私问曰:"至尊贬膳日久,脉候何如?"对曰:"天子上应天心,或当非遇所及。若凡庶如此,万无一全。"寻而帝崩。

宣帝初在东宫,常苦心痛。乃令僧垣治之,其疾即愈。帝甚悦。及即位,恩礼弥隆。常从容谓僧垣曰:"常闻先帝呼公为姚公,有之乎?"对曰:"臣曲荷殊私,实如圣旨。"帝曰:"此是尚齿之辞,非为贵爵之号。朕当为公建国开家,为子孙永业。"乃封长寿县公,邑一千户。册命之日,又赐以金带及衣服等。大象二年,除太医下大夫。帝寻有疾,至于大渐。僧垣宿直侍。帝谓随公曰:"今日性命,唯委此人。"僧垣知帝诊候危殆,必不全济。乃对曰:"臣荷恩既重,思在效力。但恐庸短不逮,敢不尽心。"帝颔之。及静帝嗣位,迁上开府仪同大将军。隋开皇初,进爵北绛郡公。三年卒,时年八十五。遗诫衣白帢入棺,朝服勿敛。灵上唯置香奁,每日设清水而已。赠本官,加荆、湖二州刺史。

僧垣医术高妙,为当世所推。前后效验,可不胜记。声誉既盛,远闻边服。至于诸蕃外域,咸请托之。僧垣乃搜采奇异,参校征效者,为《集验方》十二卷,又撰《行记》三卷,行于世。长子察在江南。

次子最,字士会,幼而聪敏,及长,博通经史,尤好著述。年十九,随僧垣入关。世宗盛聚学徒,校书于麟趾殿,最亦预为学士。俄授齐王宪府水曹参军,掌记室事。特为宪所礼接,赏赐隆厚。宣帝嗣位,宪以嫌疑被诛。隋文帝作相,追复官爵。最以陪游积岁,恩顾过隆,乃录宪功绩为传,送上史局。最幼在江左,迄于入关,未习医术。天和中,齐王宪奏高祖,遣最习之。宪又谓最曰:"尔博学高才,何如王褒、庾信。王、庾名重两国,吾视之蔑如。接待资给,非尔家比也。尔宜深识此意,勿不存心。且天子有敕,弥须勉励。"最于是始受家业。十许年中,略尽其妙。每有人造请,效验甚多。隋文帝践极,除太子门大夫。以父忧去官,哀毁骨立。既免丧,袭爵北绛郡公,复为太子门大夫。

俄转蜀王秀友。秀镇益州，迁秀府司马。及平陈，察至。最自以非嫡，让封于察，隋文帝许之。秀后阴有异谋，隋文帝令公卿穷治其事。开府庆整、郝伟等并推过于秀。最独曰："凡有不法，皆最所为，王实不知也。"榜讯数百，卒无异辞。最竟坐诛。时年六十七。论者义之。撰《梁后略》十卷，行于世。

黎景熙字季明，河间鄚人也，少以字行于世。曾祖嶷，魏太武时，从破平凉，有功，赐爵容城县男，加鹰扬将军。后为燕郡守。祖镇，袭爵为员外散骑侍郎。父琼，太和中，袭爵，历员外郎、魏县令，后至郻城郡守。季明少好读书，性强记默识，而无应对之能。其从祖广，太武时为尚书郎，善古学。尝从吏部尚书清河崔玄伯受字义，又从司徒崔浩学楷篆，自是家传其法。季明亦传习之，颇与许氏有异。又好占玄象，颇知术数。而落魄不事生业。有书千余卷。虽穷居独处，不以饥寒易操。与范阳卢道源为莫逆之友。

永安中，道源劝令入仕，始为威烈将军。魏孝武初，迁镇远将军，寻除步兵校尉。及孝武西迁，季明乃寓居伊、洛。侯景徇地河外，召季明从军。寻授银青光禄大夫，加中军将军，拜行台郎中，除黎阳郡守。季明从至悬瓠，察景终不足恃，遂去之。客于颍川，以世路未清，欲优游卒岁。时王思政镇颍川，累使召。季明不得已，出与相见。留于内馆月余。太祖又征之，遂入关。乃令季明正定古今文字于东阁。

大统末，除安西将军，寻拜著作佐郎。于时俭辈，皆位兼常伯，车服华盛。唯季明独以贫素居之，而无愧色。又勤于所职，著述不息。然性尤专固，不合于时。是以一为史官，遂十年不调。魏恭帝元年，进号平南将军、右银青光禄大夫。六官建，为外史上士。孝闵帝践阼，加征南将军、右金紫光禄大夫。时大司马贺兰祥讨吐谷浑，诏季明从军。还，除骠骑将军、右光禄大夫。武成末，迁外史下大夫。

保定三年，盛营宫室。春夏大旱，诏公卿百寮，极言得失。季明上书曰：

"臣闻成汤遭旱,以六事自陈。宣王太甚,而珪璧斯竭。岂非远虑元元,俯哀兆庶。方今农要之月,时雨犹愆,率土之心,有怀渴仰。陛下垂情万类,子爱群生,觐礼百神,犹未丰洽者,岂或作事不节,有违时令,举措失中,傥邀斯旱。

《春秋》,君举必书,动为典礼,水旱阴阳,莫不应行而至。孔子曰:'言行,君子之所以动天地,可不慎乎。'《春秋》庄公三十一年冬,不雨。《五行传》以为是岁一年而三筑台,奢侈不恤民也。僖公二十一年夏,大旱。《五行传》以为时作南门,劳民兴役。汉惠帝二年夏,大旱。五年夏,大旱,江河水少,溪间水绝。《五行传》以为先是发民十四万六千人城长安。汉武帝元狩三年夏,大旱。《五行传》以为是岁发天下故吏穿昆明池。然则土木之功,动民兴役,天辄应之以异。典籍作诫,傥或可思。上天谴告,改之则善。今若息民省役,以答天谴,庶灵泽时降,嘉谷有成,则年登可觊,子来非晚。《诗》云:'民亦劳止,迄可小康。惠此中国,以绥四方。'或恐极阳生阴,秋多水雨,年复不登,民将无觊。如又荐饥,为虑更甚。"

时豪富之家,竞为奢丽。季明又上书曰:

"臣闻宽大所兼覆,慈爱所以怀众。故天地称其高厚者,万物得其容养焉。四时著其寒暑者,庶类资其忠信焉。是以帝王者,宽大象天地,忠信则四时。招摇东指,天下识其春。人君布德,率土怀其惠。伏惟陛下资乾御寓,品物咸亨,时乘六龙,自强不息,好问受规,天下幸甚。

自古至治之君,亦皆广延博访,询采刍,微置敢树木,以求其过。顷年亢旱逾时,人怀望岁。陛下爰发明诏,广求人瘼。同禹、汤之罪己,高宋景之守正。澍雨应时,年谷斯稔。克己节用,慕质恶华,此则尚矣。然而朱紫仍耀于衢路,绮谷犹侈于豪家;裋褐未充于细民,糟糠未厌于编户。此则劝导之理有所未周故也。今虽道之以政,齐之以刑,风俗固难以一矣。昔文帝集上书之囊,以作帷帐;惜十家之产,不造露台;后宫所幸,衣不曳地,方之今日富室之饰,曾不如婢隶之服。然而以身率下,国富刑清,庙称太宗,良有以也。臣闻圣人久于其道，而天下化成。今承魏氏丧乱之后，贞信未兴。宜先'遵五美，屏四恶'，革浮华之俗，抑流竞之风，察鸿都之小艺，焚雉头之异服，无益之货勿重于时，亏德之器勿陈于侧，则民知德矣。

臣又闻之，为治之要，在于选举。若差之毫厘，则有千里之失。后来居上，则致积薪之讥。是以古之善为治者，贯鱼以次，任必以能。爵人于朝，不以私爱。简材以授其官，量能以任其用。官得其材，用当其器，六辔既调，坐致千里。虞、舜选众，不仁者远。则庶事康哉，民知其化矣。"

帝览而嘉之。

时外史廨宇屡移，未有定所。季明又上言曰："外史之职，汉之东观，仪等石渠，司同天禄。是乃广内秘府，藏言之奥。帝王所宝，此焉攸在。自魏及周，公馆不立。臣虽愚瞀，犹知其非，是以去年十一月中，敢冒陈奏。将降中旨，即遣修营。荏苒一周，未加功力。臣职思其忧，敢不重请。"帝纳焉。于是廨宇方立。

天和三年，进车骑大将军、仪同三司。后以疾卒。

赵文深字德本，南阳宛人也。父遐，以医术进，仕魏为尚药典御。

文深少学楷隶，年十一，献书于魏帝。立义归朝，除大丞相府法曹参军。文深雅有钟、王之则，笔势可观。当时碑榜，唯文深及冀俊而已。大统十年，追论立义功，封白石县男，邑二百户。太祖以隶书纰缪，命文深与黎季明、沈遐等依《说文》及《字林》刊定六体，成一万余言，行于世。

及平江陵之后，王褒入关，贵游等翕然并学褒书。文深之书，遂被遐弃。文深斩恨，形于言色。后知好尚难反，亦攻习褒书，然竟无所成，转被讥议，谓之学步邯郸焉。至于碑榜，余人犹莫之逮。王褒亦每推先之。宫殿楼阁，皆其迹也。迁县伯下大夫，加仪同三司。世宗令至江陵书景福寺碑，汉南人士，亦以为工。梁主萧詧观而美之，赏遗甚厚。天和元年，露寝等初成，文深以题榜之功，增邑二百户，除赵兴郡守。文深虽外任，每须题榜，辄复追之。后以疾卒。

褚该字孝通，河南阳翟人也。晋末，迁居江左。祖长乐，齐竟陵王录事参军。父义昌，梁鄱阳王中记室。

该幼而谨厚，有誉乡曲。尤善医术，见称于时。仕梁，历武陵王府参军。随府西上。后与肖伪同归国，授平东将军、左银青光禄大夫，转骠骑将军、右光禄大夫。武成元年，除医正上士。自许奭死后，该稍为时人所重，宾客迎候，亚于姚僧垣。天和初，迁县伯下大夫。五年，进授车骑大将军、仪同三司。该性淹和，不自矜尚，但有请之者，皆为尽其艺。时伦称其长者焉。后以疾卒。子士则，亦传其家业。

时有强练，不知何许人，亦不知其名字。魏时有李顺兴者，语默不恒，好言未然之事，当时号为李练。世人以强类练，故亦呼为练焉。容貌长壮，有异于人。神精惝恍，莫之能测。意欲有所论说，逢人辄言。若值其不欲言，纵苦加祈请，亦不相酬答。初闻其言，略不可解。事过之后，往往有验。恒寄住诸佛寺，好游行民家，兼历造王公邸第。所至之处，人皆敬而信之。

晋公护未诛之前，曾手持一大瓠，到护第门外，抵而破之。乃大言曰："瓠破子苦。"时柱国、平高公侯伏侯龙恩早依随护，深被任委。强练至龙恩宅，呼其妻元氏及其妾媵并婢仆等，并令连席而坐。诸人以逼夫人，苦辞不肯。强练曰："汝等一例人耳，何有贵贱。"遂逼就坐。未几而护诛，诸子并死。龙恩亦伏法，仍籍没其家。

建德中，每夜上街衢边树，大哭释迦牟尼佛，或至申旦，如此者累日，声甚哀怜。俄而废佛、道二教。

大象末，又以一无底囊，历长安市肆告乞，市人争以米麦遗之。强练张囊投之，随即漏之于地。人或问之曰："汝何为也？"强练曰："此亦无余，但欲使诸人见盛空耳。"至隋开皇初，果移都于龙首山，长安城遂空废。后亦莫知其所终。

又有蜀郡卫元嵩者，亦好言将来之事，盖江左宝志之流。天和中，著诗预论周、隋废兴及皇家受命，并有征验。性尤不信释教，尝上疏极论之。史失其事，故不为传。

史臣曰：仁义之于教，大矣，术艺之于用，博矣。徇于是者，不能无非，厚于利者，必有其害。《诗》、《书》、《礼》、《乐》所失也浅，故先王重其德。方术技巧，所失也深，故往哲轻其艺。夫能通方术而不诡于俗，习技巧而必蹈于礼者，岂非大雅君子乎。姚僧垣诊候精审，名冠于一代，其所全济，固亦多焉。而弘兹义方，皆为令器，故能享眉寿，縻好爵。老聃云"天道无亲，常与善人"于是信矣。

周书卷四八
列传第四〇

萧　詧

　　萧詧字理孙,兰陵人也,梁武帝之孙,昭明太子统之第三子。幼而好学,善属文,尤长佛义。特为梁武帝所嘉赏。梁普通六年,封曲江县公。中大通三年,进封岳阳郡王。历官宣惠将军,知石头戍事,琅邪、彭城二郡太守,东扬州刺史。初,昭明卒,梁武帝舍詧兄弟而立简文,内常愧之,宠亚诸子,以会稽人物殷阜,一都之会,故有此授,以慰其心。詧既以其昆弟不得为嗣,常怀不平。又以梁武帝衰老,朝多秕政,有败亡之渐,遂蓄聚货财,交通宾客,招募轻侠,折节下之。其勇敢者多归附,左右遂至数千人,皆厚加资给。中大同元年,除持节,都督雍梁东益南北秦五州、郢州之竟陵、司州之随郡诸军事,西中郎将,领宁蛮校尉,雍州刺史。詧以襄阳形胜之地,又是梁武创基之所,时平足以树根本,世乱可以图霸功,遂克己励节,树恩于百姓,务修刑政,志存绥养。乃下教曰:“昔之善为政者,不独师所见。藉听众贤,则所闻自远;资鉴外物,故在嘱致明。是以庞参恤民,盖访言于高逸;马援居政,每责成于掾史;王沉爱加厚赏;吕虔功有所由:故能显美政于当年,流芳塵于后代。吾以陋识,来牧盛藩。每虑德不被民,政道或紊。中宵拊枕,对案忘饥,思纳良谟,以匡弗逮。雍州部内有不便于民,不利于政,长吏贪残,戍将懦弱,关市恣其衰刻,豪猾多所苞藏,并密以名闻,当加厘正。若刺史治道之要,驰张未允,循酷乖理,任用违才,或爱狎邪佞,或斥废忠謇,弥思启告,用祛未悟。监梅舟缉,允属良规,苦口恶石,想勿余隐。并广示乡闾,知其款意。"

于是境内称治。

太清二年,梁武帝以詧兄河东王誉为湘州刺史,徙湘州刺史张缵为雍州以代詧。缵恃其才望,志气矜骄,轻誉少年,州府迎候有阙。誉深衔之。及至镇,遂托疾不与缵相见。后闻侯景作乱,颇凌蹙缵。缵惧为所擒,乃轻舟夜遁,将之雍部复虑詧拒之。梁元帝时镇江陵,与缵有旧,缵将因之以毙詧兄弟。会梁元帝与誉及信州刺史、桂阳王慥各率所领,入援金陵。慥下峡至江津,誉次江口,梁元帝届郢州之武成。属侯景已请和梁武帝诏罢援军,誉自江口将旋湘镇,慥欲待梁元帝至,谒督府,方还州。缵时在江陵,乃贻梁元帝书曰:"河东戴橘上水,欲袭江陵。岳阳在雍,共谋不逊。"江陵游军主朱荣又遣使报云:"桂阳住此,欲应誉、詧。"梁元帝信之,乃凿船沉米,斩缆而归。至江陵,收慥杀之。令其子方等、王僧辩等相继攻誉于湘州。誉又告急于詧。詧闻之大怒。

初,梁元帝将援建业,令所督诸州,并发兵下赴国难。詧遣府司马刘方贵领兵为前军,出汉口。及将发,元帝又使咨议参军刘珏喻詧,令自行。詧辞颇不顺,元帝又怒。而方贵先与詧不协,潜与元帝相知,克期袭詧。未及发,会詧以他事召方贵,方贵疑谋泄,遂据樊城拒命。詧遣使魏益德、杜岸等众军攻之。方贵窘急,令其子迁超乞师于江陵。元帝乃厚资遣缵,若将述职,而密援方贵。缵次大隄,樊城已陷。詧擒方贵兄弟及党与,并斩之。缵因进至州。詧迁延不受代,乃以西城居之,待之以礼。军民之政,犹归于詧。詧以构其兄弟,事始于缵,将密图之。缵惧,请元帝召之。元帝乃征缵于詧,詧留不遣。杜岸兄弟绐缵曰:"民观岳阳殿下,势不仰容。不如且往西山,以避此祸。使君既得物情,远近必当归集,以此义举,事无不济。"缵深以为然,因与岸等结盟詧。缵又要雍州人席引等于西山聚众。缵乃服妇人衣,乘青布舆,与亲信十余人出奔。引等与杜岸驰告詧。詧令中兵参军尹正共岸等率兵追讨,并擒之。缵惧不免,因请为沙门。

詧时以誉危急，乃留咨议参军蔡大宝守襄阳，率众二万、骑千匹伐江陵以救之。于时江陵立栅，周绕郭邑，而北面未就。詧因攻之。元帝大惧，乃遣参军庾奂谓詧曰："正德肆乱，天下崩离。汝复效尤，将欲何谓？吾蒙先宫爱顾，以汝兄弟见属。今以侄伐叔，逆顺安在？"詧谓奂曰："家兄无罪，累被攻围。同气之情，岂可坐观成败。七父若顾先恩，岂应若是。如能退兵湘水，吾便旋旆襄阳。"詧既攻栅不克，退而筑城。又尽锐攻之。会大雨暴至，平地水四尺，詧军中沾渍，众颇离心。其将杜岸、岸弟幼安及其兄子龛，惧詧不振，以其属降于江陵。詧众大骇，其夜遁归襄阳，器械辎重，多没于湕水。初，詧囚张缵于军，至是，先杀缵而后退焉。

杜岸之降也，请以五百骑袭襄阳。去城三十里，城中觉之。蔡大宝乃辅詧母保林袭氏，登陴闭门拒战。会詧夜至，袭氏不知其败，谓为贼也，至晓见詧，乃纳之。岸等以詧至，遂奔其兄献于广平。詧遣将尹正、薛晖等攻拔之，获献、岸等，并其母妻子女，并于襄阳北门杀之。尽诛诸杜宗族亲者，其幼稚疏属下蚕室。又发掘其坟墓，烧其骸骨，灰而扬之。

詧既与江陵构隙，恐不能自固，大统十五年，乃遣使称藩，请为附庸。太祖令丞相府东阁祭酒荣权使焉。詧大悦。是岁，梁元帝令柳重礼率众进图襄阳。詧惧，乃遣其妻王氏及世子寮为质以请救。太祖又令荣权报命，乃遣开府杨忠率兵援之。十六年，杨忠擒仲礼，平汉东詧乃获安。时朝议欲令詧发丧嗣位，詧以未有玺命，辞不敢当。荣权时在詧所，乃驰还，具言其状。太祖遂令假散骑常侍郑穆及荣权持节策命詧为梁王。詧乃于襄阳置百官，承制封拜。十七年，詧留蔡大宝居守，乃自襄阳来朝。太祖谓詧曰："王之来此，颇由荣权，王欲见之乎？"詧曰："幸甚。"太祖乃召权与詧相见。仍谓之曰："荣权，吉士也，寡人与之从事，未尝见其失信。"詧曰："荣常侍通二国之言无私，故詧今者得归诚魏阙耳。"

魏恭帝元年，太祖令柱国于谨伐江陵，詧以兵会之。及江陵平，太祖并督为梁主，居江陵东城，资以江陵一州之地。其襄阳所统，尽归于我。督乃称皇帝于其国，年号大定。追尊其父统为昭明皇帝，庙号高宗，统妃蔡氏为昭德皇后。又尊其所生母龚氏为皇太后，立妻王氏为皇后，子岿为皇太子。其庆赏刑威，官方制度，并同王者。唯上疏则称臣，奉朝廷正朔。至于爵命其下，亦依梁氏之旧。其戎章勋级，则又兼用柱国等官。又追赠叔父邵陵王纶太宰，谥曰壮武。赠兄河东王誉丞相。谥曰武桓。太祖乃置江陵防主，统兵居于西城，名曰助防。外示助督备御，内实兼防督也。

初，江陵灭，梁元帝将王琳据湘州，志图匡复。及督立，琳乃遣其将潘纯陁、侯方儿来寇。督出师御之，纯陁等退归夏口。督之四年，督遣其大将军王操率兵略取王琳之长沙、武陵、南平等郡。五年，王琳又遣其将雷又柔袭陷监利郡，太守蔡大有死之。寻而琳与陈人相持，称藩乞师于督。督许之。师未出而琳军败，附于齐。是岁，其太子岿来朝京师。督之六年夏，震，其前殿崩，压杀二百余人。

初，江陵平，督将尹德毅说督曰：“臣闻人主之行，与匹夫不同。匹夫者，饰小行，竞小廉，以取名誉。人主者，定天下，安社稷，以成大功。今魏虏贪惏，罔顾吊民伐罪之义，必欲肆其残忍，多所诛夷，俘囚士庶，并为军实。然此等戚属，咸在江东，念其充饵豺狼，见拘异域，痛心疾首，何日能忘！殿下方清宇宙，绍兹鸿绪。悠悠之人，不可门到户说。其涂炭至此，咸谓殿下为之。殿下既杀人父兄，孤人子弟，人尽仇也，谁与为国。但魏之精锐，尽萃于此。犒师之礼，非无故事。若殿下为设享会，因请于谨等为欢。彼无我虞，当相率而至，预伏武士，因而毙之。分命果毅，掩其营垒，斩馘逋丑，俾无遗噍。江陵百姓，称而安之，文武官寮，随即诠授。既荷更生之惠，孰不忻戴圣明。魏人慑息，未敢送死。王僧辩之徒，折简可立，然后朝服济江，入践皇极，缵尧复禹，万世一时。晷刻之间，大功可致。古人云：‘天与不取，反受其咎，时至不行，反受其殃。’愿殿下恢弘远略，勿怀匹夫之行。”督不从，谓德毅曰：“卿之此策，非不善也。然魏人待我甚厚，未可背德。若遽为卿计，则邓祈侯所谓人将不食吾余也。"

既而阖城长幼,被虏入关,又失襄阳之地。詧乃追悔曰:"恨不用尹德毅之言,以至于是。"又见邑居残毁干戈日用,耻其威略不振,常怀忧愤。乃著《愍时赋》以见意。其词曰:"嗟余命之舛薄,实赋运之逢屯。既殷忧而弥岁,复坎禀以相邻。昼营营而至晚,夜耿耿而通晨。望否极而云泰,何杳杳而无津。悲晋玺之迁赵,痛汉鼎之移新。无田、范之明略,愧夷、齐之得仁。遂胡颜而苟免,谓小屈而或申。岂妖渗之无已,何国步之长沦。恨少生而轻弱,本无志于爪牙。谢两章之雄勇,恧二东之英华。岂三石于杜邺,异五马于琅邪。直受性而好善,类蓬生之在麻。冀无咎而沾庆,将保静而躅邪。何昊穹之弗惠,值上帝之纡奢。神州鞠为茂草,赤县绕于长蛇。徒仰天而太息;空抚衿而咨嗟。

惟古人之有怀,尚或感于知己。况托萼于霄极,宠渥流于无已。或小善而必褒,时片言而见美。昔待罪于禹川,历三考而无纪。获免戾于明时,遂超隆于宗子。始解印于稽山,即驱传于湘水。彼南阳之旧国,实天汉之嘉祉。既川岳之形胜,复龙跃之基趾。此首赏之谬及,谓维城之足恃。值诸侯之携贰,遂留滞于樊川。等勾践之绝望,同重耳之终焉。望南枝而洒泣,或东顾而潺湲。归欤之情何极,首丘之思邈然。

忽值魏师入讨,于彼南荆。既车徒之艳赫,遂一鼓而陵城。同瘼生之舍许,等小白之全邢。伊社稷之不泯,实有感于恩灵。矧吾人之固陋,回飘薄于流萍。忽沉滞于兹土,复期月而无成。昔方千而畿甸,今七里而磐萦。寡田邑而可赋,阙丘井而求兵。无河内之资待,同荥阳之未平。夜骚骚而击柝,昼孑孑而扬旌。烽凌云而迥照,马伏枥而悲鸣。既有怀于斯日,亦焉得而云宁。

彼云梦之旧都,乃标奇于昔者。验往记而瞻今,何名高而实寡。寂寥井邑,荒凉原野。徒揄扬于宋玉,空称嗟于司马。南方卑而叹屈,长沙湿而悲贾。余家国之一匡,庶兴周而祀夏。忽萦忧而北屈,岂年华之天假。加以狗盗鼠窃,蜂虿狐狸。群围隶而为寇,聚臧获

而成师。窥觎津渚，跋扈江湄。屡征肇于殷岁，频战起于轩时。有
扈兴于《夏典》，《采芑》著于《周诗》。方叔振于蛮貊，伯禽捷于淮夷。
在遹秽其能几，会斩馘而搴旗。彼积恶之必稔，岂天灵之我欺。交
川路之云拥，理惆怅而未怡。"

　　督在位八载，年四十四，保定二年二月，薨。其群臣等葬之于平
陵，谥曰宣皇帝，庙号中宗。

　　督少有大志，不拘小节。虽多猜忌，而知人善任，使抚将士有
恩，能得其死力。性不饮酒，安于俭素，事其母以孝闻。又不好声色，
尤恶见妇人，虽相去数步，遥闻其臭。经御妇人之衣，不复更着。又
恶见人发，白事者必方便以避之。其在东扬州颇放诞，省觉簿领，好
为戏论之言，以此获讥于世。笃好文义，所著文集十五卷，内典《华
严》、《般若》、《法华》、《金光明义疏》四十六卷，并行于世。督疆土既
狭，居常怏怏。每诵"老马伏枥，志在千里。烈士暮年，壮心不已"，
未尝不盱衡扼腕，叹咤者久之。遂以忧愤发背而殂。高祖又命其太
子岿嗣位，年号天保。

　　岿字仁远，督之第三子也。机辩有文学。善于抚御，能得其下
欢心。嗣位之元年，尊其祖母龚太后曰太皇太后，嫡母王皇后曰皇
太后，所生曹贵嫔曰皇太妃。其年五月，其太皇太后薨，谥曰元太
后。九月，其太妃又薨，谥曰孝皇太妃。二年，皇太后薨，谥曰宣静
皇后。

　　五年，陈湘州刺史华皎、巴州刺史戴僧朔并来附。皎送其子玄
响为质于岿，仍请兵伐陈。岿上言其状。高祖诏卫公直督荆州总管
权景宣、大将军元定等赴之。岿亦遣其柱国王操率水军二万，会皎
于巴陵。既而与陈将吴明彻等战于沌口，直军不利，元定遂没。岿
大将军李广等亦为陈人所虏，长沙、巴陵并陷于陈。卫公直乃归罪
于岿之柱国殷亮。岿虽以退败不独在亮，然不敢违命，遂诛之。吴
明撤乘胜攻克岿河东郡，获其守将许孝敬。明年，明撤进寇江陵，引
江水灌城。岿出顿纪南以避其锐。江陵副总管高琳与其尚书仆射
王操拒守。岿马车主马武、吉彻等击明彻，败之。明彻退保公安。岿

乃还江陵。

岿之八年，陈又遣其司空章昭达来寇。江陵总管陆腾及岿之将士击走之。昭达又寇章陵之青泥。岿令其大将军许世武赴援，大为昭达所破。初，华皎、戴僧朔从卫公直与陈人战败，率其麾下数百人归于岿。岿以皎为司空，封江夏郡公。以僧朔为车骑将军，封吴兴县侯。岿之十年，皎来朝。至襄阳，请卫公直曰："梁主既失江南诸郡，民少国贫。朝廷兴亡继绝，理宜资赡，岂使齐桓、楚庄独擅救卫复陈之美。望借数州，以裨梁国。"直然之，乃遣使言状高祖。高祖许之，诏以基、平、鄀三州归之于岿。

及高祖平齐，岿朝于邺。高祖虽以礼接之，然未之重也。岿知之，后因宴承间，乃陈其父荷太祖拯救之恩，并叙二国艰虞，唇齿掎角之事。词理辩畅，因涕泗交流。高祖亦为之歔欷。自是大加赏异，礼遇日隆。后高祖复与之宴，齐氏故臣阤列长义亦预焉。高祖指谓岿曰："是登陴骂朕者也。"岿曰："长义未能辅桀，翻敢吠尧。"高祖大笑。及酒酣，高祖又命琵琶自弹之。仍谓岿曰："当为梁主尽欢。"岿乃起，请舞。高祖曰："梁主乃能为朕舞乎？"岿曰："陛下既亲抚五弦，臣何敢不同百兽。"高祖大悦，赐杂缯万段、良马数十匹，并赐齐后主妓妾，及常所乘五百里骏马以遗之。

及隋文帝执政，尉迟迥、王谦、司马消难等各起兵。时岿将帅皆密请兴师，与迥等为连衡之势，进可以尽节于周氏，退可以席卷山南。岿固以为不可。俄而消难奔陈，迥等相次破灭。

隋文帝既践极，恩礼弥厚。遣使赐金三百两、银一千两、布帛万段、马五百匹。开皇二年，隋文帝备礼纳岿女为晋王妃。又欲以其子玚尚兰陵公主。由是罢江陵总管，岿专制其国。四年，岿来朝长安，隋文帝甚敬待之。诏岿位在王公之上，赐缣万匹，珍玩称是。及还，亲执其手谓之曰："梁主外久滞荆、楚，未复旧都，故乡之念，良轸怀抱。朕当振旅长江，相送旋反耳。"

岿在位二十三载，年四十四，五年五月薨。其群臣葬之于显陵，谥曰孝明皇帝，庙号世宗。

岢孝悌慈仁,有君人之量。四时祭享,未尝不悲慕流涕。性尤俭约,御下有方,境内称治。所著文集及《孝经》、《周易义记》及《大小乘幽微》,并行于世。隋文帝又命其太子岢琮嗣位,年号广运。

琮字温文。性倜傥不羁,博学有文义,兼善弓马。初封东阳王,寻立为皇太子。及嗣位,隋文帝征琮叔父岑入朝,因留不遣。复置江陵总管以监之。琮之二年,隋文帝又征琮入朝。琮率其臣下二百余人朝于长安。隋文帝仍遣武乡公崔弘度将兵戍江陵。军至若州,琮叔父岩及弟献等惧弘度掩袭之,遂虏居民奔于陈。隋文帝于是废梁国,曲赦江陵死罪,给民复十年。梁二主各给守墓十户。寻拜琮为柱国,封莒国公。

自詧初即位,岁在乙亥,至是,岁在丁未,凡三十有三岁矣。

詧子嶚,追谥孝惠太子;岩,封安平王;岌,东平王;岑,河间王,后改封吴郡王。岢子献,义兴王;瑒,晋陵王;璟,临海王;珣,南海王;瑒,义安王;禹,新安王。

詧之在藩及居帝位,以蔡大宝为股肱,王操为腹心,魏益德、尹正、薛晖、许孝敬、薛宣为爪牙,甄玄成、刘盈、岑善方、传准、褚珪、蔡大业典众务。张绾以旧齿处显位,沈重以儒学蒙厚礼。自余多所奖拔,咸书其器能。及岢纂业,亲贤并用,将相则华皎、殷亮、刘忠义,宗室则岢欣、岢翼,民望则岢确、谢温、柳洋、王瑇、徐岳,外戚则王凝、王诵、殷琏,文章则刘孝胜、范迪、沈君游、君公、柳信言,政事则袁敞、柳庄、蔡延寿、甄诩、皇甫兹。故能保其疆土,而和其民人焉。

今载詧子嶚等及蔡大宝以下尤著者,附于左。其在梁、陈、隋已有传,及岢诸子未任职者,则不兼录。

嶚字道远,詧之长子也。母曰宣静皇后。幼聪敏,有成人之量。詧之为梁主,并为世子。寻病卒。及詧称帝,追谥焉。

岩字义远,詧第五子也。性仁厚,善于抚接。历侍中、荆州刺史、尚书令、太尉、太傅。入陈,授平东将军、东扬州刺史。及陈亡,百姓推岩为主,以御隋师。为总管宇文述所破,伏法于长安。

岌,詧第六子也。性淳和,幼而好学。位至侍中、中卫将军。岿之五年,卒,赠侍中、司空。谥曰孝。

岑字智远,詧第八子也。位至太尉。性简贵,御下严整。及琮嗣位,自以望重属尊,颇有不法,故隋文征入朝。拜大将军,封怀义郡公。

瓛字钦文,岿第三子也。幼有令誉,能属文,特为岿所爱。位至荆州刺史。初,隋师至郢州,梁之百寮咸恐惧,计无所出。唯瓛建议南奔。入陈,授侍中、安东将军、吴州刺史。及陈亡,吴人推为主以御隋师。战而败,与岩同时伏法。

蔡大宝字敬位,济阳考城人。祖履,齐尚书祠部郎。父点,梁尚书仪曹郎、南兖州别驾。大宝少孤,而笃学不倦,善属文。初以明经对策第一,解褐武陵王国左常侍。尝以书干仆射徐勉,大为勉所赏。异乃令与其子游处,所有坟籍,尽以给之。遂博览群书,学无不综。

詧初出第,勉仍荐大宝为侍读,兼掌记室。寻除尚书仪曹郎。出镇会稽,大宝为记室,领长流。詧莅襄阳,迁咨议参军。及梁元帝与河东王誉结隙,詧令大宝使江陵以观之。梁元帝素知大宝,见之甚悦。乃示所制《玄览赋》,令注解焉。三日而毕。元帝大嗟赏之,赠遗甚厚。大宝还白詧云:"湘东必有异图,祸乱将作,不可下援台城。"詧纳之。及为梁主,除中书侍郎,兼吏部,掌大选事,领襄阳太守,迁员外散骑常侍、吏部郎,俄转吏部尚书。军国之事,咸委决焉。加授大将军,迁尚书仆射,进号辅国将军。又除使持节、宣惠将军、雍州刺史。

詧于江陵称帝,征为侍中、尚书令,参掌选事,又加云麾将军,荆州刺史。进位柱国、军师将军,领太子少傅,转安前将军,封安丰县侯,邑一千户。从岿入朝,领太子少傅。岿嗣位,册授司空、中书监、中权大将军,领吏部尚书。固让司空,许之。加特进。岿之三年,卒。岿哭之恸,自卒及葬,三临其丧。赠司徒,进爵为公。谥曰文凯。配飨詧庙。

大宝性严整，有智谋，雅达政事，文词赡速。詧之章表书记教令诏册，并大宝专掌之。詧推心委任，以为谋主。时人以詧之有大宝犹刘先主之有孔明焉。所著文集三十，及《尚书义疏》并行于世。有四子。

次子延寿，有器识，博涉经籍，尤善当世之务。尚詧女宣成公主。历中书郎、尚书右丞、吏部郎、御史中丞。从琮入隋，授开府仪同三司，秘书丞。终于成州刺史。大宝弟大业。

大业字敬道。有至行，父没，居丧过礼。性宽恕，学涉经史，有将命材，屡充使诣阙。初以西中郎府参军随詧之镇。詧称帝，历尚书左丞、开远将军、监利郡守、散骑常侍、卫尉卿。岿嗣位，迁都官尚书，除贞毅将军、漳川太守。入为左民尚书、太常卿。岿之七年，卒，赠金紫光禄大夫。谥曰简。有五子，允恭最知名。起家著作佐郎、太子舍人。梁灭入陈，拜尚书库部郎。陈亡入隋，授起居舍人。

王操字子高。其先，太原晋阳人也。詧母龚氏之外弟也。祖灵庆，海盐令。父景休，临川内史。操性敦厚，有筹略，博涉经史，在公恪勤。初为詧外兵参军，亲任亚于蔡大宝。詧承制，除尚书左丞。及称帝，迁五兵尚书、大将军、郢州刺史。寻进位柱国，封新康县侯。岿嗣位，授镇右将军、尚书仆射。

及吴明彻为寇，岿出顿纪南，操抚循将士，莫不用命。明彻既退，江陵获全，操之力也。迁侍中、中卫将军、尚书令、开府仪同三司，参掌选事，领荆州刺史。操既位居朝右，每自挹损，深得当时之誉。岿之十四年，卒。岿举于朝堂，流涕谓其群臣曰："天不使吾平荡江表，何夺吾贤相之速也。"及葬，亲祖于瓦官门。赠司空，进爵为公。谥曰康节。有七子。次子衡最知名。有才学，起家秘书郎。历太子洗马、中书、黄门侍郎。

魏益德，襄阳人也。有才干，胆勇过人。数从军征讨，以功累迁至郡守。詧莅襄阳，以益德为其府司马。詧承制，拜将军。寻加大将军。及詧称帝，进位柱国，封上黄县侯，邑千户，加车骑将军。詧之二年，卒，赠司空。谥曰忠壮。进爵为公。岿之五年，以益德配飨詧庙。

尹正，其先天水人。詧莅雍州，正为其府中兵参军。擒张缵，获杜岸，皆正之力。詧承制，以为将军。寻拜大将军。及称帝，除护军将军，进位柱国，封新野县侯，邑千户。詧之三年，卒，赠开府仪同三司。谥曰刚。詧之五年，以正配食詧庙。子德毅，多权略。位至大将军。后以见疑赐死。

薛晖，河东人也。有才略。身长八尺，形貌甚伟。尝督禁旅，为詧爪牙，当御侮之任。与尹正攻获杜岸于南阳。詧承制，拜将军。寻加大将军，进位柱国，除领军将军。詧之二年，卒，赠开府仪同三司。有六子，子建、子尚知名。

许孝敬，吴人，小名嗣儿。劲勇过人，为詧骁将。以大将军守河东。既无救援，为吴明彻所擒，遂戮于建康市。赠车骑大将军。子世武嗣。少袭父大将军，好勇不拘行检。重宾客，施与不节。资产既尽，郁郁不得志，遂谋奔陈。事觉，伏诛。

又有大将军李广，会稽人。早事詧，以敢勇闻。沌口之役，先登力战。及华皎军败，为吴明彻所擒。将降之，广辞色不屈，遂被害。赠太尉，追封建兴县公。谥曰忠武。

甄玄成字敬平，中山人。博达经史，善属文。少为简文所知。以录事参军随詧镇襄阳。转中记室参军，掌书记，颇参政事。以江陵甲兵殷盛，遂怀贰心。密书与梁元帝，申其诚款。遂有得其书者，进之于詧。詧深信佛法，常愿不杀诵《法华经》人。玄成素诵《法华经》，遂以此获免。詧后见之，常曰："甄公好得《法华经》力。"历位中书侍郎、御史中丞、祠部尚书、吏部尚书。詧之六年，卒，赠侍中、护军将军。有文集二十卷。子诩，少沉敏，闲习政事。历中书舍人、尚书右丞。从琮入隋，授开府仪同三司，终于太府少卿。

刘盈，彭城人，以西中郎府录事参军随詧之镇。有器度，勤于在公。詧之军国经谋，颇得参预。历黄门郎、中书监、雍州刺史、尚书仆射。詧之七年，卒，赠本官。第三子然，于时颇知名。隋鹰击郎将。

岑善方字思义，南阳棘阳人，汉征南大将军彭之后也。祖惠甫，给事中。父昶,散骑侍郎。善方有器局,博综经史,善于辞令。以刑狱参军随詧至襄阳。詧初请内附,以善方兼记室,充使诣阙。应对闲敏,深为太祖所嘉。自此往来,凡数十反。魏恭帝二年,授骠骑大将军、开府仪同三司,封长宁县公。詧之承制也,授中书舍人,迁襄阳郡守。及称帝,征为太舟卿,领中书舍人,转太府,领舍人如故。寻迁散骑常侍、起部尚书。善方性清慎,有当世干能,故詧委以机密。詧之七年,卒,赠太常卿。谥曰敬。所著文集十卷。

有七子,并有操行。之元、之利、之象最知名。之元,太子舍人,早卒。高祖录善方充使之功,追之利、之象入朝。授之利帅都督、代王记室参军。后仕隋,历安固令、郴义江三州司马、零陵郡丞。之象掌式中士,隋文帝相府参军事。后仕隋,历尚书虞部员外郎、邵陵上宜渭南邯郸四县令。

傅准,北地人。祖照,金紫光禄大夫。父谞,湘东王外兵参军。准有文才,善词赋。以西中郎参军随詧之镇。官至度支尚书。岿之七年,卒,赠太常卿。谥曰敬康。所著文集二十卷。有二子,曰秉曰执,并材兼文史。秉,尚书右丞。执,中书舍人、尚书左丞。

宗如周,南阳人。有才学,容止详雅。以府僚随詧,历黄门、散骑、列卿,后至度支尚书。岿之九年,卒。如周面狭长,以《法华经》云"闻经随喜,面不狭长",尝戏之曰:"卿何为谤经?"如周踧踖,自陈不谤。詧又谓之如初。如周惧,出告蔡大宝。大宝知其旨,笑谓之曰:"君当不谤余经,政应不信《法华》耳。"如周乃悟。又尝有人诉事于如周,谓为经作如州官也,乃曰:"某有屈滞,故来诉如州官。"如周曰:"尔何小人,敢呼我名!"其人惭谢曰:"只言如州官作如州,不知如州官名如周。早知如州官名如周,不敢唤如州官作如周。"如周乃笑曰:"命卿自责,见侮反深。"众咸服其宽雅。有七子。希颜、希华知名。希颜有文学,仕至中书舍人。希华博通经术,为荆楚儒宗。

肖欣,梁武帝弟安成康王秀之孙,炀王机之子也。幼聪警,博综坟籍,善属文。詧践位,以欣袭机封。历侍中、中书令、尚书仆射、尚书令。詧之二十三年,卒,赠司空。欣与柳信言,当詧之世,俱为一时文宗。有集三十卷。又著《梁史》百卷,遭乱失本。

柳洋,河东解人。祖悛尚书左仆射。父昭,中书侍郎。洋少有文学,以礼度自拘,与王湜俱以风范方正为当时所重。位至吏部尚书,出为上黄郡守。梁国废,以郡归隋,授开府仪同三司。寻卒。

徐岳,东海人,尚书左仆射、开府仪同三司、简肃公勉之少子也。少方正,博通经史。初为东阳王琮师。琮为皇太子,授詹事。及嗣位,除侍中、左民尚书,俄迁尚书仆射。从琮入隋,授上开府仪同三司。终于陈州刺史。子凯,秘书郎。岳兄矩,有文学,善吏事。颇黩于货贿。位至度支尚书。子敬鸿胪卿。

王淀,琅邪临沂人。祖琳,侍中、太府卿。父锡,侍中。淀少有令誉,尚詧妹庐陵长公主。历秘书郎、太子舍人、宣成王友、庐陵内史。詧践位,授侍中、吏部尚书。詧之四年,使诣阙,卒于宾馆。赠侍中、右光禄大夫。子瓛,有文词,黄门侍郎。淀弟湜,方雅有器识。位至都官尚书。詧之二十年,卒。子怀,秘书郎,隋沔阳令。

范迪顺阳人。祖缜,尚书左丞。父胥,鄱阳内史。迪少机辩,善属文。历中书黄门侍郎、尚书右丞、散骑常侍。詧之十七年,卒。有文集十卷。子褒。迪弟,文采劣于迪,而经术过之。位至中卫、东平王长史。

沈君游,吴兴人。祖僧旻,左民尚书。父巡,东阳太守。君游博学有词采,位至散骑常侍。詧之十二年,卒。有文集十卷。弟君公,有干局,美风仪,文章典正,特为詧所重。历中书黄门侍郎、御史中丞。自都官尚书为义兴王献师。从献奔陈,授侍中、太子詹事。隋平陈,以献同谋度江,伏诛。

袁敞,陈郡人。祖昂,司空。父士俊,安成内史。敞少有器量,博涉文史。以吏部郎使诣阙。时主者以敞班在陈使之后,敞固不从命。主者诘之,敞对曰:"昔陈之祖父乃梁诸侯之下吏也,弃忠与义,盗有江东。今大周朝宗万国,招携以礼,若使梁之行人在陈人之后,便恐彝伦失序。岂使臣之所望焉。"主者不能屈,遂以状奏。高祖善之,乃诏敞与陈使异日而进。还,以称旨迁侍中,转左民尚书。从琼入隋,授开府仪同三司。终于谯州刺史。子谧谦。

史臣曰:梁主任术好谋,知贤养士,盖有英雄之志,霸王之略焉。及淮海版荡,骨肉猜贰,拥众自固,称藩内款,终能据有全楚,中兴颓运。虽土宇殊于旧邦,而位号同于曩日。贻厥自远,享国数世,可不谓贤哉。嗣子纂承旧业,增修遗构,赏罚得衷,举厝有方。密迩寇仇,则威略具举;朝宗上国,则声猷远振。岂非继世之令主乎。

周书卷四九
列传第四一

异域上

高丽　百济　蛮　獠　宕昌　邓至
白兰　氐　稽胡　库莫奚

　　盖天地之所覆载，至大矣；日月之所临照，至广矣。然则万物之内，民人寡而禽兽多；两仪之间，中土局而庶俗旷。求之邹说，诡怪之迹实繁；考之《山经》，奇谲之词匪一。周、孔存而不论，是非纷而莫辩。秦皇鞭笞天下，黩武于遐方；汉武士马强盛，肆志于远略。匈奴既却，其国已虚；犬马既来，其民亦困。是知雁海龙堆，天所以绝夷夏也；炎方朔漠，地所以限内外也。况乎时非秦、汉，志甚嬴、刘，违天道以求其功，殚民力而从所欲，颠坠之衅，固不旋踵。是以先王设教，内诸夏而外夷狄；往哲垂范，美树德而鄙广地。虽禹迹之东渐西被，不过海及流沙；《王制》之自北徂南，裁称穴居交趾。岂非道贯三古，义高百代者乎。

　　有周承丧乱之后属战争之日，定四表以武功，安三边以权道。赵、魏尚梗，则结姻于北狄；厩库未实，则通好于西戎。由是德刑具举，声名遐洎。卉服毡裘，辐凑于属国；商胡贩客，填委于旗亭。虽东略漏三吴之地，南巡阻百越之境，而国威之所肃服，风化之所覆被，亦足为弘矣。其四夷来朝聘者，今并纪之于后。至于道路远近，物产风俗，详诸前史，或有不同。斯皆录其当时所记，以备遗阙云尔。

　　高丽者,其先出于夫余。自言始祖曰朱蒙,河伯女感日影所孕
也。朱蒙长而有材略,夫余人恶而逐之。土于纥斗骨城,自号曰高
句丽,仍以高为氏。其孙莫来渐盛,击夫余而臣之。莫来裔孙琏,始
通使于后魏。其地,东至新罗,西渡辽水二千里,南接百济,北邻靺
鞨千余里。治平壤城。其城,东西六里,南临浿水。城内唯积仓储
器备,寇贼至日,方入固守。王则别为宅于其侧,不常居之。其外有
国内城及汉城,亦别都也,复有辽东、玄菟等数十城,皆置官司以相
统摄。

　　大官有大对卢,次有太大兄、大兄、小兄、意俟奢、乌拙、太大使
者、大使者、小使者、褥奢、医属、仙人并褥萨凡十三等,分掌内外事
焉。其大对卢,则以强弱相陵,夺而自为之,不由王之署置也。其刑
法:谋反及叛者,先以火焚艺,然后斩首,籍没其家;盗者,十余倍征
赃;若贫不能备,及负公私债者,皆听评其子女为奴婢以赏之。

　　丈夫衣同袖衫、大口袴、白韦带、黄革履。其冠曰骨苏,多以紫
罗为之,杂以金银为饰。其有官品者,又插二鸟羽于其上,以显异
之。妇人服裙襦,裾袖皆为襈。书籍有《五经》、《三史》、《三国志》、
《晋阳秋》。兵器有甲弩弓箭戟矟矛铤。赋税则绢布及粟,随其所有,
量贫富差等输之。土田脊薄,居处节俭。然尚容止。多诈伪,言辞
鄙秽,不简亲疏,乃至同川而浴,共室而寝。风俗好淫,不以为愧。有
游女者,夫无常人。婚娶之礼,略无财币,若受财者,谓之卖婢,俗甚
耻之。父母及夫丧,其服制同于华夏。兄弟则限以三月。敬信佛法,
尤好淫祀。又有神朝二所:一曰夫余神,刻木作妇人之象;一曰登高
神,云是其始祖夫余神之子。并置官司,遣人守护。盖河伯女与朱
蒙云。

　　琏五世孙成,大统十二年,遣使献其方物。成死,子汤立。建德
六年,汤又遣使来贡。高祖拜汤为上开府仪同大将军、辽东郡开国
公、辽东王。

百济者，其先盖马韩之属国，夫余之别种。有仇台者，始国于带方。故其地界东极新罗，北接高句丽，西南俱限大海。东西四百五十里，南北九百余里。治固麻城。其外更有五方：中方曰古沙城，东方曰得安城，南方曰久知下城，西方曰刀先城，北方曰熊津城。

王姓夫余氏，号于罗瑕，民呼为鞬吉支，夏言并王也。妻号于陆，夏言妃也。官有十六品。左平五人，一品；达率三十人，二品；恩率三品；德率四品；扞率五品；奈率六品。六品已上，冠饰银华。将德七品，紫带；施德八品，皂带；固德九品，赤带；季德十品，青带；对德十一品，文督十二品，皆黄带；武督十三品，佐军十四品，振武十五品，克虞十六品，皆白带。自恩率以下，官无常员，各有部司，分掌众务。内官有前内部、谷部、肉部、内掠部、外掠部、马部、刀部、功德部、药部、木部、法部、后官部。外官有司军部、司徒部、司空部、司寇部、点口部、客部、外舍部、绸部、日官部、都市部。都下有万家，分为五部，曰上部、前部、中部、下部、后部，统兵五百人。五方各有方领一人，以达率为之；郡将三人，以德率为之。方统兵一千二百人以下，七百人以上。城之内外民庶及余小城，咸分隶焉。

其衣服，男子略同于高丽。若朝拜祭祀，其冠两箱加翅，戎事则不。拜谒之礼，以两手据地为敬。妇人衣以袍，而袖微大。在室者，编发盘于首，后垂一道为饰；出嫁者，乃分为两道焉。兵有弓箭刀稍。俗重骑射，兼爱坟史。其秀异者，颇解属文。又解阴阳五行。用宋《元嘉历》，以建寅月为岁首。亦解医药卜筮占相之术。有投壶、樗蒲等杂戏，然尤尚奕棋。僧尼寺塔甚多，而无道士。赋税以布绢丝麻及米等，量岁丰俭，差等输之。其刑罚：反叛、退军及杀人者，斩；盗者，流，其赃两倍征之；妇人犯奸者，没入夫家为婢。婚娶之礼，略同华俗。父母及夫死者，三年治服；余亲，则葬讫除之。土田下湿，气候温暖。五谷杂果菜蔬及酒醴肴馔药品之属，多同于内地。唯无驼驴骡羊鹅鸭等。其王以四仲之月，祭天及五帝之神。又每岁四祠其始祖仇台之庙。

自晋、宋、齐、梁据江左,后魏宅中原,并遣使称藩,兼受封拜。齐氏擅东夏,其王隆亦通使焉。隆死,子昌立。建德六年,齐灭,昌始遣使献方物。宣政元年,又遣使来献。

蛮者,盘瓠之后。族类蕃衍,散处江、淮之间,汝、豫之郡。凭险作梗,世为寇乱。逮魏人失驭,其暴滋甚。有冉氏、向氏、田氏者,陬落尤盛。余则大者万家,小者千户。更相崇树,僭称王侯,屯据三峡,断遏水路,荆、蜀行人,至有假道者。太祖略定伊、瀍,声教南被,诸蛮畏威,靡然向风矣。

大统五年,蔡阳蛮王鲁超明内属,以为南雍州刺史,仍世袭焉。十一年,蛮首梅勒特来贡其方物。寻而蛮帅田杜清及沔、汉诸蛮扰动,大将军杨忠击破之。其后蛮帅杜青和自称巴州刺史,以州入附。朝廷因其所称而授之。青和后遂反,攻围东梁州。其唐州蛮田鲁嘉亦叛,自号豫州伯。王雄、权景宣等前后讨平之。语在泉仲遵及景宣传。

魏废帝初,蛮酋樊舍举落内附,以为淮北三州诸军事、淮州刺史、淮安郡公。于谨等平江陵,诸蛮骚动,诏豆卢宁、蔡佑等讨破之。魏恭帝二年,蛮酋宜民王田兴彦、北荆州刺史梅季昌等相继款附。以兴彦、季昌并为开府仪同三司。加季昌洛州刺史,赐爵石台县公。其后巴西人谯淹扇动群蛮,以附于梁。蛮帅向镇侯、向(日)彪等应之。向五子王又攻陷信州。田鸟度、田都唐等抄断江路。文子荣复据荆州之汶阳郡,自称仁州刺史。并邻州刺史蒲微亦举兵逆命。诏田弘、贺若敦、潘招、李迁哲讨破之。语在敦及迁哲、杨雄等传。武成初,文州蛮叛,州选军讨定之。寻而冉令贤、向五子王等又攻陷白帝,杀开府杨长华,遂相率作乱。前后遣开府元契、赵刚等总兵出讨,虽颇剪其族类,而元恶未除。

天和元年,诏开府陆腾督王亮、司马裔等讨之。腾水陆俱进,次于汤口,先遣喻之。而令贤方增浚城池,严设扞御。遣其长子西黎、次子南王领其支属,于江南险要之地置立十城,远结涔阳蛮为其声援。令贤率其精卒，固守水逻城。腾乃总集将帅，谋其进趣。咸欲先取水逻，然后经略江南。腾言于众曰："令贤内恃水逻金汤之险，外托涔阳辅车之援，兼复资粮充实，器械精新。以我悬军攻其严垒，脱一战不克，更成其气。不如顿军汤口，先取江南，剪其羽毛，然后进军水逻。此制胜之计也。"众皆然之。乃遣开府王亮率众渡江，旬日攻拔其八城，凶党奔散。获贼帅冉承公并生口三千人，降其部众一千户。遂简募骁勇，数道入攻水逻。路经石壁城。此城峻险，四面壁立，故以名焉。唯有一小路，缘梯而上。蛮蜑以为峭绝，非兵众所行。腾被甲先登，众军继进，备经危阻，略月乃得旧路。且腾先任隆州总管，雅知蛮帅冉伯犁、冉安西与令贤有隙。腾乃招诱伯犁等，结为父子，又多遣其金帛。伯犁等悦，遂为乡导。水逻侧又有石胜城者，亦是险要。令贤使兄子龙真据之。腾又密诱龙真云，若平水逻，使其代令贤处。龙真大悦，密遣其子诣腾。腾乃厚加礼接，赐以金帛。蛮贪利既深，仍请立效。乃谓腾曰："欲翻所据城，恐人力寡少。"腾许以三百兵助之。既而遣二千人衔枚夜进。龙真力不能御，遂平石胜城。晨至水逻，蛮众大溃，斩首万余级，虏获一万口。令贤遁走，追而获之，并其子弟等皆斩之。司马裔又别下其二十余城，获蛮帅冉三公等。腾乃积其骸骨于水逻城侧，为京观。后蛮蜑望见，辄大号哭。自此狼戾之心辍矣。

　　时向五子王据石默城，令其子宝胜据双城。水逻平后，频遣喻之，而五子王犹不从命。腾又遣王亮屯牢坪，司马裔屯双城以图之。腾虑双城孤峭，攻未易拔。贼若委城奔散，又难追讨。乃令诸军周回立栅，遏其走路。贼乃大骇。于是纵兵击破之，擒五子王于石默，获宝胜于双城，悉斩诸向首领，生擒万余口。信州旧治白帝。腾更于刘备故宫城南，八阵之北，临江岸筑城，移置信州。又以巫县、信陵、秭归并是硖中要险，于是筑城置防，以为襟带焉。天和六年，蛮渠冉祖喜、冉龙骧又反，诏大将军赵闿讨平之。自此群蛮慑息，不复为寇矣。

獠者，盖南蛮之别种，自汉中达于邛、笮，川洞之间，在所皆有。俗多不辨姓氏，又无名字，所生男女，唯以长幼次第呼之。其丈夫称阿暮、阿段，妇人阿夷、阿第之类，皆其语之次第称谓也。喜则群聚，怒则相杀，虽父子兄弟，亦手刃之。递相掠卖，不避亲戚。被卖者号叫不服，逃窜避之，乃将买人指伪捕逐，若追亡叛，获便缚之。但经被缚者，即服为贱隶，不敢更称良矣。俗畏鬼神，尤尚淫祀巫祝，至有卖其昆季妻孥尽者，乃自卖以祭祀焉。往往推一酋帅为王，亦不能远相统摄。

自江左及中州递有巴、蜀，多恃险不宾。太祖平梁、益之后，令所在抚慰。其与华民杂居者，亦颇从赋役。然天性暴乱，旋至扰动。每岁命随近州镇出兵讨之，获其口以充贱隶，谓之为厌獠焉。后有商旅往来者，亦资以为货，公卿逮于民庶之家，有獠口者多矣。

魏恭帝三年，陵州木笼獠反，诏开府陆腾讨破之，俘斩万五千人。保定二年，铁山獠又反，抄断江路。陆腾复攻拔其三城，虏获三千人，降其种三万落。语在《腾传》。

天和三年，梁州恒棱獠叛，总管长史赵文表讨之。军次巴州，文表欲率众径进。军吏等曰：“此獠旅拒日久，部众甚强。讨之者皆四面攻之，以分其势。今若大军直进，不遣奇兵，恐并力于我，未可制胜。”文表曰：“往者既不能制之，今须别为进趣。若四面遣兵，则獠降走路绝，理当相率以死拒战。如从一道，则吾得示威恩，分遣使人以理晓谕。为恶者讨之，归善者抚之。善恶既分，易为经略。事有变通，奈何欲遵前辙也。”文表遂以此意遍令军中。时有从军熟獠，多与恒棱亲识，即以实报之。恒棱獠相与聚议，犹豫之间，文表军已至其界。獠中先有二路，一路稍平，一路极险。俄有生獠首帅数人来见文表曰：“我恐官军不悉山川，请为乡导。”文表谓之曰：“此路宽平，不须导引，卿但先去，好慰谕子弟也。”乃遣之。文表谓其众曰：“向者，獠帅语吾从宽路而行，必当设伏要我。若从险路，出其不虞，獠众自离散矣。”于是勒兵从险道进，其有不通之处，随即治之。乘高而望，果见其伏兵。獠既失计，争携妻子，退保险要。文表顿军大蓬山下,示以祸福,遂相率来降。文表皆慰抚之,仍征其税租,无敢动者。后除文表为蓬州刺史,又大得獠和。

建德初,李晖为梁州总管,诸獠亦并从附。然其种类滋蔓,保据岩壑,依林走险,若履平地,虽屡加兵,弗可穷讨。性又无知,殆同禽兽,诸夷之中,最难以道义招怀者也。

宕昌羌者,其先盖三苗之胤。周时与庸、蜀、微、卢等八国从武王灭商。汉有先零、烧当等,也为边患。其地,东接中华,西通西域,南北数千里。姓别自为部落,各立酋帅,皆有地分,不相统摄。宕昌即其一也。俗皆土著,居有栋宇。其屋织氂牛尾及羖羊毛覆之。国无法令,又无徭赋。唯征伐之时,乃相屯聚;不然,则各事生业,不相往来。皆衣裘褐,牧养氂牛羊豕,以供其食。父子伯叔兄弟死者,即以其继母、世叔母、及嫂弟妹等为妻。俗无文字,但候草木荣落,以记岁时。三年一相聚,杀牛羊以祭天。

有梁勤者,世为酋帅,得羌豪心,乃自称王焉。其界自仇池以西,东西千里,带席水以南,南北八百里。地多山阜,部众二万余落。勤孙弥忽,始通使于后魏。太武因其所称而授之。

自弥忽至仚定九世,每修职贡不绝。后见两魏分隔,遂怀背诞。永熙末,仚定乃引吐谷浑寇金城。大统初,又率其种人入寇。诏行台赵贡督仪同侯莫陈顺等击破之。仚定惧,称藩请罪。太祖舍之,拜抚军将军。四年,以仚定为南洮州刺史、要安蕃王。后改洮州为岷州,仍以仚定为刺史。是岁,秦州浊水羌反,州军讨平之。七年,仚定又举兵入寇。独孤信时镇陇右,诏信率众便讨之。军未至而仚定为其下所杀。信进兵破其余党。朝廷方欲招怀殊俗,乃更以其弟弥定为宕昌王。十六年,弥定宗人獠甘袭夺其位,弥定来奔。先是,羌酋傍乞铁葱等因仚定反叛之际,遂拥众据渠林川,与渭州民郑五丑扇动诸羌,阻兵逆命。至是诏大将军宇文贵、豆卢宁、凉州刺史史宁等率兵讨獠甘等,并擒斩之,纳弥定而还。语在贵等传。其后羌酋东念姐、巩廉俱和等反,大将军豆卢宁、王勇等前后讨平之。

保定初,弥定遣吏献方物。三年,又遣使献生猛兽。四年,弥定寇洮州,总管李贤击走之。是岁,弥定又引吐谷浑寇石门戍,贤复破之。高祖怒,诏大将军田引讨灭之,以其地为宕州。

邓至羌者,羌之别种也。有像舒治者,世为白水酋帅,自称王焉。其地北与宕昌相接,风俗物产亦与宕昌略同。自舒治至檐桁十一世。魏恭帝元年,檐桁失国来奔,太祖令章武公导率兵送复之。

白兰者,羌之别种也。其地东北接吐谷浑,西北至利模徒,南界那鄂,风俗物产与宕昌略同。保定元年,遣使献犀甲铁铠。

氐者,西夷之别种。三代之际,盖自有君长,而世一朝见。故《诗》称"自彼氐、羌,莫敢不来王"也。汉武帝灭之,以其地为武都郡。自汧、渭抵于巴、蜀,种类实繁。汉末,有氐帅杨驹,始据仇池百顷,最为强族。其后渐盛,乃自称王。至裔孙纂,为符坚顷所灭。坚败,其族人定又自称王。定为乞伏乾归所杀。定从弟盛,代有其国。世受魏氏封拜,亦通使于江左。然其种落分散,叛服不恒,陇、汉之间,屡被其害。

盛之苗裔曰集始,魏封为武兴王。集始死,子绍先立,遂僭称大号。魏将付竖眼灭之。执绍先归诸京师,以其地为武兴镇。魂氏洛京未定,天下乱,绍先奔还武兴,复自并为王。太祖定秦、陇,绍先称藩,送妻子为质。大统元年,绍先请其妻女,太祖奏魏帝还之。绍先死,子辟邪并。四年,南岐州氐符安寿反,攻陷武都,自号太白王。诏大都督侯莫陈顺与渭州刺史长孙澄讨破之。安寿以其众降。九年,清水氐酋李鼠仁据险作乱,氐帅梁道显叛攻南由,太祖遣典签赵昶慰谕之,鼠仁等相继归附。语在《昶传》。十一年,于武兴置东益州,以辟邪为刺史。十五年,安夷氐复叛,赵昶时为郡守,收其首逆者二十余人斩之,余众乃定。于是以昶行南秦州事。氐帅盖闹等相率作乱,闹据北谷,其党覃洛聚洮中,杨兴德、付双围平氐城,姜樊唅乱武阶,西结宕昌羌獠甘,共推盖闹为主。昶分道遣使宣示祸福,然后出兵讨之,擒盖闹,散其余党。兴州叛氐复侵逼南岐州,刺史叱罗协遣使告急,昶率兵赴救,又大破之。

先是,氐首杨法深据阴平自称王,亦盛之苗裔也。魏孝昌中,举众内附。自是职贡不绝。废帝元年,以法深为黎州刺史。二年,杨辟邪据州反,群氐复与同逆。诏叱罗协与赵昶讨平之。太祖乃以大将军宇文贵为大都督、六州诸军事、兴州刺史。贵威名先著,群氐颇畏服之。是岁,杨法深从尉迟迥平蜀,军回,法深旋镇。寻与其种人杨崇集、杨陈堡各拥其众,递相攻讨。赵昶时督成武沙三州诸军事、成州刺史,遣使和解之。法深等从命。乃分其部落,更置州郡以处之。魏恭帝末,武兴氐反,围利州。凤州固道氐魏天王等亦聚众响应。大将军豆卢宁等讨平之。

世宗时,兴州人段吒及下辩、柏树二县民反,相率破兰皋戍。氐酋姜多复率厨中氐、蜀攻陷落丛郡以应之。赵昶率众讨平二县,并斩段吒。而阴平、卢北二郡氐复往往屯聚,与厨中相应。昶乃简择精骑,出其不意,径入厨中。至大竹坪,连破七栅,诛其渠率,二郡并降。及昶还,厨中主氐复为寇掠。昶又遣仪同刘崇义、宇文琦率兵入厨中讨之,大破氐众,斩姜多及符肆王等。于是群氐并平。及王谦举兵,沙州氐帅开府杨永安又据州应谦,大将军达奚儒讨平之。

稽胡一曰步落稽,盖匈奴别种,刘元海五部之苗裔也。或云山戎赤狄之后。自离石以西,安定以东,方七八百里,居山谷间,种落繁炽。其俗土著,亦知种田。地少桑蚕,多麻布。其丈夫衣服及死亡殡葬,与中夏略同。妇人则多贯蜃贝以为耳及颈饰。又与华民错居,其渠帅颇识文字。然语类夷狄。因译乃通。蹲踞无礼,贪而忍害。俗好淫秽,处女尤甚。将嫁之夕,方与淫者叙离,夫氏闻之,以多为贵。既嫁之后,颇亦防闲,有犯奸者,随事惩罚。又兄弟死,皆纳其妻。虽分统郡县,列于编户,然轻其徭赋,有异齐民。山谷阻深者,又未尽役属。而凶悍恃险,数为寇乱。

魏孝昌中，有刘蠡升者，居云阳谷，自称天子，立年号，署百官。属魏氏政乱，力不能讨。蠡升遂分遣部众，抄掠居民，汾、晋之间，略无宁岁。齐神武迁邺后，始密图之。伪许以女妻蠡升太子，蠡升信之，遂遣其子诣邺。神武厚为之礼，缓以婚期。蠡升既恃和亲，不为之备。大统元年三月，齐神武潜师袭之。蠡升率轻骑出外征兵，为其北部王所杀，斩首送于齐神武。其众复立蠡升第三子南海王为主，率兵拒战。齐神武击灭之，获其伪主，及其弟西海王，并皇后夫人王公以下四百余人，归于邺。

居河西者，多恃险不宾。时方与齐神武争衡，未遑经略。太祖乃遣黄门郎杨忠就安抚之。五年，黑水部众先叛。七年，别帅夏州刺史刘平伏又据上郡反。自是北山诸部，连岁寇暴。太祖前后遣李远、于谨、侯莫、陈崇、李弼等相继讨平之。武成初，延州稽胡郝阿保、郝狼皮率其种人附于齐氏。阿保自署丞相，狼皮自署柱国，并与其别部刘桑德共为影响。柱国、豆卢宁督诸军与延州刺史高琳击破之。二年，狼皮等余党复叛。诏大将军韩杲讨之，俘斩甚众。保定中，离石生胡数寇汾北，勋州刺史韦孝宽于险要筑城，置兵粮，以遏其路。及杨忠与突厥伐齐，稽胡等复怀旅拒，不供粮饩。忠乃诈其酋帅，云与突厥欲回兵讨之。酋帅等惧，乃相率供馈焉。语在《忠传》。其后丹州、绥州、银州等部内诸胡，与蒲川别帅郝三郎等又频年逆命。复诏达奚震、辛威、于实等前后穷讨，散其种落。天和二年，延州总管宇文盛率众城银州，稽胡白郁久同、乔是罗等欲邀袭盛军，盛并讨斩之。又破其别帅乔三勿同等。五年，开府刘雄出绥州，巡检北边，川路稽胡帅乔白郎、乔素勿同等度河逆战，雄复破之。

建德五年，高祖败齐师于晋州，乘胜逐北，齐人所弃甲仗，未暇收剑，稽胡乘间窃出，并盗而有之。乃立蠡升孙没铎为主，号圣武皇帝，年曰石平。六年，高祖定东夏，将讨之，议欲穷其巢穴。齐王宪以为种类既多，又山谷阻绝，王师一举，未可尽除。且当剪其魁首，余加慰抚。高祖然之，乃以宪为行军元帅，督行军总管赵王招、谯王俭、滕王逌等讨之。宪军次马邑，乃分道俱进。没铎遣其党天柱守河东，又遣其大帅穆支据河西，规欲分守险要，犄角宪军。宪命谯王俭攻天柱，滕王逌击穆支，并破之，斩首万余级。赵王招又擒没铎，余众尽降。宣政元年，汾州稽胡帅刘受罗千复反，越王盛督诸军讨擒之。自是寇盗颇息。

库莫奚，鲜卑之别种也。其先为慕容晃所破，窜于松漠之间。后种类渐多，分为五部：一曰辱纥主，二曰莫贺弗，三曰契箇，四曰木昆，五曰室得。每部置俟斥一人。有阿会氏者，最为豪帅，五部皆受其节度。役属于突厥，而数与契丹相攻。虏获财畜，因而行赏。死者则以苇薄裹尸，悬之树上。大统五年，遣使献其方物。

史臣曰：凡民肖形天地，禀灵阴阳，愚智本于自然，刚柔击于水土。故雨露所会，风流所通，九川为纪，五岳作镇，此之谓诸夏。生其地者，则仁义出焉。昧谷、嵎夷孤竹、北户，限以丹徼紫塞，隔以沧海交河，此之谓荒裔。感其气者，则凶德成焉。若夫九夷八狄，种落繁炽；七戎六蛮，充牣边鄙。虽风土殊俗，嗜欲不同，至于贪而无厌，狠而好乱，强则旅拒，弱则稽服，其揆一也。斯盖天之所命，使其然乎。

周书卷五〇
列传第四二

异域下

突厥　吐谷浑　高昌　鄯善　焉耆
龟兹　于阗　厌哒　粟特　安息
波斯

　　突厥者,盖凶奴之别种,姓阿史那氏。别为部落。后为邻国所破,尽灭其族。有一儿,年且十岁,兵人见其小,不忍杀之,乃刖其足,弃草泽中。有牝狼以肉饲之,及长,与狼合,遂有孕焉。彼王闻此儿尚在,重遣杀之。使者见狼在侧,并欲杀狼。狼遂逃于高昌国之北山。山有洞穴,穴内有平壤茂草,周回数百里,四面俱山。狼匿其中,遂生十男。十男长大,外托妻孕,其后各有一姓,阿史那即一也。子孙蕃育,渐至数百家。经数世,相与出穴,臣于茹茹。居金山之阳,为茹茹铁工。金山形似兜鍪,其俗谓兜鍪为“突厥”,遂因以为号焉。
　　或云突厥之先出于索国,在匈奴之北。其部落大人曰阿谤步,兄弟十七人。其一曰伊质泥师都,狼所生也。谤步等性并愚凝,国遂被灭。泥师都既别感异气,能征召风雨。娶二妻,云是夏神、冬神之女也。一孕而生四男。其一变为白鸿;其一国于阿辅水、剑水之间,号为契骨;其一国于处折水;其一居践斯处折施山,即其大儿

也。山上仍有阿谤步种类,并多寒露。大儿为出火温养之,咸得全
济。遂共奉大儿为主,号为突厥,即讷都六设也。讷都六有十妻,所
生子皆以母族为姓,阿史那是其小妻之子也。讷都六死,十母子欲
内欲择立一人,乃相率于大树下,共为约曰,向树跳跃,能最高者,
即推立之。阿史那子年幼而跳最高者,诸子遂奉以为主,号阿贤设。
此说虽殊,然终狼种也。

其后曰土门,部落稍盛,始至塞上市缯絮,愿通中国。大统十一
年,太祖遣酒泉胡安诸盘陁使焉。其国皆相庆曰:“今大国使至,我
国将兴也。”十二年,土门遂遣使献方物。时铁勒将伐茹茹,土门率
所部邀击,破之,尽降其众五万余落。恃其强盛,乃求婚于茹茹。茹
茹主阿那环大怒,使人骂辱之曰:“尔是我锻奴,何敢发是言也?”土
门亦怒,杀其使者。遂与之绝,而求婚于我。太祖许之。十七年六
月,以魏长乐公主妻之。是岁,魏文帝崩,土门遣使来吊,赠马二百
匹。魏废帝元年正月,土门发兵击茹茹,大破之于怀荒北。阿那环
自杀,其子罗辰奔齐,余众复立阿那环叔父邓叔子为主。土门遂自
号伊利可汗,犹古之单于也。号其妻为贺敦,亦犹古之阏氏也。土
门死,子科罗立。

科罗号乙息记可汗。又破叔子于沃野北木赖山。二年三月,科
罗遣使献马五万匹。科罗死,弟俟斤立,号木汗可汗。

俟斤一名燕都,状貌多奇异,面广尺余,其色甚赤,眼若瑠璃。
性刚暴,务于征伐。乃率兵击邓叔子,灭之。叔子以其余烬来奔。俟
斤又西破猃哒,东走契丹,北并契骨,威服塞外诸国。其地东自辽海
以西,西至西海万里,南自沙漠以北,北至北海五六千里,皆属焉。

其俗被发左衽,穹庐毡帐,随水草迁徙,以畜牧射猎为务。贱老
贵壮,寡廉耻,无礼义,犹古之匈奴也。其主初立,近侍重臣等舆之
以毡,随日转九回,每一回,臣下皆拜。拜讫,乃扶令乘马,以帛绞其
颈,使才不至绝,然后释而急问之曰:“你能作几年可汗?”其主既神
情瞀乱,不能详定多少。臣下等随其所言,以验修短之数。大官有
叶护,次没,次特勒,次俟利发,次吐屯发,及余小官凡二十八等,皆

世为之。兵器有弓矢鸣镝甲矟刀剑，其佩饰则兼有伏突。旗纛之上，施金狼头。侍卫之士，谓之附离，夏言亦狼也。盖本狼生，志不忘旧。其征发兵马，及科税杂畜，辄刻木为数，并一金镞箭，蜡封印之，以为信契。其刑法：反叛、杀人及奸人之妇、盗马绊者，皆死；奸人女者，重责财物，即以其女妻之；斗伤人者，随轻重输物；盗马及杂物者，各十余倍征之。死者，停尸于帐，子孙及诸亲属男女，各杀羊马，陈于帐前，祭之。绕帐走马七匝，一诣帐门，以刀剺面，见哭，血泪俱流，如此者七度，乃止。择日，取亡者所乘马及经服用之物，并尸俱焚之，收其余灰，待时而葬。春夏死者，候草木黄落，秋冬死者，候华叶荣茂，然始坎而瘗之。葬之日，亲属设祭，及走马剺面，如初死之仪。葬讫，于墓所立石建标。其石多少，依平生所杀人数。又以祭之羊马头，尽悬挂于标上。是日也，男女咸盛服饰，会于葬所。男有悦爱于女者，归即遣人媒问，其父母多不违也。父兄伯叔死者，子弟及侄等妻其后母、世叔母及嫂，唯尊者不得下淫。虽移徙无常，而各有地分。可汗恒处于都斤山，牙帐东开，盖敬日之所出也。每岁率诸贵人，祭其先窟。又以五月中旬，集他人水，拜祭天神。于都斤四五百里，有高山迥出，上无草树，谓其为勃登凝黎，夏言地神也。其书字类胡，而不知年历，唯以草青为记。

　　俟斤部众既盛，乃遣使请诛邓叔子等。太祖许之。收叔子以下三千人，付其使者，杀之于青门外。三年，俟斤袭击吐谷浑，破之。语在《吐谷浑传》。明帝二年，俟斤遣使来献方物。保定元年，又三辈遣使贡其方物。

　　时与齐人交争，戎车岁动，故每连结之，以为外援。初，魏恭帝世，俟斤许进女于太祖，契未定而太祖崩。寻而俟斤又以他女许高祖，未及结纳，齐人亦遣求婚，俟斤贪其币厚，将悔之。至是，诏遣凉州刺史杨荐、武伯王庆等往结之。庆等至，谕以信义。俟斤遂绝齐使而定婚焉。仍请举国东伐。语在荐等传。

　　三年，诏隋公杨忠率众一万，与突厥伐齐。忠军度陉岭，俟斤率骑十万来会。明年正月，攻齐主于晋阳，不克。俟斤遂纵兵大掠而还。忠言于高祖曰："突厥甲兵恶，爵赏轻，首领多而无法令，何谓难制驭。正由比者使人妄道其强盛，欲令国家厚其使者，身往重取其报。朝廷受其虚言，将士望风畏慑。但虏态诈健，而实易与耳。今以臣观之，前后使人皆可斩也。"高祖不纳。是岁，俟斤复遣使来献，更请东伐。诏杨忠率兵出沃野，晋公护趣洛阳以应之。会护战不利，俟斤引还。五年，诏陈公纯、大司徒宇文贵、神武公窦毅、南安公杨荐等往逆女。天和二年，俟斤又遣使来献。陈公纯等至，俟斤复贰于齐。会有风雷变，乃许纯等以后归。语在《皇后传》。四年，俟斤又遣使献马。

俟斤死，弟他钵可汗立。自俟斤以来，其国富强，有凌轹中夏志。朝廷既与和亲，岁给缯絮锦彩十万段。突厥在京师者，又待以优礼，衣锦食肉者，常以千数。齐人惧其寇掠，亦倾府藏以给之。他钵弥复骄傲，至乃率其徒属曰："但使我在南两个儿孝顺，何忧无物邪。"建德二年，他钵遣使献马。

及齐灭，齐定州刺史、范阳王高绍义自马邑奔之。他钵立绍义为齐帝，召集所部，云为之复仇。宣政元年四月，他钵遂入寇幽州，杀略居民。柱国刘雄率兵拒战，兵败，死之。高祖亲总六军，将北伐，会帝崩，乃班师。是冬，他钵复寇边，围酒泉，大掠而去。大象元年，他钵复请和亲。帝册赵王招女为千金公主以嫁之，并遣执绍义送阙。他钵不奉诏，仍寇并州。大象二年，始遣使奉献，且逆公主，而绍义尚留不遣。帝又令贺若谊往谕之，始送绍义云。

吐谷浑，本辽东鲜卑慕容廆之庶兄也。初，吐谷浑马与廆马斗而廆马伤，廆遣让之。吐谷浑怒，率其部落去之，止于枹罕，自为君长。及孙叶延，颇视书传。以古有王父字为氏，遂以吐谷浑为氏焉。

自吐谷浑至伏连筹一十四世。伏连筹死，子夸吕立，始自号为可汗。治伏俟城，在青海西十五里。虽有城郭，而不居之，恒处穹庐，随水草畜牧。其地东西三千里，南北千余里。官有王公、仆射、尚书及郎中、将军之号。夸吕椎髻、毦珠，以皂为帽，坐金师子床。号其妻为恪尊，衣织成裙，披锦大袍，辫发于后，首戴金花。其俗丈夫衣服略同于华夏，多以羃羅为冠，亦以缯为帽。妇人皆贯珠束发，以多为贵。兵器有弓刀甲矟。国无常赋，须则税富室商人以充用焉。其刑罚，杀人及盗马者死，余则征物，量事决杖。刑人必以毡蒙头，持石从高击杀之。父兄亡后，妻后母及嫂等，与突厥俗同。至于婚姻，贫不能备财物者，辄盗女将去。死者亦皆埋殡。其服制，葬讫则除之。性贪婪，忍于杀害。好射猎，以肉酪为粮。亦知种田，然其北界，气候多寒，唯得芜菁、大麦。故其俗贫多富少。青海周回千余里，海内有小山。每冬冰合后，以良牝马置此山，至来冬收之，马皆有孕，所生得驹，号为龙种，必多骏异，世传青海骏者也。土出氂牛，鸟多鹦鹉。

大统中，夸吕再遣使献马及羊牛等。然犹寇抄不止，缘边多被其害。魏废帝二年，太祖勒大兵至姑臧，夸吕震惧，遣使贡方物。是岁，夸吕又通使于齐氏。凉州刺史宁觇知其还，率轻骑袭之于州西赤泉，获其仆射乞伏触拨、将军翟潘密、商胡二百四十人，驼骡六百头，杂彩丝绢以万计。魏恭帝二年，史宁又与突厥术汗可汗袭击夸吕，破之，虏其妻子，大获珍物及杂畜。语在《史宁传》。武成初，夸吕复寇凉州，刺史是云宝战没。诏贺兰祥、宇文贵率兵讨之。夸吕遣其广定王、钟留王拒战，祥等破之，广定等遁走。又攻拔其洮阳、洪和二城，置洮州以还。保定中，夸吕前后三辈遣使献方物。天和初，其龙涸王莫昌率众降，以其地为扶州。二年五月，复遣使来献。建德五年，其国大乱。高祖诏皇太子征之，军渡青海，至伏俟城。夸吕遁走，虏其余众而还。明年，又再遣奉献。宣政初，其赵王他娄屯来降。自是朝献遂绝。

高昌者，车师前王之故地。东去长安四千九百里，汉西域长史及戊己校尉，并治于此。晋以其地为高昌郡。张轨、吕光、沮渠蒙逊据河西，皆置太守以统之。其后有阚爽及沮渠无讳，并自署为太守。无讳死，茹茹杀其弟安周，以阚伯周为高昌王。高昌之称王，自此始也。伯周之从子首归，为高车所灭。次有张孟明、马儒相继王之，并为国人所害。乃更推立麹嘉为王。嘉字灵凤，金城榆中人，本为儒右长史。魏太和末立。嘉死，子坚立。

其地东西三百里，南北五百里。国内总有城一十六。官有令尹一人，比中夏相国；次有公二人，皆其王子也，一为交河公，一为田地公；次有左右卫；次有八长史，曰吏部、祠部、库部、仓部、主客、礼部、民部、兵部等长史也；次有建武、威远、陵江、殿中、伏波等将军；次有八司马，长史之副也；次有侍郎、校书郎、主簿、从事，阶位相次，分掌诸事；次有省事，专掌导引。其大事决之于王，小事则世子及二公随状断决。评章录记，事讫即除。籍书之外，无久掌文按。官人虽有列位，并无曹府，唯每旦集于牙门评议众事。诸城各有户曹、水曹、田曹。每城遣司马、侍郎相监检校，名为城令。服饰，丈夫从胡法，妇人略同华夏。兵器有弓箭刀盾甲矟。文字亦同华夏，兼用胡书。有《毛诗》、《论语》、《孝经》，置学官弟子，以相教授。虽习读之，而皆为胡语。赋税则计输银钱，无者输麻布。其刑法、风俗、婚姻、丧葬，与华夏小异而大同。地多石碛，气候温暖，谷麦再熟，宜蚕，多五果。有草曰羊刺，其上生密焉。

自嘉以来，世修蕃职于魏。大统十四年，诏以其世子玄喜为王。恭帝二年，又以其田地公茂嗣位。武成元年，其王遣使献方物。保定初，又遣使来贡。

自敦煌向其国，多沙碛，道里不可准记，唯以人畜骸骨及驼马粪为验，又有魑魅怪异。故商旅来往，多取伊吾路云。

鄯善，古楼兰国也。东去长安五千里。所治城方一里。地多沙卤，少水草。北即白龙堆路。魏太武时，为渠沮安周所攻，其王西奔且末。西北有流沙数百里，夏日有热风，为行旅之患。风之欲至，唯老驼知之，即鸣而聚立，埋其口鼻于沙中。人每以为候，亦即将毡拥蔽鼻口。其风迅驶，斯须过尽。若不防者，必至危毙。

大统八年，其兄鄯米率众内附。

　　焉耆国在白山之南七千里,东去长安五千八百里。其王姓龙,即前凉张轨所封龙熙之胤。所治城方二里。部内凡有九城。国小民贫,无纲纪法令。兵有弓刀甲矟。婚姻略同华夏。死亡者皆焚而后葬,其服制满七日则除之。丈夫并剪发以为首饰。文字与婆罗门同。谷事天神,并崇信佛法。尤重二月八日、四月八日。是日也,其国咸依释教,齐戒行道焉。气候寒,土田良沃。谷有稻粟菽麦。畜有驼马牛羊。养蚕不以为丝,唯充绵纩。俗尚蒲桃酒,兼爱音乐。南去海十余里,有鱼盐蒲苇之饶。保定四年,其王遣使献名马。

　　龟兹国在白山之南一百七十里,东去长安六千七百里。其王姓白,即后凉吕光所立白震之后。所治城方五六里。其刑法,杀人者死,劫贼则断其一臂,并刖一足。赋税,准地山之,无田者则税银钱。婚姻、丧葬、风俗、物产与治封天白。唯气候少温为异。又出细毡、麖皮、氍毹、铙多、盐绿、雌黄、胡粉及良马、封牛等。东有轮台,即汉贰师将军李广利所屠。其南三百里有大水东流,号计戍水,即黄河也。保定元年,其王遣使来献。

　　于阗国在葱岭之北二百余里,东去长安七千七百里。所治城方八九里。部内有大城五,小城数十。其刑法,杀人者死,余罪各随轻重惩罚之。自外风俗物产与龟兹略同。俗重佛法,寺塔僧尼甚众。王尤信向,每设斋日,必亲自洒扫馈食焉。城南五十里有赞摩寺,即昔罗汉比丘比卢旃为其王造覆盆浮图之所。石上有辟支佛跌处,双迹犹存。自高昌以西,诸国人等多深目高昌以东此一国,貌不甚胡,颇类华夏。城东二十里有大水北流,号树拔水,即黄河也。城西十五里亦有大水,免达利水,与树拔俱北流,同会于计戍。建德三年,其王遣使献名马。

　　嚈哒国,大月氏之种类,在于阗之西,东去长安一万百里。其王治拔底延城，盖王舍城也。其城方十余里。刑法、风俗，与突厥略同。其俗又兄弟共娶一妻。夫无兄弟者，其妻戴一角帽；若有兄弟者，依其多少之数，更加帽角焉。其人凶悍，能战斗。于阗、安息等大小二十余国，皆役属之。大统十二年，遣使献其方物。魏废帝二年、明帝二年，并遣使来献。后为突厥所破，部落分散，职贡遂绝。

粟特国在葱岭之西，盖古之庵蔡，一名温郁沙。治于大泽，在康居西北。

保定四年，其王遣使献方物。

安息国在葱岭之西，治蔚搜城。北与康居、西与波斯相接，东去长安一万七百五十里。天和二年，其王遣使来献。

波斯国，大月氏之别种，治苏利城，古条支国也。东去长安一万五千三百里。城方十余里，户十余万。王姓波斯氏。坐金羊床，戴金花冠，衣锦袍、织成帔，皆饰以真珠宝物。其俗：丈夫剪发，戴白皮帽，贯头衫，两厢近下开之，并有巾帔，缘以织成，妇女服大衫，披大帔，其发前为髻，后被之，饰以金银华，仍贯五色珠，络之于膊。

王于其国内别有小牙十余所，犹中国之离宫也，每年四月出游处之，十月乃还。王即位以后，择诸子内贤者，密书其名，封之于库，诸子及大臣皆莫之知也。王死，乃众共发书视之，其封内有名者，即立以为王，余子各出就边任。兄弟更不相见也。国人号王曰医赞，妃曰防步率，王之诸子曰杀野。大官有摸胡坛，掌国内狱讼；泥忽汗，掌库藏关禁；地卑勃，掌文书及众务。次有遏罗诃地，掌王之内事；萨波勃，掌四方兵马。其下皆有属官，分统其事。兵器有甲矟圆排剑弩弓箭。战并乘象，每象百人随之。其刑法：重罪悬诸竿上，射而杀之；次则击狱，新王立乃释之；轻罪则劓、刖若几，或翦半须，及击排于项上，以为耻辱；犯强盗者，禁之终身；奸贵人妻者，男子流，妇人割其耳鼻。赋税则准地输银钱。俗事火袄神。婚合亦不择尊卑,诸夷之中,最为丑秽矣。民女年十岁以上有姿貌者,王收养之,有功勋人,即以分赐。死者多弃尸于山,一月治服。城外有人别居,唯知丧葬之事,号为不净人。若入城市,摇铃自别。以六月为岁首,尤重七月七日、十二月一日。其日,民庶以上,各相命召,设会作乐,以极欢娱。又以每年正月二十日,各祭其先死者。

气候暑热,家自藏冰。地多沙碛,引水溉灌。其五谷及禽兽等,与中夏略同,唯无稻及黍秫。土出名马及驼,富室至有数千头者。又出白象、师子、大鸟卵、真珠、离珠、颇黎、珊瑚、琥珀、留璃、马脑、水晶、瑟瑟、金、银、俞石、金刚、火齐、镔铁、铜、锡、朱沙、水银、绫、锦、白毷、氍、氍毹、氀毼、赤麞皮,及薰六、郁金、苏合、青木等香,胡椒、荜拨、石密、千牛枣、香附子、诃黎勒、无食子、盐缘、雌黄等物。魏废帝二年,其王遣使来献方物。

史臣曰:四夷之为中国患也久矣,而北狄尤甚焉。昔严尤、班固咸以周及秦汉未有得其上策,虽通贤之宏议,而史臣尝以为疑。

夫步骤之来,绵自今古;浇淳之变,无隔华戎。是以反道德,弃仁义,凌替之风岁广;至泾阳,入北地,充斥之衅日深。爰自金行,逮乎水运,戎夏杂错,风俗混并。夷裔之情伪,中国毕知之矣;中国之得失,夷裔备闻之矣。若乃不与约誓,不就攻伐,来而御之,去而守之;夫然则敌有余力,我无宁岁,将士疲于奔命,疆场苦其交侵。欲使偃伯灵台,欧世仁寿,其可得乎?是知秩宗之雅旨,护军之诚说,寔有会于当时,而未允于后代也。

然则《易》称“见几而作”,《传》云“相时而动”。夫时者,得失之所系;几者,吉凶之所由。况乎诸夏之朝,治乱之运代有;戎狄之地,强弱之势无恒。若使臣畜之与羁縻,和亲之与征伐,因其时而制变,观其几而立权,则举无遗策,谋多上筭,兽心之虏,革面匪难,沙幕之北,云彻何远。安有周、秦、汉、魏优劣在其间哉。